김대중의 성평등
대한민국 여성의 삶을 바꾸다

Kim Dae-jung's Gender Equality:
It Has Changed the Lives of Korean Women

김대중의 성평등

대한민국 여성의 삶을 바꾸다

제1판 1쇄 발행 2024. 5. 1.
제1판 2쇄 발행 2024. 9. 30.

발 간 인 백학순
책임편집 이상덕
지 은 이 박진경, 이상덕, 나영희, 김미경, 안경주, 차선자, 김정수, 김엘림
펴 낸 이 김경희
펴 낸 곳 (주)지식산업사

본사 • 10881, 경기도 파주시 광인사길 53
전화 (031)955-4226~7 팩스 (031)955-4228
서울사무소 • 03044, 서울특별시 종로구 자하문로6길 18-7
전화 (02)734-1978 팩스 (02)720-7900
한글문패   지식산업사
영문문패   www.jisik.co.kr
전자우편   jsp@jisik.co.kr
등록번호   1-363
등록날짜   1969. 5. 8.

책값은 뒤표지에 있습니다.

ISBN 89-423-9127-1 93990

이 책을 읽고 저자에게 문의하고자 하는 이는
지식산업사 전자우편으로 연락 바랍니다.

김대중의 성평등

대한민국 여성의 삶을 바꾸다

이상덕 책임편집

박진경, 이상덕, 나영희, 김미경, 안경주, 차선자, 김정수, 김엘림

발간사

백학순 (김대중학술원 원장)

올 2024년 김대중 대통령 탄생 100주년을 맞아 김대중 대통령의 성평등과 여성정책에 대한 연구서《김대중의 성평등: 대한민국 여성의 삶을 바꾸다》를 세상에 내어놓는다. 김대중 대통령님과 이희호 여사님께서 하늘나라에서 흐뭇해하실 모습을 생각하니 참으로 기쁘다. 김대중학술원은 여성계가 힘을 모아 만들어 낸 본 연구서를 '김대중학술원 연구' 시리즈로 발간한다.

김대중 대통령이 다른 정치인들과 가장 큰 차이는 그가 자신의 철학과 사상을 세우고 그것을 정책으로 실천해낸 지도자, 즉 철학과 실천을 겸비한 '사상가 지도자'였다는 점이다. 김대중 대통령은 젊은 시절부터 자신과 우리 시대가 고통을 겪고 있는 주요 문제들을 해결하기 위해 동서고금을 통해 인류가 어떤 경험과 지식, 지혜를 쌓았는가를 알기 위해 치열하게 독서하고 사유했다. 그 결과 민주주의, 인권, 평화 등 인류 보편적인 진리에 바탕을 둔 자신의 철학과 사상을 수립했다. 더구나 그의 철학과 사상은 하나님에 대한 깊은 믿음으로부터 오는 진리에 대한 확신을 바탕으로 어떤 현실적인 유혹과 탄압에도 흔들림이 없었고, 그것이 '행동하는 양심'으로 실천되면서 우리의 삶을 바꿨고, 역사를 바꿨다. 인류의 보편적인 가치에 기반하여 이룩된 그의 실천적 업적과 유산은 시공간적 경계를 넘어 보편적인 생명력을 갖게 됐던 것이다.

　김대중 대통령의 '성평등' 철학과 정책은 바로 위에서 설명한 그의 철학과 사상, 행동하는 양심을 통한 실천이라는 큰 줄기에 연결되어 있다. 젊은 시절부터, 대통령이 되기 이전부터 보여준 그의 여성주의 철학과 젠더거버넌스, 여성인권과 성평등에 대한 믿음은 그의 민주주의, 인권, 평화, 평등에 대한 기본적인 철학적, 사상적 가치, 진리와 연결되어 있어서 흔들림이 없었다. 그리고 그는 기회 있을 때마다 그것을 꾸준히 일관성있게 정책으로 실천함으로써 대한민국과 대한민국 여성의 삶을 바꿨던 것이다.

　김대중 대통령은 자신을 '여성주의자'라고 불렀다. 개인적인 차원에서는 김대중·이희호 이름을 나란히 써서 동교동집 문패로 사용하였으며, 1971년 제7대 대통령 후보로서 역사상 최초로 '대통령 직속 여성지위향상위원회'의 설치를 공약했고, 1989년 제1야당인 평화민주당 총재로서 1958년에 제정된 여성차별적 가족법을 개정하는 데 결정적인 역할을 하였다. 1998년 제15대 대통령으로 취임하여서는 최초로 여성부를 설치하였고 여성정치할당제를 실행했다. 김대중 대통령은 21세기는 지식정보화 시대이자 '여성의 세기'라고 불렀다.

　이상덕 책임편집자가 본 연구서의 '책머리에'에서 이야기하고 있듯이, 김대중 대통령 "임기 5년간 여성의 삶과 지위를 성평등하게 변화시키기 위해 추진된 입법은 145종이며 그 중 우리나라 '최초'로 이루어진 입법은 84종에 이르고 오늘날의 성평등 관련 법제와 정책의 기반이 되고" 있으니, 김대중 대통령이야말로 참으로 세상을 바꾸고 우리의 삶을 바꾸는 지도자였음을 다시 한번 절감하고 감사하지 않을 수 없다.

　본 연구서를 출간하기 위해 여성계가 힘을 합했다. 여성계가 독자적으로 연구기금도 마련하고 집필자들도 선정했다. 본 연구서의 책

6

임편집을 맡으신 이상덕 교수님, 연구책임을 맡은 박진경 박사님, 출판사업을 제안하고 모금과 기획에 애써주신 조성은 박사님께 특별한 감사를 드린다. 그리고 해당 분야의 최고의 전문가들로서 집필자로 참여하신 박진경, 이상덕, 나영희, 김미경, 안경주, 차선자, 김정수, 김엘림 박사님께 깊이 감사드린다.

마지막으로, 여러 가지로 어려운 출판 환경에서 본 연구서의 출판을 기꺼이 맡아 주신 지식산업사 김경희 사장님, 문영준 국장님, 권민서 편집자님께 깊은 감사를 드린다.

2024년 4월

김대중학술원 원장

백학순 지識

책머리에

책임편집자 이상덕 (우송대 특임교수)

올해는 김대중 대통령의 탄생 100주년으로, 대한민국에 남긴 그의 발자취와 역사적 교훈을 여러 방면에서 다양하게 기록하고 기억하고 있다. 특히 성평등 퇴보의 시대에 질곡과 차별 속에 신음하는 대한민국의 여성의 삶에서 김대중 대통령은 민주주의와 인권이라는 정치적 소명을 실천하였고 마침내 대한민국과 여성의 삶을 바꾼 최초의 정치인이자 대통령이라는 점에서 더욱 의미가 크다.

김대중은 고통받는 대한민국 여성들을 위해 '남들보다 조금 더 열린 마음으로 바라보거나 거드는 시늉만으로 그치진 않으리라 다짐'하며 여성주의 철학에 기반하여 전 생애에 걸쳐 최선을 다하였다. 정치인으로서, 대통령으로서 그가 가진 정치적 권력을 단지 여성들의 표를 얻기 위한 목적이나 정치적 수사로만 활용하는 것이 아닌 구체적인 실천으로 아낌없이 보여주었다. 이미 50여 년 전인 1971년, 첫 대통령 선거에 나서며 유엔의 여성지위향상기구를 통한 전 세계 노력과 많은 국가들이 정부기구를 만들어 여성 인권과 성평등을 위해 노력하고 있음을 밝힌 바 있다. 또한, 집권하면 "대통령직속 여성지위향상위원회를 설치하여 정치·경제·사회 각 분야에서 여성의 능력이 최대한도로 발휘되도록 하겠다"고 약속한다.

　이렇듯 김대중이 이미 오래전 대한민국에 쏘아 올린 여성주의 철학과 구체적 실천 전략은 민주주의와 인권, 평화와 평등의 가치에 기반하여 대한민국 여성의 삶과 정책을 바꾸는 핵심적 전략이자 시대 가치가 된 것이다.

　김대중이 보여준 주목할만한 여성주의 실천은 제1야당의 총재로서 여성계의 오랜 숙원사업인 가족법 개정 과정에 보여준 든든한 지원과, 외환위기에도 불구하고 '여성부'를 설치하여 성주류화 정책을 힘있게 추진할 수 있었던 점을 꼽을 수 있다. 또한, 여성정치인 발굴과 지원에 직접 나섰고, 비례대표 여성할당제, 정부위원회 여성비율 확대, 여성고용채용목표제 등 실질적 여성대표성 확대의 변곡점을 만들어냈다. 특히 대통령 재임 5년간(1998.2.25~2003.2.24) 성평등 실현을 위해 추진된 입법은 145종이며, 그중 136종의 법령이 제정되거나 개정되었다. 이것은 김대중이 역대 대통령 중에서 성평등 추진체계 관련 입법과 정책을 가장 많이 추진한 사실을 분명히 실증한다. 그런데 입법 수 보다 더 중요한 것은 김대중 대통령의 집권기간에 우리나라 최초로 '성평등 추진체계'(성평등을 추진하기 위한 법령과 권리구제제도, 행정·입법기관, 전문연구·교육기관)가 구축되었다는 사실이다. 또한 우리나라 입법사에서 '최초'로 이루어지고 여성의 삶과 지위를 변화시키는 데 영향을 주었으며 오늘날의 여성과 성평등 관련 입법과 정책의 기반이 되고 있는 입법이 84종에 이를 정도로 많이 이루어졌다. 이것은 김대중 대통령이 역대 대통령 중에서 여성 및 성평등과 관련하여 가장 의미있는 업적을 하였다는 사실을 분명히 실증한다.

　그럼에도 김대중의 여성주의 철학과 이에 근거한 성평등 정책에 관해 체계적으로 연구하고 기록한 책은 찾아보기 어렵다. 특히, 김대중의 다양한 업적에 대한 평가와 연구들은 많지만, 그가 일찍부터 여성 인권과 남녀평등, 여성해방을 위해 노력한 점이나, 대통령이 된 후에도 일관되게 자신의 여성주의 정치철학에 기반하여 여성정책의 초석을 놓았다는 점은 의외로 잘 알려지지 않았다.

이에 김대중 정부에서 여성주의 관료였던 활동가들이, '김대중 탄신 100주년사업'을 계기로 20여 년 만에 다시 만나게 되면서 '김대중의 성평등'을 연구하여 출판하는 데 의견을 모았다.

무엇보다 성주류화라는 임무가 완성되기 전에 여성가족부 폐지가 논의되고, '구조적 성차별은 없다'며 오랫동안 헌신해온 여성주의 운동과 여성단체를 부정하는 백래시가 어느 때보다 기승을 부리고 있다. 따라서 김대중의 여성주의 철학과 젠더거버넌스의 힘을 다시 한번 소환하여 대한민국 여성에게 닥친 최대의 위기를 지혜롭게 극복해보자는 데 의견을 모은 것이다. 다만 역사적 기록을 남기는 의미있는 과정임에도 모든 과정이 쉽지 않았다.

우선 일찍부터 페모크라트(여성주의 관료)의 기회를 가졌고 김대중 대통령의 여성정책비서관으로 마지막 소임을 다했지만, 이후 20여 년을 여성정책 현장과는 다소 동떨어져 살아온 내가 책 출판을 기획한다는 것은 개인적으로는 모험이었다. 그러나 김대중 대통령이 여성들에게 남겨준 선물에 대한 감사하는 마음과, 함께 하면서 느꼈던 존경심과 경외감이 마음을 움직였고, 무엇보다 군사독재정권에서도 민주화와 여성인권을 위해 함께 활동해왔던 선후배들의 지지와 시대적 요구에 용기를 내었다. 이후 연구·출판을 위한 재정을 여성계의 힘으로 십시일반 모으는 것이 의미가 있다고 생각하여 여성운동기금을 모았던 시절을 생각하면서 꽤 많은 기금을 모을 수 있었다. 이 과정에서 신낙균 문화관광부장관님, 김방림 의원님, 한명숙 초대 여성부장관님, 여성특별위원회 차명희 사무처장님 등 70년대 이후의 김대중 대통령과 함께 민주화운동과 여성운동 속에서 함께 해왔던 선배들의 지지와 격려가 많은 힘이 되었다. 또한, 정현백 장관님은 연구자로서 많은 조언을 해주었으며, 여성운동활동가로 같은 길을 걸어왔던 지인들과 후배들이 출판기금을 흔쾌히 보내주었다. 이를 통해 얼마나 많은 여성활동가들이 서로 보듬고, 지지하고, 연대하면서 이 땅의 여성인권을 위한 길을 함께 걸어왔는지를 확인되는 순간이기도 하였다.

연구진은 국민의정부 여성정책 수립 과정에 직 · 간접적으로 역할을 했던 분들과 분야별 추천을 받아 구성하였다.

연구책임은 저출산고령사회위원회 사무처장을 역임하고 여성운동과 여성정책에 있어 현장 경험은 물론 입법정책 및 학문적 성과가 많은 **박진경 박사**가 맡기로 하였다.

연구진으로는 김대중 대통령의 집권기간에 한국여성개발원에서 여성인권과 성평등 관련 법제 연구책임자였고 관련 연구를 지속적으로 하고 있는 **김엘림 한국방송통신대학교 명예교수**, 김대중 정부 초대 여성정책담당관을 지내고, 국가인권위원회 인권교육본부장, 국민연금공단 상임이사를 역임한 **나영희 박사**, 여성부의 여성정책 5개년계획 수립에 참여하고 광주여성단체연합 공동대표, 광주여성재단 대표이사 등을 역임한 **김미경 광주대 교수**가 참여하였다. 또한, 전남여성가족재단 원장을 역임하고 다양한 지역 여성 · 가족 관련 정책연구 및 사업을 수행해온 **안경주 박사**, 독일 브레멘 대학에서 박사학위를 받고 '여성과 인권', '폭력과 법', 및 '소수자 인권법' 강의를 하고 있는 **차선자 전남대 법학전문대학원 교수**, 평화를만드는여성회 상임대표로, 30여 년간 여성평화운동, 남북여성교류, 평화통일교육에 매진해온 **김정수 박사**가 참여하였다. 마지막으로 여성가족부 공보관을 역임한 **조성은 박사**는 출판사업을 제안하고 모금과 기획에 물심양면으로 애써주었다.

이렇게 모인 9명의 연구진은 1년간 전국에서 모여 수차례의 기획회의와 검독 과정을 거치면서 김대중의 여성주의 철학과 초석을 만든 여성정책의 기록을 완성해나갔다.

이 책의 구성은 총 3부로 구성되어 있다. 1부는 〈김대중의 성평등 철학〉, 2부 〈김대중의 성평등 정책〉, 3부 〈김대중의 성평등 추진개혁〉으로 구분하였고 각 부에 2개에서 5개까지 총 11개의 장으로 구성되어 있다.

제1부는 〈김대중의 성평등 철학〉으로 두 개의 장으로 구성되어 있다. **제1장** 〈젠더거버넌스와 성평등시대를 열다〉(박진경과 이상덕)는 50여 년 전, 처음 '대통령직속 여성지위향상위원회' 설치를 주장하고 집권 이후 27년 만에 마침내 '여성부'를 설치한 김대중이 정치생애와 대통령 집권 과정에 보여준 여성주의 철학을 다루고 있다. 특히, 젠더거버넌스와 국가 여성주의를 신념이자 전략으로 추진하면서 여성정책의 초석을 다질 수 있었던 구체적 내용에 주목하고 있다. 우선 김대중의 민관 협치 국정운영 방식인 거버넌스는 여성정책 분야에도 큰 힘으로 작동되면서 21세기 성평등시대를 여는 원동력이 되었다. 특히, 김대중의 여성주의 정치철학은 여성 입법의 큰 산맥인 가족법 개정운동을 지원하고 여성정치할당제를 비롯하여 노동 및 젠더폭력 등 성평등 입법의 초석을 다지는 데 기여하였다. 또한, 유엔 인권 및 여성차별철폐협약 등 국제규범과 국제연대를 적극적으로 활용하여, 여성정책 선진화에 기여한 것은 물론 아시아에서 모범적 여성정책 추진국가로 인정받았다. 이처럼 민주주의와 인권, 평화로 대표되는 김대중 대통령의 위대한 사상이 여성주의 철학과 만나 대한민국의 여성의 삶을 바꾼 최초의 페미니스트 대통령으로 기억될 것이라고 끝맺는다.

제2장 〈김대중의 철학과 사상, 여성주의와 만나다〉(나영희)는 김대

중의 여성주의 철학 중 젠더주류화, 인권, 여성인적자원, 평화통일을 중심으로 여성정책의 초석을 만드는 구체적 전략을 설명하고 있다. 우선 젠더주류화의 실현을 이뤄내는 전략으로 여성정책기구로서 외환위기 시절 대통령직속여성특별위원회로 시작하여 여성부로 격상을 시키면서 실질적인 젠더주류화를 이뤄낼 수 있는 정책적 수단들을 갖출 수 있게 되었다. 이와 더불어 관리자급에서 전 세계에서 유일무이한 정책담당관제도를 도입함으로써 젠더주류화의 실질적 동력 역시 확보하였다. 두 번째로 인권은 김 대통령의 뼛속 깊이 새겨진 DNA이다. 이 점에서 김대중 정부시절 수많은 여성인권법률의 제정과 개정이 이루어졌다. 그리고 인권의 최후 보루인 국가인권위원회의 설립으로 인권의 마지막 그림을 완성 시켜냈다. 세 번째로 지식정보화시대이자 여성의 시대에서 한국이 지식정보강국으로 다시 거듭나는 게기이자 그 통로가 된 바로 인적자원개발이다. 바로 여성들을 IT 인적자원개발의 첨병으로서 육성하면서 한국은 지식정보 강국으로의 그 초석을 다지는 데에 결정적 기여를 하였고, 이로써 지식정보강국이자 동시에 여성의 시대를 열게 된 것이다. 여기에는 김대중의 적극적 지지가 작용하였다. 마지막으로 대북정책에서의 화해와 협력은 김대중 정부 들어서서 급물살을 탔다. 그리고 여성들의 평화통일운동에 대한 정부의 지원 역시 아낌없었다. 이로써 남북 간 민간차원에서의 여성교류가 활성화되었고 여성평화통일운동은 르네상스 시대를 맞게 되었다.

제2부 〈김대중의 성평등 정책〉은 총 5개의 장으로 구성되었다. 제1장〈대한민국 여성정치사에 한 획을 긋다〉(박진경)는 여성정치와 여성대표성에 큰 획을 그은 최초 정치지도자 김대중의 업적을 다루고 있다. 1971년, 그의 첫 대통령출마를 앞두고 이미 성평등기구와 여성정치 확대를 민주주의 실현의 구체적 실천전략으로 내세운 김대중은

여성정치인 발굴과 지원에 가장 적극적이었고, 비례대표 여성할당제를 시작으로 여성정치참여를 위한 제도적 기반을 이끌어낸 최초의 지도자이다. 헌법상 남녀평등 정신을 강조하면서, 그의 집권 내내 대한민국 여성의 삶과 지위에 영향을 미치는 여성대표성 분야 정책의 진일보한 성과를 만들어냈다. 여성정치인 공천은 물론 여성 장관 및 최초 여성총리지명, 정부위원회 확대, 여성채용목표제 등 여성들의 의사결정참여를 직접 챙기고, 21세기 정보화시대에 여성들의 역량과 지위를 향상시킬 수 있도록 든든한 토대를 만들어준 것이다.

제2장〈여성 경제활동의 컨트럴타워를 세우다〉(김미경)는 여성의 경제활동확대를 위한 지원정책을 중심으로 살펴보았다. 여성의 경제활동지원 정책의 핵심인 일가정양립 정책이 여성노동자를 위한 모성보호정책에서 남녀 모두를 위한 일가정양립정책으로 전환되는 과정들을 살펴보았으며, 여성의 경제, 사회참여 확대를 위한 법적, 제도적 토대가 된 여성부의 역할에 주목하였다. 외환위기의 구조조정에 대한 강도 높은 요구와 함께 출발한 김대중 정부 시절 여성정책의 패러다임은 남성가장 중심의 '남성생계부양자모델'에서 맞벌이 중심의 '양성소득자모델로' 이동하는 중요한 계기가 되었으며, 앞으로 여성정책의 과제는 성평등정책으로서 여성에게 주로 전담되어 왔던 일가정양립의 부담을 1인 노동자를 단위로 한 일생활균형으로 견인하기 위한 정책을 지역의 특수성에 맞게 개발하고 안착시키는데 주어져야 한다.

제3장〈여성 대상 폭력을 국가 의제화하다〉(안경주)는 젠더기반 폭력에 대항한 한국의 여성인권운동을 기본 동력으로 법과 제도의 수립 및 정책화 과정을 기술한다. 김대중 정부는 공·사적 영역에서 일어나는 여성에 대한 폭력에 대응하여 국가정책을 보다 체계화하였고, 남녀평등 사회실현이라는 정책 방향을 보다 명확하게 하였다.

성희롱의 예방과 피해자 보호를 위한 최초의 법제 구축, 가정폭력특별법의 시행과 피해자 보호강화를 위한 입법, 디지털 성폭력과 청소년 대상 성폭력, 성매매 규제를 위한 최초의 법제 구축, 그리고 일제하 일본군 위안부 피해기념사업을 위한 최초의 법제 구축 등에 관한 김대중 정부의 구체적 노력을 《여성백서》를 중심으로 살펴본다. 법과 제도의 정비, 전담부서인 여성부의 활동, 그리고 시민사회와의 협력이 일궈낸 여성차별과 폭력에 대응한 국가정책을 주도한 김대중 대통령의 여성인권과 남녀평등사회실현을 위한 정책기조를 되새겨본다.

　제4장〈성평등한 가족의 기본을 만들다〉(차선자)는 김대중 대통령 재임 시기 우리 가족법과 가족정책의 변화와 그 의미를 고찰하고 있다. 1984년 유엔 '여성차별철폐협약'의 비준 이후 19990년 우리 가족법은 재산분할제도를 도입하는 등 성평등한 방향으로 개정되었다. 그러나 여전히 가사노동의 가치 평가와 같이 법 적용의 전제적인 사실 평가는 불평등하게 남아 있었다. 이러한 상황에서 김대중 대통령은 가사노동의 경제적 가치를 인식하고 정당한 평가가 필요함을 강조했다. 또한, 동성동본금혼제 폐지에 대해서도 당시 국회의 다수인 남성의원들은 가부장적 체계에 매몰되어 이를 반대하였고 호주제 폐지에 대해서도 부정적 입장이었다. 결국, 이러한 환경으로 인하여 김대중 대통령 재임 시기 가족법은 개정되지 않았으나 당시 호주제 폐지를 위한 정부와 여성단체를 중심으로 하는 발전적 협업은 이후 노무현 정부에서 호주제 폐지의 결실로 이어지는 중요한 배경을 제공하였다. 이것이 가능했던 것은 김대중 대통령의 성평등한 가정의 중요성과 일상의 민주주의 정착이라고 하는 민주주의의 나아갈 방향에 대한 선도적 인식이 있었기 때문이었음을 강조한다.

　제5장〈햇볕정책으로 여성·평화·통일정책의 싹을 틔우다〉(김정

수)는 김대중 대통령의 대북화해협력정책(햇볕정책)과 여성정책의 만남이 여성들의 통일과정 참여와 기여를 얼마나 높이고 여성들의 평화통일 역량을 어떻게 증진했는지 서술했다. 김대중 대통령 시기 이행된 제1차 여성발전기본계획 중 20대 정책 "통일에의 기여 및 내실화 과제"는 6.15남북정상회담을 통해 실질적 성과를 거둘 수 있는 기반을 마련하였다. 통일부 각 위원회 여성참가 비율이 전임 정부 시기인 1997년 9월 말 0%에서 2002년 12월 26.3%로 올랐다. 통일교육원 내 여성들의 교육 참가도 대폭 증가하였고, 남북여성교류에 참여하는 여성단체 간부들을 위한 여러 교과목도 개발하였다. 또한, 여성부의 여성단체 지원사업에 '통일'분야 사업을 다수 포함하여 여성단체들의 통일역량 강화에 기여하였다. 이러한 정책적 지원은 남북여성교류의 확대와 여성통일운동의 활성화라는 성과로 이어졌다. 궁극적으로 김대중 대통령의 햇볕정책이 지향한 적극적 평화는 한반도에서 전쟁의 위기를 감소하여 무력 분쟁과 전쟁의 가장 큰 피해자로 살아온 한반도 여성들의 인간안보를 증진하는 데 기여한 것으로 평가하고 있다.

제3부 〈김대중의 성평등추진체계〉(김엘림)은 4개의 장과 2개의 부록으로 구성되었다. 제1장(I)은 "최초로 성평등 추진체계를 구축하다"란 제목으로 김대중 대통령이 성평등 추진체계를 구축한 근거와 기본방향, 방법과 의의에 관하여 서술하였다. 이를 통해 김대중의 성평등 추진체계는 합헌성과 적법성, 국제적 보편성, 체계성, 민주성, 전문성, 선진성을 갖추었음을 규명하였다. 김대중 대통령의 성평등 추진체계 구축의 성과와 의의에 관해서는 우리나라에서 최초로 이루어진 84종의 입법을 중심으로 서술하였다. 서술은 "제2장(II) 최초로 성평등 관련 법제를 구축·추진하다(75종)", "제3장(III) 최초로 성평등 관련 행정·입법기관을 구축·추진하다(6종)", "제4장(IV) 최

초로 성평등 관련 연구·교육기관을 구축·추진하다(3종)"로 구분하여 이루어졌다. 그리고 김대중 대통령의 집권기간에 이루어진 성평등 추진체계의 구축 내역과 의의를 일목요연하게 파악할 수 있도록 "[부록 1] 성평등 추진체계 관련 입법(145종) 연대표"와 "[부록 2] 성평등 추진체계 관련 최초의 입법(84종) 내역"을 첨부하였다.

연구진 모두는 그동안 당연하다고 여겼던 김대중의 진정성을 자서전과 어록 등을 통해 확인하면서 큰 감동과 위로를 받았다. 이 책이 김대중의 여성주의 철학과 실천을 소개함으로써 성평등 퇴보의 시대를 겪어내는 대한민국의 여성들은 물론, 남녀가 평등하다는 보편적 가치를 지닌 다수의 남성에게, 다시 한번 연대의 손길을 내미는 계기가 되길 기대한다.

마지막으로 책임편집자로서 백학순 김대중학술원 원장님과 출판을 맡아 주신 김경희 지식산업사 사장님과 권민서 편집지님 등 관계자 선생님들께 깊은 감사를 표하면서 글을 마친다.

2024년 4월
필진을 대표하여 책임편집자
이상덕 지識

후원해 주신 분

강경윤 강경화 강순원 강보향 김경애 김미연 김방림 김유정 김지숙 김중열 김지선 김창규 김현미 김혜선 김혜순 나영희 남상민 문미란 문선경 박백범 박송묵 박옥희 박진경 박효숙 백경남 서영교 신낙균 신혜수 신필균 양경숙 양세진 양해경 엄준철 왕채숙 유승희 윤정숙 윤정이 윤현봉 이미영 이정원 염미봉 이경은 이난현 이미경 이영재 이상덕 이재정 이주현 이 훈 왕성옥 정강자 장윤영 장이정수 장하진 정선호 정춘생 정춘숙 정현백 조성은 지은희 차명희 최영애 최정순 한명숙 허영숙 홍미영 황선희 황주영 (가나다 순)

차례

18

1부

김대중의 성평등 철학

gender
equality

젠더-거버넌스로 성평등시대를 열다

박진경 (행정학자) · 이상덕 (우송대 특임교수)

들어가기

"인간으로서의 모든 질곡과 모순을 한 몸에 앓아야 할 여성들을 위해 내가 할 수 있는 일은 과연 무엇일까. 남들보다 조금 더 열린 마음으로 바라보거나 거드는 시늉만으로 그치진 않으리라 다짐하곤 합니다. 이 땅 모든 여성들의 현실을 알고 이들의 힘을 기다리는 세상의 흐름을 느끼기 때문입니다."[1]

본 문장은 그의 저서 《내가 사랑한 여성》(1997)에 수록된 것으로, 김대중의 여성주의 관점과 실천 의지를 잘 보여주는 어록이다.

---

[1]   김대중, 《내가 사랑한 여성》. (서울: 에디터, 1997). 274쪽

　이러한 김대중 대통령은 질곡과 모순에 고통받는 대한민국 여성들을 위해 여성주의 철학에 기반하여 전 생애에 걸쳐 최선을 다했다. 당 총재로서, 대통령으로서 그가 가진 정치권력을 표를 얻기 위한 정치적 수사에만 활용하지 않았으며 구체적인 여성주의 실천으로 아낌없이 발휘해 주었다.

　50여 년 전인 1971년, 처음 '대통령직속 여성지위향상위원회' 설치를 약속한 정치인 김대중이 있었다. 당시 그의 나이 48세로, 고질적 차별 속에 신음하고 있는 한국 여성들에 대한 여성주의적 문제의식을 넘어, 이를 해결하기 위해 구체적 방법을 꽤 오래전에 제안한 것이다. 즉, 방법론으로 성평등 추진기구와 함께 각 분야의 여성 대표성을 확대하는 '성주류화'를 닮아 있어, 시대를 넘어 여성 정치사에서 주목할 만한 기록이다.

　김대중이 1971년 구상한 '대통령직속 여성지위향상위원회' 는 현재 사용되는 성평등, 성평등기구나 성주류화(gender-mainstreaming)라는 말로 표현하지는 않았지만, 내용만 보더라도 50년 전 밝힌 구상이었다는 것이 믿기지 않을 정도로, 얼마나 시대를 앞선 지도자였는지를 알 수 있다.

　이처럼 헌법정신에 입각한 남녀평등이라는 여성 아젠다를 대선이라는 최대 공론의 장에 등장시킴으로써 비록 당선은 되지 못하였지만, 여성운동과 여성정치사에 실낱같은 희망의 불씨를 살릴 수 있었다.

　김대중의 여성주의 국가 통치철학은 27년이 지나 1997년에서야 그 빛을 볼 수 있었다. 대통령에 취임 후, 마침내 후진적 여성의 지위와 성차별적 나라에서, 유엔 여성지위위원회으로부터 "아시아에서 가장 모범적으로 여성정책을 추진한 국가"(1999)로 인정받는 대한민국으로 만들었다.

1. 젠더-거버넌스로 성평등시대를 열다

"21세기는 정보화시대이고 곧 여성의 시대였다. (중략) 하지만 각 분
야에서 여성들에 대한 장벽은 여전히 높았고, 차별 또한 여전했다. 나는
여성을 위하는 일이 곧 나라를 살리는 길이라고 생각했다. 여성의 섬세한
감각과 치밀한 사고는 국가가 관리해야 할 자산이었다. 정보화시대에 여
성 인력 개발은 국가적인 과제였다."2)

외환위기와 함께 21세기 새로운 전환을 맞이한 한국에서, 김대중
은 대한민국을 여성시대로 규정하고, 국가 여성주의의 필요성과 여
성 인적자원을 통한 국가발전 전략을 제시하고 있다. 김대중이 집권
후 이러한 국정 철학과 구체적 실천 전략을 내세울 수 있었던 것은,
오래전부터 여성의 삶에 대한 진지한 고민과 가족법 개정운동 등 여
성운동과 함께해온 실천적 생애에 기반한 것이다.

김대중의 여성주의 실천 전략을 이해하기 위해서는 '젠더-거버넌
스(gender‑governance)'에 주목할 필요가 있다.3)

많이 알려져 있듯이, 김대중 국민의 정부는 과거 정부와는 달리
민관과의 협치라는 국가 운영방식의 대전환을 만들어낸 정부이다.
민관과의 협치를 의미하는 '거버넌스(governance)'는 일반적으로 '과
거의 일방적인 정부 주도적 경향에서 벗어나 정부, 기업, 비정부기구
등 다양한 행위자가 공동의 관심사에 대한 네트워크를 구축하여 문
제를 해결하는 새로운 국정운영의 방식'을 말한다.4)

---

2)   김대중, 《김대중 자서전(2) 》, (서울: 도서출판 삼인, 2010), 393쪽.
3)   김대중의 철학적 기반을 설명하기 위해 동원하고 있는 '거버넌스'나, '젠더-거버넌스'
     는 김대중 집권 시기에는 국내 논의가 활발하지 않았고, 2000년 이후에서야 등장하기
     시작한다.
4)   국립세종도서관.'정책이 보이는 도서관'.

김대중 정부는 수십 년 만에 이룬 정권교체와 IMF 경제위기 극복이라는 무거운 과제 앞에 정부-시장-시민사회의 협력적 거버넌스를 정부 운영의 주도적 패러다임으로, 정부혁신의 방법론으로 추진하였다.

또한 유엔개발계획(United Nations Development Programme;UNDP)은 거버넌스가 사회정의(social justice)와 권리(rights)에 바탕을 두고 이해되어야 한다고 개념화하고 있다.[5][6]

그렇다면 젠더-거버넌스(Gender Governance)는 정부운영에 있어 젠더 관점에서 성평등이라는 목표를 실현하기 위해 거버넌스라는 새로운 운영방식을 접목하여 만들어진 개념이다. 거버넌스와 젠더는 1980년대 중반 본격적 논의가 이루어지면서 이론적으로나 실천적으로 새로운 통찰력을 제시하고 있는 '개념어'이고, 동시에 '담론의 장'이라는 성격이 강하다.[7] 두 용어를 구분하면, '젠더'란 정책의 실질적 '내용'이고, '거버넌스'는 정책 내용을 담아내는 형식적 '틀이나 전략'이 될 것이다.[8] 또한, 거버넌스는 정책네트워크적 관점에서, 정책행위자들 간의 상호작용과 관계구조에 의한 정책적 산물 도출이라고 개념화되고 있다.[9]

---

https://post.naver.com/viewer/postView.naver?volumeNo=33244839&memberNo=56532012&vType=VERTICAL (검색일: 2023년 11월 11일).

5) UNDP, 〈Governance for Sustainable Human Development〉,《UNDP Policy Document》, New York: UNDP, 1997; 김지성, 〈젠더 거버넌스의 규범적 조건에 대한 소고: 한국 저출산 대응정책을 중심으로〉,《한국거버넌스학회보》제25권 제3호(2018년 12월) 4쪽에서 재인용함

6) 본 글에서는 '거버넌스'의 개념이나 유형화가 다차원적이고 복잡하여 이론적 논의는 생략하고 본 글에서는 젠더-거버넌스를 논의하기 위해 주로 사용되는 개념을 인용하였다.

7) 문순홍 · 정규호, 〈거버넌스와 젠더: 젠더친화적 거버넌스의 조건에 대한 탐구〉,《Post-IMF Governance에 관한 라운드테이블》한국정치학회 2000년 하계학술회의 2000년7월20일, 1-2쪽

8) 원숙연 · 박진경 (2006) '젠더-거버넌스의 가능성 탐색:성매매방지법 제정과정을 중심으로'. 한국여성학회지 제22권4호, 90쪽

김대중 대통령의 '거버넌스' 국정철학을 젠더-거버넌스와 접목하여 설명할 수 있는 것은, 다른 정책에 비해 여성정책이 갖는 차별적 특성 때문이다. 즉, 오래전부터 여성운동단체 및 관련 전문가들이 끊임없이 문제제기하면서 정부와 정치권을 움직여 입법 및 정책과정을 이끌어온 과정과 제4차 베이징여성대회(1995)에서 채택한 핵심적 전략인 '성주류화'가 구체적 내용으로 등장한 시점에 마침 김대중이라는 통치자를 만나 젠더-거버넌스는 어느 때보다 큰 성과를 만들어 낸 것이다.

김대중 정부에서 본격적으로 추진한 성주류화 전략과 여성계와의 협치는 젠더-거버넌스 실천의 내용이자 정책적 산출물임을 알 수 있다. 이러한 젠더-거버넌스의 성과는 2003년 1월, 김대중 대통령이 퇴임을 앞두고 특별하게 마련한 여성 지도자 160명과 함께 한 자리를 통해 고스란히 드러난다. "국민의 정부가 여성 분야에서 큰 발전을 이룩할 수 있었던 것은 우리 여성들의 노력과 협력 덕분"이고, "앞으로 국민의 정부가 이뤄놓은 여성 발전의 기반을 토대로 명실상부한 남녀평등사회가 실현되도록 여성계가 더 큰 관심과 성원을 보내줄 것을 기대한다"고 당부하고 있다.

재임 시절뿐 아니라 오랜 시간 함께 해온 여성계와의 협력적이고 동반자적 관계가 있었기에 그가 주도한 젠더-거버넌스는 대한민국을 여성의 시대, 성평등 시대로 안내하는 최고의 길잡이가 될 수 있었다.

---

9)   정책행위자의 범주나 특성, 영향력 정도에 따라 다양한 유형화와 개념이 등장하고 있지만 구체적 소개는 본 글의 취지와 맞지 않아 생략하였다.

2. 여성 입법의 큰 산맥, 가족법 개정운동을 지원하다

여성의 삶과 여성운동에 가장 큰 영향을 미친 여성사적 사건은 호주제 폐지를 꼽을 수 있다.

1950년대부터 끈질기게 지속된 가족법 개정운동은 2005년 호주제 폐지까지 반세기가 넘도록 한국사회의 대표적 여성운동이자 법을 통해 사회변화를 추구한 시민운동이다. 국내 최초 여성법률가인 이태영 박사가 주도하는 대한YWCA연합회·대한부인회·대한여자청년회·대한여자국민당·여성문제연구원·대한조산원회·여자선교단으로 구성된 '여성단체연합'이 조직되었고 1956년에는 여성법률상담소(이사장 황신덕, 소장 이태영)가 설립되면서 본격적인 개정 운동이 전개되었다. 그 후로 오랜 기간 지속한 가족법 개정 운동은 1987년 이후 구시대의 여성운동을 뛰어넘는 진취적인 과제를 제시하는 진보적 여성운동과 결합하면서 더 속도감 있게 추진할 수 있었다.

남녀평등 시대로의 전환에 호주제 폐지로 상징되는 가족법 개정운동은 조직화 된 여성계에 힘입어 사회적 논의의 장으로 등장할 수 있었다. 그러나 당시 정치인들은 전통이라는 미명 아래 철 지난 가치에 젖어 사회변화의 요구에 꿈쩍도 하지 않았다. 이런 어려운 상황에서 야당 총재인 김대중은 여성운동 조직의 개정 주장에 전폭적으로 지지하는 것은 물론이고 입법에 유리한 국면을 만들기 위해 적극적으로 나섰다.

꿈쩍도 하지 않을 것 같은 가족법은 김대중 총재가 법 개정에 소극적인 소속 정당의 법사위 의원들을 세 차례나 교체하는 묘수를 발휘하였고, 노태우 대통령과의 회담에서 가족법 개정을 의제로 꺼내 대통령과 여당의 협조를 이끌어내면서 결국 통과시킬 수 있었다.[10][11]

"가족법 개정을 비롯하여 여성운동을 뒷받침해 준 분은 바로 김대중 총재와 이희호 여사였다."

당시 한국여성단체연합 가족법 개정특별위원장을 맡았던 한명숙 전 국무총리를 비롯하여 박영숙 평민당 부총재, 신낙균 전 문화관광부 장관이 공통으로 전하고 있는 것은, 김대중 대통령이 여성운동에 대한 해박한 지식을 갖고 있으며, 가족법 개정은 물론이고 여성인권 및 정치 및 경제세력화 등 여성운동이 주장해온 성평등사회 실현을 위한 정책을 전폭적으로 공감하고 지지해주었다는 것이다.

"가난하고 힘이 약한 여성운동단체에게 김대중이라는 정치인이 존재한다는 것만으로도 천군만마의 지원세력을 가진 것과 같았다. 나는 여성운동을 하면서 시대를 앞서가는 김대중이라는 정치인을 알게 되었고 여성인권에 대한 그의 시각과 민주주의에 대한 강한 신념에 무한한 지지를 보냈다."12)

김대중 대통령의 아낌없는 지지 속에 가족법 개정 운동이 쏘아 올린 성평등 시대로의 전환은 이후 동성동본 불혼제와 호주제 폐지의 동력을 만드는 데 결정적 도움을 주었다.

또한, 진일보한 성폭력 및 가정폭력 등 여성폭력 처벌 및 피해자보

---

10) 이종민, 〈노태우 대통령 덕분에 가족법 통과됐다〉… 김대중 대통령 영상 공개 《세계일보》, 2021년 10월 27일.
   (https://post.naver.com/viewer/postView.naver?volumeNo=32636986&memberNo=15305315&vType=VERTICAL)(검색일: 2023년 11월 1일)

11) 당시 통과된 가족법 개정안은 여성의 법적 지위와 권한을 대폭 확대하는 내용을 담았다. 다만 핵심 의제 중 하나였던 호주제도와 동성동본금혼제도 폐지는 이루어지지 않았다

12) 한명숙, 《한명숙의 진실》(서울: 생각생각, 2021) 187-188쪽

호, 여성정치인 발굴과 여성할당제 도입, 일하는 여성을 위한 모성보호 및 일가정양립제도 등 수많은 여성 입법의 길을 열어주었다.

3. 국제연대로 여성정책의 선진화를 실현하다

김대중 대통령은 한반도의 지정학적 위치와 외침, 외세에 의한 한국의 분단, 군부독재 탄압 등 한국이 처한 현실을 극복하기 위해서는 국제사회와의 협력과 연대가 무엇보다 중요한 생존전략임을 강조해왔다. 이러한 김대중의 국제적 전략은 여성주의 정책을 구현하는데도 크게 기여한다.

먼저 UN 총회에서 채택된 〈여성에 대한 모든 형태의 차별철폐에 관한 협약〉(약칭: 여성차별철폐협약 1979.12.18)은 한국이 1984년 말의 협약과 상충하는 가족법상 성차별적 규정들의 개정을 유보하면서 비준하였다. 비록 유보조항을 둔 채 비준하긴 하였지만, 이후 '여성차별철폐'라는 인류 보편적 가치 실천을 위한 국내 분위기는 큰 변화를 만들기에 충분했다. 한국은 가족법 개정을 중심으로 민간차원의 연대와 단체들이 속속 생겨났다. 또한, 유엔 무대를 비롯하여 국제사회에 일본군 '위안부' 문제를 드러내는 계기를 만들었다. 특히, 유보조항이었던 가족법 개정을 위한 노력은 앞에서 서술한 바와 같이 김대중의 전폭적인 지지에 큰 산맥을 넘을 수 있었고, 일본군 '위안부' 문제는 전 세계 공론의 장에 드러내 세계사적으로 인정받을 만한 국제적 연대의 모범을 만들어내었다.

특히 김대중 대통령은 집권 이후 기존 국제사회 연대에 대한 강한 신념에 더해 외환위기 극복을 위해서라도 외교의 다변화와 국제적 수준의 '보편적 인권' 규범 실천 전략을 더욱 강하게 추진하였다. 그

의 강한 의지에 힘입어 국제 수준의 성평등에 관한 국제문서에 부합
하도록 입법과 정책이 어느 때보다 활발하게 추진되었다.

여성차별철폐협약에 이어 국민의정부가 '여성정책의 주류화'를 국
정과제로 채택하고 성평등추진기구를 만들게 된 배경에 베이징세계
여성회의에서 채택된 행동강령과 계획이 있었다. 1995년 마련된 북
경행동강령은 김대중 대통령과 만나면서 여성정책의 질적 발전에 기
여할 수 있었던 동력이 되었다. 김대중 대통령은 북경행동강령에서
제시한 '여성의 목소리'를 정책에 반영하고 젠더−거버넌스를 실현하
기 위해, 우선 민간위원들이 정부위원들과 동등한 자격으로 여성정
책의 의사결정의 권한을 가질 수 있도록 합의제 행정기구인 대통령
직속 여성특별위원회를 구성한 것이다.

윤후정 초대 위원장은 이러한 김대중 대통령의 확고한 신념과 지
지가 있어 당시 경제적 상황이 어려운 가운데에서도 '국제규범에 맞
춘 여성정책 추진을 통해 국제적 신인도를 제고할 수 있다'는 점을
강조하면서 여성정책을 추진할 수 있었다고 한다.[13]

대통령직속 여성특별위원회와 이후 여성부가 각 부처의 이행 사항
을 포함하여 북경행동강령 이행에 관한 국가보고서를 발간하고 UN
에 제출, 보고하면서 성주류화와 성평등에 관한 입법과 정책의 속도
를 낼 수 있었다.

국민의정부는 유엔의 여성지위위원회와 여성차별철폐위원회를
중심으로 한 활동뿐만 아니라 APEC, OECD 등 다양한 국제전문기
구들과의 교류 협력을 확대해나갔다. 특히 아시아지역이 외환위기를
겪고 있었고, 그에 따라 여성의 경제세력화 의제의 중요성이 부각되
면서 APEC이나 ESCAP 등 회의에서 경제사회 부문에의 여성참여

---

13) 윤후정, 《1998년 《여성백서》발간사 중 (여성특별위원회, 1999)

와 증진을 위한 노력과 국내 이행하기 위한 노력을 이어갔다. 모범적 여성정책 추진국으로서의 위상은 국제사회에서 먼저 인정받기도 하였다. 즉, APEC 여성자문기구회의에서 여성참여 확대 기반구축에 공헌을 인정받아 의장국 수임을 받기도 하였다.[14)

이후 여성부설립 계기로 동북아 여성지도자회의('01.서울), 세계한민족네트워크('02. 서울), 정보통신기술 관련 유엔여성지위위원회 전문가회의('02. 서울) 등 국제회의의 국내 개최를 통한 여성정책 선진화와 연대의 중심에 당당히 자리매김할 수 있었다. 이러한 노력은 외환위기 극복 이후 한국은 유엔 여성지위위원회를 비롯하여 국제사회에서의 위상이 높아졌고,[15)] 한명숙 초대 여성부 장관은 어느 때보다 대통령을 대신해서 정부 수석대표로 다양한 국제회의에 참여할 수 있었다. 특히, 정부 수석대표로 참석하여 세계인종차별철폐회의에서는 일본군'위안부' 문제 제기를, 세계아동특별총회에서는 아동인권문제 등에 대한 국제적인 책임분담 등을 주장할 수도 있었다. 이처럼 국제무대를 통해 국제 기준에 맞는 젠더주류화와 성평등을 실천하고자 했던 김대중 대통령의 정치철학이 빛을 발휘한 것이다.

4. 여성주의 관료를 통해 젠더거버넌스를 구체화하다

김대중이 실현하고자 한 국정운영의 거버넌스 전략은 김대중의 여성주의 철학과 만나 많은 성과를 만들어냈다. 오랜 야당 시절과 정치

---

14) 이에 한국 정부는 이화여대 여성학과 장필화교수를 초대의장으로 추천하였고 1999년 10월7일 APEC 고위관리회의는 이를 승인함.(출처는 여성부,《남녀가 함께 하는 건강한 사회 : 국민의 정부 5년 여성정책의 성과》,1998-2002, 여성부 2003.)
15) 2003년(46차), 2003년(47차)에는 부의장국으로 활동하였다.

적 행보 속에 쌓은 여성계와의 협력적 관계는 여성계 인사를 총리에
서부터 장관직에 임명하였고, 정당 및 여성계 전문가를 대통령실과
정부 부처에 대거 임용하도록 하였다. 또한, 대통령직속 여성특별위
원회와 함께, 성주류화를 위해 6개 부처 여성정책담당관을 두었는
데, 대부분 개방형 임기제 공무원 채용을 통해 전문가를 충원하여
젠더 거버넌스의 실질적 역할을 담당하도록 한 것이다.

　이처럼 국민의 정부 여성부를 비롯하여 여러 부처에 민간 임용이
두드러지게 많았던 배경에는 정부뿐 아니라 민간단체 여성전문가나
여성운동가들이 정책결정과정에 적극 참여하도록 함으로써 그 열정
에 힘입어 발전할 수 있다는 김대중 대통령의 젠더-거버넌스 소신과
철학에 기인한 것이다. 행정부와 정부위원회 등에 여성운동가, 민간
전문가들을 적극 임용하여 국제수준의 여성정책 추진에 속도를 낼
수 있도록 한 것이다.

　이러한 여성주의 전문가를 활용한 전략은 앞서 유엔 기구 등 국제
무대에 민간전문가를 적극 발굴하고 추천함으로써 더욱 그 진가를
발휘하였다. 여성학자 장필화 APEC여성자문회의 의장 외에도 유엔
여성차별철폐위원회 위원으로 한국여성의전화 신혜수 회장을 선임
하였다. 민간전문가인 강경화 교수를 외교부에 임용하여 대통령 통
역관을 전담하도록 하였고, 유엔 대표부 공사참사관으로 임명하면서
이후 유엔여성지위위원회 부의장과 의장직을 역임할 수 있었다.

　당시 국제적으로 활동할 수 있는 정부 내 여성전문가가 부족한 상
태였기 때문에 민간전문가를 유엔기구에 진출시키는 한편, 민간단체
의 국제교류 경험을 확대하기 위한 재정지원은 물론, 미래 인재를
양성하기 위한 여대생 국제인턴 프로그램 등 다양한 활동이 병행되
었다.

　이는 국제사회에서 활동하는 여성 전문가를 통해 국제 수준의 여

성정책을 적극적으로 추진하기 위한 상징적인 조치였다고 볼 수 있
다. 또한, 보수와 진보를 아울러 다각적이고 섬세하게 추진한 여성
주류화 전략은 김대중의 통치 철학에 기반한 고도의 전략적 행위였
다.16)

　이러한 노력에 힘입어 국민의 정부 이후 유엔여성지위위원회에 정
부대표단의 일원으로 참여하는 여성단체와 국회의원, 각 부처의 여
성담당공무원의 참여자 수가 늘어났다. 여성특위라는 가장 작은 기
관임에도 국제기구를 비롯하여, NGO, 입법부와 연대를 통해 여성
정책의 추진력을 담보해나갔고, 특히 외교부 등 각 부처들도 민간과
파트너십을 중시하는 대통령의 의지를 알고 있었기 때문에 부처간의
협의가 원활하게 이루어질 수 있었다. 또한 각 부처 여성정책담당자
의 국제회의 경험을 통해 국제수준의 여성정책을 정부에서 추진하는
데 기여할 수 있었다. 즉, 각 부처에서 유엔여성차별철폐협약 이행보
고서 심사를 포함한 각종 국제회의에 민간전문가와 여성단체, 국회
의원, 각 부처 여성정책 담당관과 지방자치단체 여성정책담당자 등
을 정부대표단에 참여하도록 한 것이다. 이것은 한국의 여성정책이
젠더거버넌스의협력체계 속에서 추진되고 있음을 대내외에 보여줌
으로써 민주국가로서의 대한민국의 위상이 국제사회에서 인정받을
수 있도록 한 김대중의 시대를 앞선 통치 철학에 기반한 것이었다.
이러한 일련의 과정은 신혜수와의 인터뷰에서도 잘 드러나고 있다.

　　" 국민의 정부는 민간단체의 활동가나 전문가를 정부기구에 다양한

---

16) 북경세계여성회의시 한국여성NGO위원회(공동대표 이연숙 이미경 신낙균)는 한국여
　　성단체협의회, 한국여성단체연합, 한국여성유권자연맹 등 제3영역 여성단체 대표들
　　이 함께 활동했던 것처럼, 대통령직속 여성특별위원회에도 소위 보수, 진보로 명명되
　　던 여성단체 대표를 함께 참여하도록 함으로서 여성정책만큼은 협력과 통합할 수 있
　　도록 하였고, 그 기조는 지속적으로 유지되었다.

경로로 임용한 것이 특징이라 할 수 있습니다. 특히 국제부문은 이념을 초월해 그 일에 적합한 민간전문가들을 정부를 대표하는 자리에 등용하였습니다. 저 역시 (중략) 대통령실 추천이라 하면서 외교부에서 유엔여성차별철폐위원 후보에 참여하겠냐는 연락을 받았을 때 놀랐습니다. 후보에 등록하고 외교부와 함께 다양한 간담회 등에 참석하면서 득표활동을 했고 (중략) 이후에 유엔여성차별철폐위원 경험을 바탕으로 유엔사회권위원회 위원으로 활동하게 되었습니다."[17]

이처럼 국민의 정부에서 두드러지게 활성화된 여성주의 관료(페모크라트:femocrats)는 여성계와의 긴밀한 협력하에 여성정책의 발전을 도모해 나가는 데 크게 기여하였다. 페모크라트(femocrats)는 페미니스트와 관료(bureaucrat)의 합성어로, 여성운동이나 페미니스트의 요구를 국가에 투입시켜서 여성의 이해를 국가가 반영하도록 하기 위한 '전략의 창조물'이다.[18]

해방이후 가족법 개정운동을 중심으로 꾸준히 노력해온 여성들의 헌신, 민주화운동 이후 진보적 여성운동과 제도권과의 협치, 이를 위한 페모크라트의 등장과 역할은 여성운동의 의제가 제도화나 입법, 정책과 밀접한 관련이 있음을 부인할 수 없다. 이러한 점에서 김대중 정부에서 초석을 만들어낸 젠더 거버넌스 전략은 여전히 여성주의 운동과 여성정책 발전에 유효한 전략이다.

그 외에도 체계적인 젠더 거버넌스와 성평등 추진체계의 지속가능

---

17) 신혜수는 국민의정부 추천으로 유엔여성차별철폐위원회 위원과 부위원장을 역임한 후, 유엔사회권위원회 위원직을 수행하고 있고, 사단법인 유엔인권정책센터(Korea Center for United Nations Human Rights Policy : 약칭 'KOCUN', '코쿤')의 상임대표임 (인터뷰 2023년11월1일)
18) Franzway et al. 1989.133; 김은경, 《한국진보 여성운동의 국가참여 형태에 관한 연구》(연세대학교 박사학위논문, 2003), 26~27쪽에서 재인용

성을 위해 우선 국가차원의 최초 여성정책 종합계획인 제1차 여성정책기본계획(1998-2002)를 추진한 점도 높게 꼽을 만하다. 또한, 민·관의 협력체계 강화를 통해 여성정책을 보다 효율적으로 추진하기 위해 여성단체 등 민간단체화의 공동협력사업을 활발하게 추진하였다. 2002년도 공동협력사업으로 103개 여성단체와 105개 사업을 추진하는 등 상당한 성과를 만들어내기도 하였다.

또한 여성정치참여확대나 가족법 개정, 남북교류 등에서 보여준 김대중의 여성계와의 긴밀한 교류와 협력을 통해 이룬 성과는 궁극적으로 젠더 거버넌스 철학에 기반하여 해석할 수 있고 계승 발전할 수 있을 것이다.

맺음말_영원한 페미니스트 대통령으로 기억될 것이다

그의 재임시절 이뤄낸 여성부 신설과 모성보호 관련 3법, 여성할당제 등 성과는 지금까지 여성정책의 기반을 만든 원동력이었다. 김대중 대통령은 예리한 통찰력을 가지고 대한민국의 성평등 정책의 씨앗을 심은 페미니스트 대통령으로 영원히 기억될 것이다.

여성가족부를 둘러싼 정치적 논란과 혐오가 판치는 작금의 대한민국에서 '김대중의 성평등'은 그 이름을 호명하는 것만으로도 어느 때보다 소중하고 그리운 가치가 되었다. 김대중 탄생 100년을 맞이하여 그가 실천해온 여성주의를 제대로 이해하고 우리 사회 성평등 가치와 실천이 왜 중요한지 그의 발자취를 당당히 따라가 본다.

김대중의 철학과 사상, 여성주의와 만나다

: 젠더주류화, 인권, 여성인적자원, 평화통일

나영희 (전 국민연금공단 상임이사)

들어가기

김대중 대통령은 역대 대통령 중 가장 일을 많이 했고 가장 일을 잘한 대통령으로 손꼽힌다. 한국의 민주주의 기틀을 세웠고, 최단 시기에 IMF 구제금융 시기에서 벗어나게 했으며, 어려운 경제여건 속에서도 55여 년 만에 남북정상회담을 성공시켰음은 물론이거니와, 북한 땅을 최초로 밟은 한국의 대통령이기 때문이다. 아울러 오늘날 4대 보험이라고 하는 사회보험 정책을 포함한 사회정책의 기틀을 세웠으며, 노사정 합의의 틀을 마련하였고, 수많은 여성정책의 기조를 반듯하게 닦아놓았다. 또한, 무엇보다 21세기 지식정보화시대에 대비하여 초고속 인터넷망을 전국적으로 구축하면서 지식정보 강국으로서의 도약을 가능하게 했다. 그리고 한국 역사상 최초로 최저생계비 보장 개념을 도입하여 국민에게 최저생계비 수준 밑으로 떨어지지 않도록 하는 생활보장은 국가의 의무이며, 최저생활을 보장받는 것은 헌법상 국민의 권리라는 개념을 처음으로 도입하여 '국민기초생활보장법'을 구상하고 완성, 시행한 최초 대통령이다.

　이에 본 고는 김대중 대통령이 실현한 수많은 정책 중, 여성정책의 철학기조를 파악하고자 한다. 김대중 대통령의 철학기조는 주로 김대통령이 공식적으로 발언한 내용과 더불어 그 흐름을 따라 그 기조[1]를 파악하고자 한다. 따라서 그 초점은 평가에 있지 않고 주요 정책적 아젠다, 즉 관련 정책의 골격이 나오게 되기까지 김대중 대통령의 세계관이나, 가치관 등 소위 김대중 대통령 생각의 발자취라고 할 수 있는 철학적 담론들을 따라가고자 하는 데에 방향이 맞추어져 있다. 이처럼 특정인의 담론에 초점을 맞추어 연구하고 분석하는 방법은 담론분석[2]에서 많이 이용하고 있는 바, 본 고에서도 담론분석을 연구방법론으로 사용하고자 하였다. 특히 담론분석 방법론 중 민속방법론[3]적 담론분석 접근으로 접근하고자 하였다. 이 접근방법을

---

1)　기조라 함은 국어사전에 따르면, "사상, 작품, 학설 따위에 일관해서 흐르는 기본적인 경향이나 방향"을 말한다. 이런 의미에서, 본고에서 다루고자 하는 김대중 대통령의 철학기조는 당사자의 철학을 세세히 언급하는 것이 아니라 핵심적인 철학의 경향성을 언급하고자 하는 데 있다.

2)　담론이라 함은, CDA의 주류적 관점에서 '사회적 실천과정으로서의 언어'를 의미한다. 담론분석은 매우 여러 장르가 있으며, 현대에 들어와서 담론분석은 주로 CDA(Critical Discourse Analisis)라고 일컬어진다. 특히 담론분석의 유용성으로서 담론이 가지고 있는 사회적 기능에 대해 "담론은 개인이 그 세계를 의미 있게 이해할 수 있는 지식의 체계를 형성한다고 한다". 혹은 담론이 가지고 있는 정체성에 대한 개념으로서, 마이클 할러데이(M.A.K. Halliday), 페어클로우(Fairclough, 1992) 등 저명한 CDA 학자들은, "담론은 개인이 그 세계를 의미 있게 이해할 수 있는 지식의 체계를 형성한다"는 점을 강조한다. 여기에 더해 제임스 지(Gee, J.P. 1999, 같은 학자도 담론이야 말로 "개인의 정체성을 규정하고 승인하는 사회적 언어(social language)"라고 했다(출처. 나무위키, 검색일: 2023년 12월 02일)

3)　민속방법론적 담론분석은 초기의 담론분석 방법으로 개인의 일상을 간주관적이면서도 합리적으로 설명하기 위한 '방법' 들에 초점을 맞추는 방법론이다. 여기서 상정하는 회화는 동등한 관계에서의 비격식적인 대화를 의미하며, 언어의 관계적 측면이 강조

통해 김대중 대통령의 세계관과 철학을 탐구할 수 있기 때문이다. 이를 위해 김대중 대통령의 어록과 국무회의 대통령 지시사항, 여성 관련 각종 행사에서의 공식 연설문, 대통령직속 여성특별위원회 및 여성부의《여성백서》등을 주요 논거로 삼았다. 한편 기간은 가능하면 국민의 정부 기간으로 한정하되(1998.02.25.－2003.02.24), 전후의 비교나 기타 필요에 따라 그 기간을 넘나들기도 하였다.

1. 젠더 주류화를 구현한 첫 번째 대통령

'젠더 주류화(Gender Mainstreaming)'[4]라는 용어는 1995년 유엔 주최로 열린 세계여성대회에서 채택된 북경여성행동강령에 의한 것이다. 북경행동강령에서는 젠더 주류화란 "젠더 이슈를 정부와 공공기관의 모든 의사 결정과 정책실행에 고려해야 하는 것"이라고 정의하고 있다. 한편 유엔경제사회이사회에서는 주류화를 "모든 정치적·경제적·사회적 영역의 정책과 프로그램에 대한 디자인, 실행, 모니터링과 평가에서 여성과 남성의 관심과 경험을 통합함으로써 여성과 남성이 동등하게 혜택받고, 불평등이 조장되지 않도록 하기 위한 전략이며, 궁극적인 목적은 성평등을 이루는 것"으로 정의하고

된다(출처, 나무위키, 검색일:2023년12월2일)

4) 김대중 정부 하에서는 1999년도까지는 '젠더 주류화'라는 용어보다는 '여성정책 주류화'라는 용어로 적시되고 통칭되었다. 그러나 여성부가 출범하면서부터 젠더 주류화 내지 성 주류화라는 용어가 사용되었다. 즉 2001년에 여성부가 설치되면서 여성의 권익향상과 성평등 실현을 목표로 성 주류화의 다양한 도구를 개발하였고 성별영향평가, 성인지 예산, 성인지 통계, 성인지 교육을 실행하였다(김경희,〈한국의 성주류화 정책과 향후과제〉.《젠더리뷰》. 한국여성정책연구원, 2020). 또한, 여성정책 패러다임이 양성평등정책으로 변경되면서 '여성발전기본법'이 2018년에 〈양성평등기본법〉으로 전면 개정되면서 처음으로 성 주류화가 법률 용어로 사용되기에 이른다. 이런 상황의 고려하여 편의상 여기서는 젠더 주류화로 통일하고자 한다.(편집자 주)

있다5). 한편 유럽위원회(European Commission)가 정의한 바에 따르면, 여성이 법적도구, 재정자원, 지역사회의 조직적이고도 체계적인 자원동원을 의미한다6).

　물론 이와 같은 젠더 주류화의 개념은 그 개념을 실천하기 위한 구체적 사항들로 구체화 될 때 비로소 그 개념이 실질화되어진다. 이와 관련하여 국제기구 및 국내외 연구자들의 여러 정의들을 총합하여 볼 때 크게 다섯 가지 축의 젠더 주류화 도구들로 분류하고 있다. 첫째, 젠더 주류화를 위한 (국가차원의) 정책 기구의 설치, 둘째, 성 분리 통계와 데이터베이스의 구축, 셋째, 성별 영향평가(gender impact analysis), 넷째, 성인지 예산(gender budget), 다섯째, 남녀평등/성인지 교육훈련(gender training) 등이 그 도구에 포함된다7).

　이러한 '젠더 주류화(Gender Mainstreaming)'가 김대중 정부의 여성정책의 정책 기조의 그 첫 번째로 나온 이유는 김대중 정부의 대선 공약의 첫 번째 일성이기도 하였고, 또한 대통령직속 여성특별위원회(이하 '여성특위')의 공식적인 대통령 업무보고8) 관련 대통령의 첫 번째 공식적 훈시였기 때문이다(대통령 지시사항). 그리고 각 부처의 공식적 업무보고와 관련한 대통령의 말씀은 대통령 지시사항으로 기록되고 다시 각 부처 국정과제로 코드화되어 5년간 과제별로 그 성과를 남기도록 되어있다.

---

5)　김재인 · 곽삼근 · 윤덕경 · 김원홍 · 김태홍 · 민무숙 · 변화순 · 송다영 · 유희정 · 정현주 · 김성경 · 임선희 · 장혜경, 《성평등정책론》, 교육과학사2007:83쪽

6)　GIGE:http://eige.europa.eu/;김경희 · 남궁운영 · 동제연 · 주경미 · 이은경, 《성주류화 기반정책 평가제도의 성평등효과 제고를 위한 연구》, 한국여성정책연구원 2015:16쪽

7)　김재인, 〈성평등정책 추진체계와 비전〉김재인 · 곽삼근 · 윤덕경 · 김원홍 · 김태홍 · 민무숙 · 변화순 · 송다영 · 유희정 · 정현주 · 김성경 · 임선희 · 장혜경, 《성평등정책론》, 교육과학사2007　83쪽

8)　대통령직속 여성특별위원회의 대통령 첫 공식 업무보고는 1998년 5월 12일에 이루어 졌다.

"여성문제가 모든 국가문제 영역에서 핵심문제로 다루어지도록 노력
하기 바라며, 아울러 국가발전에 남녀가 동등하게 참여하도록 사회 전
분야에 걸쳐 여성의 대표성을 제고할 수 있도록" '여성특위'에게 당부하
였다[9].

이와 같은 대통령의 언급으로 미루어 보아, 그가 젠더 주류화의
철학을 매우 깊이 파악하고 있었다는 것을 보여준다.

대통령의 발언에서 젠더주류화의 핵심 키워드를 찾아낸다면, 그
것은 "남녀가 동등하게 국가발전에 참여", "모든 국가문제 영역에서
여성문제가 핵심문제로 다루어지도록 하는 것과 사회 전 분야에 걸
쳐 여성의 대표성을 제고하도록 하는 것"으로 정리가 된다.

1) 젠더 주류화 전략 1 : 국가 차원의 여성 정책기구의 설치

젠더 주류화 첫 번째 전략으로서 김대중 정부에서 구체화된 것은
여성정책기구의 설치이다.

여성정책 기구는 김대중 정부에서 1998년 정부조직법 개정을 통
하여 대통령직속여성특별위원회[10]로 출발하여 2001년 1월 여성부

---

9)   김대중, 대통령지시사항—여성특별위원회업무보고(1998.5.12.), 대통령기록관.
     (https://www.pa.go.kr/, 검색일 2023년 5월 5일)
10) 여성특별위원회는 김대중 정부가 1998년의 정부조직개편과정에서 작은 정부를 표방
     하는 행정효율화의 기치 아래 설립되었다(김미경, 2007, 여성정책과 정부역할의 변
     화, 박재창 편,《정부와 여성참여》, (법문사 2007).22쪽). 이러한 개편과정에서 기구
     와 인력을 줄이려는 다운사이징과 정부의 역할을 바꾸어 보려는 리엔지니어링의 원칙
     하에 국무위원 수를 줄이는 대상으로서, 결국은 여성정책담당기구의 장이 장관급으로
     격하된 상황으로 나타나게 된 것이다(조우철, 〈여성정책전담기구의 기능과 기구개
     편〉, 박재창 편,《정부와 여성참여》, (법문사, 2000) 80쪽). 이와 같은 여성정책담당
     기구의 위상은 그동안 여성계가 줄곧 요구해온 여성정책기구의 위상 및 기능강화와는

를 발족시키게 된다. 그리고 김대중 정부에서 일어난 일은 아니지만, 보육정책과 가족정책이 새로운 고유영역으로 추가되면서 여성부가 2005년 6월 여성가족부로 전환하여 2023년 5월 현재에 이르게 되고, 윤석열 정부에서는 여성가족부 폐지가 공약이다.

 (1) 1998년 대통령직속 여성특별위원회의 출범

 후술하겠지만, '여성특위'는 여러 가지 조직과 기능, 그리고 예산상의 한계에도 불구하고 제6공화국정부의 정무장관(제2)보다 훨씬 더 진전된 조치였다고 보여진다.

 우선 김대중 정부는 출범 전후로 IMF라는 국가적 난제에 둘러싸여 있었고, 그러한 가운데 '작은 (효율적인) 정부'를 지향하면서 출범하였다.

 작은 정부를 지향하면서 1998년 정부조직법을 개정하면서 제6공화국정부 시절과는 완전히 다른 개념으로 여성정책 추진 기구를 만들고자 했다. 이는 국민의 정부와 그 이전 정부시절의 여성정책담당 기구였던 정무장관(제2)의 조직적 지위와 기능11)의 차이에서 명확히 드러난다. 즉 제6공화국정부에서는 정무장관(제2)이 여성관련 업무를 전담하도록 했으며, 소속직원이 20명이었다. 특히 정무장관은 '원, 부, 처의 장이 아닌 국무위원'에 대한 호칭으로서, 제도적으로는 행정기관을 관장하지 않은 국무위원이다. 또한 그의 소속에 있는 직원은 정부조직법상에 '대통령 및 국무총리가 지정하는 업무'를 수행

 거리가 먼 것이었다.
11) 여성특위의 기능과 권한에 관한 명시적 규정은 대통령령으로 적시되어 있는 바, ①여성정책에 관한 종합적인 기획·조정에 관한 사항, ②여성의 지위향상과 관련한 대통령의 자문 기능의 수행, ③여성정책의 기본시책 시행을 위한 제반조치에 관한 사항, ④ 여성단체의 활동 및 여성관련 시설의 운영지원에 관한 사항, ⑤ 정책개발 및 조사연구에 관한 사항, ⑥ 여성차별에 대한 조사 및 차별시정에 관한 사항 등이다.

하게 되어있어 업무는 특명사항을 수행하는 것에 그쳤다고 볼 수 있다[12]. 이에 반해 여성특위는 15인[13]으로 구성된 합의제 성격의 행정기구이고, 위원장은 임기 2년의 장관급 정무직이다.

물론 여성특위의 활동을 지원하는 사무처가 별도로 있다. 한편 그리고 타 부처와의 연계는 행정자치부, 교육부, 보건복지부, 노동부, 법무부, 농림부 등 6개 부처 차관이 '여성특위'의 당연직 위원으로 되어있고, 이 6개 부처에 여성정책담당관을 두고 이들과 '여성특위'의 정책담당관과는 연 3, 4회 정도 공식적 업무협의회와 더불어 수시적 협조체계를 구축하고 있다. 아울러 '여성특위'는 타 기관과의 업무관계에 있어서는 중요정책의 경우 반드시 사전협의를 거치도록 여성특별위원회규정 제36조에 적시하고 있다.

이상에서 보듯이 조직상의 권한과 지위, 그 기능면에서 과거의 정무장관(제2)에 비하면 법적 보강이 이루어져서 여성정책을 세도적으로 추진하는 틀은 강화되었다고 할 수 있을 것이다.

그럼에도 '여성특위'가 가지는 존재론적 한계성은 일부 학계는 물론 여성단체들로부터 거론되어왔다. 그동안 거론되었던 '여성특위'의 존재론적 한계성은 몇 가지 대표적인 특징들로 귀결되며 그 중 객관적인 사실을 중심으로 존재론적 한계성으로 생긴 두 가지 문제점을 소개하면 다음과 같다. 우선은 독자적인 법안 발의권이나 규칙제정권 등 준입법권이 결여되어 있다[14]. 둘째, 준 사법적 권한이 없다. 예를 든다면, '남녀차별금지 및 구제에 관한 법률'과 관련하여

---

12) 조우철, 〈여성정책전담기구의 기능과 기구개편〉, 박재창 편, 《정부와 여성참여》, (법문사, 2000) 81쪽

13) 15인에는 위원장 1인, 상임위원 1인, 비상임위원 13인으로 구성된다. 비상임위원 13인 중 6인은 당연직으로 구성된 6개 부처(법무부, 행정자치부, 교육부, 농림부, 보건복지부, 노동부)의 차관이며, 나머지 7인은 위촉직으로 민간위원이다. 위원회 전체회의는 전원회의로 명명되었다.

14) 조우철, 〈여성정책전담기구의 기능과 기구개편〉, 82쪽

'여성특위'는 남녀차별 여부의 결정·조정·시정권고·고발을 할 수 있는 등 법적인 권한이 있음에도 불구하고 당사자 간의 다툼이 있는 사건에 대해 의결을 할 수는 있으나 위원회의 결정을 강제할 수단을 갖고 있지 않다는 것이다15).

이 외에도 셋째, '여성특위'가 여성정책의 총괄 조정이나 기획기능을 하기 어려운 구조이다. 이는 예산이나 조직인원면에서 투입부문의 규모가 적은 데서 비롯된다는 것, 넷째,'여성특위'가 여성정책'에 관한 핵심적인 고유업무가 없기에 여성정책을 주도해나갈 수 없다는 것 등이 그간 일부 학계나 여성단체에서 지적되어 왔다16).

물론 위의 네 가지 '여성특위'의 존재론적 한계성'이 빚어낸 여러 가지 도전적인 과제들에 대해서는 큰 이견은 없으나, 그럼에도 세 번째의 지적의 앞 부분에 대해서 보는 각도에 따라 논쟁의 여지가 상당히 존재한다는 것도 또한 사실이다. 그렇다고 예산이나 조직인원의 규모자체가 적다는 것은 사실이기에 그 자체가 다툼이 되지는 않는다.

무릇 역사는 인간이 창조한다. 상황이 창조하는 것이 아니다. 상황은 그런 여건을 만들 뿐이다. 그런 여건조차 조성되지 않은 곳에서도 역사가 만들어질 수 있고 만들어져 왔기 때문이다.

'여성특위'였기에 여성특위의 기획과 조정으로 밀고 가서 일정한 수확을 거두었던 대표적 여성정책을 소개하면 다음과 같다.

그것은 IMF시절의 여성실직가장을 위한 대책이었다. 사실 이 경제적 난국상황에서, 초기의 실업정책에는 여성만을 위한 조치들이 아예 없었다. 그리고 소위 '실업의 여성화'라는 신조어가 낯설지 않을 정도로 당시 통계들이 그런 사실들을 뒷받침하고 있었다. 이에

---

15) 조우철, 〈여성정책전담기구의 기능과 기구개편〉, 82쪽
16) 조우철, 〈여성정책전담기구의 기능과 기구개편〉, 84쪽

'여성특위'의 기획과 조정을 통해, 여성만을 위한 실업정책 수립 필요성을 전원회의의 안건심의를 통해 확정하고, 여성정책 담당관 중앙부처협의체 채널을 통해 정책을 각 해당부처에서 수립하고 집행·모니터링하도록 했다.

이와 같은 과정에서 물론 김대중 대통령에게도 여성실직 가장 및 여성실업자들을 위한 정책이 별도로 수립되어야 할 필요성을 전달했다. 거기에 대한 대통령의 공식적인 언급이 일반여성들에게 널리 알려지게 된 계기가 1998년 7월 3일 제3회 여성주간 기념식사였다.

> "최근의 실업사태와 관련하여 여성이라는 이유만으로 부당하게 해고되는 일이 더 이상 없도록 할 것입니다. 실직 여성에 대해서는 직업재활을 받을 수 있는 기회를 확대하고, 여성을 재고용하는 사업장에 대해서는 장려금을 지급하는 등 여성의 재취업을 위해 자원을 아끼지 않을 것입니다 (중략)."[17]

이처럼 김대중 대통령은 여성계와의 공식적인 만남에서 IMF라는 비상시국에서 여성이라는 이유만으로 먼저 해고당하고 재취업도 안 되는 현실을 알고 있다는 입장을 명확히 견지해왔다.

그리고 그와 같은 입장은 또 한번 1998년 9월 29일에 개최된 제35회 전국여성대회에서 재확인된다.

> "저는 지금 우리 여성이 당면한 경제난국으로 인해 가정과 직장에서 2중, 3중의 고통을 겪고 있다는 것을 잘 알고 있습니다. 여성이라는 이유만으로 취업이나 직장에서 부당한 대우를 받지 않도록 하겠으며, 여성

---

17) 김대중, 〈여성의 발전은 국가 발전의 밑거름〉, 제35회 전국여성대회 기념사, 연설일자 1998.9.29. 대통령기록관https://www.pa.go.kr/(검색일:2023년 5월5일)

실직자를 위한 생활지원과 취업보장에도 각별한 관심을 가질 것입니다 (중략)."

(2) 2001년 여성부 출범

여성특위는 앞서 언급한 '존재론적 한계성'을 극복하고 나아가 여성문제를 보다 적극적으로 해결하기 위한 조처로서 준 입법권한과 집행권한이 부여된 행정부처 형태로 2001년 1월 여성부로 재탄생하게 된다. 이 여성부는 모든 여성계가 요구하는 것이기도 하였다.

무엇보다도 여성부를 새로이 출범시키면서 김대중 대통령은 그 누구보다도 매우 감격스러워했다고 한다.

> "여성부 출범은 특히 축하할 일이었다. (중략) 21세기는 정보화시대이고 곧 여성의 시대이다. 여성들이 속속 남성의 영역을 무너뜨리고 있는 것도 예사롭지 않은 현상이다. 사관학교에 여성 생도가 수십 명씩 입학하고 수석 졸업생이 나오기도 했다. 예전에는 상상할 수도 없는 일이었다. 하지만 각 분야에서 여성들에 대한 장벽은 여전히 높고, 차별 또한 여전하다 (중략) 나는 여성을 위하는 일이 곧 나라를 살리는 일이라고 생각한다. (중략) 여성문제는 독자적인 정부 부서를 설치하여 해결해야 한다. 역설이지만 여성부는 '여성부가 없어지는 그날'을 위해 일하는 부서이다 (중략) .[18]

이처럼, 대내외의 축하와 격려를 받고 출범한 여성부는 법률발안권과 집행권한을 가진 명실상부한 행정부처로서의 그 형태를 갖추게 된 것이다.

---

18) 김대중, 《김대중 자서전 2》서울: 도서출판 삼인, 2010:393쪽

이와는 별도 정부의 행정체계가 젠더 주류화에 입각하여 운영될 수 있도록 실무적으로 뒷받침하는 여성정책 담당관 제도가 김대중 정부가 출범한 1998년에 도입되었다. 이 제도는 젠더주류화의 전략과 정책과제를 실행하는 실무 행정기구이다. 이에, 중앙부처 차원의 여성특위를 비롯한 6개 핵심부처에 중앙부처의 과장급에 해당하는 여성정책 담당관제도가 도입되었으며, 2002년도에 여성발전기본법 개정을 통해 중앙행정기관에 여성정책담당관 제도와 별도로 여성정책 협조부서를 지정·운영하도록 하였다. 또한, 국무총리 소속 하에 여성정책조정회의를 신설하고, 중앙행정기관에 여성정책 책임관제도를 도입하여 운영하였는데, 이 책임관은 대체적으로 각 부처의 총괄 부서장이 맡도록 되어 있는 바에 따라 각 부처의 기획실장이 겸임하면서 여성정책 실무의 총괄·조정을 하는 것으로 되어있다[19].

이러한 제노는 한국에만 독특하게 설치된 제노로서 국가차원 전체가 젠더 주류화에 입각한 행정적 운영체계를 갖도록 하기 위한 토대 구축 작업으로 여겨진다. 이런 차원에서 1999년 유엔여성지위위원회에서 여성정책담당관제도가 '모범사례'로 선정되어 국제적 위상으로서 널리 알려지게 되었다. 그리고 국내에서 여성정책담당관의 역할과 성과에 대한 평가는 대체적으로 긍정적[20]으로 나타나고 있으며, 국회여성특별위원회에서 1998년도부터 1999년도, 혹은 2000년대 초반까지의 여성정책시행을 평가한 결과 여성정책담당관이 설

19) 김재인, 〈성평등정책 추진체계와 비전〉. 김재인 외, 《성평등정책론》:92쪽

20) 필자는 여성특위의 초기 여성정책담당관이었으며, 타 5개 부처 여성정책담당관들과의 정기적 운영협의의 책임자였다. 그 당시 타 부처의 여성정책담당관들은 자기 분야에 관한 한 전문가이면서 매우 열정적이었고 부처 내 보이지 않는 정치적 역학에도 불구하고 상당한 소명감을 갖고 일했다. 담당관들의 출신은 여성운동가, 직업관료, 교육전문가 등이며, 대부분 관련분야에서의 광범위한 네트웍과 어느 정도의 영향력을 갖고 있던 사람들이었기에 관련 현장과의 소통역시 활발히 이루어졌다. 이 담당관들은 대부분 각자 분야에서 고위직까지 진출할 정도로 능력이 뛰어났다.

치되었기에 부처의 여성정책 추진이 더 활발했었던 곳으로 높이 평가받았다[21]. 그러나 이 제도가 김대중 정부 이후에도 얼마나 지속되고 어느 정도로 확장되었는지에 따라 젠더주류화의 토대구축[22]의 하나로 작용했는지가 관건이 될 것이다.

2) 젠더 주류화 전략 2: 정책결정과정에서의 여성 참여확대

(1) 여성공무원 채용목표제의 강화

여성공무원 채용목표제가 도입된 출발점은 1995년 12월 12일 개정된《공무원임용시험령》이다[23]. 이 법은 1996년에 시행되었으며, 그 당시의 여성채용목표제[24]는 상대적으로 여성합격자가 적은 상위 직급인 행정고시 및 외무고시와 7급 행정, 공안, 외무 행정직 공채 시험에 적용되었다. 그러나 여성합격자의 비율이 30% 이상인 9급 1공무원 공채시험과 모집단위별로 선발 예정인원이 소수인 기술직,

---

21) 여성부, 《2001 《여성백서》여성부, 2002

22) 이와 관련하여 CEDAW는 대한민국 제8차보고서에 대해 2018년 9월 최종견해를 발표하였으며, 그 중 효과적인 성평등추진체계 확립에 대한 의견도 제시하였다. 이 견해에 따르면, "(a) 성평등위원회를 대통령직속기구로 설치하고 필요한 인적·재정적·기술적 자원을 배치하며 여성발전을 위한 국가기구를 총괄 조정하는 명확한 권한을 부여할 것, (b) 모든 단위의 지방정부에서 성별영향분석평가 제도를 강화하고 적절한 인적·재정적·기술적 자원을 배치할 것, (c) 기획재정부가 관여하는 성인지 예결산 상설협의체의 효과적 기능을 위한 법적 근거를 마련하고 필요한 인적·재정적·기술적 자원을 제공할 것 포함되어야 한다"고 하였다(김경희, 〈한국의 성주류화 정책과 향후과제〉, 《젠더리뷰》, 2020:7쪽).

23) 윤덕경, 〈여성인권증진을 위한 법·제도〉, 김재인 외《성평등정책론》, (교육과학사·2007), 162쪽

24) 여성채용목표제도가 처음으로 적용된 '96년도의 외무고시와 행정고시, 7급 행정직급별 시험에서 여성 합격자수는 제30회 외무고시 최종 합격자41명 중 여성이 4명 합격(여성 1명 추가 합격), 제40회 행정고등고시의 경우, 최종 합격자 192명 중 여성 10명 합격(여성 2명 추가 합격), 7급 행정, 공안, 외무 행정직 공채 시험의 경우, 최종 합격자 285명 중 여성 25명 합격(여성 15명 추가 합격)하였다. 여기서 추가 합격자수로 발표된 여성합격자가 바로 여성채용목표제가 적용한 것으로 인한 것이다.

직무특성상 남녀구분이 불가피한 교정, 보도, 보호관찰직은 제외되었다. 또한, 선발예정인원이 적어 현실적으로 목표인원 설정이 어려운 10명 미만의 채용단위 시험에도 적용이 제외되었다[25].

이런 상황 가운데서 김대중 대통령은 평소의 소신인 " 국가발전에 남녀가 동등하게 참여"하도록 하기 위해 보건복지부 대통령 업무보고 자리에서 다음과 같이 지시하였다.

> "정부는 앞으로 공직에 20% 여성 채용과 관리직의 여성 승진에 노력해 나갈 것이며 (중략)"[26]

이처럼 김대중 대통령은 '98년도에 여성공무원채용목표제의 수치를 구체적으로 제시한 것이다. 이에 이 제노를 남낭한 행성사치부에서는 대통령의 지시사항에 따라 기존의 채용목표비율을 확대하고 나아가 미적용 직급의 시험에도 확대[27]하게 된다. 그리하여 여성채용목표비율은 5급 20%, 7급은 25%, 9급은 30%까지 확대하였다.

김대중 대통령의 여성공무원 채용에 대한 관심과 구체적인 지시가 제도 확대로 이어지고, 그 결과는 여성에게도 그만큼 더 기회의 폭이 넓어지는 등의 파급효과를 불러온 것이다[28].

---

25) 박영미. 2000. '고위 여성공무원의 보직실태와 정책결정'. 박재창 편.《정부와 여성참여》.(법문사, 2000), 177쪽

26) 김대중, 국정과제 점검회의 보건복지부 지시사항, 1998. 7. 14. 대통령기록관(검색일: 2023년 5월 5일).

27) 기존의 '99년 18%, 2000년의 20%이던 목표비율을 '99년 20%로 상향조정하였으며, 9급시험에도 여성채용목표제를 적용하였다. 그리고 당초 이 제도의 적용기간을 1996년-2000년도까지 운영하려고 했으나, 그 기간을 2002년도로 연장하였으며, 대상 폭도 기술직에도 확대 적용되었다. 그리하여 여성채용목표비율은 5급 20%, 7급은 25%, 9급은 30%까지 확대하였다.

이 제도는 2002년까지 운영되다가, 2002년 12월 26일, 동 시행령이 개정되면서 양성평등채용목표제로 전환[29]되었다.

종합적으로 볼 때 김대중 대통령의 국민의 정부 임기 동안 여성공무원 채용목표제가 실시된 전후로 전체 공무원 중 여성 공무원의 비율은 1997년도에 28.7%(총 공무원 수 923,714명 중 여성 265,162명)에서 국민의 정부 임기가 끝나는 2003년도 2월 24일을 기점으로 한 2002년도 말(총 공무원 수 869,030명 중 여성 286,074명) 현재 여성공무원 비율은 32.9%로 증가하였다[30].

이러한 증가는 이 제도의 정책적 효과이며, 그러한 제도를 지시하고 임기 내내 관심의 끈을 놓지 않은 사람은 바로 김대중 대통령인 것이다.

(2) 여성 공무원 승진 목표제

여성관리직의 확대는 정책결정에서의 여성참여 확대라는 면에서 매우 시급한 과제였다.

그런 만큼, 김대중 대통령도 여기에 대해 대통령으로 취임하면서부터 관리직으로의 여성 공무원의 승진에 대해 깊은 관심을 기울여

---

28) 실제로 제도의 적용범위가 넓어진 효과를 살펴보면, 98년도에는 외무고시의 경우 최종 합격자 30명 중 5명이, 행정고시는 182명 중 42명(5명 추가합격), 지방고시의 경우 43명 중 2명, 7급은 180명 주 27명(추가합격 9명), 9급은 1,096명 주 233명이 합격하였다(박영미, 〈고위 여성공무원의 보직실태와 정책결정〉, 179쪽).

29) 그 내용을 살펴보면, 제11조의 3의 제목이 '여성의 합격'에서 '여성 또는 남성의 선발예정인원초과합격'으로 변경되었고, 조항의 내용 중 '여성'을 모두 '여성 또는 남성'으로 변경하였다. 이는 공무원임용시험에 있어 공직 내 양성평등을 제고하고 직렬 또는 기관별로 남녀 참여가 균형을 이룰 수 있도록 하고자 하는 것으로, 적용기간은 2003-2007년이며, 특정성의 채용 목표비율은 30%로 정하였다(윤덕경, 〈여성인권증진을 위한 법·제도〉162쪽).

30) 여성가족부, 2005 《여성백서》

왔다.

1998년 정부부처의 대통령 첫 업무보고가 시작되었다. 여성특위의 첫 번째 대통령 대면 업무보고이후 지시사항이 바로 그러한 관심을 보여주는 것이었다.

"공무원의 채용, 승진 등에 있어 차별을 없애고, 여성 공무원들이 관리직으로 많이 진출할 수 있는 방안을 마련할 것 등 (중략)"31)

그리고 그 관심은 여성부가 출범한 2001년도에도 공식적인 지시사항으로 다시 전 부처의 관심과 정책적 이행을 환기했다.

공직사회에서 여성이 관리직으로 승진하는 것이 중요합니다. 여성부가 여성 관리자 양성화 교육을 위해 노력해 주길 바랍니다 32).

이처럼 여성관리직 승진 등 김 대통령 이하 여성정책 기구의 관심 속에서 실질화의 노력은 2002년에 이루어진다. 이는 '여성관리자 임용확대 5개년계획(2002-2006)'으로서, 이는 행정자치부가 중앙인사위원회와 함께 국가의 중요 의사결정 과정에 참여할 수 있는 관리직 여성비율의 확대를 위한 계획33)인 것이다. 이와 같은 결과 여성공무원 수는 김대중 대통령이 재임하기 직전의 여성공무원 수는 1997년 말 기준 859명에서 2005년도 기준으로 여성공무원 수가 1,418명으

---

31) 김대중, 여성특별위원회 업무보고, 1998.5.12. 대통령기록관
32) 김대중, 여성부 업무보고, (2001.4.18.) 대통령기록관
33) 이 계획에 의해 중앙 부처 및 지방자체단체와의 협의조정을 통해 5급 이상 여성관리자의 비율을 2006년까지 10% 이상 되도록 하는 연도별 여성관리자 목표비율을 정하였다. 이 외에도 정부는 '1기관 국·과장급 여성관리직 1인 이상'배치를 위하여 중앙행정기관 별로 국·과장급 여성공무원을 1인 이상 배치하도록 추진하였다(김원홍, 〈정책결정과정에서의 여성대표성〉. 193쪽).

로 증가하였다. 이와 같은 증가수치는 김대중 정부기간 동안 여성관리직 승진목표제가 있었기에 이뤄낼 수 있었던 것으로 보여진다.

2. 여성의 삶에서 인권을 논하다

1) 김대중 대통령의 인권 철학, 여성의 삶과 함께하다

김대중 정부의 여성정책의 철학기조 두 번째가 인권이다. 그 인권의 배경이 된 두 가지는 대통령 자신의 세계관이며 다른 하나는 국제적 배경이다.

김대중 대통령의 일생은 민주주의와 인권, 평화를 지켜내기 위한 일관된 삶이었다는 데는 누구나 다 동의한다. 사실 김대중 대통령의 삶 자체가 그렇다. 김대중 자신이 그의 정치일생을 통해 민주주의를 위해 투쟁해왔고, 지역주의라는 근거 없는 차별에 맞서왔으며, 색깔논쟁의 편견에 항상 대적해야 했기 때문이다. 또한, 자신이 장애인이면서 고령인 관계로 여성, 노인, 아동, 장애인 등 사회적 약자에 대한 두드러진 관심 역시 각별하였다.

특히 여성에 대한 몰 상식적인 차별과 여성이 일방적으로 당하는 온갖 형태의 폭력과 편견 등, 여성이기에 당해야만 하는 부조리한 현실에 대해 김대중 대통령은 누구보다 공감하고 이를 해결하기 위해 그의 권력을 적극 활용하였다. 집권 이후 여성을 차별하는 모든 종류의 법의 개정의 의지로 보여준다. 여성차별과 폭력문제에 대한 해결, 고용과 육아 문제의 해결 등, 이 모든 것은 바로 여성들의 권리투쟁이자 여성들의 인권의 회복인 것이다. 그리하여 김대중 대통령은 이와 같은 의미가 바로 민주주의와 직결되어 있음을 강조하였던 것이다.

> "여성의 인권신장이 없이 민주주의 발전은 있을 수 없습니다. 여성의
> 인권이 보장되고 여성의 능력이 발휘될 수 있는 사회가 바로 민주주의의
> 사회입니다. 이제 50년 만의 여야 간 정권교체를 통해 여성의 권익향상
> 과 민주주의가 함께 발전할 수 있는 토양이 마련되었습니다."[34]

한편, 여성 인권문제가 1979년 유엔에서 채택된 유엔여성차별철
폐협약[35]이후 국제무대에서 재점화하게 된 계기는 세 가지 사건 때
문이다. 그것은 바로 1993년 비엔나세계인권대회, 동년 유엔에서
채택된 여성폭력철폐선언, 그리고 1995년 베이징여성대회이다.

1993년 비엔나세계인권대회에서 채택된 비엔나인권선언 및 행동
강령의 C파트에 나오는 '여성의 평등한 지위와 권리조항' 부분은 특
히 여성운동진영의 뜨거운 관심을 끌었다. 이 대회를 통해 여성인권
이 세계적인 수준에서 다시 재 점화됨과 동시에 여성인권의 세계적
도약의 수순으로서 국제적 인권메커니즘으로의 여성인권특별보고관
제도가 도입되게 되었기 때문이다. 이러한 상황에 대해 네비 필레이
(Navi Pillay) 당시 유엔인권최고대표는 "비엔나선언이 특히 여성인권
과 성폭력 관련 인권의 부상에 새로운 전기를 마련했으며 그때까지
인권 담론에서 배제돼 있던 여성폭력 이슈를 수면 위로 끌어올렸다"
고 언급했다[36].

---

34) 김대중, 제3회 여성주간 기념식사(1998)
35) 한국정부는 1984.12.27.일에 가입하였고, 발효는 1985.1.26.일부터 시작되었다. 한
   국정부는 이 협약에 의해 국가보고서를 매 4년 주기로 제출하고 있다. 아울러 유엔여
   성차별철폐협약의 선택의정서도 1999.10.06.에 채택되었다. 한국은 선택의정서에
   2006년 10.18자로 가입하였고 발효시기는 2007.1.18.부터이다. 선택의정서는 유엔
   여성차별철폐위원회에 개인도 진정할 수 있도록 만든 제도이다.
36) 유엔인권정책센터, https://kocun.org/story_activity

한편 1993년 유엔여성폭력철폐선언(Declaration on the Elimination of Violence against Women)은 국제문서사상 처음으로 여성에 대한 폭력의 정의와 유형을 규정하였으며, 여성에 대한 폭력 역시 여성차별에 해당함을 선언하였다.[37] 이울러 1995년 베이징여성대회의 행동강령은 세계 각국에게 자국의 국내 입법적 정책수립 시 국제적인 기준에 맞도록 여성인권과 남녀평등을 달성할 수 있도록 하는 등 국내 여성정책에 상당한 영향력을 미쳐왔다고 하였다.[38]

2) '인권' 철학을 기반으로 한 여성 법률이 급물살을 타다

젠더 주류화 철학에 기반한 정책과 더불어 입법화 활동이 젠더 중심적 관점으로 여성인권을 증진시키고자 본격화된 시기는 1990년 중후반에서 시작하여 2000년대부터 본격화되었다고 한다.[39]

즉 국제적 차원에서의 여성인권에 대한 폭발적인 관심[40][41]이 국

(검색일 2023년6월25일)

37) 윤덕경, 〈여성인권증진을 위한 법 · 제도〉,156쪽

38) 윤덕경, 〈여성인권증진을 위한 법 · 제도〉,156쪽

39) 박기자, 〈'world polity'차원에서의 여성인권과 여성에 대한 폭력의 이해〉,《젠더와 사회》, 여성연구논집 제28집. 신라대학교 여성문제연구소, 2017; 김재인, 〈성평등정책 추진체계와 비전〉 2007; 윤덕경, 여성인권증진을 위한 법 · 제도〉2007.

40) 1979년 유엔여성차별철폐협약(Convention on Elimination of Discrimination Against Women, CEDAW) 이 유엔에서 채택되었지만, 그 이후 동 협약에서 규정하고 있는 여성권리들은 유엔현장에서조차 오랫동안 보편적인 인권의 영역으로 인정받지 못했다. 이 협약은 1990년대 초반까지 국제법상 인권조약이라기 보다는 개발도상국을 대상으로 여성발전정책을 지원하는 조약으로 기능하게 되면서 UN의 주변부에 머물렀다. 게다가 30%에 육박하는 협약당사국들이 빈번하게 유보조항을 채택함에 따라 여성에 대한 차별에 반대하고 이를 폐기하는 것을 목적으로 삼은 CEDAW의 원래 취지는 크게 손상될 수 밖에 없었다. 이와 함께 다른 인권협약들과 비교하여, 협약의 이행을 점검하는 과정 또한 심각한 취약성을 보이는데 이것은 취약한 CEDAW의 위상을 보여주는 것이다(박기자, 〈'world polity'차원에서의 여성인권과 여성에 대한 폭력의 이해〉:96쪽).

41) 국제적인 차원에서 여성인권에 대한 폭발적인 관심이 증대된 계기는 1990년대 들어 CEDAW가 실질적인'여성권리장전'으로써 위상이 강화되는 계기와 맞물린다. 이러한

내 여성운동에도 일정한 영향을 미치면서 이와 일관된 맥을 유지하고 있었던 상황, 그리고 대통령 자신의 세계관 등이 어우러진 맥락에서 여성인권을 증진하면서도 동시에 젠더 중심적 관점으로 법의 제개정이 본격적으로 이루어지고 있었던 시기와 맞물려 있기도 하다.

다만 그와 같은 입법관련 제·개정의 주요내용을 세세히 살펴서 적시하기보다는 대표적인 입법례의 제목들만 언급하자면 다음과 같다.

1999.2.8. '남녀차별금지법'의 제정·공포, 1998.12.31. '국민연금법'이 대폭 개정되면서, 그 중 '분할연금수급권'의 신설, 1987년 제정된 '남녀고용평등법'에서 모집과 채용과 관련하여 '여성에게 남성과 동등한 기회'를 주도록 하였으나, 2001년 개정 시에는 '남녀를 차별해서는 안 된다'로 적시, 젠더주류화 정책에 따라 1989년의 '모자복지법'이 2002년의 '모·부자복지법'으로 개칭(2023년 현재 이 법의 명칭은 '한부모가족지원법'임), '여성공무원 채용목표제'가 '양성평등채용목표제'로 그 명칭이 변경 등 여성인권증진 내지 젠더인권증진을 위

계기에 대해, 박기자는 "미국에 본부를 두고 있는 여성글로벌리더쉽센터 (Centre for Women's Global Leadership, 이하 CWGL)가 주축이 되어 전개된 '여성권리가 인권이다(Women's Rights are Human Rights)'란 캠페인을 통해서다. 이 캠페인은 지배적인 남성중심의 인권이해에 대한 페미니즘적 비판의 입장을 명백히 하고자 하였다.
즉 인권으로서 여성의 권리의 명시적인 인정과 함께 '전 지구적으로'여성에게 저질러지고 있는 폭력을 인권침해로서 명백하게 승인받는 것이 이 캠페인의 최종 목적이었다(vgl. Bunch 1993). 학술적인 용어로 이들은 '여성인권(women's rights)'개념을 확정지었는데, 이 개념은 보편적인 인권의 페미니즘적 해석과 여성의 일상의 삶에서 그리고 여성에 특화된 불편부당한 경험과 권리침해의 경우에 활용될 수 있도록 하자는 데에 있다. 국제적인 인권에 대한 페미니즘적 흡수통합의 정치적인 장소로서 1993년 비엔나 인권대회를 겨냥하면서 이 캠페인은 국제적인 여성인권운동의 전개과정에서 출발점이 되었다. 이 캠페인이 진행되면서, CEDAW는 처음으로 여성인권의 중요한 국제적인 관련문서로서 규범적·정치적으로 중심에 서게 되고 또 국제적인 위상을 획득하게 된다"고 하였다(박기자, 박기자, 〈'world polity'차원에서의 여성인권과 여성에 대한 폭력의 이해〉2017:96-97쪽).

한 입법들이 1990년대 이후 폭발적으로 증가하였다.

3) 여성인권의 최후 수호자, 국가인권위원회를 설립하다

국가인권위원회는 여성인권을 망라하는 전 분야의 인권에 관한 인권침해와 차별을 조사하고 구제하며, 나아가 인권문화를 전 사회에 뿌리내리도록 하고자 하는 인권교육을 담당하는 국가기관이다. 이 국가인권위원회는 김대중 정부 집권기간 동안 인권분야에 관한 최고의 업적이라고들 한다[42].

특히 젠더 인권과 관련하여 그간 사회적 관행으로 여겨졌던 성차별적 모집단계에서부터의 채용문제[43], 동성 간 성희롱 당사자 확대 또는 비상근 임원 등도 성희롱 행위 주체에 포함하여 성희롱 행위주체 확대 등 민감한 주제에 대해 국가인권위원회는 인권적 원칙에서 사회적 약자의 입장을 대변하려고 노력해왔다. 그리고 현재까지도 인권시민단체는 물론 종교계, 정치계 등 뜨거운 감자로 등장해온 차별금지법(안)은 2006년 7월 최초로 국가인권위원회가 국무총리에 입법권고한 안[44]을 기반으로 하고 있다.

한 마디로 국가인권위원회의 결정례는 정권에 따라 다소 부침은 있지만, 헌법재판소는 물론, 재판부의 재판과정에서도 원용할 만큼

42) 최경환, 《김대중 리더쉽》, 아침이슬, 2000.:144쪽
43) 대전 MBC는 아나운서 모집 시 여성 아나운서는 모집 이후 채용단계에서부터 정규직이 아닌 계약직 신분으로 일을 시작해야만 했고, 이러한 관행은 수십년간 지속되어왔다. 진정인 ○○○가 국가인권위원회에 이 사안을 차별로 진정한 이후 국가인권위원회는 2019년에 차별결정을 한 사례이다.
44) 2006년 7월, 국가인권위원회가 차별금지법 권고법안을 확정하고 이를 국무총리에 입법 권고하는 결정을 내렸다. 그리고 1년 3개월 후, 2007년 10월 2일 법무부가 차별금지법안을 입법예고한다. 대한민국의 정부수립 이후 처음으로 상정된 차별금지법안이었다[특집] 깊이읽기[2020.08] 차별에 굴복한 14년, '평등 및 차별금지에 관한 법률(평등법)'로 멈춰야 할 시간 글 김지혜 교수 (강릉원주대 다문화학과).

주요하게 여겨지곤 한다. 이는 국가인권위원회의 결정례가 보편적인 인권적 규범에 기반하고 있기 때문이다. 이와 같은 국가인권기구의 설립은 다름 아닌 김대중 대통령의 강한 신념의 결과물인 것이다.

> "나는 수첩에 제정해야 할 법안들을 메모했다. (중략) 수첩 맨 위에 적혀 있는 것이 국가인권위원회법(인권법)이었다. 이 법안은 나와 국민의 정부가 세계에 한국이 인권국가임을 알리는 상징이었다 (중략)"[45].

여기에서 밝혔듯이 한국이 1998년 국민의 정부에 들어서야 비로소 인권국가의 반열에 들어섰다는 것을 알리고자 하는 그의 염원은 실현되었다. 2001년 5월 청와대에서 '국가인권위원회법' 공포와 함께 서명식이 열린 날, 김대중 대통령은 법률에 서명하고 난 뒤에 다음과 같이 그의 심정을 밝혔다.

> "오늘은 우리나라 민주 역사상 특별한 의미를 갖는 날입니다. 우리는 인권 민주국가를 지향해 왔습니다. 인권 민주국가의 실현은 국민들의 희생의 결과이며 점진적으로 실현될 것입니다. 국민의 정부 출범 이후 우리나라는 세계, 그리고 많은 인권단체로부터 민주 인권국가로 인정을 받았습니다. 그러나 아직도 인권사각지대가 있고 더욱 발전시켜야 할 부분이 있습니다. 이 법은 유엔 등 국제기구의 기준에 조금도 손색이 없습니다. 이 법을 잘 활용하여 명실상부하게 인권을 지키는, 가장 유용하고 값있는 기구로서의 기능을 해야겠습니다"[46].

인권위원회 출범을 앞두고 미국 국무부는 인권브리핑을 통해 "한

---

45) 김대중, 《김대중자서전 2》, 403쪽
46) 김대중, 《김대중자서전 2》, 2022:404-405쪽

국은 민주주의와 인권 면에서 아시아의 빛나는 등불 가운데 하나"라고 평하기도 하였다[47].

3. 정보화와 인적자원개발로 21세기 여성의 시대를 열다

1) 21세기 지식정보화시대 세계강국으로 발돋움

앨빈 토플러, 피터 드래커, 존 나이스미트 등은 21세기가 지식정보화사회가 될 것임을 예견한 미래학자들이다. 이들 미래학자들이 제시한 시대담론에 대해 김대중 대통령은 누구보다도 깊은 통찰력과 풍부한 상상력을 더해 대한민국이 다가오는 시대에 어떻게 움직여 나가야 할 것인가 하는 그 구체적 청사진을 오래전부터 차곡차곡 내용을 채워오고 있었다.

> 나는 정보화시대에 한국을 지식과 정보의 강국으로 만들고 싶었다. 그것은 오래된 꿈이었다. 나는 청주교도소에서 읽은 앨빈 토플러의 《제3의 물결》을 읽고 깜짝 놀랐다. 몇 번을 정독했다. 말할 수 없을 정도의 감명을 받았다. 감옥에서 깊이 생각했다. 아무것도 없는 독방에서 인류의 미래를 설계했다. (중략) 감옥은 꿈꾸기에 좋았다".[48]

그리고, 마침내 그는 대통령이 되어 감옥에서 부수고 다시 만들고 다시 고치고서 만들어냈던 지식과 정보의 강국이라는 원대한 꿈을 1998년 2월 25일 대통령 취임사에서 다시 한번 힘주어 강조하였다.

---

47) 김대중, 《김대중자서전 2》, 2022:405쪽
48) 김대중, 《김대중자서전 2》, 2022:153-154쪽

"새 정부는 우리의 자라나는 세대가 지식정보사회의 주역이 되도록 힘쓰겠습니다. 세계에서 컴퓨터를 가장 잘 쓰는 나라를 만들어 정보 대국 의 토대를 튼튼히 닦아나가겠습니다"[49]

김대중 대통령의 바람대로 2023년 현재 대한민국은 세계에서 가 장 컴퓨터를 잘 쓰는 나라가 되었다. 그리고, 그가 이러한 꿈을 현실 적 동력으로 밀고 나갈 수 있었던 배경은 오늘날 K-한류를 이끌고 있는 원천이기도 하다.

우리에게는 지식정보화시대를 앞서갈 수 있는 저력이 있다고 나는 믿 었다. 높은 교육 수준을 바탕으로 한 우수한 인적자원이 있으며, 수천 년 동안 민족의 정체성을 유지해 온 문화적 힘이 있기 때문이다. (중략) 18세기 말 산업혁명을 일으킨 영국이 세계 경제의 중심이 되었고, 19세 기 말에는 중후장대한 산업을 기반으로 하는 제2차 산업혁명이 독일과 미국을 세계시장의 강국으로 만들었다. 이제 21세기 지식혁명의 시대에 는 새로운 강국이 출현할 것이다. 그것은 우리 한국이어야 했다. 21세기 최대 강국은 우리나라여야 했다. (하략)"[50]

이처럼 지식정보화시대에 앞서가는 대한민국을 만드는 것에 대한 김 대통령의 각별한 관심은 유별났다. 그렇기에 김 대통령은 그의 이러한 관심을 또 다른 말로 다음과 같이 표출하였다.

"우리 국민처럼 교육과 문화수준이 높고 애국심이 강한 민족이 어디 있는가. 19세기 말에는 근대화의 지체로 산업혁명 대열에서 뒤떨어졌다.

---

49) 김대중, 《김대중자서전 2》, 2022:154쪽
50) 김대중, 《김대중자서전 2》, 2022:155쪽

그래서 100년 동안을 고생했다. 이런 시련의 역사가 다시는 없어야 한다. 산업화는 늦었지만 정보화는 앞서가자"[51]

2) 외환위기를 넘어 지식정보강국으로

실상 한국이 외환위기가 발생한 이후 예정보다 3년 앞당겨서[52] IMF 구제관리에서 벗어나 외환위기를 극복하게 된 데에는 세계적인 호황도 한몫했다는 의견도 있으나[53] 그 의견의 타당성을 떠나서, 실제로, 김대중 정부는 IT기술을 기반으로 한 중소−벤처기업을 재벌기업을 대체[54]할 경제주체로 육성하고자 하였다.[55]

그중에서 필자가 주목하는 것은, 1999년 초부터 미국을 필두로 하여 전 세계로 휘몰아친 IT 경제의 활황이 국내 경제에도 영향을 미쳤고, 외환위기로 일자리를 잃은 4, 50대 장년층은 물론이거니와 취업난으로 직장을 구하지 못한 2, 30대 청년들이 IT 기술을 기반으로 한 중소−벤처기업창업에 뛰어들게 되었다. 그 결과, 1999년 기준으로 서울, 대구, 부산, 대전 등 전국 7대 도시의 신설법인 수가 사상 최대인 3만 개를 돌파하였다고 한다.[56] 특히 IT 및 정보통신 관련주가 엄청난 주목을 받으면서 코스닥 시장 역시 활짝 열린 데다 간접투자 역시 그 열기가 뜨거웠다.[57]

---

51) 김대중, 《김대중자서전 2》, 2022:155−156쪽
52) IMF 구제관리에서 벗어난 시점은 2001.8.23. 일이었다. 1997.12.03. 일 IMF 와의 협약이 체결되면서 한국은 이 날부터 실질적으로 IMF 관리체제에 들어갔다(나무위키, 외환위기/연표, 2023.09.10. 검색)
53) 김동호, 《대통령경제사:1945−2012》, 책밭, 2012: 341쪽
54) 외환위기의 주 요인의 하나가 일부 재벌기업을 중심으로 과다차입에 의한 과잉투자가 외환위기를 불러들인 요인이었기 때문이다(이제민, 〈한국 외환위기의 성격과 결과− 그 논쟁 및 의미〉, 《한국경제포럼》 제5권 제2호(2016), 105쪽).
55) 이제민, 한국 외환위기의 성격과 결과− 그 논쟁 및 의미〉, 105쪽
56) 김동호, 대통령경제사:1945−2012》 341쪽

이런 상황에 때마침 수립된 종합적인 핵심 실업대책으로서의 IT산업 활성화와 IT산업에 필요한 인적자원개발대책이 수립된 것이었고, 이와 같은 실업대책은 오히려 한국이 지식정보강국으로 가는 터전을 마련해주는 길을 열어 주게 된 것이다.

사실, 1998년의 실업자 대책은 공공근로와 보완적인 사회안전망에 가까운 실업자직업훈련에 치중하였던 반면[58], 1999년에 들어와 실업대책이 경기호황[59]에 힘입어, '중기실업대책'으로 명명되었으며, 그 핵심적인 정책은 지식산업육성을 통한 200만 일자리 창출, 그리고 이에 보완적인 정책으로 고부가가치인력을 양성할 수 있는 인력양성체제로의 개편, 국민기초생활보장법 제정을 통한 사회안전망 확충과 실업대책의 전달체계 확충 등이었다[60].

1997년도 외환위기로 인한 한국의 노동시장 상황은 한국경제의 성장과정에서 최대의 위기상황이었다고 한다.[61] 1998년 취업자 수는 127만 6,000명이나 감소하였고 실업자 수는 연평균 149만 명까지 증가하였다. 이와 같은 초유의 대량 실업률을 보인 까닭에는 IMF의 경제긴축과 구조조정 요구가 작용한 것이기 때문이다.[62]

아울러 대량 실업은 임금하락과 더불어 빈곤인구의 증가로 이어졌다. 실제로 1998년에 실질임금은 10%나 하락하였다. 그리고 이러한 실질임금의 하락은 빈곤인구의 증가로 이어지는 바, 이 시기 Gini계수는 1997년 0.268에서 1998년 0.295로 급격히 증가하였고, 상

57) 김동호, 대통령경제사: 1945-2012》 342쪽
58) 전병유, 〈외환위기 당시의 노동시장 현황〉. 황수경 외 . 《경제위기와 고용》. 한국노동연구원, 2010. 151쪽
59) 정부는 그 당시 경제 성장율을 0.8%로 예상했으나 실제로 10.8%의 높은 성장률을 기록하였다(전병유, 〈외환위기 당시의 노동시장 현황〉. 152쪽).
60) 전병유. 〈외환위기 당시의 노동시장 현황〉. 152쪽.
61) 전병유. 〈외환위기 당시의 노동시장 현황〉. 142쪽.
62) 전병유. 〈외환위기 당시의 노동시장 현황〉. 149쪽.

대 빈곤율은 1997년 9.3%에서 1998년에는 12.2%로 급증하였다. 특히 실직, 실업, 전직 등 고용사정 변동에 기인하는 빈곤인구가 전체 빈곤인구의 7.3%를 차지하는 것으로 추정되는 데다가, 고용불안 계층의 증가와 전반적인 임금의 하락 등의 요인 등을 고려한다면 전체 빈곤 인구의 규모는 생각보다 크게 증가되었을 것으로 추정하였다.[63]

외환위기가 몰고 온 또 다른 사실은 여성에게 외환위기가 더욱 가혹하였다는 것이다.

이러한 사실은 윤윤규의 실증자료에서 나타난다. 윤윤규의 생산변동에 따른 고용변동성에 관한 실증적 연구에 따르면, "우리나라 제조업 부문에서 여성은 1997년 이후 경제위기 기간 동안 고용량 조정과정에서 남성에 비해 그 영향을 훨씬 크게 받았을 뿐 아니라 경제위기에서 벗어난 이후 시기에서도 고용탄력성[64]이 빠르게 증가하여 남성과 여성간의 고용탄력성 차이가 더욱 확대되는 경향이 관찰되었다. 이러한 사실은 여성의 경우 남성에 비해 경제위기를 거치면서 고용안정성 측면에서 더욱 취약한 상태에 빠져들어 왔음을 시사한다. 뿐만 아니라 경제위기 이후 여성의 초과근로시간 탄력성은 크게 증가한 반면 남성은 감소한 것으로 나타났다. 이러한 분석결과

---

63) 전병유, 〈외환위기 당시의 노동시장 현황〉, 145쪽.
64) 고용탄력성이란 총고용의 국내총생산(GDP)에 대한 탄력성을 말한다. 즉 국내총생산이 1퍼센트 증가할 때 고용이 몇 퍼센트 증가하는가를 수치로 나타낸 것이다. 일반적으로 그 수치가 1을 넘을 때는 탄력적이라 하고 1보다 작을 때는 비탄력적이라고 한다. 노동의 수요는 실물시장으로부터 유발된 파생수요(derived demand)라고 한다. 따라서 GDP와 고용규모는 밀접히 관련되어 있을 것으로 판단되는데 고용탄력성이 크다는 것은 일반적으로 실물시장 상황의 변동에 고용이 크게 그리고 유연하게 반응한다는 것을 의미한다. 반대로 고용탄력성이 작다는 것은 실물시장의 변동을 적어도 고용 측면이 반응하지 못하고 경직적이라는 것을 의미한다. 다시 말해 고용측면에서의 노동시장의 수량적 유연성을 나타내는 하나의 척도로 사용될 수 있다. 2008년 금융위기 이전과 비교하여 이후에는 고용탄력성이 커졌다고 하는데 이는 고용시장이 그만큼 적어도 수량적으로 유연해졌음을 의미한다.

들은 여성의 경우 고용 및 근로시간 조정이라는 노동투입 조정의 양 측면에서 모두 변동성과 불안정성의 위험에 노출된 정도가 더욱 커 졌음을 시사한다."65)라고 강조하였다.

이렇듯, 여성에게 더욱 고통스럽게 다가온 외환위기로 인해 여성 실업자 수는 남성보다 훨씬 그 수를 뛰어넘게 되었고, 자연스럽게 '빈곤의 여성화'라는 용어가 여성계에서 다시 회자되고 있었다. 이러 한 상황들은 곧바로 대통령에게도 보고되었고, 대통령 역시 그 실업 대책의 일환으로 21세기의 정보화시대와 여성시대와도 연결되는 IT 인적 개발사업으로 여성실업자군을 흡수하도록 하기 시작했다. 이러 한 작업은 1999년 방향전환을 하게 된 실업대책인 '중기실업대책'과 연동되어있기 때문이라는 것은 위에서 이미 언급하였다.

물론 이와 같은 실업대책의 방향전환의 이유에는 여러 가지 이유 가 있겠지만, 그러한 이유의 하나로, 고용창출없는 실업내책에 내한 반성 역시 고려되었다. 그중에서도 여성, 고령, 청소년 등 장기실업 애로계층의 장기실업문제를 해결하는 방안이기도 하다는 점에서 적 극적으로 추진되었던 것이다.66)

그런데 이러한 계기가 바로 여성이 지식정보화시대의 주역이기도 하고, 장기실업애로계층이기도 하다는 점에서 IT 인력양성분야에 여 성이 핵심 주역의 하나로 나서게 된 계기가 되게 한 것이다.

3) 여성자원을 통한 IT 강국의 도약을 강조하다

아직 세계적으로 IT경제가 호황기에 접어들기 전前이면서, 대통령

---

65) 윤윤규, 〈경기변동과 고용·근로시간 조정패턴의 변화〉, 황수경·조성재·전병유· 박경로·안주엽 공동저자, 《경제위기와 고용》, 한국노동연구원, 2010. 67-68쪽
66) 전병유, 〈외환위기 당시의 노동시장 현황〉, 152쪽

으로 취임한 첫해인 1998년도에 김 대통령은 오랫동안 마음속에 고
이 간직해왔던 한국의 IT 강국으로서의 구체적 실현을 위한 드라이
브를 걸기 시작한다. 그리고, 여성계에게도 구체적인 주문을 하기
시작하였다.

> 지식 · 정보화 사회에서 여성의 활동영역은 커지고 있으나 이에 대한
> 대비는 부족합니다. 이는 여성만의 문제가 아니라 국가 전체의 손실입니
> 다. 지식 · 정보화 사회를 대비하여 여성의 경쟁력을 제고할 수 있도록
> 교육 등 각종 조치를 취하기 바랍니다.67)

이와 같은 주문은 다음 해인 1999년과 2000년에도 지시사항으로
무게감 있게 이어지는데, 준비된 IT 인력으로서의 여성의 우먼파워
에 대해 더욱 강조하는 것이 두드러지게 나타나고 있다.

> 지식 · 정보화 사회에 대비해 여성의 능력을 개발하고 경쟁력 있는 여
> 성인력을 육성해야 합니다. 가정주부 · 노동자 · 사무직 등 (어느 분야에
> 있는지-필자) 모든 분야에서 여성들은 신지식인으로서의 경쟁력을 가질
> 수 있도록 힘써 주기 바랍니다"68)
> "(중략) 주부 100만 명 정보화 교육 정책은 (새로운 시대를 열어가는
> 주체가 될 수 있는-필자) 이러한 여건을 조성해주는 일환이 될 것입니
> 다."69)

---

67) 김대중, 대통령지시사항-여성특별위원회업무보고(1998.5.12.), 대통령기록관.
   (https://www.pa.go.kr)
68) 김대중, 대통령 지시사항- 여성특별위원회 국정개혁보고회의(1999.4.12.), 대통령기
   록관.(https://www.pa.go.kr)
69) 김대중, 대통령지시사항-여성특별위원회업무보고(2000.2.21.), 대통령기록관.
   (https://www.pa.go.kr)

그리고 2001년 여성부가 출범하면서 김대중 대통령의 여성인적
자원개발에의 강조점은 그간의 여성자원의 적극적 활용으로 이동하
고 있다.

> "인간의 지적 능력, 창의력 · 문화적 감각이 중요해지는 지식기반 사
> 회에서는 여성이 남성과 같이 경제의 주체로 참가할 수 있게 되었습니
> 다. · 여성인력을 적극 활용해야 겠습니다."[70]

4) 지식정보화사회 국가인적자원개발, 여성부가 주무부처가 되다

김대중 대통령이 언급한 바대로 지식정보화시대에서는 적어도 한
국이 세계의 강국으로 발놀움하기 위해서는 여성의 인적자원개발이
특히 지식정보화분야의 인적자원역량이 그 어느 때보다 시급한 국정
과제로 등장되었다. 이에 '여성특위'와 여성부는 지식정보화시대 여
성인력의 능력향상을 위해 여성인력을 육성해가는 사업을 시행하였
다.

그리고 중앙정부 단위에서 체계적이고 통일적으로 인재양성개발
계획의 필요성이 제기됨에 따라 2001년 3월 29일 국가인적자원개
발계획이 확정되었다. 또한 주무부처로 여성부가 지정됨에 따라, 여
성부는 인적자원개발에 관한 국가적 청사진을 갖고 진행할 수 있게
되었다.

---

70) 김대중, 대통령지시사항: 여성부 업무보고(2001.4.18.), 대통령기록관.
   (https://www.pa.go.kr)

4. 화해와 협력으로 여성평화통일운동의 싹을 틔우다

김대중 대통령의 대북화해협력정책은 '햇볕정책'으로 불린다. 그가 항상 강조하는 것은 "분단을 극복하고 통일을 이룩하기 위해, 우선 냉전을 끝내고 평화를 만들어야 하며, 남북이 서로 인정하고 화해협력하는 데서 출발해야 한다"라는 것이 바로 햇볕정책의 핵심기조이다.[71]

이와 같은 햇볕정책은 그가 민족상잔의 고통을 겪었던 경험에서 나왔다는 점에서 매우 '신앙적'이기까지 하다. "전쟁을 보았다"[72] 라는 그의 절규에서 대북정책의 근간이 바로 '햇볕정책'으로의 모멘텀으로 작용되는 것으로 해석된다.

> 나와 우리 가족이 살아남은 것은 다행이지만, 한국전쟁이 뼈에 사무쳐 왔다. 무엇 때문에 싸워야 하고 무엇을 위하여 죽어야 하는가? 전황이 바뀔 때마다 동족을 죽이는 살육전이 되풀이되었다. (중략) 그때 나는 전쟁을 보았다. 그래서 평생 민족의 화해와 전쟁이 없는 세상을 꿈꾸며 살았다".[73]

그리고 대통령으로 취임한 1998년 2월 25일 대통령 취임사에서 대북정책 3대 원칙을 제시하기에 이른다. 대북정책의 3대 원칙의 핵

---

71) 임동원, 〈김대중의 통일철학과 햇볕정책〉. 한반도평화포럼 편.《통일은 과정이다》. 서울: 서해문집, 2015, 16쪽
72) 일반적으로 사람들은 전쟁을 겪었다 내지 경험했다라고 표현한다. 그런데 따옴표안에 "전쟁을 보았다"라는 이 문장이 담고 있고 전달하는 메시지는 겪었거나 경험했거나 하는 것보다 훨씬 더 강렬하게 다가온다(편집자 주. —특히 담론분석의 측면에서). 그런 측면에서 개종에 가까운 어떤 내적 변화를 겪지 않았을까 하는 면에서 그의 전쟁경험이 햇볕정책으로의 모멘텀으로 작용했을 것으로 생각된다(편집자 주).
73) 김대중, 《김대중자서전 1》, 82쪽

심은 화해와 협력을 통해 북한이 변화(개방과 시장경제개혁)할 수 있는 여건을 조성하고, 평화를 만들어 남과 북이 서로 돕고 나누는 '사실상의 통일 상황'을 실현하는 데 역점을 둔 것이다. 즉 화해－협력－변화－평화라는 4대 개념이 바로 햇볕정책의 키워드인 것이다.

이러한 햇볕정책의 결과 2000년 6.15남북정상회담이 성공적으로 개최될 수 있었고, 이후 남북 간 민간 사회시민단체교류가 활성화되는 여건이 열리게 된다. 여성시민사회도 김대중 대통령의 햇볕정책과 6.15남북정상회담 이후 남북여성교류를 확대하고 여성평화통일운동을 매우 적극적으로 전개하는 계기를 마련하였다.

맺음말

김대중 대통령의 언급처럼, 대한민국은 아시아에서 유일하게 국민들이 민주주의를 쟁취한 나라이다. 그것도 두 번씩이나 평화롭게 국민들의 힘에 의해 정권교체를 쟁취한 나라이다.

그런 만큼, 민주주의와 인권은 한국의 국격을 지탱하는 토대가 되어야 한다는 것이 김대중 대통령의 소신이었다. 그리고 그의 소신은 바로 여성정책 분야에도 그대로 반영되었다. 여성운동계에서 볼 때 김 대통령의 여성관련 정책이 전반적으로 만족스러운 것은 아니다. 오히려 기대가 컸던 만큼 실망한 적도 많기도 하다.

그럼에도 현시점에서 역사적으로 볼 때, 김대중 대통령이 이행한 여성정책의 철학과 방향, 정책과 법률, 그리고 대북정책에 대해서는 역대 대통령 중 가장 긍정적인 평가를 내리지 않을까 기대한다.

2부

김대중의 성평등정책

gender
equality

I

대한민국 여성정치사에 한 획을 긋다

박진경 (행정학자)

들어가기

여성의 삶에 가장 영향력 있는 분야이자 한 국가의 여성지위를 측정하는 바로미터는 정치분야 여성참여율이 대표적이다. 이러한 여성정치는 2000년을 지나면서 국내외적으로 큰 변곡점을 만들어내었다. 즉, 전 세계적으로 여성의 정치참여가 그 이전과 비교하여 괄목할만한 증가세[1]를 보였는데 이는 1995년 제4차 세계여성회의에 모인 전세계 여성들이 '정책 결정 과정에서 등등한 참여와 책임이 필요하다'고 결의한 이후 각국에서 실천한 할당제 등 적극적 조치에 따른

---

[1] 1995년까지 세계 평균 11.6%로 1945년이후 50여년간 매우 더딘 증가세였으나 2000년을 전후로 많은 국가들이 할당제 등 다양한 정책을 시행하면서 2005년 16.3%로 빠른 증가세를 보이고, 23년 26.5%까지 증가함

결과이다.

한국 역시, 1996년 15대 총선까지 3%에 불과했던 국회 여성 의원 비율이 2000년 16대 총선(5.9%)부터 확대되기 시작해 21대 19%까지 확대되었다.

이러한 배경은 국제적 흐름에 맞춰 비례대표 여성할당제를 공직선거법에 명문화하면서부터이다. 이를 가능하게 한 것은 김대중의 여성정치참여에 대한 각별한 애정과 실천에서 기인하였다.

김대중은 야당대표시절부터 여성계의 대표들을 국회의원이나 당직자로 발굴하여 이들의 활동을 적극 지원하였다. 이에 여성계 국회의원은 국회 및 정당에서 여성계와의 연대를 통해 새천년민주당 당헌·당규에 이를 명문화하고, 야당의 협력을 이끌어내어 급기야 공직선거법에 여성비례대표 50% 할당을 명문화하였다. 그 외에도 교호순번제 등 강제조치를 마련하였고, 지역구 여성공천 30% 권고 및 여성정치발전기금 및 여성추천보조금제 등 다양한 장치를 만들어 여성정치참여 확대의 물꼬를 튼 계기가 된 것이다. 이러한 김대중의 여성정치참여에 대한 적극적인 실천은 여성계 인사 발굴을 시작으로 대통령재임 시절 정치개혁 중 하나로 여성정치참여를 함께 챙겼다. 이러한 역할이 있었기에 17대 총선 전 개정할 수 있었던 정치개혁법에 의해 결국 16대 국회에는 16명(5.9%)에 불과했던 여성 비율을 17대 총선 결과 39명(13%)까지 확대할 수 있었다.

이러한 성과를 만들어내기까지 김대중의 정치 생애에서 여성정치참여에 관한 애정과 여성주의적 관점은 그의 젊은 시절부터 확인할 수 있다. 1971년 처음으로 대통령선거에 나서며, 헌법적 가치인 남녀등등 참여를 강조하였고, 이를 실현하기 위한 정치분야 여성대표성 전략을 표방하고 나섰다. 첫 번째 전략으로 박영숙, 이우정, 신낙균, 한명숙 등 여성계 인사를 직접 발굴하고 부총재와 비례대표 등에 임명하여 여성정치 참여의 마중물 역할을 톡톡히 하도록 하였다. 두 번째 전략은 할당제와 같은 적극적 조치를 만들고 실천함으로써 여성정치참여를 획기적으로 확대할 수 있는 동력을 제공하였다.

1. 만천하에 '남녀동등' 헌법정신을 선언하다

1) 1971년, 성평등기구와 여성정치를 설계하다

1971년, 당시 개발도상국인 한국에서 오랜 억압과 차별에도 여성의 권익과 지위는 국가나 정치적 논의의 대상조차 되지 못하였다. 이런 속에 제헌의회 이후 한국의 여성정치참여는 여성 의원수를 헤아리는 게 의미가 없을 민큼 치참한 수준이었다.

그럼에도 우리는 대선이라는 최대 공론의 장에 헌법에서 정한 남녀평등의 가치를 내세운 김대중이라는 정치지도자를 만날 수 있었다.

> "오늘날 여성은 헌법상으로는 남녀평등이 보장되어 있지만 실제는 각 분야에서 심한 차별대우를 받고 있다. (중략) 내가 집권하면 대통령직속 아래 여성지위향상위원회를 두겠다고 이미 밝힌 바 있거니와 (중략) 관계 각부의 장관과 여성문제에 관련된 각계 지도자로 구성하여 여권·교육· 취업·근로조건·가정·건강 등 여성의 권익 전반에 대해서 이를 연구· 검토하여 입법 기타 국정 각 부문에 반영시키도록 할 것이다." (1971년 1월23일)[2]

---

2) 김대중, '대중반정을 실현하자' 김대중 대선 출마의 해 연두 기자회견문 (1971.1.23.) 김대중도서관 전집보기lhhttps://www.kdjlibrary.org/archives/activity

당시 그의 나이 48세로, 고질적 차별 속에 신음하고 있는 한국 여성들에 대한 여성주의적 문제의식을 넘어, 이를 해결하기 위해 제시한 방법이 성평등추진기구와 함께 각 분야의 여성대표성을 확대하는 성주류화였다는 점은, 시대를 넘어 여성정치사에서 주목할 만한 기록이다.

김대중이 구상한 대통령직속 여성지위향상위원회는 현재 사용되는 성평등기구나 성주류화(gender-mainstreaming)라는 말로 표현하지는 않았지만, 내용만 보더라도 50년 전 밝힌 구상이었다는 것이 믿기지 않을 정도로, 얼마나 시대를 앞선 지도자였는지를 알 수 있다. 이후 본격적인 선거운동 과정에서 수많은 대중이 운집한 곳곳마다 '대통령직속 여성지위향상위원회'와 여성에 대한 특별한 배려, 여성문제에 대한 적절한 조치'를 비중있게 약속하였다.3)

이처럼 헌법정신에 입각한 남녀평등이라는 여성 아젠다를 대선이라는 최대 공론의 장에 등장시킴으로써 비록 대선에서 낙선하였지만 여성운동과 여성정치사에 실낱같은 희망의 불씨를 살릴 수 있었다.4)

2) "여성 의원이 한 명도 없는 건 부끄러운 일입니다"

김대중의 첫 대선 출마 낙선과 이후 유신체제 아래 대한민국에서 여성아젠다는 한참 동안 논의조차 되지 못하였으나 87년 민주화항쟁 이후 쟁취한 직선제로 인해 다시 그 불씨를 살릴 수 있었다.

---

3) 김대중, 제7대 대통령 선거 서울 장충단공원 유세 연설 (1971.4.18.) 김대중도서관 전집보기hhttps://www.kdjlibrary.org/archives/activity

4) 신민당 후보로 나선 김대중의 첫 대선 출마 결과는 박정희대통령과 90만표 차이로 낙선 (53:45%)하였고, 이후 박정희 대통령은 1972년 10.17 비상계엄을 선포하고 '10월유신' 단행 후 장기집권에 들어감

〈표 Ⅰ-1〉 국회 여성 의원 후보 및 당선자 현황

국 회	여성 후보/전체(명)	여성 후보 비율	총 의원 명수	총 여성 의원수 (%)	지역구 여성 의원 수	전국구 (비례) 여성 의원 수
1대(1948)	22/951	2.3%	200	1(0.5%)	1	
2대(1950)	11/2209	0.5%	210	2(0.9%)	2	
3대(1954)	10/1207	0.8%	203	1(0.5%)	1	
4대(1958)	5/841	0.6%	233	3(1.3%)	3	
5대(1960)	8/1518	0.5	233	1(0.4%)	1	
6대(1963)	4/847	0.4	175	2(1.1%)	1	1
7대(1967)	4/702	0.6	175	3(1.7%)	1	2
8대(1971)	2/577	0.3	204	5(2.5%)	0	5
9대(1973)	2/339	0.6	219	11(5.8%)	2	9
10대(1978)	5/473	1.1	231	8(3.5%)	1	7
11대(1981)	10/635	1.6	276	9(3.3%)	1	8
12대(1985)	7/440	1.6	276	8(2.9%)	2	6
13대(1988)	14/1046	1.3	299	6(2.0%)	0	6
14대(1992)	21/1052	2.0	299	8(2.7%)	1	7
15대(1996)	21/1389	1.5	299	10(3.0%)	3	7
16대(2000)	33/1038	3.2	273	16(5.9%)	5	11
17대(2004)	65/1167	5.6	299	39(13.0%)	10	29
18대(2008)	132/1113	11.7	299	41(13.7%)	14	27
19대(2012)	215/1301	16.5	300	47(15.6%)	19	28
20대(2016)	173/1092	15.8	300	51(17.0%)	26	25
21대(2020)	374/1402	26.7	300	57(19.0%)	29	28

* 출처. 한국여성의정 (2018) 한국의 여성정치를 보다, 여성국회의원70년 1권:38을 참조하여 중앙선거관리위원회(2023.7.25.검색) 역대선거결과 반영 재정리

〈표Ⅰ-1〉5)에서 보듯, 여성정치는 제헌의회 이후 오랫동안 한두

---

5)한국여성의정. 《한국의 여성정치를 보다, 여성국회의원70년 1권》한국여성의정, 2018:37쪽

명에 불과한 여성 의원이 전국구 제도가 도입되면서 다소 증가하였다. 그러나 여전히 지역구를 통한 여성 의원 당선은 한두 명에 그치고 6대 국회(1963년)부터 신설된 전국구 의원제도를 통해 다소 증가하였지만 이마저도 여성 의원 비율은 2~3%에 불과하였다.

결국, 12대 국회(1985-1988)까지 여성 의원은 매 국회마다 10명도 채 되지 않았다. 또한, 6대 국회에 도입된 전국구 제도의 등장은 여성을 비롯한 사회적 약자의 대표성을 보완하기 위한 의미보다는 군사정권이 제1당의 과반을 차지하도록 하는데 목적을 두고 마련된 제도로서 여당의 독식이 예견된 제도였다. 그러다 보니 전국구의 '전'이 돈 전錢자를 의미한다고 할 정도로 정당의 기금 확보를 위한 수단으로 유지되었다.

〈표 I -2〉 12대 여성국회의원 현황

지역구 (2명)	전국구(6명)
김옥선(신한민주당) 김정례(민주정의당)	김영정, 김장숙, 김현자, 박혜경, 양경자 한양순 (민주정의당)

12대국회만 보더라도 지역구는 김옥선(신한민주당), 김정례(민주정의당) 두 명에 불과하였다. 전국구의 경우 당시 야당인 민주한국당, 한국국민당, 신한민주당 등도 전국구 여성 후보를 내긴 하였지만6) 한 명도 당선되지 못하였다. 결국, 여당에게 유리한 전국구 제도로 인해 전국구 여성 의원은 민주정의당 6명이 전부였다.

군사독재의 갖은 억압 속에서도 인동초처럼 살아남은 김대중은 87년 민주화항쟁과 함께 6년 만에 직선제가 부활함에 따라, 1987년 13대 대통령선거에 평화민주당 후보로 다시 도전하였다.7) 당시 한

---

6) 민주한국당 장명숙(31번), 신한민주당 한영애(24번), 한국국민당 이종애(25번)
7) 통일민주당 김영삼후보와의 단일화 실패로, 노태우(36.64%), 김영삼(28.03%), 김대

언론사와의 인터뷰8)에서 그는 여성정치사에 다시 한번 사회적 공론의 계기를 만드는 고백을 한다.

"(평화)민주당에 여성 의원이 한 명도 없는 건 부끄러운 일입니다"

1987년 이러한 성찰의 계기는 이후 여성계를 영입함으로써 여성 정치참여의 마중물 역할로 이어지게 된다. 당시 단일화 실패로 여당의 승리와 3당합당이 진행되자, 재야인사들은 김대중을 중심으로 결집하였고, 이를 통해 김대중은 재야 여성들을 직접 정치로 이끄는 데 정성을 쏟았다.

13대 총선을 앞두고는 재야 여성운동가인 박영숙과 이우정을 영입하면서 여성계를 여성정치 참여의 선발대로 활용하기 시작한 것이다. 이를 위해 박영숙朴英淑 여성단체연합회 부회장을 평민당 부총재로 임명하면서 여성정치참여를 위한 노력을 시작하였다.(1987년 11월 23일. 김대중연보)

박영숙의 경우 1988년 평민당 총재 권한대행으로 대한민국 제13대 총선을 치르고, 13대 국회의원에 당선되었다.9) 이우정의 경우 기독교 여성운동가의 거두이자 한국여성단체연합회 초대회장을 지낸 여성계 인사로, 14대 전국구 의원으로 당선되었다.

3) 여성할당제와 적극적 조치는 '헌법정신'이다
앞서 소개하였듯이 2000년 들어 많은 국가가 여성정치참여의 변

중(27.04%)로 3위로 낙선
8)   김대중, 중앙일보 대담 '정치보복 앞장서서 막겠다'(1987.8.18) 김대중도서관 전집보기(hhttps://www.kdjlibrary.org/archives/activity)
9)   이후 민주당 최고위원(1993)과 지속가능발전위원회 위원장(2002)을 지냈다.

곡점을 만들어낸 배경에는 여성할당제와 같은 적극적 조치를 도입하면서 가능하였다. 우리 역시 10%대의 여성 의원비율을 만들어낸 유일한 제도가 비례대표 여성할당제라 해도 과언이 아니다.

우리에게 여전히 유일무이한 적극적 조치 정치분야 비례대표 할당제는 최근까지 역차별이라는 논쟁의 소재이자 젠더 공격의 대상이다. 이러한 '할당제와 같은 적극적 조치는 차별시정을 위한 평등조치'라는 국제적 정의가 정립된 지 오래임에도 우리는 이에 대한 이해가 여전히 부족한 현실이다.

그러한 분위기 속에 김대중은 할당제를 공론화의 장에 등장시켜, 마침내 집권 이후 정치개혁법에 담아내는 성과를 만들어내었다. 그 과정에 김대중의 여성주의 정치철학에 근거하여 밝히고 있는 적극적 조치 관련 어록은 여전히 할당제가 역차별이라는 이들에게 귀감이 될만한 논거이다.

우선 김대중은 헌법정신인 '남녀동등'을 시대적 가치로 강조하고 있다. 그는 앞서 1971년 대선에서부터 이를 밝히고 있지만 민주화항쟁이후 헌법적 가치가 크게 부각된 국면에서 남녀평등 가치를 강조하였고 주요 사회적 아젠다로 끌어올리는 데 기여한 것이다. 1987년 관훈클럽 초청토론회'10)에서 한 신문사 패널이 여성정치참여를 확대하는 대안을 질문하자 그는 한치의 주저 없이 헌법정신대로 '남녀동등'을 실천해야 함을 분명히 하면서 남녀평등의 실천의지를 구체화하기 시작한 것이다.

또한 차별시정 평등조치로서 '적극적 조치'가 무엇인지를 다양한 공론의 장에서 자주 언급하면서 공감대를 넓혀나가고 있다.

일례로, 비슷한 자격을 가진 총리나 장관 후보에 남녀 두 명이 있

---

10) 김대중, 관훈클럽 초청 토론회(1987.10.30.) 김대중도서관 전집보기
　　https://www.kdjlibrary.org/

을 경우, 여성 우선 임명을 묻는 질문11)에 다음과 같은 답변을 한다.

> "저는 앞으로 다음 정부의 젊은 세대나 여성을 국회나 정부에 많이
> 수용해야 한다고 생각합니다. 그런 점에서 (여성 우선 임명)에 전적으로
> 의견이 같고, (중략) 여성의 지위문제, 가족법을 포함해서 근본적으로 헌
> 법이 만민평등, 남녀동등을 규정한 이상 헌법정신대로 실천돼야 한다고
> 생각합니다."

이후 수많은 토론회를 통해 김대중의 할당제에 대한 성인지적 관
점의 철학은 곳곳에서 확인 가능하다. 특히 정치분야에서 여성에게
할당제와 같은 우대조치가 필요한지 이것이 역차별이 아닌 잠정적
평등조치인지를 자세하게 설명하고 있다.

> "왜 여성에게 특별한 제도가 필요하느냐는 여성들이 5천 년 동안 짓눌
> 러 왔기 때문에 쉽게 자력으로 일어나지 못하는 면이 있습니다. 선거를
> 해 보면 여성들이 도저히 자력으로 당선이 안 됩니다. 여성들은 자금 동
> 원 능력이 떨어집니다. 따라서 여성들을 받쳐주는 정치가 상당 기간 계속
> 되면서 여성이 자력으로 해나가도록 유도해야 되지 않나 생각합니다."

또한. 여성에게 할당제를 주는 것이 민주주의에서의 평등원칙에
맞는지에 대한 질문에는 국제적 정의이자 대세임을 강조하기도 한
다.

> "유럽 나라에서도 여성에게 특별한 페이버를 주고 할당제를 해서 도와
> 주는 곳이 있습니다."

---

11) 김대중, 관훈클럽 초청 토론회(1987.10.30.) 김대중도서관 전집보기

한편 할당제를 둘러싼 잘못된 이해는 바로 '기계적으로 숫자 맞추기'로만 보는 관점이다. 이에 대해서도 김대중은 명확하고 깊이 있는 이해가 되어있었음을 발견할 수 있다. 예를 들어 기계적 숫자 맞추기 폐해로 등장한 대표적 사례는 바로 1990년대 교원의 여성 비중 쏠림에 따른 남성 교대 입학 할당제 도입 논의였다.[12]

이와 관련한 패널의 질문에 김대중은 다음과 같이 밝히고 있다.[13]

> "여성이 70퍼센트를 웃돌아도 관계가 없다고 생각합니다. 앞으로 우리는 법률적으로 여성이 공무원이나, 직위에서도 중간 간부 이상으로 등용할 수 있는 법률적 보장도 해 줘야 한다고 생각합니다. 왜냐하면 여성은 오랫동안 차별받아 살아왔기 때문에 여러 가지 조건이 남성에 비해서 불리합니다. 그렇기 때문에 상당기간 동안 여성에 대해서 어떠한 특별한 보조랄까 보완 내지는 여성에 대해서 특전을 주지 않으면 남녀평등의 헌법정신에 입각한 그런 방법으로 나가기 어렵습니다."

즉, 여성할당제는 그동안 구조적 차별로 인해 기회를 차단당한 여성에게 '특혜', '특전', '페이버' 등 우대조치가 수반되어야 함이, '남녀평등'이라는 헌법정신의 결과적 평등을 위한 방법론적 조치임을 강조하고 있는 것이다. 이를 통해, 김대중은 남학생 교대입학 할당이라는 역차별적 조치가 '적극적 조치'와는 분명하게 구분해야 함을 잘 설명하고 있다.

---

12) 초등학교 여초현상을 이유로 남학생 교대 입학 합격선을 낮추는 방식으로 인원을 조정하고 있는데 이는 과거 차별에 의한 시정조치가 아님에도 결국 도입되었고, 그 외 수많은 남초직종에 대한 할당은 거론조차 되지 못한 채 적극적 조치가 왜곡된 대표적 사례인 것이다.
13) 김대중, 4월회가 주최한 '민주당 대통령 후보 초청 정책토론회'(1992.7.1.) 김대중도서관 전집보기. https://www.kdjlibrary.org/

4) 여성정치인 발굴에 직접 나서다

김대중은 여성할당제 등 제도화와 함께, 한 축에서는 직접 여성정치인을 발굴하고 '선발대'와 같은 중요한 역할을 맡김으로써 여성정치세력화에 크게 기여하였다.

김대중은 어느 정치인보다 여성단체 대표 및 여성계 전문가들과의 만남에 적극적이었다. 이는 여성계를 통한 여성 비례대표 발굴과 제도 마련을 위한 포석의 일환으로 볼 수 있다. 당시만 해도 공천할만한 여성이 없다는 변명으로 할당제를 반대하고 있었기에 직접 발굴에 나선 총재의 횡보는 그야말로 큰 동력이 될 수밖에 없다.

당시 평민당 여성국 부장을 지낸 조성은의 인터뷰에서도 보듯이 여성 후보 발굴이나 여성계와의 협력을 당내 여성기구에게만 맡기지 않고 직접 나서기도 하였다.

> "89년도에 처음으로 김대중 총재가 여성국에게 여성의 정치 참여 확대를 위해서 비례대표의 할당제가 돼야 한다고 생각하는데 우리는 소수 정당이니, 여성정치참여 확대하는 데 있어서 여성단체 목소리가 필요하니까 가서 도움을 요청하라고 지시하셨어요. 그래서 여성 유권자 연맹도 찾아가고 여연도 찾아가기도 하였고, (중략) 또한 당내 외국사례 연구를 통해 현재 교호순번제인 비례대표 할당제 초안을 만들었고 이후 광역의회에서 처음으로 비례대표 할당제를 할 때 그때 박상천 의원이 총재의 지시에 따라 처음으로 할당제를 포함하게 된 거라고 저는 알고 있거든요."

김대중 총재시절 정치참여를 주요 아젠다로 하여 모인 범여성모임 대표[14)]와 직접 만나 14대 총선에서 민주당이 가능한 많은 여성 후보를 우선 공천할 것을 약속하기도 하였다.

여성유권자연맹 및 한국여성단체협의회 등과의 초청토론회에서
는 다음과 같이 여성의 참여를 높이기 위한 비례대표 도입과 여성장
관 임명을 약속하기도 하였다.

"지방의회와 국회에 여성이 진출할 수 있도록 비례대표제 도입을 검토
하고 내각에도 여성 장관을 4~5명 임명토록 할 생각이다."

또한, 민주당이 전국구 3분의 1을 여성에게 할당하도록 하는 법을
만들겠다는 구체적 구상을 밝히기도 한 것이다.[15]

그 외에도 여성계와의 지속적인 만남을 통해 여성정책에 대한 이
해와 해결책에 대한 의견을 깊이 있게 공유하였다. 여성정책 예산
규모를 비롯하여 여성능력개발 지원, 비례대표 할당 약속은 물론 할
당제가 평등조치임을 확고하게 설명하면서, 아무리 적어도 여성 각
료로 두세 명을 반드시 배출할 것을 약속하였다.

또한, 여성계와의 지속적인 만남 때마다 김대중은 꼭 여성계의 인
물 추천과 함께 실제로 여성계 대표 및 전문가들이 정당과 정치에
참여해 줄 것을 빠뜨리지 않고 강조하고 있다. 이러한 김대중의 노력
은 이후 15대 국회부터 여성계 대표들의 정치 진출이 활발히 이어지
는 데 큰 영향을 주었다.

그런데도 한 토론회에서 부진한 민주당 여성 후보 공천 결과를 두
고 질타성 질문이 이어지자 여성정치인 발굴과정과 실제 공천까지의

---

14) 손봉숙 한국여성정치연구소 소장, 이정자 통일여성협의회 회장, 신낙균 여성유권자연
맹 회장 등
15) 김대중, 김대중도서관 전집보기 (1992년 11월 16일) 언론회관에서 열린 여성유권자
연맹 초청 정책토론회에 참석하여, 여성의 정치적 참여를 보장하기 위한 방안으로서
광역의회와 국회에 비례대표제를 도입하여, 비례대표제 의원후보의 3분의 1은 여성
몫으로 할당하는 방안과 정부를 구성할 때 여성들을 다수 입각시키는 방안 등을 구체
적 내용으로 제시하다. https://www.kdjlibrary.org/

어려움을 공유하면서 여성정치 현실의 어려움을 솔직하게 토로하기
도 하였다. 또한, 포기하지 않고 전국구가 아닌 비례대표제를 구체화
하고 여성을 의무적으로 할당하도록 하는 할당제의 제도화를 다시
한번 약속하였다.

> "이번에 저희는 전국구에 여성 두 분을 지목했습니다. (중략) 마지막
> 등록 단계에 임박해 못하겠다고 해 버려서 결국 두 분(을) 등록하는 데
> 실패했습니다. 저희는 앞으로 국회에서 다수를 차지하거나 정권을 잡으
> 면 전국구를 각 시도별로 지금과 같이 중앙선관위에 등록만 하는 것이
> 아니라 시도별로 명단을 제출해가지고 투표를 해서 당선시키되 적어도
> 여성을 최소 3분의 1 이상 참가시키도록 하고 또한, 광역의회 의원도
> 앞으로는 꼭 비례대로 하겠습니다. 지난번 광역의회 비례에 넣으려고 저
> 희기 얼마나 에썼는지는 여러분이 잘 아십니다."

또한, 다음은 13대 총선에서는 14명이, 14대 총선에서는 19명의
여성 후보가 지역구에 도전하였음에도 두 차례 모두 낙선함에 따라
이를 안타까워하면서 덧붙인 말이다.

> "우리나라의 여성들이 지금 세계에서 가장 교육 수준이 높은데 정치적
> 으로 영향력이 너무나 없습니다. (중략) 여성들이 이번에도 17명이 국회
> 의원에 출마했지만 한 사람도 되지 못했습니다[16]. 그래서 여성들도 좀
> 더 정치에 진출하도록 여성 후보가 나왔을 때 많이 당선시키도록, 대통령
> 선거에서도 여성이 표를 안주면 당선이 안 된다 이런 영향력을 발휘해서,
> 머지않아 여성도 대통령 후보에 나올 수 있는 그런 방향으로 여성들이

---

16) 1992년 3월24일 치러진 14대 총선에서는 전체 정당에서 지역구에 19명의 여성이
도전하였으나 모두 낙선한 것을 두고 말한 것으로 추정됨(한국여성의정《한국의 여성
정치를 보다. 여성국회의원70년 1권》38쪽 참조)

정치적으로 더 좀 각성하고 단결하여 진출해 줬으면 좋겠습니다."

　이처럼 그가 보여준 여성정치참여에 대한 생각과 어록은, 단지 정치인으로서 여성 표를 얻기 위한 정치적 수사가 아니라 남녀평등과 민주주의라는 선진적인 철학적 관점에서 기인한 것이다. 이는 대한민국 최초의 여성 문화관광부 장관을 역임한 신낙균의 인터뷰에서도 이를 잘 보여 주고 있다.[17]

　"제가 김대중 총재를 처음 만난 것은 한국여성유권자연맹 시절 1988년 국회의원 선거를 앞두고 각 정당에게 여성 할당제를 채택해줄 것을 요청하기 위한 자리였어요. 당시만 해도 정당 대표들에게 여성할당제가 얼토당토한 요구였지만 김대중 총재의 경우 할당제는 물론 그 외 제안한 여성공약을 흔쾌히 받아주더라구요. 이후 92년 연맹 주최 대선 후보 토론회를 통해 다시 볼 수 있었는데 느낌은 살아온 역경만큼이나 생각의 깊이가 대단하셨고, 특히 여성정책에 있어서는 오히려 저보다 한발 앞설 정도로 진보적이라고 생각했어요."

　"그런 분이 당시 연맹에서 여성의 정치참여를 위한 제도 요구에 앞장서왔지만, 정치인이 되는 것은 내 몫이 아니라고 생각하던 저를 당에 영입하기 위해 수차례 직접 나서서 설득하셨어요. 그분의 여성정치참여에 대한 약속은 그냥 하는 말이 아니었던 거지요. 이해는 물론 실천에 대한 의지도 대단했기에 그토록 정성껏 저를 비롯하여 여성계 인사를 설득하고 영입했던 거라고 봅니다."

---

17) 신낙균(申樂均, 1941년 2월 1일 -)은 여성유권자연맹 회장을 지낸 여성운동가 출신으로 새정치국민회의 부총재를 맡았고 김대중 정부에서 여성 최초의 문화관광부 장관을 지냈다.(인터뷰 2023년.9월.17일 진행)

〈신낙균, 국민의정부 문화관광부 장관 인터뷰〉

"저의 경우 처음에는 94년 아태재단 자문위원을 맡아달라 하시더니 이후 정당 참여는 제가 수차례 거절했음에도 끝까지 설득하셔서 결국 한 명밖에 없던 당 여성 부총재를 맡기셨어요. 이후 당에서 여성위원장을 겸임하면서 96년 총선, 97년 대선 여성공약을 만들었는데 이때 전폭적으로 지원해주시고 공약으로 다 받아주셨어요. 특히 여성정치와 각 분야 대표성을 위한 공약은 가장 선도적이고 강력하게 만들 수 있었고 결국 이후 치러진 총선에서 획기적으로 여성 국회의원을 늘릴 수 있었어요. 또한 당선인 시절부터 약속대로 저를 비롯하여 여성을 장관자리에 임명하기 위해 적극적이셨어요."

5) 21세기 여성 시대를 준비하다

1995년 북경세계여성대회를 기점으로 한국의 여성운동계는 가장 열악한 정치참여를 극복하기 위해 어느 때보다 정치분야에서의 활발한 연대활동을 이어나갔다.

이 가운데 대선 후보 중에서 오랫동안 여성정치참여에 대한 진정
성있는 철학을 바탕으로 실천해온 김대중은 여성계와 밀접한 만남을
이어간다.

특히, 기록에 의하면 신낙균 여성유권자연맹, 한명숙 이미경 여성
단체연합, 이경숙 한국여성민우회 등 여성계 대표들과 수시로 만남
을 가졌고 이를 통해 공동의 여성정치인 발굴 작업에 적극 나섰다.
또한, 1996년 초에는 전국에서 열린 '새정치여성대회'에 참석하여
"여성의 지위를 향상시키기 위해 4월 총선의 전국구 후보 중 25%를
여성에게 배정하겠다"고 공약하면서, "법적, 제도적 측면뿐 아니라
실질적 여성지위 향상을 위해 고용과 승진에 있어 여성할당제를 도
입하겠다"고 약속하였다.

또한 "15대 국회에서 선거법을 개정하여 전국구를 100석, 의석의
3분의 1로 늘리도록 하고 여성과 청년이 각각 25% 이상 참여하도록
하겠다"며, 여성과 청년층에 대한 국민회의의 차별화된 관심과 정책
을 실현하기 위해서는 국민회의에 대한 여성들의 지지가 필요함을
강조하다.[18]

이러한 김대중의 적극적인 여성정치참여를 확대하기 위한 공약은
제15대 총선 전 공약과 강령·당헌(집) 등에서 찾아볼 수 있다. 당시
새정치국민회의는 유엔여성차별철폐협약을 철저히 준수한다는 정신
아래 여성의 정치참여 확대를 위해 강령 내 전문에 "여성에게 기회
를"과 강령(8)에 "여성:평등과 참여의 보장"을 명시하고 있다(새정치
국민회의, 1995: 여성의정70년사 1편:166에서 재인용).

구체적 실천을 위해 모든 공직 선거의 비례대표제에 여성할당제를
의무화하여 여성정책의 통합을 위하여 여성부를 신설할 것을 밝히고

---

18) 김대중, 경기도 안양 문예회관 '새정치여성대회(1996년 03월 19일) 김대중도서관 전
　　집보기 https://www.kdjlibrary.org/archives/activity

있다. 그러나 새정치국민회의는 1996년 4월총선에서 15대총선에서 전국구 46명의 후보 중 여성은 6명(13%)[19]을 공천하였고 13명 당선자 중 여성 3명 당선에 그쳤다.

이때 영입된 신낙균은 인터뷰와 그의 저서에서 다음과 같이 전하고 있다.[20] 신낙균은 김대중 총재의 요청으로 96년 총선을 앞두고 새정치국민회의 여성특별위원장을 맡게 되었고. 이때 만든 여성공약 중 공직 및 정치참여 확대방안으로는 다음 4가지 세부방안을 만들었다고 한다.

> 첫째, 정책결정을 할 수 있는 공직에 20% 여성할당제 도입, 둘째, 각종 선거의 비례대표 배분에 여성비율 25% 할당, 셋째, 정부 각 부처의 위원회에 여성참여 비율 30% 할당, 넷째, 공기업에 여성할당제 도입, 민간기업에는 할당제 권징 등이었는데 고용평등, 모성보호 등 분야와 함께 당시 제시한 여성정책 공약은 가히 혁명적인 것이었다. 여성인권과 능력을 존중하는 총재의 앞선 여성의식이 없었다면 결코 불가능했을 공약이었다. 수십 년간 여성계가 차별철폐를 위해 전개해왔던 여성권익 운동의 핵심이 모두 담겼으며, 남녀가 동등하게 사회참여를 할 수 있는 기반을 조성하는 사회적 인프라를 담고 있었다.

이렇듯 야당 총재이자 대권후보로 오랫동안 고민하고 약속해온 여성정치에 대한 노력은 대통령으로 당선되기 직전 1997년 마련된 《여성신문》 대선후보 토론회[21]에서 다시 한번 확실하게 언급하고 있다.

---

19) 정희경(1) , 신낙균(8), 한영애(11) 박선숙(40) 조성은(45) 나영희(46)
20) 신낙균, 《행복한 질서》 2012.113–115쪽;. 신낙균과의 인터뷰(2023. 9. 17) 정리.
21) 여성신문사. 1997년 11월4일, 여성신문사와 여성단체가 합동으로 마련한 대선후보토론회는 대부분의 후보가 참여하여 성황리에 개최함.
　　http://www.womennews.co.kr/news/articleView.html?idxno=43162(검색일

그는 "집권할 경우 국회의원 비례대표(전국구)를 전체의석의 2분의 1
이나 3분의 1 수준으로 늘리고, 이 가운데 3분의 1을 여성들에게
의무적으로 공천하도록 하겠다"며 여성 분야의 정책공약들을 제시하
고 있다. 그동안 수차례 약속해 온 것과 크게 다르지 않다. 그러나
큰 차이는 여성부 신설과 비례대표 여성 할당제가 과거에는 김대중
후보 혼자의 약속에 그쳤으나 이제는 모든 후보가 찬성할 수밖에 없
는 사회적 합의가 이루어졌다는 점이다. 이러한 분위기를 만들어내
기까지 70년대부터 정치적 공론의 장에서 이를 주장해온 김대중의
지속적인 노력의 결과였고, 결국, 재임 시절 이를 실천해나가는 동력
으로 작동할 수 있었던 것이다.

여성부 신설, 장관직·비례대표 여성할당 일제히 '찬성'
공공기관 최소 20% 여성채용할당 공약, 호주제 폐지는 제각각

한명숙 초대 여성부 장관은 김대중 대통령이 공을 들여 영입한 대
표적 인사였다. 그는 저서[22]를 통해 1994년과 1999년, 두 번에 걸
쳐 여성계 대표였던 자신을 영입하기 위해 보여준 김대중의 진정성

────────────

과 의지가 얼마나 컸는지를 밝히고 있다.

1994년, 첫 제안의 경우 야당총재 시절로 직접 전화를 주었다고
한다.

'이제 정치권으로 들어와 당신을 도와달라. 그동안 내가 해온 여성
운동과 민주화운동이 나라를 경영하는데 도움이 될 것이다'라고 하
면서 영입을 제안하였다고 한다. 그러나 당시 한명숙은 개인 사정상
거절할 수밖에 없었고 1999년 두 번째 제안을 받고서야 제안에 응하
게 된다. 두 번째 영입 제안은 2000년 16대 총선을 앞둔 한 해 전
1999년이었다. 김대중 대통령은 당시 이재정 신부를 통해 설득하였
고, 출마를 위해 귀국한 한명숙을 김대중 대통령은 서운함도 많았을
텐데 반갑게 맞아주었다고 한명숙은 그때 당시를 전한다. 이때 김대
중 대통령과 나눈 대화 속에서 한명숙 전총리는 자신을 영입하고자
했던 이유를 다음과 같이 설명하고 있다.

> "평소 여성인권에 관심이 컸던 김대중 대통령이 당과 정부를 21세기에
> 걸맞는 양성평등 시대로 나가는 미래 비전을 세워두고, 새로운 시대에
> 대비하여 세운 미래 비전을 위해 일종의 선발대 역할을 맡긴 셈이다."

2. 페미니스트 대통령, 김대중

1) 성주류화 전략에 직접 나서다

김대중은 당선 이후 공약실천을 위한 본격적인 작업에 착수한다.
2000년 제16대 총선을 앞두고 지속적인 비례대표 30% 할당을 약속
하면서 비례대표 할당을 공론의 장에 등장시키고, 대국민 설득 작업
에 나선 것이다.

이러한 배경에는 베이징여성대회 이후 여성정책의 3단계인 성주류화전략의 본격적 등장이 김대중 정부의 노력으로 이어질 수 있었다.

그 외에도 북경대회 이후 국제적 비교가 활발해졌는데, 한국의 여성권한척도와 여성정치참여에 관한 지표가 매우 낮다는 점에 주목하면서, 이에 대응한 결과 김대중 대통령 재임 시절 국제 지수가 다소 개선되는 성과를 보여주기도 하였다.

〈표 Ⅰ-3〉여성권한척도(Gender Empowerment Measure)

	'95	'96	'97	'98	'99	'00	'01	'02	'03	'04
전체	116	104	94	102	102	70	64	66	70	78
한국	90	78	73	83	78	63	61	61	63	68

김대중 대통령은 임기 초부터 여성특별위원회 업무보고 및 관련부처 회의시 '여성문제가 모든 국가정책 영역에서 핵심문제로 다루어지도록 각 부처에서는 노력'하라고 수시로 지시하였다. 또한 자서전에서 밝히고 있듯이 여성부의 총괄조정기능에 힘을 실어주기 위한 최고 통치자의 적극적 역할이 있었기에 여성정책의 큰 변화와 발전이 가능해진 것이다.

> "나는 기회 있을 때마다 여성부 현안을 챙겼다. 나는 늦게 태어난 막둥이를 보살피듯 했다. 그래서 정이 더 갔다." [23)]

그 외에도 재임기간 내내 여성대회를 비롯하여 다수의 여성이 운

---

23) 김대중, 《김대중 자서전 2》, 서울: 도서출판 삼인, 2010, 394쪽

집하는 현장에 역대 어느 대통령보다 적극적으로 달려가 여성들을
응원하고 여성대표성을 높이려는 노력을 활발히 이어 나갔다.

김대중 대통령은 기회가 될 때마다 "여성들의 권익이 향상되고 사
회참여가 확대될 때만이 조화로운 국가발전이 가능하며 당면한 나라
의 어려움도 슬기롭게 극복할 수 있다"고 강조하고, "정부는 앞으로
여성들의 권익증진과 사회활동 참여확대를 위해 여성경제인의 활동
을 촉진하는 법률의 제정과 가족법 개정, 인권법 제정을 추진할 계획
임을 밝히고, 국회의원 비례대표의 30%를 여성에게 배분하겠다"고
약속하였다.24)

또한 "내년부터 각급 공직시험에서 여성 채용비율을 20%로 정하
고 여성에 대한 비례대표 후보 30% 할당제를 법제화하겠다"라고도
하였다.25)

2) 여성할당제를 명문화하다

대통령으로서 드물게 여성계 신년인사회에도 참석하여 "21세기를
여성의 시대로 만들어가야 한다"고 강조하고, "16대 총선을 여성의
정치 참여를 확대하는 획기적인 전기로 삼겠다"며 "비례대표의 30%
를 반드시 여성에게 할당하고 지역구에서도 여성의 도전 기회가 늘
어나도록 적극 노력하겠다"고 약속하기도 하였다.26)

김대중 대통령은 이렇듯 대통령이 되고 나서 보다 적극적으로 정
치분야 및 공직의 여성대표성 제도 개선에서 실질적 역할을 수행하

24) 김대중, 서울 이화여고 유관순기념관에서 열린 '제35회 전국여성대회' 개막식에 참석.
   (1998년 09월 29일) 김대중도서관 전집보기
   https://www.kdjlibrary.org/archives/activity
25) 김대중, 서《내일신문》과의 회견(1998년 10월 19일) 김대중도서관 전집보기
   https://www.kdjlibrary.org/archives/activity
26) 김대중, 한국여성개발원에서 열린 여성계 신년인사회. (2000년 01월 06일)김대중도
   서관 전집보기

였음을 알 수 있다. 2000년 한창 정치개혁을 위한 제도 개선 논의가 촉발된 상황에서 여성 30% 할당제를 주요 개선과제로 명시하도록 여당 지도부에게 지시함으로써 이후 여성공천할당제가 만들어지는 데 크게 기여한 것이다. 또한 정치개혁 논의가 부진하자, 당시 이만섭 총재권한대행 등 국민회의 지도부를 청와대로 불러 여성 30% 할당제 도입을 포함하여 정치개혁과제를 여당 지도부에 긴급 지시하기도 하였다.27)

이러한 노력은 정당법에 전국구 비례대표제 30% 이상 여성공천할당제를 명문화할 수 있었다. 그러나 비례대표 30% 할당을 의무화하였으나 당시 강제이행조치를 마련하지 못하였다28). 결국 개정된 정당법하에서 치룬 2000년 제16대 총선에서는 새천년민주당만이 43명 후보 중 여성 14명(32.6%)을 공천함으로써 유일하게 30%를 지킨 정당29)이 되었다.30) 그러나 이후 2002년 지방선거에서 처음 비례대표제의 강제조항이 도입되었는데 구체적으로 여성 50% 할당을 의무화하고 명부작성 시 순위 2인마다 1인의 여성이 포함되도록 하는 등의 규정이 마련된 것이다.

이렇듯 최초로 강제 할당조항을 이후에라도 만들게 된 배경에는 김대중이 당대표 및 대통령 재임 시절 지속적으로 공약하고 공론화하였고, 여성정치참여 발굴 지원 등의 노력을 아끼지 않았던 데에

---

27) 김대중도서관 전집보기(2000년 01월 17일)시민단체의 낙선운동을 불허하고 있는 현행 선거법 제87조의 개정을 지시하고, 중앙선거관리위원회도 개정을 국회에 촉구키로 결정하다.

28) 정당법 제31조 제4항 정당은 비례대표 선거구 국회의원 선거후보자와 비례대표 선거구 시도의회의원 선거후보자 중 100분의 30이상을 여성으로 추천하여야 한다.

29) 한나라당 21.7%, 자민련 19.4%, 민주국민당 10.5%(한국여성의정. 여성국회의원 70년사 1편 238쪽)

30) 당시 새천년민주당은 19명의 비례대표 당선자 중 여성은 5명이었고 임기내 5명의 여성이 승계하면서 총 10명의 여성비례대표를 배출한 것이다.

기인한 것이다. 즉, 비례대표 강제 할당을 자연스럽게 받아들여지는 데 성공한 것이다. 이러한 제도마련이 속도를 낼 수 있었던 것은 이전 선거에서부터 광역의회와 국회 비례 여성추천시 여성할당을 자율적으로 지킨 정당이 있었기 때문이다. 바로 김대중 대통령이 당 총재로 있었던 민주당(95년 지방선거)와 새정치국민회의(98년 지방선거), 또한 새천년민주당(2000년 총선)에서 여성할당을 선도적으로 실천했기 때문이다.

이러한 대통령과 새천년민주당이 보여준 노력이 있었기에 다음 17대 총선에서는 비례대표 50%의 교호순번제와 강제조치를 기반으로 대한민국 여성정치사에 여전히 깨지지 않는 가장 큰 증가세를 보여준 총선 결과를 만들어낸 것이다.

3) 여성, 상관과 총리를 넘어 대통령을 상상하다

김대중 대통령 시절 여성대표성 확대에 대한 의지는 의미 있는 '최초' 여성을 계속 만들어낼 수 있었다. 특히 신호탄이 된 최초의 여성 '장군'을 임명한 것이다. 이는 대한민국 역사상 매우 기념비적인 사건이며, 이후 여성 불모지였던 많은 분야에 여성 '최초'라는 기록을 만들어내는데 기여하였다.

김대중 대통령은 국군 최초의 여성 장군으로 진급한 양승숙梁承淑 육군 준장으로부터 진급 신고를 받고 삼정도를 직접 수여하였다. 이 자리에서 "여성 장군의 배출은 우리 군의 발전은 물론 우리나라 여성들과 여군들 모두에게 큰 희망을 준 기념비적인 일"이라고 치하하고, "앞으로 국가안보의 소임을 완수함과 동시에 21세기를 진정한 여성시대로 만들기 위한 정부와 여성계의 노력에도 더욱 앞장서 기여해달라"고 당부하기도 하였다.[31]

또한 김대중 대통령이 오래전부터 여성정치참여와 함께 여러 차례

내건 공약은 여성의 장관 임용에 관한 것이다. 따라서 당시 공약으로 내건 '각종 자리의 20% 여성 할당'에 대한 실천 여부를 둘러싼 초대 내각에 대한 관심이 높았다.

이에 응답이라도 하듯 김대중 대통령은 당선 이후 첫 내각 구성에서 신낙균 문화관광부, 주양자 보건복지부 장관 임명을 시작으로 김모임(보건복지부), 손숙(환경부), 김명자(환경부), 한명숙(여성부)을 임기 내 임명하였다. 그 외에도 장관급 자리인 대통령직속 여성특별위원회 위원장으로 윤후정과 이후에는 백경남을 임명하면서 과거 어느 때보다 여성 장관의 임명이 크게 확대되었다.

김대중은 여성 최초로 총리서리로 장상 이화여대 총장을 임명하기도 한다. 김대중이 그의 자서전에 쓴 내용을 보면 여성 총리를 만들기 위해 얼마나 많은 공을 들였고, 흔히 정치인들의 수사에 그치는 여성 대표성을 누구보다 간절히 원하고 있음을 확인할 수 있다.[32]

> "장상 이화여대 총장을 국무총리서리로 발탁했다. 헌정 사상 첫 여성 총리 서리였다. 장상 총리서리는 인격과 능력, 그리고 업적을 익히 알고 있기 때문에 영입에 공을 들였다. 비서실장을 보내 설득했고, 아내에게도 거들어 달라고 부탁했다. 그의 결심이 고마웠다."

또한 김대중 대통령은 장상 총리서리 임명장 수여식에서 남은 7개월을 용의 눈을 그리는 '화룡점정의 시간'으로 만들자며 이렇게 말했다.

> "국민의 정부 들어 여성들을 위해 여러 가지 일을 했습니다. 법도 많이 제정하고 여성부도 만들었습니다. 여성 장군과 청와대 수석도 탄생시켰

---

31) 김대중, 김대중도서관 전집보기(2002년 01월 03일)
32) 김대중, 《김대중 자서전 2》., 473-474

습니다. 마침내 여성 총리까지 나왔으니 이제 남은 것은 대통령뿐입니다.”

이는 대한민국 여성들에게 여성대통령을 상상해볼 수 있게 한 최고통치자가 한 의미 있는 어록이 될 것이다. 그럼에도 최초 여성 총리 탄생이 불발되자 장상 총리서리의 사표를 수리하면서 밝힌 발언을 보면 장상을 지명한 이유가 무엇보다 여성지위향상의 적임자라는 점과 취약한 배경에서 여성의 역할을 선진국 수준으로 높여야 한다는 점을 들고 있는 점에서 여성대표성에 대한 진정성 있는 여성주의 철학을 확인할 수 있었다.

“장 총리서리를 지명한 것은 정치적 중립성이 확실하고 여성 지위 향상의 적임자이기 때문입니다. 우리가 세계 일류 국가를 지향한다고 하지만 지금과 같이 여성의 지도적 역할이 취약한 환경에서는 불가능합니다. 국회의 결정을 수용하지만, 우리의 이런 노력을 역사가 평가할 것입니다.”

4) 공직 여성 비율, 대통령 지시로 급물살을 타다

김대중 대통령 임기 중 큰 변화를 만든 공직분야 여성대표성을 꼽으라면 정부위원회와 관리직 여성공무원 비율일 것이다.

임기초 “규정을 바꿔서라도 금년내에 눈에 보이는 진전”을 이루도록 지시함에 따라 정부위원회 여성비율 확대의 노력은 이후 정부에서도 하나의 국가성평등 지표로 활용될 만큼 가시적인 성과를 보여주었다.

대통령의 강력한 지시와 함께 국무회의 때마다 실적을 챙겼다는 일화는 유명하다. 이러한 대통령의 관심은 부처 장관들에게 경쟁을 부추겨 97년만 해도 10%에 불과했던 것을 임기내 목표를 조기 달성하는 성과도 마련하였다. 당초 20005년까지 30%가 목표였으나 이를 2002년으로 조정하였고, 2002년말 30.1% 실적을 만들어냈다.[33)

〈표 I -4〉정부내 각종위원회 여성 비율 '5개년 목표율(위촉직 기준)

연도	'98	'99	'00	'01	'02
목표율	20%	23%	25%	28%	30%

한명숙은 여성부 장관 시절 국무회의에서 정부위원회 여성 비율을 직접 챙긴 대통령 덕분에 국민의 정부에서 획기적 변화가 있었음을 강조하였다. 당시 대통령이 직접 챙기니 모든 부처가 성과를 경쟁함에 따라 언젠가는 노무현 해양수산부 장관이 1등을 한 적도 있다고 기억을 전하였다.

그만큼 김대중 대통령이 정부위원회와 관리직 여성공무원 등 공직사회 정책결정과정에 여성을 늘리기 위한 직접적 영향력을 보여준 일화이다.

한편 김대중 대통령은 임기 시작 첫 업무보고에서 여성특위 등 부처 지시사항으로 여성관리직 확대방안을 마련하라고 할 정도로 정책결정과정에의 여성대표성에 큰 관심을 보였다.

"공무원의 채용, 승진 등에 있어 차별을 없애고, 여성 공무원들이 관리직으로 많이 진출할 수 있는 방안을 마련할 것"[34)

"정부는 앞으로 공직에 20% 여성 채용과 관리직의 여성 승진에 노력

33) 2002년《여성백서》여성가족부 p276
34) 김대중, 대통령지시사항-여성특별위원회업무보고(1998.5.12.), 대통령기록관
    https://www.pa.go.kr/

해 나갈 것35)"

이처럼 김대중 대통령의 관심과 지시사항은 정부부처로 하여금 기존의'99년 18%로 정한 여성채용목표비율을 20%로 상향조정하도록 하였다. 또한 〈여성관리자 임용확대 5개년계획(2002-2006)〉을 세워 당시 2%에 불과했던 5급이상 여성관리직 비율을 2006년까지 10%를 목표로 설정하고, 여성관리직 승진목표제, 1기관 국·과장급 여성관리직 1인 이상 배치, 1과課 1여성제 등 구체적이고 효과적인 정책이 모두 이 당시 마련된 것이다.36)

그 외에도 성별분업의 대표적 분야인 국방인력에도 관심 갖고 각 군 사관학교 입교정원의 10%를 여생도로 모집(2001년)하고, 모든 병과 확대 등 여군인력활용 확대계획을 마련하고 적극적으로 추진하도록 한 것이다.

맺음말

"인간으로서의 모든 질곡과 모순을 한 몸에 앓아야 할 여성들을 위해 내가 할 수 있는 일은 과연 무엇일까."37)

50년 전 대통령 선거에 나서며 내세운 '대통령직속 여성지위향상

---

35) 김대중, 대통령지시사항—보건복지부 국정과제 점검회의(1998.7.14.)
36) 1997년 12월 말 일반직 공무원 1-5급까지의 31,891명중 여성은 859명으로 2.7%이었으나 2005년도 기준 전체 공무원 수는 29,874명 중 여성은 1,418명으로 4.7%까지 상승함
37) 김대중, 《내가 사랑한 여성》. 274p

위원회' 설치의 약속이 바로 그가 스스로에게 한 질문의 응답이 아닐까.

이러한 그의 고민과 약속은 그의 여성주의 철학의 진정성과 실천의 의지를 대표하는 증거이다. 김대중 대통령은 질곡과 모순에 고통받는 대한민국 여성들을 위해 생애에 걸쳐 최선을 다했다. 당 총재로서, 대통령으로서 그가 가진 정치권력을 정치적 수사에 머물지 않고 구체적인 여성주의 실천으로 아낌없이 발휘해 주었다.

여성부 신설을 필두로 각 분야 여성장관은 물론 여성총리를 발굴 지명하고, 할당제 등 여성정치참여를 위한 유일한 제도에 큰 힘을 실어주었다. 정부위원회와 관리직 여성들의 진출을 획기적으로 전환하였고, 21세기 과학기술 및 정보화시대에 여성들의 역량과 지위를 높이는 든든한 토대를 만들었다.

그가 사랑한 대한민국의 여성들에게 김대중이라는 이름은 자랑스러운 페미니스트 대통령으로 영원히 기억될 것이다.

여성 경제활동의 컨트럴타워를 세우다

김미경 (광주대학교 사회복지전문대학원 교수)

들어가기

김대중 대통령은 정부 출범 초기 여성부 전신인 여성특별위원회의
업무보고에서 "국가발전에 남녀가 동등하게 참여하도록 사회 각 분
야에서 여성의 대표성을 제고하기 바라며, 아울러 다음 세대를 짊어
지고 나갈 젊은 여성들의 사회진출을 위해 필요한 취업알선과 직업
훈련 등을 강화하기 바란다"고 당부하였다.[1] 또한 "여성은 취업기회
면에서뿐만 아니라 육아문제나 인사 면에서도 정당한 처우가 이루어
지지 않고 있다"고 지적하고 "이에 대해 적극적으로 관심을 가지고
지원하고 여성이 일한 만큼 대우를 받을 수 있도록 노력해주기 바란

---

[1] 김대중, 여성특별위원회 업무보고 (1998년 5월 12일). 대통령기록관
    https://www.pa.go.kr/

다"고 노동부에 지시하였다.[2]

　이러한 김대중 대통령의 여성정책에 관한 기조는 여성부 설립으로 이어진다. 김대중 대통령은 제6회 여성주간 기념식 연설을 통해 "국민의 정부는 그동안 가정과 사회 그리고 직장에서 남녀차별의 벽을 제거하고 여성의 능력개발과 여성의 권익보호를 위하여 최선의 노력을 기울여 왔습니다. 이를 위하여 여러 제도적 장치를 만들거나 보완했습니다. 올해 들어서는 여성부를 출범시켜 남녀평등과 여성인력 활용을 위한 획기적인 기반을 마련했습니다"라고 여성부 설립 취지를 밝히고 있다.[3]

　무엇보다 김대중 정부는 1998년 2월 IMF의 구조조정에 대한 강도 높은 요구와 함께 출발하였다. 김대중 정부 IMF 외환위기 시절 남성가장의 실직으로 여성정책의 패러다임은 남성가장 중심의 '남성생계부양자모델'에서 맞벌이 중심의 '양성소득자모델로' 이동하는 중요한 계기가 되었으며 여성부는 여성의 경제, 사회참여 확대를 위한 법적, 제도적 토대가 되었다. 본 장에서는 김대중 탄생 100주년을 맞아 김대중 정부 여성정책의 성과와 의의를 여성의 경제활동확대를 위한 지원정책을 중심으로 살펴보고자 한다.

1. 여성의 경제활동을 위한 일가정양립 정책

1) 일가정양립을 위한 초석을 놓다

　남성가장의 권위를 중심으로 한 가족관계를 기초로 사회가 유지되어 오던 전근대적 가부장제는 산업화의 진행에 따른 도시화, 핵가족

---

2)　김대중, 여성특별위원회 업무보고 (2000년 2월 21일).
3)　김대중, 대통령지시사항, 2001년 7월 3일.

화 등 전통사회 해체과정에서 여성의 교육기회 및 경제, 정치활동의
증대에 따라 신가부장제로 탈바꿈하였다. 가정에 제한되었던 여성의
전통적 역할이 자본주의적 방식으로 재배치된 것이다. 그러나 평등
지향적 신가부장제 하에서 여성들은 오히려 가정과 직장에서의 노동
을 통한 이중부담을 겪게 되었다.4)

〈그림 II-1〉 경제활동참가율

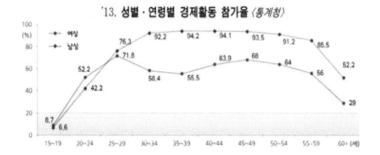

〈그림 II-1〉의 연령별 경제활동참가율 남녀 비교에서 볼 수 있듯
이, 20대까지 남녀의 경제활동참가율에 큰 차이가 나지 않는다. 오
히려 20대 중반까지 여성들의 경제활동참가율이 더 높게 나타나고
있다. 이는 남성들의 군입대, 상급학교 진학 등을 반영하고 있는 것
으로, 30대가 되면서 남녀차이가 확연하게 드러나게 된다. 그 차이
가 가장 크게 드러나는 연령대는 30대중반에서 후반으로, 이때 여성
들은 집중적으로 결혼과 출산, 육아를 통해 경력단절이 일어나는 시
기이다. 따라서 여성의 교육기회의 확대, 경제활동 및 사회참여 증대

4) Kim, M.-K., Frauenarbeit zwischen Beruf und Familie, (Frankfurt
   a.M./NewYork: Leske+Budrich, 2000); 김미경, "'노동사회'를 넘어 '좋은 노동'
   사회를 위하여 - 일가족양립정책과 모성보호정책." 강이수 외, 《일, 가족, 젠더 - 한국
   의 산업화와 일가족딜레마》, (서울: 한울아카데미, 2009), 480-504쪽; 김미경, 《여
   성노동시대: 일가족양립을 위한 여성주의 사회복지》, (서울: 나눔의집, 2012).

등을 목표로 한 여성정책의 핵심은 일과 가정 양립을 위한 모성보호 정책으로 귀결될 수밖에 없다.

무엇보다 〈그림 II-2〉에서 보듯, 60년대 산업화 초기 30%대 후반을 차지하던 여성의 경제활동참가율은 OECD에 가입한 1996년 이후에도 여전히 40%대 선에 머물러 있었다. 2000대 중반에 와서야 50%대에 진입하기까지 김대중 정부에서 여성의 일가정양립을 위한 모성보호 정책의 본격적인 도입이 결정적인 역할을 한 것으로 평가할 수 있을 것이다.

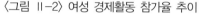

〈그림 II-2〉 여성 경제활동 참가율 추이

(단위 : %)

49.9 50.1 50.9

47.0

37.2

1965 1990 2004 2005 2006.7

〈자료 : 통계청〉

일가정양립정책은 근로자의 직장생활과 자녀양육 등의 가정생활을 양립할 수 있도록 지원하는 근로복지제도로서 생후 1년 미만의 영아를 가진 근로여성 또는 그를 대신한 배우자인 근로자가 그 영아의 양육을 위해 휴직을 신청하는 경우 사업주가 이를 허용하도록 '남녀고용평등법'에 규정하고 있는 육아휴직제도를 골자로 1995년 김영삼정부 때 도입되었다.[5] 그러나 육아휴직제도는 김대중 정부에 와서 4인 이하 사업장으로 확대되었고 육아휴직장려금을 전 사업장에 20만원으로 상향함으로써 본격적인 일가정양립정책으로서의 역할

---

5)   여성부, 《여성백서》, 2001.

을 할 수 있게 되었다. 일가정양립정책은 크게 일하는 어머니들의 직장일을 지원하는 노동정책과 가정일을 지원하는 가족정책, 두 차원에서 접근해 볼 수 있다. 〈표 Ⅱ-1〉을 통해 김대중 정부시절은 여성부 신설을 통해 여성의 일과 가정을 양립하기 위한 중요한 초석을 만들었음을 알 수 있다.

〈표 Ⅱ-1〉 일가정양립 관련 정책

구분	정부	가족정책	노동정책
여성부설립전	김영삼 (1993-1998)		· 공무원육아휴직제 남성사용가능(1994) · 남녀고용평등법 2차개정: 남성근로자 육아휴직사용 가능(1995) · 육아휴직장려금(1995):대기업8만원;중소기업12만원
여성부설립후	김대중 (1998-2003)	· 배우자 연금 분할수급권 인정(1998) · 농어촌 저소득층 만5세이하 무상보육실시(1999) · 학교급식확대(98년 초등, 99년 고등, 2000년 중등급식 전면실시) · 무상보육단계적 실시 · 12세미만까지 방과후보육확대(1999)	· 여성가장 채용장려금 지급실시(1998) · 육아휴직장려금 및 여성재고용장려금 4인이하 사업장으로 확대(1998) · 고용보험 5인이상 사업장에서 1인이상 사업장으로 확대(1998) · 육아휴직장려금(2001):모든기업20만원 · 출산휴가 90일 확대(2001) · 남녀차별금지및구제에 관한 법률개정(1998)으로 간접차별개념도입(2001) · 주부취업알선 인력은행 확대 · 여성가장실업자 지원대책 수립 및 특별직업훈련실시(1998) · 대졸여성취업지원창구설치(1998) · 여성부당해고관련업무처리지침(1999) · 여성창업보육센터 운영(1999) · 여성농업인정책 기본계획 수립 · 일하는 여성의 집 설치 확대

		· 남녀평등상 (1999) · 영아, 장애아 전담보육시설 확충 · 보육사업활성화방안 (2002) · 국공립 보육시설 확대 및 서비스 다양화 · 최저생계비 120% 수준의 저소득층 및 법정 저소득층 한정 보육료 지원	· 여성채용목표재 확대 실시 · 여성우선정리해고 방지 · 남녀고용평등법이행지도 · 모집채용시 남녀차별 금지 · 고용평등상담실/고용평등위원회 운영 · 직장보육시설 설치계획확정(1998) 및 무상지원 · 학교유아방 설치 · 여성농업인센터운영(2001) · 임신중 여성근로자 시간외 근무 전면금지(2001) · 모성보호3법개정: 육아휴직 사용 전체 근로자로 확대/육아휴직급여 도입(2001)
	노무현 (2003–2008)	· 보육료 지원 대상의 확대 · 민간어린이집 대상 영아 기본보조금 제공 · 보육서비스 질관리 위한 평가인증시스템 도입 · 아이 돌봄 서비스 시범사업의 시작	· 적극적 고용개선조치(2006) · 직장보육시설 설치 규정(여성근로자 300–500인) · 육아휴직 대상 만 3세 미만 자녀로 확대, 100% 유급, 배우자는 3일동안 사용 가능 기간은 52주, 남녀 근로자 모두, 3세 미만 자녀 · 육아휴직 정액제, 월30만원(2003년), 40만원(2004년), 50만원(2007년) 상향 · 배우자 출산휴가(2008) · 남녀고용평등법을 남녀고용평등과 일가정양립지원에 관한 법률로 개정(2007)

일가정양립정책의 주요 내용으로는 모성보호관련법(근로기준법, 남녀고용평등법, 고용보험법)에 근거한 산전후휴가 및 육아휴직, 그리고

보육정책 등이 있다. 2001년 8월13일 김대중 대통령은 모성보호 3
법 서명식에서, 다음과 같이 법개정의 역사적 의미를 설명하였다.

> "역사적인 법 개정입니다. (중략) 여성이 해고의 위협 없이 출산하고,
> 육아를 위해 여성 자신이나 그 배우자가 휴가를 얻을 수 있게 되었습니
> 다. (중략) 장기적으로는 농어민, 혹은 전업주부, 자영업 주부에 대한 문
> 제로 발전시켜 나가야 합니다. 여성정책에서 국민의 정부는 세계적으로
> 유례가 드문 여성부를 설치하고, 수많은 여성 관련 법률을 마련하는 등
> 여성권익 향상을 위해 노력했습니다. (중략) 모성보호 3법이 우리 인구의
> 절반인 여성의 행복에 크게 기여하고, 우리 사회발전에 크게 기여하기를
> 바랍니다. 정부가 할 수 있는 일은 어떤 일도 아끼지 않고 지원하겠습니
> 다."[6)

(1) 모성보호를 위한 산전후 휴가제도를 정착시키다

근로여성의 모성보호를 위한 출산휴가기간을 ILO 협약 등 국제적
인 수준을 반영하여, 2001년 60일에서 90일로 연장함으로써 1953
년 근로기준법이 제정된 지 48년만에 모성보호를 강화, 내실화하였
다.[7) 산전후휴가를 위한 재정지원은 60일 동안 개인 사업주가 출산
전 월급의 100%를 지급하고 늘어난 30일에 대해서만 최대한 135만
원까지 고용보험이 지급하게 개정되었다. 산전후휴가비의 수급조건
은 적어도 산전후휴가가 끝나기 180일 전에 고용보험에 가입되어
있어야 한다.

정책시행결과 2001년 이후 산전후휴가 사용률은 점차 확대되어

---

6)   김대중, 대통령지시사항, 2001년 8월 13일.
7)   김미경 외, 〈개정된 모성보호 관련 법제의 실시현황과 효과분석〉, (여성부, 2002),
      125쪽.

산전후 휴가비를 수급한 여성임금근로자의 수는 2002년 60.2% 그리고 2005년에는 80.5%에 이른다. 그러나 산전후 휴가자의 육아휴직 사용율은 2002년 13.3%에 불과하였다. 산전후휴가를 하고 직장에 복귀하는 비율은 77.9%(2003년), 휴가 후 직장을 그만두는 사용자는 8.7% 였다.[8] 낮은 육아휴직 사용율에도 불구하고 산전후휴가는 여성의 모성을 보호하기 위한 중요한 정책으로 자리 잡아갔다.

(2) 일가족양립을 위한 육아휴직의 토대를 만들다

노동부는 1995년 5월 김영삼 정부시절 고용보험에 의한 육아휴직장려금 지원제도를 도입하였다. 제도도입 초기 육아휴직장려금은 대기업은 8만 원, 중소기업은 12만 원을 지급하다 1997년 각 9만 원과 13만5천 원으로 상향하였으며, 김대중 정부가 출범한 1998년 11만 원과 14만 원으로, 1999년 12만 원과 15만 원으로 상향하고 2001년 육아휴직을 실시하는 모든 사업주에게 일괄적으로 20만 원을 지원하였다. 이후 2003년 30만 원, 2004년 40만 원, 2007년 50만 원으로 상향 확대되었다. 수급조건은 휴가사용 전 최소한 1년을 일을 해야 하고 최소한 6개월 동안 고용보험에 가입되어 있어야 한다.

2001년 육아휴직에 대한 법률개정으로 육아휴직 사용대상이 여성근로자와 그 배우자에서 모든 여성과 남성 근로자로 확대되었다. 이로써 육아휴직제도는 여성뿐만 아니라 남녀 모두를 위한 일가정양립정책으로서 역할을 할 수 있는 제도적 틀을 갖추게 되었다. 육아휴직기간은 최대한 9개월을 사용할 수 있었다. 또한 휴직 후 휴직 이전의 직장이나 같은 지위의 업무로 복귀가 보장되었다. 그러나 여전히

---

8)   김태홍 · 김난주, 《우리나라 모성보호제도의 실시 현황 분석과 개선방안》, (한국여성 개발원, 2003).

〈표 II-2〉 육아휴직급여 지급실적 (단위: 명, 백만원)

기간	지급액	인원			1인당 지급금액
		전체	여성	남성	
2001.11-12	5	25	23	2	20만원
2002	3,087	3,763	3,685	78	20만원
2003	10,576	6,816	6,712	104	30만원

 * 자료: 노동부; 여성부(2003), 《여성백서》, p.147에서 재인용

육아휴직 사용자 중 96.9%가 여성이었고 3.1%만이 남성이었다.[9] 이는 당시의 일가정양립정책의 대상자가 주로 여성으로 한정되었음을 의미하고 있어, 양성평등정책으로서의 한계를 보여준다.

그리고 이러한 혜택이 가능했던 이들은 교육수준이 높고 근로연수가 길고 대기업에서 종사하는 근로자들이었다. 육아휴직비 수급비율은 점차 증가하였지만 2002년 출산한 여성임금근로자의 9.8%만이 육아휴직비를 받았고 2006년에는 22.1%가 받았다. 육아휴직비의 수급조건은 고용보험에의 가입이었으므로 많은 비정규직 근로자들이 고용보험에 가입되어 있지 않아 육아휴직비 수급에서 제외될 수밖에 없었다.[10] 이는 육아휴직제도가 남녀 모두를 위한 일가정양립정책으로서 자리매김하기까지 아직 가야할 길이 멀다는 것을 의미하였다. 2007년에 와서야 '남녀고용평등법'은 '남녀고용평등과 일가정양립을 위한 지원법'으로 개정되었다.

육아휴직의 목적은 여성의 노동시장참여와 일가정양립을 지원하는데 있다. 특히 어린 자녀가 있는 여성들의 노동시장참여 내지 일가정양립을 지원하기 위해서는 산전후휴가 및 육아휴직 정책을 보육정

---

9)   김태홍. 김난주, 《우리나라 모성보호제도의 실시 현황 분석과 개선방안》.
10) 김혜원, "여성고용정책의 핵심내용에 대한 진단", 한국조세연구원 (편), 『저출산 극복 및 성장잠재력 확충을 위한 가족정책』, (2007), 125-153쪽.

책과 연계하는 것이 중요하다.[11] 김대중 대통령은 2001년 여성부
업무보고 시 "젊은 직장여성들이 가장 고통 받는 문제인 육아문제를
해결하기 위해 획기적인 대책이 필요하다"고 지시하였다.[12]

(3) 직장보육시설 및 보육정책의 중요성을 인식하다

2001년부터 2007년 사이에 육아휴직비의 점진적인 확대가 있었
으나 0-2세 영유아를 위한 보육시설이 양적으로 부족했고 사립보육
시설 중심으로 확대되어 보육비가 비싸고 보육의 질이 보장되지 않
는 상황이었다.[13] 2003년 보육시설에서 보육을 받는 0-2세 영유아
의 비율은 13.5%로 낮은 수준이었다. 0-1세 영유아의 86.6% 그리
고 0-2세 영유아의 74.6%가 가정에서 양육되었다. 따라서 1999년
에서 2004년까지 아이를 출산한 여성근로자의 22%만이 출산 후에
도 경력단절 없이 일할 수 있었다.[14]

1998년에는 직장보육시설 설치계획을 확정하고 무료로 설치에
대한 지원을 시작하였다. 1998년 이후의 보육정책은 보육시설 확대,
보육비지원 확대, 그리고 보육의 질 개선 등을 목표로 하였다. 그러
나 1998년에서 2003년까지 보육을 제공받을 수 있는 대상자나 부모
의 보육비 부담에 대한 법률은 변하지 않았고, 부분적으로 보육시설
설립과 보육비 지원에 대한 법률이 개정되거나 새로 제정되는 정도
였다. 1998년 7월부터 신고에 의해서 보육시설이 설립, 시행되었고
1999년부터 학교입학 전 1년 동안 무상보육이 농어촌 지역의 아동

11) 이미화, "사회정책과 자녀를 가진 여성의 노동시장 참여 - 김대중·노무현 정부",
   한국사회복지학회 학술대회 자료집 (2012), 359-378쪽.
12) 김대중, 여성부업무보고 대통령지시사항, 2001년 4월 18일.
13) 이미화, "사회정책과 자녀를 가진 여성의 노동시장 참여 - 김대중·노무현 정부".
14) 김영옥 외, 《출산, 육아로 인한 여성의 노동시장 이탈 방지를 위한 정책방안》, (노동부;
   한국여성정책연구원, 2007).

〈표 II-3〉 연도별 직장보육시설 현황(단위: 개소)

구분	설치의무 사업장 수	설치사업장				보육수당 지급	타시설 위탁
		계	의무 설치	% (B/A)	임의 설치		
1998	253	99	54	21.3	45	7	10
1999	248	125	51	20.5	74	7	12
2000	239	143	56	23.5	87	10	11
2001	230	124	48	20.9	76	12	13
2002	228	114	46	20.2	68	12	13
2003	226	135	48	21.2	87	19	10

*자료: 노동부; 여성부(2003), 《여성백서》, p.149에서 재인용

부터 실시되었다.

1998년 보육정책의 실행결과 보육시설은 증가하였으나 사립보육시설이 확대되고 공공보육시설의 감소를 결과하였다. 이렇듯 대부분의 사립보육시설에서의 보육제공과 저소득층 중심의 낮은 보육비지원 정책은 여성의 경력단절, 임금이 낮은 일자리에서의 고용 또는 비정규직에서의 불규칙적인 고용을 결과하였다는 평가를 받는다.[15]

그러나 그 어느 정부에서보다 김대중 대통령은 보육의 문제에 주목하였고, 2002년 여성부 출범 1주년 기념식 연설에서 다음과 같이 보육정책의 중요성을 강조하였다.

"우리가 해결해야 할 가장 시급한 문제의 하나는 여성의 경제활동을 가로막는 보육문제라고 생각합니다. 현재, 여성의 다양한 보육수요가 충족되지 못해 능력 있는 여성들이 직장을 떠나고 있습니다. 우리나라 여성의 취업률이 선진국에 비해 크게 뒤지는 요인의 하나가 바로 육아문제입니다. 우리는 여성들이 안심하고 직장에 나가고 사회활동도 할 수 있는

15) 이미화, "사회정책과 자녀를 가진 여성의 노동시장 참여 - 김대중·노무현 정부".

여건을 만들어나가야 합니다. 보육문제를 획기적으로 해결하는 방안도 강구돼야겠습니다. 이미 저는 이 문제에 대해 여성부와 관계 장관들에게 지시한 바가 있습니다".[16)

2) 남녀 모두를 위한 일가정양립정책의 제도적 틀을 다지다

김대중 정부는 출범과 함께 IMF로부터 강도 높은 구조조정에 대한 압박을 받았다. 김대중 대통령은 "당시 선진국 일부 금융전문가들 사이에서는 한국이 모라토리엄으로 가도록 방치하여 아시아지역의 본보기로 삼자는 움직임도 있었다"고 회고하고 있다.[17) 김대중 정부는 IMF의 구조조정에 대한 강력한 요구 속에서 "몇십만 명의 실업자를 구하려다 4천만 명이 살고 있는 나라 전체가 부도를 맞이할 수 없었"기에 결단을 내려야 했고,[18) 노동계의 강력한 반발에 대한 사회적 합의를 위한 '노사정 위원회'를 구성하기에 이른다. IMF 구조조정 시기 남성의 취업자수는 5% 감소한 반면, 여성은 7.2%가 감소하였다.[19)

김대중 대통령은 '정경유착과 관치금융'에서 비롯된 외환위기는 오직 성장에만 매달려 온 '박정희식 발전모델'의 종말을 가져온 것'으로 평가하였다.[20) 1997년 외환위기를 맞아 IMF구제금융 시기를 거쳐 오면서 한국사회는 뼈를 깎는 고통을 감내하여야 했다. 그러나 대한민국은 OECD 국가 중 여성의 경제활동참가율이 여전히 낮고

16) 김대중, 여성부 1주년 기념식 연설 (2002년 1월 29), 대통령기록관
   https://www.pa.go.kr/
17) 김대중, 《김대중 자서전 2》, (서울: 삼인출판사, 2010), 21쪽.
18) 김대중, 《김대중 자서전 2》, 20쪽.
19) 여성부, 《여성백서》, 1999.
20) 김대중, 《김대중 자서전 2》, 22쪽.

고용형태에 있어서 임시직이나 일용직 같은 비정규직에서의 고용비율이 높아 남녀임금격차가 높다.

특히 현재 우리나라의 여성경제활동참가율에 반비례하는 저출산

〈그림Ⅱ-3〉 줄어드는 합계 출산율

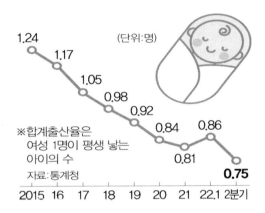

1.24
1.17
1.05
0.98
0.92
0.84   0.86
0.81
0.75

(단위:명)

※합계출산율은
여성 1명이 평생 낳는
아이의 수

자료:통계청

2015 16 17 18 19 20 21 22.1 2분기

현상은 국가의 존폐위기를 결정할 중대한 사회적 문제로 대두되었다. OECD국가 중 최하위를 차지하고 있는 한국의 합계출산율은 2023년 현재 0.7명대로까지 떨어진 상황에서 일가정양립정책은 저출산문제를 해결하기 위한 중요한 정책이 아닐 수 없다. 〈그림Ⅱ-4〉은 여성의 경제활동참가율의 증가가 합계출산율을 낮추지는 않는다는 것을 보여주고 있다. 즉, 저출산국가와 고출산국가의 차이는 일가정양립정책과 같은 국가의 여성의 경제활동을 지원하기 위한 정책수준에 달려 있음을 알 수 있다.[21]

---

21) 김미경, "여성정책 패러다임 전환과 지역성평등정책의 과제", 《가족과 커뮤니티》, 7권 1호 (2023), 5-30쪽.

〈그림II-4〉 여성 경제활동 증가율

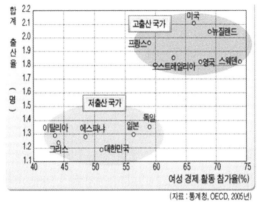

(자료 : 통계청, OECD, 2005년)

　김대중 정부시절 2001년 2백88억의 미니부처로 시작한 여성부의 예산은 2023년 현재 1조 5,505억 원의 규모로 확대되었다. 이중 1인가구·한부모가족 지원 및 통합적 가족서비스를 제공하기 위한 가족사업에 65.5%인 1조 263억, 위기청소년 맞춤형 지원을 강화하기 위한 청소년사업에 2,525억(16.1%), 5대 폭력 피해자 맞춤형 지원을 위한 권익보호사업에 1,379억(8.8%), 여성경제활동참여 지원 확대 및 양성평등 문화확산을 위한 양성평등사업에 1,090억(7%), 기타 421억(2.7%)을 사용하고 있다. 결국 여성부 예산의 80%는 '가족 기능의 회복 및 정상화'에 직·간접적으로 투자되고 있는 것으로 이해할 수 있으며, 그 중심에는 여전히 돌봄노동에 기초한 여성의 일· 가정양립을 지원하기 위한 정책이 자리하고 있다.

　1995년부터 근로기준법 및 남녀고용평등법에 근거하여 산전후휴가 및 육아휴직을 여성근로자와 그 배우자가 사용할 수 있도록 제도화하였으나 2001년 여성부가 생기기 전까지 제도의 활용은 유명무실한 상황이었다. 2001년 11월 모성보호 기준을 강화하는 내용을

담은 근로기준법 및 남녀고용평등법, 고용보험법을 골자로 한 모성
보호관련법이 개정됨으로써 여성근로자의 모성보호를 통해 경제활
동을 지원하고 노동시장에서 남녀평등을 실현하고자 하였다.[22] 또
한, 출산휴가가 60일에서 90일로 연장하고 휴가비를 무급에서 유급
으로 전환함으로써 돌봄의 사회화를 이룰 수 있는 제도적 틀을 본격
적으로 마련하게 된 것이다.

김대중 정부가 출범시킨 여성부는 그동안 돌봄의 사회화를 요구해
오던 여성계 및 시민사회와 함께 젠더거버넌스 체계를 구축하는 기
초를 만들었다. 그러나 출산휴가비를 건강보험이 아닌 고용보험에서
지급함으로써 수급대상이 고용보험 가입자에 한정되는 한계를 태생
적으로 가지고 있다. 따라서 여성의 모성권과 부모권 보장의 의미보
다는 노동권을 보장하기 위한 의미가 더 크다 할 수 있으며, 2001년
을 기점으로 일가정양립정책이 "탈상품화, 탈가족화 차원으로 전환
되긴 하였으나 정책대상이 정규직 여성으로 한정되어 보편적 체계로
형성되지 못하는 한계를 갖는다".[23]

모성보호를 통한 여성의 경제활동을 지원하기 위해 돌봄의 사회화
의 기초를 마련한 김대중 정부의 일가정양립정책은 아직 양성평등정
책으로서의 역할을 하기에 시기상조일 수밖에 없었다. 실제로 '양성
평등'이라는 개념이 일반적으로 사용되기 시작한 시점이 〈양성평등
기본법〉이 제정된 2015년 이후이기에 '여성발전기본법'에 기초한 여
성정책이 〈양성평등기본법〉으로 개정되기까지 아직 더 많은 시간을

---

22) 김미경 외,《개정된 모성보호 관련 법제의 실시현황과 효과분석》, (여성부, 2002).
23) 전윤정, "탈상품화·탈가족화 관점에서 본 한국의 일·가족양립정책", 1990–2014
    : 출산휴가·육아휴직제도와 보육정책을 중심으로. 〈한국여성학〉 제31권 3호
    (2015), 179–218쪽. 돌봄의 사회화를 일가족양립정책의 탈상품화, 탈가족화로 해석
    할 수 있는지에 대해서는 보다 면밀한 논의가 필요하지만, 본 논문의 취지에 집중하기
    위해 이에 대한 논의는 여기서 생략하고자 함.

필요로 하였다. 그러나 김대중 정부의 여성부 출범은 양성평등정책으로 나아가기 위한 중요한 초석을 마련하였음에 분명하다.

2. 외환위기 여성경제활동 확대를 위한 인적자원개발 정책

대한민국은 1997년 12월 외환위기에 따른 IMF 구제금융의 관리에 들어갔고 김대중 정부는 출범과 동시에 외환위기로부터 벗어 나야 하는 커다란 숙제를 떠안게 되었다. IMF에서 195억 달러의 구제금융을 받은 한국경제는 IMF의 요구에 따라 대대적인 국가경제 구조조정이 시작되었다. 그 과정에서 회사들의 부도 및 경영위기가 나타났고, 대량해고와 경기악화로 인해 대한민국의 온 국민이 큰 어려움을 겪어야만 했다.

김대중 대통령은 IMF가 요구하는 구조과정에서 IT산업 장려정책이나 대기업 간의 사업교환 및 통폐합으로 경제재건을 도모하였다. 1999년 3월, 정부는 '사이버코리아 21' 계획을 발표하며 IT산업 발전 및 인프라 투자에 힘을 쏟았다. 2000년 코스닥과 벤처산업을 비롯한 한국경제와 사회에 대한 대대적인 변혁이 시작되었다. 그 결과 2000년 12월 4일, 김대중 대통령은 "국제통화기금의 모든 차관을 상환하였고, 우리나라가 'IMF 위기'에서 완전히 벗어났다"고 공식 발표하기에 이른다.[24] 2001년 8월 23일, IMF 관리 체제가 공식종료 되기까지 거의 4년이 걸렸으니 김대중 정부는 거의 임기 내내 외환위기 극복이라는 숙제를 해결해야 했다.

앞서 언급한 바 있듯, 여성의 경제활동참가율이 여성부의 여성경

---

24) 위키백과, 검색일: 2023년 8월 30일 18시 30분.

제활동 제고를 위한 다양한 인적자원개발 정책에도 불구하고 김대중
정부시절 급격히 증가하지는 않았고 오히려 외환위기에 따른 고용불
안을 야기하였지만, 김대중 정부의 IT산업 및 벤처 육성정책에 따라
여성노동시장에도 큰 변화가 일어났으며 향 후 여성노동의 질을 제
고하는데 중추적인 역할을 하게 되었다. 지식정보산업분야의 여성과
학기술인 양성 및 창업지원 등 여성인력개발 정책이 활성화되기 시
작한 것이다. 김대중 대통령은 1999년 여성특별위원회 국정개혁보
고 회의에서 "지식정보화 사회에 대비해 여성능력을 개발하고 경쟁
력 있는 여성을 육성해야 하며, 여성은 가정주부, 노동자, 사무원
등 모든 분야에서 신지식인으로서 경쟁력을 가질 수 있도록 힘써주
기 바란다"고 지시하였다.25)

〈표 II-4〉연도별 개최현황

연도	경영연수	정보화연수	합계
1999	2	0	2
2000	10	17	27
2001	13	3	16
합계	25	20	45

*자료; 여성부(2001), 《여성백서》, p.110

이에 따라 1999년 '여성기업지원에관한법률'이 제정되어 여성기
업육성을 위한 종합계획을 수립하고 여성창업·기업박람회를 개최
하는 등 여성의 기업활동촉진을 위한 인프라가 만들어지기 시작하였
다. 지식기반사회 여성인력육성 대책으로 고학력 실업자를 위한 지
식기반직종 훈련시범사업 및 여성정보화를 위한 대중교육 등을 실시
하였다. 여성경제인, 여성기업 임직원, 여성창업자 등을 대상으로

---

25) 김대중, 여성특별위원회 국정개혁보고 회의대통령지시사항, 1999년 4월 12일.

1999년부터 경영연수 및 정보화연수를 실시하여, 2001년까지 총 45회 5000여 명이 참여하였다.

더불어 구조조정에 따른 여성 우선해고를 감시하기 위해 여성이 다수 근무하는 사업장에 대한 특별지도점검이 이루어졌다. 그러나 노동시장유연화 정책에 의해 여성의 상용직 비율은 1997년 27.3% 에서 1998년 24.5%으로 줄었으며 임시직(54.9%에서 55.4%), 일용직 (45.6%에서 49.8%)의 비율은 증가하였다.

〈표 II-5〉 상용직, 임시직, 일용직종 여성근로자 비율

	1997	1998	1999	2000	2001
상용직(%)	27.3	24.8	24.9	25.6	27
임시직(%)	54.9	56.1	54	54.4	55.1
일용직(%)	45.6	48.9	51.8	52	52.5

* 자료 : 통계청, 〈경제활동인구연보〉, 〈경제활동인구월보〉추가; 여성부 (2001), 《여성백서》, p.95에서 재인용

1) 지식기반사회를 위한 여성인력육성정책의 틀을 갖추다

'여성기업지원에관한법률'에 따라 1999년 6월 24일 '한국여성경제인협회'가 설립되어 1999년 11월 12개 지회 800여명의 회원이 92만 여성경제인의 구심체로서 정부의 여성기업육성지원을 위한 주요사업을 위탁받아 수행하기 시작하였다. 또한 '여성기업활동촉진위원회'를 설치, 1999년 10월 제1차 회의를 개최하여 공공기관의 여성에 대한 차별적 관행이나 제도의 시정, 중소기업청의 여성기업활동 촉진기본계획, 여성의 창업촉진 및 여성기업우대지원 등에 대해 심의하기 시작하였다.[26] 2000년 경우, 조달청에 등록한 여성의 기업

체 수가 전체 10.4%로 전년대비 1.7% 증가하였다. 이 밖에도 다양한 여성기업 우대조치들이 시행되었다.

또한 여성창업지원을 위해 '여성창업보육센터'를 설치하여 여성예비창업자가 2년 동안 입주(2000년 73개 업체)하여 저렴한 비용으로 사업을 할 수 있게 하였으며, 창업절차, 창업요령, 경영 및 마케팅 기법 등을 교육하는 여성창업강좌를 전국적으로 실시(1999년 120회)하였다. 또한 저소득층 여성가장이 창업하는 경우 점포임차금을 2천만 원까지 연리 4%로 2년간 융자지원 하였다. 이 밖에도 여성기업의 경영능력향상을 위한 연수 및 인터넷 · 전자상거래 등 정보화 교육을 비롯한 다양한 사업들을 지원하였다.

당시 여성기업의 업종별 분포는 음식, 숙박, 도소매업에 집중되어 있었던 현실에 비추어 새로운 시도가 아닐 수 없었다. 김대중 대통령은 2000년 여성특별위원회 연두업무보고에서 "여성들이 신지식인 그룹을 형성하여 세계적인 경쟁력을 갖추어야 하며, 새로운 세계를 열어가야 하는 주체가 되어야 한다"고 강조하고 "여성은 가정에서건 사무실에서건 구애받지 않고 신지식인이 될 수 있으며, 주부 100만 명 정보화 교육정책은 이러한 여건을 조성해주는 일환이 될 것"이라고 하였다.[27]

〈표 II-6〉 업종별 여성기업비중(단위: 개(%))

	숙박음식	도소매	개인서비스업	교육서비스업
1998	361,845(39.1)	307,242(33.2)	113,186(12.2)	55,136(6.0)
1999	369,419(39.6)	304,548(32.7)	118,540(12.7)	51,881(6.6)

*자료: 통계청 사업체기초통계조사; 여성부, 《여성백서》, 각년도에서 재인용

---

26) 여성부, 《여성백서》, 1999, 88쪽.
27) 김대중, 여성특별위원회 업무보고, 2000년 2월 21일.

2) 여성의 경제활동확대를 위한 다양한 정책을 펼치다

　IMF외환위기와 함께 여성의 실업율 증가로 여성인력의 효율적인
활용을 통한 국가경쟁력향상을 위해 1998년부터 여성정보화교육 지
원사업을 추진하였다. 이에 따라 초,중,고,대 여학생들뿐만 아니라
전업주부를 위한 정보화교육을 실시하였다. 2000년의 경우 30만 명
의 주부가 인터넷교육을 받았고, 주부들이 인터넷을 활용함으로써
전자상거래 및 컴퓨터 분야의 비약적 발전을 가져온 것으로 평가받
고 있다.

〈표 Ⅱ-7〉 여성가장실업자 현황

	1997	2000.12	2001.12	2002.6
실업자(천명)	40	66	56	46
실업율(%)	1.9	3.1	2.5	1.9

*자료: 노동부; 여성부(2002), 《여성백서》, p.100에서 재인용

　저소득층의 직업훈련 및 취업알선 기관으로 1993년 설립된 '일하
는여성의집'은 정보화시대에 맞는 21세기 신지식인으로서 여성에게
적합한 유망직종을 발굴하고 직업교육을 실시하고자 1999년 43개

〈표 Ⅱ-8〉 여성가장실업자 취업훈련실적 (단위: 백만원, 명, %)

연도	예산		훈련			취업	
	계획	집행액	계획	훈련	수료	취업	%
1988	4,608	3,865	3,000	3,609	3,127	781	25.0
1999	14,000	13,874	9,000	11,329	9,283	3,743	40.3
2000	9,316	8,713	6,000	6,832	5,624	2,139	38.0
2001	7,419	4,901	4,000	3,893	3,048	868	28.5
2002	4,098	2,584	2,500	2,182	1,023	347	33.9

*주 : 1998.9월 실업대책사업으로 처음 실행됨
*자료: 여성부(2002), 《여성백서》, p.104

소(1997년 17개소)로 확대되었다. 여성가장실업자들에게 특별훈련을
실시하고자 1998년 9월부터 1999년까지 일하는여성의집, 직업전문
학교, 여성회관 등 전국 100여 개 여성직업훈련기관을 지정하여
176억 원의 예산을 투입하여 약 1만5천 명 여성가장에게 취, 창업훈
련을 실시하였다. 훈련과정동안 교육비는 무료이며 생계보조수당이
지급되었다. 그 결과 2002년 11월말 2,182명이 훈련을 받아 347명
이 취업하였다.

여성가장실업자를 고용하는 사업주에게는 6개월간 임금의 1/2(대
규모기업 1/3)을 지원하는 '채용장려금' 제도도 1998년 10월부터 시행
되었다. 2002년 11월 779업체 853명에게 1,010백만 원을 지원하
였다.

〈표 Ⅱ-9〉 여성가장고용촉진장려금 지원실적 (단위 : 개소, 명, 백만 원)

연도	사업장 수	근로자 수	지원액
1999	309	373	281
2000	694	787	672
2001	751	818	803
2002.11	779	853	1,010

*자료: 여성부(2002), 《여성백서》, p.105

창업을 원하는 실직여성가장에 대한 창업지원사업으로 2000년
11월 말 1,647가구에 623억 원이, 2022년 11월 말에는 2,304가구
에 914억 원이 지원되었다. 따라서 2000년에는 1999년에 비해 실
직여성가장이 1/2로 감소하였으나 외환위기 이전보다 여전히 증가
한 상태였다.[28] 여성가장 실업률은 2001년 이후 감소하기 시작하였

---

28) 여성부, 《여성백서》, 2000, 85쪽.

다.

　대졸여성의 취업률 역시 외환위기보다 감소하여, 1997년 61.8%에서 1999년 51.3%였다. 전국 인력은행에 '대졸여성취업지원창구'를 개설하여 직업훈련안내 및 구인정보제공 등 취업을 지원하였다. 또한, 여대생취업설명회를 개최하였다.

　이 밖에도 여성농업인을 육성하기 위해서 컴퓨터교육을 비롯해 농작업 및 첨단영농방법 등 영농기술을 교육하였다. 2000년 1,059명에게 농업경영교육을 하였으며 농업과학생명대학에 최고경영자과정을 신설하였다. 젊고 유능한 여성의 농촌정착을 지원하기 위해 '후계여성농업인'을 선발하여, 2002년 294명을 비롯해 1992년부터 총 6,643명을 지원하였다.[29] 또한, 여성친화 농기계를 개발하여 보급하였다. 이 밖에도 농정에 여성참여를 확대하고 여성농업인 단체를 지원하였으며 '여성농업인육성 5개년계획'을 비롯한 여성농업인 관련 정책을 연구하는 등 여성농업인 지위향상과 권익보호에 힘썼다. 농업관련 각 위원회에 여성참여는 1997년 5.1%에서 2002년 35.8%까지 확대되었다. 더불어 여성농업인의 출산을 지원하기 위해 출산 전 60일과 출산 후 60일 사이 30일간 출산농가의 농사일을 대신해주는 '농가도우미사업'도 실시하였다. 2000년 총 68개 시군의 시범사업으로 출발하여 2002년 163개 시군으로 확대되었으며 농가도우미는 3,200명으로 증가하였다.[30] 또한 농업인가정의 다양한 어려움을 해결하기 위해 2001년 '여성농업인센터'를 4개 지역에 시범적으로 운영하기 시작하였으며 여성농업인의 권익보호 및 지위향상, 전문인력화를 위한 '여성농업인육성법'을 제정하였다.

---

29) 여성부, 《여성백서》, 2002, . 128.쪽
30) 여성부, 《여성백서》, 2000, 104쪽; 2001, 126쪽.

3. 김대중 정부 여성경제활동지원정책의 의의와 성평등정책의 과제

2001년 김대중 정부 때 미니부처로 출발한 여성부는 설립 이후 정권이 바뀔 때마다 폐지논란이 있어 왔으나 여성정책의 패러다임 변화에 큰 획을 긋는 역할을 묵묵히 수행하여 왔다. 여성부는 가부장제의 '요보호'대상으로서의 여성정책을 넘어선 신가부장제적 양성평등정책으로서 여성의 사회참여를 확대하기 위해 자녀돌봄 및 보육을 지원하기 위한 종합적인 계획을 수립하였다. 일가정양립정책이 본격적으로 도입되기 시작하여 모성보호를 위한 산전후휴가 및 육아휴직제도가 재정비되었으며 보육정책이 개혁되었다. 그러나 일가정양립정책이 모성보호를 넘어 남녀모두를 위한 양성평등정책으로 자리잡기에는 당시 '남성부양자' 모델에 기초한 정책의 한계를 벗어나지 못하고 있다. 따라서 앞서 살펴보았듯이 김대중 정부의 일가정양립정책은 양성평등정책으로 나아가지 못하고 여성만을 위한 모성보호정책으로 작동할 수밖에 없었다.

1998년에서 2003년 김대중 정부의 성별노동시장구조는 여전히 남녀격차가 크고, 결혼이나 자녀의 존재가 대부분 여성의 노동참여에 불리한 것이었다. 특히 아동양육기인 35-39세 여성의 취업률이 거의 변하지 않고 M자형을 나타내고 있다. 여전히 많은 한국여성들은 결혼이나 자녀의 출산과 양육으로 일을 중단했다가 양육기간이 끝난 뒤 다시 노동시장에 재진입하지 못하거나 재취업에 성공하더라도 출산이전과 같은 지위에서 일할 수 없었다. 대부분 서비스업이나 단순 업무 또는 무급가족종사자나 저임금노동자 및 자영업자로 비정규적, 불안정한 노동에 종사하였다. 이는 김대중 정부의 일가정양립정책의 성격이 가부장적 '남성생계부양자 모델'에서 크게 벗어나지 못하고 있는 것으로 평가되는 이유이다.[31] 그럼에도 불구하고 김대중 정부의 일가정양립 정책은 그 이전 정부까지의 취약계층을 대상으로 한 가부장적 여성정책에서 신가부장적 양성평등정책으로의 전환을 위한 출발점이 되었다고 평가할 수 있다.

세계은행(WB)이 2023년 3월 3일 발표한 보고서에 의하면, 190개국 대상 여성의 경제적 기회에 영향을 미치는 법과 제도를 평가한 여성ㆍ기업ㆍ법 지수에서 한국은 100점 만점에 85점으로 65위를 차지하였다. 이동의 자유, 취업, 결혼, 자산, 연금 등의 항목에서는 100점을 맞은 한국이 자녀를 가진 여성의 직업활동에 영향을 미치는 법이 있는지를 살피는 출산항목에서 80점, 기업가활동에서 75점을, 그리고 무엇보다도 여성의 급여와 관련한 법규를 평가하는 임금에서 25점을 받은 게 결정적이었던 것으로 보고되었다.[32] 2001년 여성부가 출범하여 지난 20여 년 동안 많은 변화가 있었음에도 아직 성평등을 위해 가야 할 길이 멀고 해결해야 할 문제들은 이렇듯 산적해 있다.

여성부는 설립 이후 여성부와 여성가족부로의 전환을 반복하면서 지속적인 폐지 논란 속에서도 자리를 잡아왔다. 앞으로 여성정책의 과제는[33] 성평등정책으로서 패러다임을 전환해야 하며, 여성에게 주로 전담되어 왔던 일가정양립의 부담을 1인 노동자를 단위로 한 일생활균형으로 견인하기 위한 정책을 지역의 특수성에 맞게 개발하고 안착시키는데 주어져야 한다.[34] 이제 우리 사회는 부부의 '양성소득자

---

31) 이미화, 〈사회정책과 자녀를 가진 여성의 노동시장 참여 – 김대중ㆍ노무현 정부〉.
32) 연합뉴스, 검색일: 2023년 3월 4일 17시 15분.
33) 김대중 정부 이후 노무현, 이명박, 박근혜, 문재인 정부를 거치면서 한국사회는 가부장적 '남성부양자모델'을 지나 '양성소득자모델'에 기반한 신가부장적 양성평등정책이 정착된 것으로 평가할 수 있으나, 본고는 김대중 정부의 일가정양립정책만을 논의대상으로 하고 있기에 현단계에서 논리적 비약을 피할 수 없었음.
34) 김미경, 〈여성정책 패러다임 전환과 지역성평등정책의 과제〉.

모델'을 넘어서 1인가구 시대를 살아가는 '1인노동자모델'로 전환되고 있기 때문이다.[35] 1인가구 시대의 '일생활균형'을 위한 정책개발은 고체근대적 성격을 띤 선별적, 시혜적 형태가 아닌 액체근대의 보편주의적 형태가 되어야 한다.[36] 한국사회는 출산을 통한 고체근대적 가족관계를 강요하는 '실패한 근대의 프로젝트'에만 더 이상 매달릴 수 없는 1인가구 중심의 액체근대 사회로 진입했기 때문이다.[37]

따라서 액체성을 띤 탈근대의 성평등정책의 과제는 기본소득과 같은 탈가족화, 탈상품화 정책의 도입방안을 지자체가 중심이 되어 마련하는데 있다. 기본소득과 같은 보편복지에 대한 국민적 공감대를 얻는 것은 쉬운 일이 아니기 때문에 가족과 시장의 의존성으로부터 벗어나 주체적이고 안정적인 생활을 보장할 기반이 지역의 특수성에 맞게 설계되어야 하기 때문이다.[38] 탈근대시대의 개인과 가족, 출산의 삼각관계는 잎으로 성평등 정책이 풀어야 할 숙제이다.

---

35) 김미경, "1인 가구 시대 노후와 가족에 관한 새로운 인식을 위한 소고", 〈젠더와 문화〉 제19권 4호 (2016), 167-190쪽.

36) 그런 의미에서 보편복지를 위한 기본소득에 대한 논의에 주목할 필요가 있다. 일정한 시간 계속해서 정기적으로 가구가 아닌 개인에게 소득이나 자산에 대한 조사없이 현금으로 지급되는 기본소득만이 젠더, 인종, 세대를 아우르는 성평등사회를 실현하기 위한 디딤돌이 될 수 있을 것이며 탈상품화, 탈가족화를 가능하게 할 수 있을 것이기 때문이다.

37) 김미경, "젠더질서의 변화와 '유연한 젠더레짐: 여성정책에서 성평등정책으로의 패러다임 전환을 위한 소고", 〈사회사상과 문화〉18권 4호 (2015), 395-423쪽; 바우만 (2009)에게 있어 '고체성'은 근대의 실패한 프로젝트이다. '고체적 근대'를 넘어 '액체근대성'에 대한 좀 더 자세한 논의는 김미경(2017a; 2017b; 2023)을 참고하기 바람.

38) 광주여성가족재단에서는 2021년 기본과제로 '일생활균형을 위한 광주형 기본소득 도입방안'을 주제로 한 연구보고서를 발간하였다(김미경 외, 2021). 광주광역시에서 수행하고 있는 각종 수당 및 서비스, 노동시간 관련 제도들을 성별, 계층별, 생애주기별로 점검한 후 관련 전문가 및 지역활동가들의 의견을 수렴하여 현재 사회보장 시스템의 사각지대를 포괄할 수 있도록 부분기본소득 개념의 정책을 제안하였다. 지자체형 부분기본소득으로는 '일생활균형수당'과 '안식월제도' 등이 제안되었다. 기본소득에 대한 논의는 무엇보다 일생활균형의 효과를 낼 수 있는 방향으로 진행되어야 한다. 1인가구 시대, 일과 생활의 균형을 통한 안정적인 개인생활을 토대로 현재의 고착화된 성별분업 구조가 개선되어야 보다 성평등한 사회가 이루어질 것이기 때문이다.

III

여성 대상 폭력을 국가 의제화하다

안경주 (전 전남여성가족재단 원장)

들어가기

전 세계적으로 여성의 인간적 권리에 대한 국제적인 인식이 고조되기 시작한 1970년대 중반 이후부터 인권에 성인지적 관점(gender perspective)을 결합하여 '여성 인권'정책이 적극적으로 추진되는 1990년대에 이르기까지 현장의 여성운동과 국가 정책화는 역동적인 상호연관 속에서 전개되었다. 여성과 여아의 인권을 '양도할 수 없으며, 필수불가결하고 불가분한 보편적인 인권의 한 부분'으로 명시하고, 정치, 경제, 사회, 문화 등 모든 생활영역에서 여성이 완전하고도 동등하게 참여하는 것과 성에 기반을 둔 모든 차별을 철폐하기 위한 국가의 정책적 노력은 김대중 정부에서 더욱 구체화하였다. 성에 입각한 각종 폭력과 성적 학대 및 착취를 인간의 존엄성과 가치를 위협하는 것으로 규정함으로써 '차별'과 '폭력'에 대항한 정책을 본격적으로 추진하였고, 일상으로부터 공공 영역에 이르기까지 사회운동과 국가정책이 긴밀히 연계됨으로써 '여성인권'은 중대한 사회적 의제로 자리 잡게 되었다.

김대중 대통령은 서울 교육문화회관에서 열린 세계인권선언 50주년 기념식에 참석하여, "인권은 인류 보편의 가치이자 결코 양보할 수 없는 지상의 권리"(1998.12.10.)[1]라고 전제, 인권신장과 민주주의 발전이 경제발전의 요건임을 강조하였다.

한국의 여성운동은 보편적이고 추상적인 인권개념으로부터 가부장제에서의 성별 권력 관계, 성별체계에서의 상대적 위치, 사적 영역에서의 일상적 억압과 차별 등 여성이 위치한 특수한 역사적 맥락과 사회적 관계가 고려된 '여성 인권'운동을 전개해왔고, 이는 관련 법과 제도의 정비를 통해 여성 인권정책으로 거듭날 수 있게 하는 자양분이 되었다. 문민정부 시대 제정된 '성폭력범죄의 처벌 및 피해자보호 등에 관한 법률', 김대중 정부의 '가정폭력범죄의 처벌 등에 관한 특례법', '가정폭력방지 및 피해자보호 등에 관한 법률'을 기반으로 가정폭력, 성폭력을 사회적 범죄로 규정하고 국가가 적극적으로 개입하여 예방 및 처벌을 강화하는 정책을 적극화하게 된다.

이 장에서는 성희롱, 성폭력, 가정폭력, 성매매, 그리고 일제 강제위안부 운동에 이르기까지 여성운동의 성과로 만들어진 여성 인권법과 국민의 정부의 폭력대응 및 피해자 인권 보호 정책을 《한국여성인권운동사》와 함께 《여성백서》, 《여성통계》(법무부) 등의 정부 자료들

---

1) 류상영 외 5인 공저, 《김대중 연보(1924-2009)》 (서울: 연세대학교 김대중도서관, 2011)

을 참조하여 살펴보고자 한다.

1. 성희롱·성폭력 예방 및 피해자지원에 관한 정책

1) 성희롱 관련 법률 제정과 성희롱 예방 교육의 의무화

1988년 4월 1일부터 시행되어 온 '남녀고용평등법'은 3차 개정 (99.2.8)을 통해 직장내 성희롱 방지조항을 신설하여 공포와 시행에 들어갔다. 직장 내 성희롱을 '사업주, 상급자 또는 근로자가 직장내의 지위를 이용하거나 업무와 관련하여 다른 근로자에게 성적인 언어나 행동 등으로 또는 이를 조건으로 고용상 불이익을 주거나 성적 굴욕감을 유발하게 하여 고용환경을 악화시키는 것'으로 정의하고, 성희롱의 구체적 내용, 당사자 범위 및 성희롱의 대표적 유형을 명시하고, 사업주에게 성희롱 예방교육을 의무화하였으며 가해자에 대한 징계 규정을 명시하였다.

더불어 '남녀차별금지 및 구제에 관한 법률'이 1999년 2월 8일 제정, 공포되고, 동년 7월 '공공기관의 성희롱 예방지침'이 동 법률의 시행과 함께 고시되었다.[2] 이를 통해 정치, 경제, 사회, 문화 등 생활의 전 영역에서 발생하고 있는 남녀차별에 관한 대통령직속 여성특별위원회의 직권조사 및 시정 권고를 할 수 있는 준사법적 권한의 법적 근거가 마련되었다. 이 법을 통해 남녀차별금지 기준을 규정하고 성희롱을 남녀차별로 규정하였으며, 성희롱 방지를 위한 예방교육을 의무화하게 되었다. 이에 따라 공공기관장은 성희롱 상담, 고충에 대한 전담창구 마련 및 정기점검, 성희롱 상담자 교육훈련 지원,

---

2) 대통령직속여성특별위원회, 《여성백서》 1999), 3-4쪽

성희롱 예방 교육, 홍보용 자료 게시, 성희롱 행위자에 대한 적정한 대처 및 재발방지대책 수립, 그리고 성희롱과 관련된 피해자의 불이익 조치 금지 등의 조처를 할 것을 명시하였다.

당시 대통령직속 여성특별위원회에 접수된 성희롱 사례들, 예를 들어, 경기도의 ○○병원 의사의 진료 중 성적 언동으로 정신적 충격을 받은 경기도 거주 A씨 사건에 대해 여성특별위원회는 전원회의를 개최하여 사건을 조사하고 손해배상과 병원 내 예방 교육을 시행할 것을 권고[3]하였다.

공공기관의 성희롱 실태조사 및 예방사항을 점검하고(2001.2), 예방 교육프로그램을 개발, 보급하였으며, 성희롱 예방 교육 전문강사(250여 명, 2001)를 발굴 육성하여 강사은행을 구성하였다. 정부 부처 3급 이상 고위공직자를 위한 특별교육을 실시하고(2001.7), 중앙행정기관 성희롱 고충 상담원 교육[4]을 시행하였다(2001. 10). 이러한 노력은 20여 년이 흐른 지금까지도 공공기관과 교육기관, 사업장에서의 성희롱 예방 교육이 법정 교육으로 의무화되는 기반을 마련한 것이다.

2) 디지털 성폭력 방지 및 청소년 대상 성폭력 규제 강화

한국사회에서 성폭력이 대두되는 맥락과 성폭력의 구체적인 내용과 범주는 1980년대 이후 성폭력 운동의 역사와 함께 사회적으로 구성되어왔다. 1980년대 부천서 성고문 사건(1986), 권인숙 성고문 사건(1986), 빈민 여성들에 가한 성폭력, 여성 노동자 성폭력 사건 등과 같이 공권력에 의해 자행된 고문과 성폭력은 민주화운동 및 노동자 생존권 투쟁을 탄압하는 수단으로 비중 있게 읽혔고, 고문과

---

3) 대통령직속여성특별위원회, 《여성백서》 1999, 36쪽
4) 여성부, 《여성백서》 2001, 81-89쪽

성폭력 종식을 위해서 민족민주운동에 더 매진해야 할 것으로 간주하였다. 그러나 1990년대 대구 강정순 씨 윤간사건, 고흥 임산부 강간 사건과 같이 경찰에 의해 자행된 민간인 성폭력 사건들은 사회 전체의 구조적 문제만이 아닌, '성'을 매개로 한 여성의 문제에 주목하게 하였다. 여성들이 주로 속해 있는 사적이고 일상적인 삶의 영역이 남녀불평등의 장場이라는 획기적인 인식의 변화가 전제된 가운데 가부장제적 일상적인 여성 억압의 하나로서 성폭력의 문제를 바라보게 된 것이다. 이를 통해 보편적인 인권개념에서 더 나아가 여성의 특수한 이해와 요구가 고려된 '여성 인권'개념이 현장 운동 속에서 확립되는 계기를 맞게 되었다.

성폭력을 '성적 자기 결정 침해의 죄'로 규정한 '성폭력범죄의 처벌 및 피해자 보호 등에 관한 법률' 제정(1993.12.17.) 이후, 김대중 정부에 들어서서 근친 간 및 미성년자 등에 대한 성폭력 범죄에 주목한 1차 개정(1998.1.1.), 몰래카메라의 폐해를 방지하기 위해 주거, 건조물 등지에 카메라, 비디오 등을 설치하여 촬영한 자에 대한 처벌규정을 신설한 2차 개정(98.12.24), 그리고 피해자가 13세 미만 아동이거나 장애인인 경우 수사 및 재판과정에서의 보호를 강화한 3차 개정(2003.12.11.)이 이루어지게 된다. 남녀 차별적인 성폭력 관련 규정들을 양성평등의 입장에서 변경하여 강간죄의 대상을 부녀에서 사람으로 변경하고, 성폭행 범죄행위를 친고죄에서 반의사불벌죄로 변경하였으며, 특정 상황에서 강압으로 이루어진 배우자 간 성관계에 처벌 근거를 마련하기도 하였다.

3) 여성부, 성폭력 예방정책의 체계화

2001년 성폭력 업무는 여성부 소관 업무가 되었으며, "사후 피해자 보호"에 중점을 둔 이전의 시책에서 "사전예방정책"으로 과감히

방향을 전환하고 관계전문가 등의 여론 수렴 등의 과정을 거쳐, 1366 운영체제의 확립, 성폭력 피해자 의료지원개선 대책의 마련, 가정폭력 및 성폭력 근절 종합대책을 수립, 시행하는 등의 성폭력 대응 종합체계를 구축하게 된다. 여성부는 여성발전기금을 통해 사이버 성폭력 예방을 위한 사업을 추진하고, 2001년, 성폭력 피해자 지원을 위한 '응급의료에 관한 법률 시행규칙' 개정(안)을 마련하고 '여성폭력 긴급의료지원센터'를 위촉 운영하였고(2001.12), 국내 최초 성폭력 응급의료키트를 개발하는 등 피해자에 대한 법적, 의료적 지원을 위한 구체적 방안이 모색되었다.

김대중 대통령은 인권보장을 위한 사후구제보다는 사전 예방의 중요성을 강조하였으며, 특히 "'버림받는 아동'과 '학대받는 노인의 인권 보호'를 위해 광범위한 실태조사와 함께 법 제도 개선방안을 적극적으로 제시힐 것"올 요청[5]하였다.

여성부는 아동 성폭력 전담기구를 설립하기 위하여 관계부처와 민간전문가를 포함한 추진기획단을 구성하고(2003.11), 종합병원급 의료기관과 긴밀한 연계를 통하여 치료 및 상담, 법률지원 등을 수행하도록 하였다. 성폭력 피해 상담소(40개소, 98년 기준) 중 20개소에 인건비와 운영비를 정부 예산에서 지원하였고, 여성복지상담소, 여성회관 상담실 등에서도 성폭력 피해상담 업무를 지원할 수 있도록 하였다.

98년 1월부터 '여성 1366'이 운영되기 시작하면서, 여성폭력 상담 건수가 98년 상반기 14,308건('98년 42,706건)이던 것이'99년 총 84,542건으로 2배 이상 급증하였다. 2001년에는 '여성1366'이 365일, 24시간 상담 및 긴급구호를 할 수 있는 종합적 체계를 구축하여,

---

5) 국가인권위원회 2002 업무보고시 (5월 6일)

긴급보호, 정보제공, 의료서비스 및 위기개입서비스 등의 종합서비스를 제공할 수 있도록 하였다.

장애인 성폭력 피해자 보호를 위하여 장애인 전문상담소 7개소 및 여성장애인 성폭력 피해자 보호시설 1개소를 2001년 신규로 설치, 운영하고, 장애인의 접근성을 고려하여 전국 각 시, 도별로 일반 성폭력 상담소 중 1개씩을 여성장애인 상담 가능 상담소로 지정, 운영하였다. 장애인 상담소 및 보호시설의 운영 효과를 극대화하기 위하여 성폭력 상담원 교육 시 장애인 특성을 고려한 교육을 시행하는 (2001년 9-11월, 3회) 등 장애인 성폭력 피해자에 대한 지원을 특화하고 피해실태 통계자료를 신규 확보하기 위한 지침을 두었다.

> "국민의 정부에서 처음으로 여성장애인들을 위한 성폭력 상담소와 쉼터가 정부예산인 여성발전기금으로 지원되었습니다. 이로부터 현재 거의 전 지역에 여성장애인을 위한 상담소와 쉼터가 있습니다. 저는 현재 유엔 장애인 권리위원회 위원으로서 각 나라의 국가보고서를 심의하고 있는데 한국과 같이 여성장애인을 위한 구체적인 정책을 제도화한 나라가 전세계 어디에도 없습니다"[6]

장애인뿐 아니라 외국인 여성폭력피해자 보호를 위한 동시통역 시스템(영어, 러시아어)을 마련하여 긴급전화 1366(16개소), 성매매현장 상담소(3개소), 외국인 여성보호 시설(2개소) 등에서 사용할 수 있도록 하였다. 2003년 전국 115개의 성폭력 상담소와 12개의 장애인 성폭력 상담소, 피해자 보호시설 12개와 장애인 피해자 보호시설 2개가 설치되는 등 장애인, 외국인 피해자를 보호하기 위한 제도적 기반을

---

6) 구술자: 김미연(유엔장애인 권리위원회 위원) 면담자: 이상덕 인터뷰일자 (2023.11.13.)

갖추게 된다.

〈표 Ⅲ-1 〉 성폭력 사범 발생 및 처분결과 (1998-2003)

구분	접수 인원	처리 인원	기소	불기소	보호사 건송치	타관 이송	미세
1998년	9,480	9,134	4,871	3,718	240	305	346
1999년	10,096	9,818	4,934	4,317	256	311	278
2000년	9,559	9,310	4,590	4,204	287	229	249
2001년	8,628	8,389	4,005	3,913	268	203	239
2002년	8,186	7,984	3,768	3,791	253	172	202
2003년	8,713	8,471	3,935	4,048	303	185	242
2010년	17,327	17,327	7,426	8,562	788		
2017년	31,190	31,190	14,365	15,092	1,185		

*출처: 법무부,《여성통계》 2004, 13쪽

　　성폭력방지를 위한 정부 부처와 여성운동 단체의 활동에 힘입어 성폭력 사범의 검거 건수는 〈표 Ⅲ-1〉과 같이 김대중 정부 시기 매년 약 8, 9천 건으로 나타났다. 성폭력은 사회적 범죄라는 국민적 인식은 높아가고 있지만, 라디카 쿠마라스와미(UN여성 대상 폭력에 대한 특별보고관)의 지적처럼, 순결이나 정조의 개념이 법에 들어감으로써 피해 여성이 자신들에게 일어난 범죄를 보고하거나 거론할 수 없게 하는 초남성주의 문화가 여전히 위력을 갖고 있어 발생 건수와 신고 건수 간 격차가 클 것이라는 점을 고려해야 한다. 20여 년이 지난 지금까지 성폭력의 문제는 감소하지 않고 다양한 방식으로 진화되어 급증하고 있다.

2. 김대중 정부의 가정폭력 대응정책

1) 국내 · 외 아내 구타 추방 운동과 가정폭력방지법의 시행

'강간'과 '아내 구타' 등 여성에 대한 폭력(violence against women)에 저항하며 피해자를 지원하는 서구의 여성해방운동이 1970년대 유럽과 미국에서 시작되었다. 1970년대 영국, 네덜란드 등 유럽 등지에서 시작한 남편, 동거인, 남친에 의한 구타에 반대하는 운동은 가정에서 구타와 학대를 당하는 여성들에게 안전한 피난처를 제공하는 '여성 쉼터(battered women's shelter, BWS)' 활동으로 이어졌고, 미국에서는 전미 여성기구(NOW)를 비롯한 다수의 단체로 구성된 '전국가정폭력방지협의회(NCADV)'가 협력하여 '여성폭력방지법(Violence Against Women Act)'(1994)을 제정하여 성폭력과 가정폭력 그리고 스토킹 등 여성에 대한 폭력피해자의 보호와 지원, 예방을 위한 교육과 조사연구 등이 가능할 수 있는 법적 근거를 마련하는 성과로 이어졌다[7].

한국에서는 '크리스천 아카데미' 여성사회교육담당자들을 중심으로 초기 아내 구타 추방운동이 전개되었고 피해 여성들에 대한 치유 및 인간성 회복을 돕는 상담 활동과 동시에 구타 문제 해결로서의 대對 사회운동을 전개한다는 기본입장을 견지하였다[8]. 이후 '여성의 전화'를 중심으로 가정폭력상담이 본격적으로 전개되었고, 평생 폭력에 시달린 아내가 남편을 살해하는 사건들에 대한 법률구조 활동을 전개하게 되었다. 특별히 구타 아버지를 살해한 '전말석 사건'은

---

7) 신상숙, "여성폭력추방운동의 역사적 맥락과 제도화과정의 차이: 미국과 영국의 사례를 중심으로"《한국여성학 》제23권3호 (2007), 6–10쪽
8) 이현숙 · 정춘숙, "아내 구타추방운동사" 한국여성의전화연합 엮음, 《한국여성인권운동사》(서울: 한울아카데미, 1999), 109쪽

가정 내 억압과 폭력의 현실을 전 사회적으로 환기한 사건으로 가정 역시 인권유린이라는 불의가 발생하는 장소이며 사회정의의 원리를 적용해야 할 곳이라는 국민적 인식전환의 계기를 맞게 되었다. '여성의 전화'는 피해 여성들이 적당한 직업을 찾기도 어렵고, 탈출 시 아이를 동반하기 어려우며, 충분한 의료지원도, 법적 지원을 받을 수 없는 점등에 주목하며 가정폭력방지법 제정을 위한 활동을 전개하게 되었다. 유엔이 정한 '세계 가정의 해'인 1994년 '여성의 전화'는 가정폭력추방주간(5.6-13)을 설정하고 가정폭력방지법 기금마련 콘서트, 영화상영, 캠페인 전개, 거리서명운동 등을 전개하였다.

> '여성의 전화'는 성폭력특별법 제정 당시 '아내 강간' 같은 조항을 넣고 싶었는데, (중략) 가정폭력 문제에 대한 대응을 해야겠다는 생각을 했고요. 그때 당시 가정폭력으로 인한 살인사건들이 정말 많았습니다. '전말석 사건'이라고 (중략) 대부분 폭력에 시달린 아내가 남편에 대항한 사건들이 대부분이었는데, 전말석 사건은 아들이 가정폭력 아버지를 살해한 사건이었죠. 이를 통해 사회적으로 가정폭력사례가 많이 드러나게 되었습니다. 그런 와중에 1994년이 유엔이 정한 세계가족의 해였어요. 여성의전화는 이를 기회로 가정폭력방지법을 만들기로 의사결정을 하고 한국여성단체연합과 민주사회를 위한 변호사모임 등이 국민운동본부로 연대해 함께 하게 되었죠. 사실 법을 만드는 일이 참 어려워요. 당시에 여성운동 단체가 주도해서 4년 동안 끈질기게 이 작업을 해왔죠.
>
> '여성의 전화'가 1년에 한 번씩 바자회를 여는데 이희호 여사께서 금일봉과 편지, 보따리에 옷을 싸서 보내주시곤 했습니다. 95년인가, 이때도 바자회를 하고 〈개 같은 날의 오후〉라는 영화를 봤던 것 같은데 당시 평민당 총재셨죠. 김대중 대통령 내외분이 오셨어요. 김대중 총재께서 영화를 보시는데 저는 옆에 앉아서 가정폭력방지법이 왜 필요한지에 대해 계속 이야기를 했던 것 같아요. 영화도 못 보시게 하고…. 그런데 이미

총재님은 내용을 다 아시는 것 같았고…. 대부분 정치인은 이렇게 이야기를 하면 '아예…. 알겠습니다' 이렇게 답변을 하시는데. 총재께서는 매우 필요한 것 같은 생각이 드신다고 잘 살펴보시겠다고 답변을 주시더라고요. 지금 생각해보면 그 바자회에 와주시고 같이 영화를 보시고 하셨다는 것 자체가 너무나 대단한 거였습니다. 제가 정치를 하다 보니 그렇게 시간을 내기가 너무 어려운 일이에요. 정말 관심이 많으셨구나. 참 감사하게 생각해요. 김대중 대통령의 성평등에 대한 관심은 정말 대단한 것이었다고 생각합니다. 당시에 동교동 댁에 걸려있는 두 분의 문패가 참 상징적인 것 아니겠습니까. 9)

김대중 대통령은 명보극장 앞에서 열린 여성의전화 주최, '가정폭력 방지를 위한 기금 모금 바자회'에 참석하여 지지와 연대를 보냈다10).

여성의 전화를 중심으로 전개되어온 가정폭력방지법 제정 운동은 22개 시민사회단체가 결합한 가정폭력방지법 제정추진 범국민운동본부로 확대, 전개되어, 1997년 11월 '가정폭력범죄의 처벌 등에 관한 특례법'과 '가정폭력방지 및 피해자보호 등에 관한 법률'이 통과되는 성과를 얻었다. 1998년 세계인권선언 50주년을 계기로 아내 구타 추방 운동과 성폭력 근절 운동을 여성인권운동으로 심화, 발전시키며 여성들의 인권을 보장할 국가인권기구 설치 요구 운동을 벌임으로써 2001년 5월 '국가인권위원회법'이 제정·공포되고, 김대중 대통령은 같은 해 11월에 국가인권위원회를 출범시켰다.

2) '가정폭력방지 및 피해자보호등에 관한 법률' 시행

---

9) 정춘숙 국회의원과의 필자 인터뷰 (2023.8.7.)
10) 《김대중연보》(1995. 10. 7)

97년 12월 '가정폭력방지 및 피해자보호 등에 관한 법률'과 '가정폭력범죄의 처벌 등에 관한 특례법'이 국회를 통과하고, 98년 7월 시행됨으로써 가정폭력의 예방과 피해자의 보호에 대한 국가와 지자체의 책무를 명시하고 이를 수행하기 위한 법적, 제도적 장치가 마련되었다. 이는 사적 영역인 가정 내의 문제에 국가가 불간섭한다는 종전의 입장을 전면적으로 전환하여 국가의 적극적 개입 및 책무를 규정함으로써 국가와 지자체는 가정폭력 관련 상담소와 가정폭력 피해자 보호시설을 설치, 운영하여 피해자의 치료와 상담을 지원하고 이에 관한 필요 경비 일부를 보조할 수 있도록 하였다. 더불어 가정폭력 처벌에 관한 특례법을 두어 일반형사처분절차 대신 보호처분 절차에 따르도록 하였다. 가정폭력범죄의 정의, 수사단계에서의 응급조치와 임시조치 규정, 보호처분의 종류와 피해에 관한 배상명령에 관한 민사처리 특례를 정하였고, 폭력피해자가 자기 또는 배우자의 직계존속인 경우에도 고소할 수 있는 예외조항을 두는 등 수사 및 재판에서 피해자의 의사를 적극적으로 고려할 수 있도록 하는 절차를 규정하였다.

김대중 대통령은 우리 사회에 어떤 형태의 폭력도 용인할 수 없다는 태도를 천명하며 특별히 가정폭력 방지 및 근절을 위한 노력을 당부했고 우리 사회에 만연한 폭력적 문화환경에 대한 전반적 점검을 구체적으로 지시했다. "우리 사회와 가정에서 어떤 형태의 폭력도 근절되어야 하며, 특히 폭력을 조장하는 드라마나 주변 환경은 시정되어야 한다, 여성특위는 TV 등에 대한 여성계의 모니터 지원사업 등을 통해 가정폭력 방지를 위해 노력해야 한다"[11].

이에 대통령직속 여성특별위원회는 '가정폭력방지를 위한 종합대

---

11) 1998년 김대중 대통령 복지부 지시사항 대통령기록관 https://www.pa.go.kr/

책'(98.11.2)을 수립하여 6개 부처 여성담당관실과 공동으로 가정폭력 관련 특례법 시행의 실효성을 높이고 사건처리 과정에서 인권침해를 예방하기 위하여 수사실무자, 각급 학교 교사, 상담 요원에 대한 교육의 시행 및 일반 국민의 인지도를 높이기 위해 대중매체 등을 통한 홍보를 강화하고, 법 해설 책자인 《가정폭력 예방 길잡이》를 발간하여 전국의 경찰관서, 가정폭력 상담 및 보호시설, 시청, 군청, 구청 등 민원실, 여성단체 등에 배포하는 등 국민의 인식전환을 위한 홍보와 교육에 주력하였다. 더불어 여성단체 등 민간차원의 가정폭력 방지 운동을 적극적으로 지원하고, 발생, 신고된 피해사례의 정보교환 및 수사에 대한 민관협조체계를 강화하는 방안을 모색하였다.

법무부는 가정폭력 특례법을 홍보하기 위하여 KBS 1TV 협조로 일일연속극 '내 사랑 내 곁에'에 99년 2월 25일(제125회)부터 137회까지 12일 동안 가정폭력 특례법을 홍보하는 내용을 담아 방영하기도 하였다. 법 시행 이후 현장에서 제기된 가장 주요한 문제로 피해 신고 후 수사와 재판에 이르기까지 경찰, 검찰과 법원 관계자들의 가부장적이고 남성 위주의 태도로 인해 피해 여성들이 제대로 신속하고 공정한 구제를 받지 못한다는 각계의 의견을 수렴하여, '여성 관련 범죄 수사관계자 교육계획'을 수립하고 이를 법원, 경찰공무원에게도 확대해 시행하게 된다. 98년 9월부터 법무부 소속 공무원, 특히 검찰 일반직과 검사에 대한 교육과정에 필수 교과목으로서 대여성폭력 관련 교육이 시행되었고, 경찰청 역시 가정폭력방지법의 주요 내용 및 현장 출동 조치요령에 대한 교육을 시행(90,550명, 98.6-9)하였으며, 동 법률에 대한 이해 및 교양실태 등을 확인하기 위해 지방청과 경찰서 경장 이하 전 경찰관에 대한 시험(98.11. 30-12.5)을 치기도 하였다. 경찰대학, 경찰종합학교, 중앙경찰학교의 각 교육과정에 가정폭력 관련 특례법, 가정폭력범죄대책 및 수사,

관련 법규에 관한 교과목을 두어 가정폭력대응에 관한 교육이 대대
적으로 진행된다. 실제로 2001년 법무부 산하 법무연수원에서는 '여
성범죄수사실무관 교육과정'(2001.10)이 신규로 개설되는데, 아래
〈표 Ⅲ-2〉와 같이 여성학과 폭력 관련 국내외 법제를 포함한 종합적
교육이 설계되어 진행되었다.

〈표 Ⅲ-2〉 법무연수원 '여성범죄수사실무관 교육과정' (2001)

과정	행정절차제도	국가인권위법	여성범죄수사기법 사례판례	여성대상폭력관련법 해설	여성대상폭력사범	여성폭력외국법제	법의학	심리학	여성학	정신의학
시간	2	1	6	3	7	3	2	2	2	2

가정폭력방지법 시행('98.7) 후 가정폭력 가해자의 집요한 추적으
로 자녀교육에 피해가 발생하게 됨에 따라 가정폭력 피해 아동의 교
육을 담당하는 기관의 종사자와 그 장이 피해 아동의 전학 등 직무상
알게 된 비밀을 누설하지 않도록 관련 조항을 포함하여 가정폭력방
지법 개정안(99.1.21 공포, 99.2.22 시행)이 만들어졌다. 법무부는 가정
폭력 사건처리에 관한 절차와 원칙, 가정폭력 사건 우선 처리를 통한
신고 분위기 조성, 검찰 수사단계에서 의사나 심리학자 등 범죄심리
전문가의 상담절차를 활용하는 방안을 도입하게 된다. 이 시기 가정
폭력 사건의 통계 전산화를 시도하여 98년 첫 4개월(7-10월) 동안
총 794건 신고가 접수되었고, 1999년 들어 월평균 920여 건으로
급증하게 되는데, 이는 IMF 경제위기에 따른 실직, 경제적 어려움
등으로 인한 가정 내 갈등의 증가에도 원인이 있겠으나, 가정폭력

사범이 피해자의 신고로 검거됨을 고려할 때, 그동안 '가정 내의 문제' '수치심' 등으로 은폐되거나 방치되어왔던 가정폭력에 대한 피해자들의 인식이 '가정폭력방지법'의 시행으로 경찰 등 관련 기관에 적극적인 도움과 개입을 요청하게 된 것으로 해석할 수 있겠다.

김대중 대통령은 "가족법 개정을 비롯한 가정폭력 및 성폭력 방지법 관련 법 제정을 통하여 여성의 권익이 꾸준히 향상되고 있으나, 아직 어려운 부분이 많음을 지적하며 가정폭력의 예방 등 가정주부의 권익 신장을 위한 방안을 세울 것12)"을 요청하였다.

이에 '가정폭력방지를 위한 종합대책'이 수립되고, 가정폭력전담 검사제가 전국 청으로 확대 시행('99.9.1-10.31)됨으로써 가정보호사건 송치율이 40.2%(처리 2,609명, 가정 보호처분 831명)로 높아지는 등 가정폭력 특례법의 실효성을 높이기 위해 노력했다. 전국 1,540가구, 가정폭력 가해자 85인 대상 심층 면접을 포함한 최초의 '전국가정폭력실태조사'(1999)가 시행되었고, 여성특위, 법무부, 보건복지부, 대검찰청, 경찰청, 법원행정처, 서울가정법원 등 관련 기관 실무자 간담회(99.10.8) 등을 통해 법, 제도상 문제점을 개선하는 내용을 담은 '가정폭력방지 종합대책'의 보완책이 마련되어, 수사지침 작성 및 적정처리 여부에 대한 사무감사, 통계분류체계, 대검찰청 여성관련 범죄 전담부서 신설방안의 장기적 검토 등이 의결되었다 (99.12.21).

김대중 대통령은 2000년 5월 9일 아침, 백경남 신임 여성특위 위원장에게 임명장을 수여하며, 그에게 특별히 당부했다.

　　"각 부처에 흩어져 있는 여성 권익 관련 업무를 잘 조정하고 협력하여 여성들에게 실익이 되도록 노력해 주십시오.13)"

---

12) 김대중, 대통령지시사항―여성특별위원회업무보고(1998.5.12.).

가정폭력 근절을 위한 범정부적 노력과 함께 대국민 인식전환과 여성 인권 옹호를 위해 현장에서 활동해 온 여성인권단체 등 관계기관과 공동협력을 적극화하게 된다. 2000년 5월 가정의 달을 맞이하여, 한국여성의 전화 연합 주관 '가정폭력 없는 평화의 달' 캠페인에 정부, 전국 경찰관서, 행정기관 7,322개소에 행사 포스터를 배포하고, 5월 한 달을 '가정폭력사건 신속처리 및 피해자 보호 기간'으로 설정하여 강력하게 추진한 결과 가정폭력 사범 977건, 1,033명 검거, 이 중 72명 구속, 297명을 가정 보호사건으로 송치하였다. 또한, 여성단체 강사를 초청하여 5월 한 달 동안 경찰관(35,119명)에 대한 200회에 걸친 교육이 이루어졌고, 6월에는 한국여성의전화연합, 한국성폭력상담소와 협조하여 서울청 가정, 성폭력 담당 경찰관 100명에 대한 교육을 시행하는 등 민관합동으로 가정폭력 예방 및 대응을 위한 적극적 홍보와 교육협력이 이루어졌다. 이러한 활동의 장기 지속적 상시협력을 위해 민관 거버넌스인 '시민단체, 경찰 협력위원회' 산하에 가정폭력, 성폭력 등 관련 시민단체와 '제2 분과위원회'를 구성하는 등 전방위적 노력을 기울였다.

3) 가정폭력 없는 남녀평등사회 실현을 위한 여성부의 활동

김대중 대통령은 2001년 1월 22일 국무회의를 열고 신설된 여성부 장관에 한명숙 민주당 의원을 발탁했다. 그리고 한명숙 장관에게 다음과 같이 특별히 당부하였다.

"이제 여성들이 21세기에 남성과 똑같이 그야말로 남녀평등으로 나갈 수 있는 그런 조짐이 비로소 보입니다. 앞으로 여성들이 더욱 적극적으로 참여해서 여성의 힘으로 양성평등의 사회를 주체적으로 열어나가기 바랍

---

13) 김대중, 《김대중 자서전 2》(서울: ㈜도서출판 삼인, 2011), 244쪽

니다.14)"

보건복지부에서 여성복지시책 일부분으로 다루어지던 가정폭력 관련 업무가 2001년 1월 신설된 여성부로 이관되어 여성부 주요정책으로 자리 잡게 된다. 여성부로 이관된 후 가정폭력, 성폭력 사안은 여성에 대한 중대한 인권침해 행위이며, 더 이상 방치될 수 없는 사회적 범죄로 규정하고, 피해자 보호 강화뿐 아니라 사전 예방을 위한 정책을 적극적으로 개발 추진하게 된다.

김대중 대통령은 "인권보장이 내실화되려면 사후구제보다는 사전예방이 중요하다고 강조하고, 인권 수준의 획기적 향상을 위해서는 국내법과 제도가 주요 국제인권조약의 기준에 맞는지를 점검할 것"15)을 주문했다.

여성부는 가정폭력, 성폭력 예방 및 근절을 통한 폭력 없는 양성평등 사회 실현이라는 목표를 설정하고, 국민의 인식개선과 관련 법, 제도의 정비, 가정폭력, 성폭력 피해자지원서비스의 확충 및 연계 체제 마련을 통한 긴급구호체계를 구축하였다. 여성폭력근절 종합대책 마련, 여성 긴급전화 1366의 운영, 가정폭력, 성폭력 상담소와 피해자 보호시설의 확충을 위한 다양한 시책 등이 그것이다. 즉, 요보호 여성 문제를 여성의 인권문제로 인식을 전환하고, 사후 개입이 아닌 예방사업을 강화하며, 지원서비스의 단편성을 극복하고 통합적인 지원체계를 구축하는 방식으로 사업의 방향을 정립한 것이다.

2001년 실시한 가정폭력 실태조사보고서16)는 서울, 경기 지역 폭력 발생률이 30.8%에 이르며, 피해자는 3, 40대가 많고, 고졸 이하

---

14) 김대중, 《김대중 자서전 2》394쪽
15) 2002. 5. 6 국가인권위원회 업무보고 시 대통령기록관 https://www.pa.go.kr/
16) 변화순, 박영란, 김재엽, 황정임 연구에 참여

의 학력자로서 전업주부 등 생활능력이 취약한 경우가 많으며, 폭력 기간이 10년이 넘은 경우가 피해자의 절반에 이른다고 밝히고 있다. 가정폭력은 1998년 3,685건이던 것이 2000년에는 12,983건으로 급증하고, 성폭력은 7,846건('98)에서 9,775건(2000)으로 증가하고 있는 것으로 나타나, 여성부는 '가정폭력·성폭력 근절 종합대책 (안)'을 수립한다(2001.12). 종합대책안은 신고환경에의 접근성 강화, 수준 높은 상담서비스 제공, 관련 기관 간 연계강화, 발생 예방을 위한 교육, 홍보 시행 등 7대 과제를 포함하여, 여성긴급전화1366과 유관신고 전화의 기능 통폐합, 가정폭력 신고 의무자 추가 및 신고의 무 해태 시 과태료부과, 상담원의 전문성 강화, 시설기준과 종사자 자격 기준 강화방안, 재판상 피해자의 인권 보호 강화를 위한 법률개 정, 성폭력 피해자 조사 시 의료계 사용 체크리스트 서식화, 피해자 의 효율적 사회복귀 지원, 가정폭력 피해자에 대한 치료비 구상권 조항 삭제, 가정폭력, 성폭력 상담소와 의료기관 간 효율적 연계강 화, 여성폭력 긴급의료지원센터의 전국적 확대방안 등을 포함한다. 이러한 종합대책은 향후 20여 년간 폭력 예방 및 피해자지원을 위한 주요한 정책적 근간을 마련한 것으로 평가할 수 있다.

가정폭력은 아내 학대가 주를 이루나 아동학대, 노인학대 등도 발 생이 증가하고 있고, 가해자의 접근 금지 등 임시조치의 처분을 받은 자 또는 불구속된 사람이 다시 폭력을 행사하는 사례가 자주 발생하 여, 가해자의 폭력성향 개선을 위해서 적극적인 대응에 대해 고려가 필요하였다. 이에 '가정폭력행위자 교정, 치료프로그램'(2003.3- 11) 개발, 여성폭력 서비스 조직 평가지표 개발, 여성폭력 관련 시설 종사자 보수교육이 시행되었다. 여성폭력 관련 민관정책협의회가 구 축(2003.8)·운영되는 등 여성 인권 보호를 위한 정부의 활동이 전일 적 체계를 갖추기 시작하였다.

　　정부는 1998년 10월 기준 가정폭력 관련 상담소(99개)와 피해자 보호시설(62개소) 중에서 상담소 및 보호시설 각 10개소에 대해 운영비의 일부를 지원하기 시작하였고, 배우자로부터 물리적, 정신적 학대로 인하여 아동의 건전양육과 모의 건강에 지장을 초래할 우려가 있는 모와 아동 또는 모를 대상으로 일정 기간(30일) 정신적 여유와 신체적 휴식을 제공하는 모자일시보호시설을 대도시 중심으로 14개(정부 7개소, 민간이나 종교단체 7개소)를 운영하였다. 〈표 Ⅲ-3〉에 나타난 바와 같이 2003년에는 전국에 가정폭력 상담소 175개소와 피해자 보호시설 37개소로 확대되었고, 이러한 조직적 기반은 향후 20여 년 이상 가정폭력 피해자를 지원하는 조직체계로 확대, 강화되어 현재(2023.12) 전국 270여 개의 기관이 업무를 수행하고 있다.

〈표 Ⅲ-3〉가정폭력 상담소, 보호시설 설치현황(2003.12 기준)

구 분	계	서울	부산	대구	인천	광주	대전	울산	경기	강원	충북	충남	전북	전남	경북	경남	제주
상담소	175	26	13	8	7	9	4	4	27	8	5	9	10	9	21	11	4
보호시설	37	8	2	1	1	2	1	1	2	4	2	2	2	3	2	3	1

　　가정폭력을 단순한 가정 내의 문제로 이해하고 가족 내에서 해결하려는 국민적 태도는 여성폭력에 대한 대국민 인식개선을 위한 법, 제도 개선, 홍보, 교육, 그리고 조직적 지원 등에 힘입어 2000년 75,723건이던 상담 건수가 2003년 195,286건으로 대폭 증가할 정도로 개선되게 된다. 〈표 Ⅲ-4〉와 같이 가정폭력 상담 건수는 2003년까지 급증하며, 최근 2022년에 이르기까지 크게 변화가 없는 상태로 유지되고 있다. 성별 권력 관계의 해체나 가정 내 양성평등의식문화의 정착이 얼마나 요원한 일인지를 알 수 있는 지표가 아닌지를 보여주는 실례로 볼 수 있다.

　　법무부 《여성통계》(2002, 2004, 2012, 2018)와 《여성백서》

〈표 Ⅲ-4〉 가정폭력범죄 상담, 검거 건수, 검거조치 현황

구분	상담 건수		검거 건수	검거 인원			조치		가정 보호 의견 송치
	1366	상담소		구속	불구속	기타 (계도)	건수	인원	
1998 법 시행이후			3,685	4,002	498	3,491	13	89	97
1999		41,497	11,850	12,719	868	11,804	47	90	1,031
2000			12,983	14,105	678	13,380	47	3,813	4,040
2001		114,612	14,583	15,557	691	14,760	106	4,559	4,813
2002	25,863	91,391	15,151	16,324	586	15,127	611	3,702	4,083
2003	38,529	99,378	16,408	17,770	496	16,787	487	4,186	4,459
2004	41,208	90,497	13,777	15,208	329	13,969	910	2,587	2,616
2011	71,070	135,069	6,227	1,103	3,993			6,227	1,100
2019	189,057	219,459							

*참조: 《여성백서》2004, 226, 233쪽)여성가족부, 《여성통계》 2012, 2018년, 법무부자료조합

(2004) 그리고 기타 여성가족부 통계를 참조하여 재구성한 위 〈표 Ⅲ-4〉를 보면, 1998년 법 시행 이후 가정폭력이 사회적 범죄로 인식되면서 신고 건수가 크게 늘었고, 법 시행 후 5, 6년간 꾸준한 증가세를 보여 왔다. 여성긴급전화1366과 일반 상담소의 상담 건수를 검거 건수와 비교해보면, 발생 건수와 신고 건수와의 격차가 얼마나 큰지를 예측할 수 있으며, 상담이 시작된 이래 감소하지 않고 오히려 그 수치가 급증하고 있는 것에 주목해본다면 가정폭력의 문제는 여전히 심각한 사안임을 알 수 있다. 가정 내의 양성평등 의식 및 민주화의 문제는 세대에서 세대를 이어 장기지속적으로 전개해야 할 사안이며, 정치지도자의 '여성 인권'에 대한 신념과 의지가 현장에 민감하게 작동할 수밖에 없는 것임을 알 수 있다.

3. 성매매 방지 및 사회복귀지원

한국 근현대사의 성매매 공간은 일제식민지, 해방 후 40여 년간의 미군 주둔과 관광산업 및 성 산업의 현장으로 이어진다. 가부장제사회의 불평등한 남녀관계와 남성 중심적인 성문화로 인해 성매매는 중단된 적 없는 여성 인권억압의 현장이 되어왔다. 1970년대부터 한국교회여성연합회(교회연)는 여성 노동자 투쟁, 기생관광반대, 정신대문제와 윤락여성미연 방지운동을 전개해왔고, 1980년대의 여성의전화를 주축으로 한 인신매매 반대 운동 등 여성운동 단체의 성매매 반대 운동이 진행되었다.

'경기도 여자기술학원방화 사건'(95) 이나 '서울 시립여자기술학원' 방화사건과 같이 매춘여성과 가출 소녀들을 위한 재활기관은 사실상 강제수용시설로서 비인간적인 대우와 인권유린이 자행되는 곳이었으며, 구조적인 착취의 현장에서 일어나는 폭력으로 인한 매춘여성의 인권유린이 사회적으로 제기되었다. 이에 1995년 '윤락행위 등 방지법'이 개정되어 쌍벌규정과 처벌의 강화, 성매매 행위 알선자에 대한 처벌, 미성년자에 대한 조항의 강화, 성매매 행위자의 선도 보호와 사회복귀를 위한 방안 등을 담았지만, 매춘여성들의 인권 보호와 재활, 사회복귀대책 등은 현실적으로 미흡해 여성운동 단체들의 매춘여성 상담프로그램의 전문성을 국가가 활용할 것을 제안하기도 하였다. 17)

여성운동 단체 및 성매매 관련 단체는 국가의 성매매 정책이 금지와 허용이 동시에 존재하는 이중 정책으로 매춘여성에 대한 처벌과 성매매에 대한 묵인으로 귀결됨으로써 성매매 문제를 해결하지도 못

---

17) 민경자, "한국 매춘여성 운동사, '성 사고팔기'의 정치사, 1970–98" 한국여성의전화연합 엮음, 《한국여성인권운동사》(서울: 한울아카데미, 1999)

하면서 오히려 매춘여성을 통제하는 장치가 되고 있다는 점을 지적하고, 성매매 여성의 인권을 보호하기 위하여 상담시설 확충, 성 착취 구조에 대한 처벌 강화 등을 주장하였다. 매매춘 문제 해결을 위한 연구회의 성매매에 관한 여성학적 논의와, 한국교회여성연합회의 '가출 소녀와 매춘여성에게 열린 전화' 개소(1997) 등을 통해 성매매 현황과 상담과정에서의 법적 문제를 파악하는 등 성매매와 관련된 논의와 현장 활동이 진행되었다.18)

1) 여성부의 성매매 방지를 위한 정책

보건복지부 소관의 "윤락행위등방지법"에 따른 선도 보호 업무가 여성부로 이관됨에 따라, 여성부는 그간 윤락 및 윤락 우려 여성에 대한 선도 및 시설보호 중심의 소극적 정책에서 벗어나, 사회 구조적인 문제로 제기되고 있는 성매매 문제에 적극적으로 대처하기 위해 각종 기초 조사연구를 활성화, 성매매 문제에 대한 사회적 공론화를 시도하였다. 2001년'성매매 관련 국민의식조사"를 실시하여, 일반국민 40%가 '윤락행위'가 불법임을 인식하지 못하고 있으며, 근절되지 않는 이유로 일반인은 '처벌단속의 부실(36.5%)'을, 전문직업인은 '남성중심의 사회문화'(51.9%)를 주요 요인으로 발표했다. 조사에서는 이를 금지해야 한다는 의견(56.4%), 부분적으로 허용해야 한다는 의견(36.6%)으로 나타났고, 이에 여성부를 중심으로 성매매 방지를 위한 범정부 차원의 종합적 대책을 수립하게 된다.

2) 청소년 대상 성매매 규제를 위한 최초의 법제 구축

이벤트회사, 결혼상담소를 가장한 성매매, 티켓다방, 전화방 성매

---

18) 민경자, "한국 매춘여성 운동사,'성 사고팔기'의 정치사,

매, 고속도로 성매매, 보도방을 통한 성매매 등 성산업의 다양한 확
장 속에서 학교 주변의 폭력과 유해환경에서 자녀들을 보호하기 위
해 법무부는 청소년보호 운동인 '자녀안심하고학교보내기운동'(97.9
월 출범, 이하 '자녀안심운동')을 적극적으로 전개한다. 법무부는 유흥업
소, 단란주점, 티켓다방, 윤락업소 등에 접대부로 종사하는 미성년
자 유해업소별 단속을 강화하여 업주, 폭력배로부터 시달림을 받는
10대 여성에 대한 폭력을 근절하기 위한 노력을 기울여왔다. '자녀안
심운동'과 국무총리산하의 청소년보호위원회는 '사창가 해체 선
언'(97.10), '10대 성매매 전쟁 선포', '10대 여성 성매매 근절운동'을
전개하였으며, 청소년 성문화대책위를 발족하여, '딸, 아들 사고파는
향락문화추방 선포식'을 열고, '아버지 감시단' 결성하였으며, '가출,
윤락 청소녀를 위한 청소녀 상담소 쉼자리 전국협의회'를 창립
(1998.9)하였다. 국가의 청소년보호 사업의 일환으로 전개된 10대 성
매매 반대 운동은 여성운동단체와 성매매반대운동단체들과 연대하
여, '10대 여성 성매매에 대한 반대운동'(1998), '10대 매매춘 근절을
위한 거리 퍼포먼스', '가출청소녀 불법고용업소와 불법고용매체고
발문화', '청소년을 위한 내일여성센터'(1999) 'IMF 시대, 향락산업으
로부터 딸, 아들 지키기 연속토론회'(1999) 등을 전개하였다.

대검찰청은 정부 합동의 '청소년보호 특별대책' 및 '청소년 성매매
방지대책'에 따라 각급 검찰청에 청소년 유해업소 특별단속지시
(99.12.15)와 청소년 성매매 사범 단속 활동 강화를 지시하여
(2000.2.25) 업주와 단속 공무원과의 유착 비리에 대한 수사 활동을
강화하고, '자녀안심운동' 전담부장검사회의(2000.12.4) 시 대검 강력
부장은 각 청에 설치된 지역별 청소년대책협의회의 합동단속반을 활
용하여 수사지휘를 통해 단속 활동을 총괄하고, 인터넷 음란물 불법
유통 사범, 원조교제 사범과 아울러 관계 공무원과 업주와의 유착

비리를 중점적으로 직접 단속할 것을 지시했다. 법무부 여성통계 2004년(〈표 Ⅲ-5〉)에 나타난 윤락행위등방지법 위반 사범이 1998년에 비해 2000년에 두 배, 2001년부터는 3배 이상 급증한 것으로 나타난다.

〈표 Ⅲ-5〉 윤락행위등방지법 위반 사범 발생 및 처분결과(1998-2003)(단위: 명)

	접수인원	처리인원	기소	불기소	보호사건 송치	타관이송	미제
1998	4,576	4,312	2,673	1,476	42	130	264
1999	7,108	6,644	3,711	2,701	91	141	464
2000	8,402	8,164	4,382	3,569	76	137	238
2001	12,186	11,603	6,723	4,570	111	199	583
2002	12,340	11,833	6,341	5,030	58	404	507
2003	12,037	11,605	5,367	5,698	39	501	432

*출처:법무부, 《여성통계》 2004, 15쪽

2001년 전국 23개소 성매매 보호시설(6.30. 기준)은 성매매 피해자를 위한 무료숙식 제공, 심리안정 등에 중점을 둔 상담지도, 직업교육, 검정고시반 등을 운영하였고, 10개의 일시보호시설을 추가 설치하여 6개월 이상 머물 수 있는 중장기 보호시설을 마련하였다. 여성부는 가출, 유흥업소 출입 등으로 성매매에 취약한 여성들을 대상으로 한 예방 활동을 강화하고 탈성매매를 적극적으로 유도하기 위해 전국 83개의 여성복지상담소, 취약지역에 37개의 간이 상담소를 설치하고, 전문상담원 347명을 배치하여 성매매 예방 활동을 전개하였다.

김대중 대통령은 한명숙 여성부 장관, 은방희 한국여성단체협의회 회장, 이화순 현민시스템 대표, 이경숙 한국여성단체연합 공동대표 등 27명이 참석한 가운데 여성부의 2002년도 업무보고를 받는 자리에서 "국민의 정부는 여성 인적자원의 활용이 국가경쟁력의 핵심이라는 목표의식을 가지고 여성인력개발과 활용에 관심을 기울이고 정책개발을 해왔습니다. 특별히 발로 뛰는 행정을 적극적으로 펴서 여성 정책수립과 집행에서 실효성을 거둘 것"[19]을 당부하였다.

이에 여성부는 2003년, 성매매 피해 여성 권익구제 및 자활 지원 강화를 위해 전국에 26개소의 선도 보호시설을 설치, 입소자에게 무료숙식 제공, 상담지도와 직업교육, 검정고시반 운영, 현장상담센터 7개소, 탈성매매 자활 지원센터 및 외국인 피해 여성지원 쉼터 각각 2개소 운영, 지원하였고, 대부분의 폭력 피해 여성이 법률적 지식 부족, 무자력, 소송에 따른 시간적 여유 부족 등으로 자신의 권익을 지키지 못하는 인권의 사각지대에 놓여있는 문제를 해결하기 위해 '무료법률구조사업'을 실시. 여성발전기금사업(318백만 원)으로 법률구조사업을 진행해 2003년 한 해 동안 2,276건의 민, 가사 사건 및 형사사건(성매매 관련 13건)이 구조되기도 하는 등 성매매 피해자 지원 사업을 구체화하였다.

더불어 여성부는 여성 및 아동의 인신매매방지를 위한 국제적 연대를 강화하는 노력을 기울였다. UN/ESCAP 주최로 태국에서 개최된 인신매매방지국제회의(2001.8), 일본에서 개최된 아동의 상업적 성 착취에 관한 제2차세계회의(2001.12.), 인신매매에 관한 장관급 지역회의(발리), ASEM 여성 및 아동 인신매매방지 세미나(방콕)에 참가하는 등 지역네트워크 및 국제협력을 강화하고 외국인을 위한 〈성매매예방·보호리플렛〉 25,000부를 출입국관리사무소, 재외공관, 민간단체에 배포하였다. 국제적 성매매 방지 및 외국인 성매매 피해 여성보호 내실화를 기하기 위해 벗들의 집(서울), 안양 전진상복지관

---

19) 《김대중 연보》중 2002.2.6

등에 외국인 피해여성 전용쉼터를 만들어 피해 여성들에 대한 무료 숙식 제공 및 긴급 보호, 출입국사무소, 자국 대사관, 경찰서 등 관련 시설과 연계하고 귀국을 지원하는 일을 하였고, 한국사회학회에 의뢰하여 외국여성 성매매 실태조사를 시행하기도 하였다.

4. 일제 강제위안부 인권회복과 생존 피해자 지원 강화

1) 일본군 강제위안부 문제 해결을 위한 여성운동

한국교회여성연합회, 정신대연구회, 한국여성단체연합이 중심이 되어 한국정신대문제대책협의회(정대협)를 발족[20]한 후 일본 정부에 진상규명과 공식적 사죄, 희생자들을 위한 위령비건립 및 생존자와 유족들에게 보상을 요구하였다. 그리고 이러한 역사가 되풀이되지 않도록 역사교육을 제대로 할 것을 요구하면서, 1992년 1월 8일부터 매주 수요일 정기적인 시위를 시작하였다[21]. 일본군 강제위안부 피해자임을 밝힌 첫 생존자, 김학순 씨(당시 67세, 1991.8.14)와 같은 해 대구 문옥주, 김복선 씨의 증언이 잇따랐다. 유엔인권위원회를 통해 국제적 여론을 조성하고, LA, 뉴욕, 워싱턴 등 교포사회에서 정대협 지회를 조직하였으며, 일본 내에서도 매매춘 문제에 대응하는 회, 조선인 '종군위안부'를 생각하는 모임, '종군위안부 문제 간담회' 등의 모임이 조직되고, 일본 YWCA, 교회협의회 여성위원회, 기독교 교풍회, 일본부인회의 등 17개 단체가 '행동네트워크'를 조직하여 정대협과 연대하였으며, 재일교포 여성들의 '우리여성네트워크'

---

20) 박순금, 윤정옥, 이효재 공동대표로 1990.11.16. 발족
21) 이효재, "일본군 위안부 문제 해결을 위한 운동의 전개과정" 한국여성의전화연합 엮음, 《한국여성인권운동사》(서울: 한울아카데미, 1999), 187쪽

도 참여하여 일본 내 정대협 요구사항의 조기실현을 위한 서명운동
이 전개되었다.22)

진상규명을 위한 정대협과 일본 민간연구자들의 노력에도 불구하
고 일본 정부의 대응은 미온적이었으며, 배상요구에 대해 한국정부
역시 1965년 한일청구권협정 체결로 양국 정부 간의 국제법상의 권
리와 의무는 일단락된 것으로 대일보상제기가 불가하다고 보았다.
그러나 민변과 공동으로 국제법 학자와 한일관계 전문가를 초청, '정
신대문제와 한일정부의 책임' 공청회(1992)를 통해 김찬규 교수는 '정
신대문제에 대한 국제법적 책임'에 대해 "노예적 혹사 및 그 밖의
비인도적 행위로서 인도에 반하는 죄(Crime against Humanity)이며,
기본적 인권에 대한 중대한 침해이며 동시에 강제 매춘을 금하는 국
제협정(1904)을 위반하는 범죄"로 규정하며, 1965년 한ㆍ일간 체결
된 협정에는 정신대문제가 포함되어있지 않으므로 일본 정부의 배상
책임이 있음을 천명하였다23).

유엔인권소위원회 배상문제 특별보고관인 테오 반 보벤 교수는 한
국정신대 문제에 대하여 인권침해를 당한 피해자 보상청구권(인권은
국가의 권리가 아니라 개인의 권리이므로 국제적 의무의 침해로서 인권침해는
외교적 보호의 영역이 아니라 가해국의 피해자 개인에 대한 직접적인 의무로 되
어 가해국은 피해자에 대하여 원상회복, 배상 등의 국가적인 의무를 짊어져야
한다고 주장)을 인정하였고, 정신대문제에 대한 진상조사, 책임자 재
판, 희생자에 대한 물적, 정신적 총체적 배상, 즉 건강, 의료지원,
고용, 주택, 교육 등과 비물질적 보상은 희생자들의 도덕적, 사회적
복지와 정의, 평화의 대의에 봉사하는 요소들을 포함해야 한다는 것,
즉 보상(compensation)이 아니라, 배상(reparation)임을 확인하였다.

---

22) 이효재, "일본군 위안부 문제 해결을 위한 운동의 전개과정"
23) 이효재, "일본군 위안부 문제 해결을 위한 운동의 전개과정"

그러나 일본은 국가적 배상이 아닌, '아시아 여성 평화 우호 기금'
의 조성을 주 내용으로 하는 '평화 우호 교류계획'을 발표(1995)하였
는데, 이는 법적 배상에 대한 일본 정부의 책임을 부인하고, 도덕적
책임만을 전제한 국민주도의 재정모금으로 생존 피해자들에게 위로
금을 지급한다는 것이었다. 이에 대해 김대중 대통령은 일본의 월간
지《세카이》의 오카모토 아쓰시 편집장과 회견을 하면서, "종군위안
부 문제는 일본 정부의 책임이지 일본 국민의 책임이 아닙니다. '아
시아 여성기금'의 보상금 지급은 일제강제위안부 문제의 본질을 바
꾸게 되는 것입니다"24)라고 강하게 비판하였다.

> '시민사회단체, 여성단체를 국정의 파트너로 생각하셨어요'
> 저는 92년도부터 정대협에서 기획위원장으로 오랫동안 일을 해왔죠.
> 피해자와 함께 하는 운동이 참 어려워요. 피해 할머니들의 삶이 너무나
> 고달프고…. 비닐하우스에서 생활하시는 분도 있었고…. 이분들의 생활
> 을 지원하는 일이 무엇보다 시급했죠. 그래서 정부가 이 할머니들의 생활
> 을 지원할 수 있게 하고 또 초기에는 민간에서 모금해서 최소한의 삶이라
> 도 유지할 수 있도록 도움을 드리고자 했죠. 명예나 인권을 회복하는 일,
> 자존감을 높이는 것과 함께 생활을 지원하는 일이 큰 숙제였습니다. 그런
> 데 95년도쯤에 일본이 '아시아여성평화 우호기금'인가 하는 것으로 피해
> 자에게 지원금을 주려고 하지 않았습니까? 일본 시민들이 모금해서 만든
> 기금 같은 것이었는데…. 국가적 책임을 인정한 것도 아니고 공식적인
> 사과도 아니고…. 그래서 이를 막기 위해 정대협 등 여성운동 단체가 참
> 애를 많이 썼어요. 사실 우리가 진실로 바라는 것은 일본 정부가 위안부
> 강제동원 사실을 인정하고 사죄하며, 이에 따른 배상, 역사교육, 책임자
> 처벌 등을 하는 것이었죠. 그래서 97년 대선 당선자였던 김대중 대통령

---

24)《김대중 연보》1998. 9. 5

께 생존 피해자에 대한 생활지원금을 주시면 좋겠다고 말씀드렸고, 이를 바로 잘 받아주셨어요. 사실 IMF 위기로 경제가 참 어려웠잖아요. 그런데도 김대중 대통령은 위안부피해자 할머니들의 생활지원금을 일시금으로 약속을 해주셨어요. 그때 정말 고마웠습니다.

　제가 여성단체연합의 대표로 여성특별위원회에서 활동할 때, 지금 기억나는 것은 청와대 모임에서 공개적으로 발언을 했었어요. "여성특별위원회로는 UN 여성차별철폐협약을 이행하기에 너무 부족합니다. 여성부를 만든다고 하는 것은 가장 적은 비용으로 세계에 우리나라의 위상을 높일 수 있는 좋은 방법입니다"라고 말씀드렸더니, 그 자리에서 아주 긍정적인 답변을 주셨어요. 우리가 발언할 때 정말 잘 받아주셨고 발언할 기회도 많이 주셨고⋯. 호흡이 참 잘 맞았습니다. 김대중 대통령은 시민사회단체, 여성단체를 국정의 파트너로 생각하셨습니다.[25]

정대협은 정신대 신고 전화를 개설한 이후(1991.9.18) 피해생존자들의 생활실태를 파악하고 생존자 생활대책을 위한 특별법 제정을 촉구하여, '일제하 군위안부 피해자 생활안정지원법'이 제정(1993.5)되었다. 일본군 강제위안부 운동은 수요시위와 더불어 다양한 문화활동을 통한 국내외 홍보와 교육이 지속해서 이루어졌는데, 정신대 할머니 추모제 '정신대 아리랑'(1992.10.17.) '소리 없는 만가' 연극 공연(1993. 4. 3-25), 다큐멘터리영화 〈낮은 목소리〉(1995), 생존자 그림전시회 등이다.

김대중 대통령은 일본군 위안부 문제를 둘러싼 역사 인식과 피해자 할머니들의 삶에 대한 끊임없는 관심을 가졌다. 피해자들의 이야기를 기록한 영화 〈낮은 목소리〉를 관람하기 위해 피카소극장을 찾

---

25) 지은희 전 여성가족부 장관 필자의 인터뷰 중 (2023.8.1)

앞으며(1995. 4. 28), 일본군 강제위안부 할머니들이 거주하고 있는 경기도 광주군 퇴촌면에 있는 '나눔의 집'을 방문하여 할머니들의 사연을 일일이 듣고 그들을 따뜻하게 위로하였다.26)

2) 김대중 정부의 일본군 강제위안부 피해자 지원정책

김대중 대통령은 1998년 4월 열린 국무회의에서 일본군 위안부 피해자 152명에게 일반회계 예비비에서 지원금을 지급하는 안을 반대했는데 그 이유를 이렇게 밝힌다. "피해자 할머니들이 나이가 많아 문제를 하루속히 해결하는 것이 좋지만, 이를 보상했을 때 일본에 대한 배상요구와 일본의 책임 문제 등에서 앞으로 한일관계에 미묘한 문제가 제기될 수 있다"27)라고 설명하였다.

〈표 Ⅲ-6〉 위안부 피해자 지원금 및 일시금(1993-)

	'93	'94	'95	'96	'97-2001		2002	2003	2004	2020
피해자 수	153 *3	168 *3	173 *9	179 *5	185 *9	206 *62	207 *72	212 *79	215 *87	240 *224
월지원금	150	150	200	250	500		535	600	640	1,474
일시금	2,000			5,000				43,000		(단위: 천 원)

* 출처: 《여성백서》 및 여성가족부 자료 조합 *사망자 수

2001년 일본군위안부 생활안정지원업무가 보건복지부에서 여성부로 이관되어, 여성부는 생활안정지원금 등의 경제적 지원을 넘어 피해자들의 정신적, 심리적, 육체적 고통을 해소할 수 있는 심리, 한방치료 등 복지증진 사업을 추진하고, 위안부 제도에 대한 역사적 진실규명을 통해 자라나는 세대의 올바른 역사관 정립 및 인권교육 증진에 이바지할 수 있는 위안부 문제에 대한 정책 방향을 제시한다.

---

26)《김대중 연보》1997. 9. 15
27)《김대중 연보 Ⅱ》(1998. 4. 14. 국무회의 시 지시사항), 1193쪽

3) 일제 강제위안부에 대한 역사 인식 바로 하기 및 기념사업의 제도화

1998년 10월 김대중 대통령과 오부치 게이조 총리는 '21세기 새로운 한일 파트너십 공동선언'이라는 이름으로 한일관계에 관한 포괄적인 합의를 이루어냈다. 이 선언의 기본이 된 김 대통령의 철학은 "한일 양 국민이 참여하는 국민적 신시대를 이룩하기 위해서 먼저 과거의 올바른 청산이 있어야 하며, 이를 위해서는 일본이 과거 한국에서 행한 역사적 사실에 대한 정확한 지식을 가져야 한다."[28]는 것이었으며, 일본의 자발적인 과거사 청산 노력과 젊은 세대에 대한 올바른 역사교육이 필요하다는 점을 전제로 한 것이었다.[29]

2001-2002년, 일본 문부과학성의 검정을 통과한 교과서 7종이 일본군에 의한 군대 위안부 강제동원 사실을 고의로 빠뜨린 사건인 중학교 역사 교과서 왜곡사건에 대하여 여성부는 '일본 역사 교과서 왜곡 정부대책반'에 참석하였고, 우리 중, 고 국사 교과서의 일본군 위안부 관련 내용을 보강하여 교육인적자원부와 국사편찬위원회에 건의하였다. 그리하여 상당 부분 반영된 제7차 교육과정에 의한 국사 교과서가 2002년부터 사용되었다. 새 중학교 국사 교과서…. "(일제는) 많은 수의 여성을 강제로 동원하여 일본군이 주둔하고 있는 아시아 각 지역으로 보내 군대 위안부로 만들고 비인간적인 생활을 강요하였다"로 서술하여 강제동원 사실과 일본군의 성노예 생활을 강요당한 여성이라는 점을 분명히 하였다. 고등학교 교과서에는 한국정신대문제대책협의회의 '군 위안부' 관련 자료 중 일부를 '읽기

---

28) 1995년 4월 12일 아태재단 이사장의 자격으로 방일했을 때 일본기자클럽 초청 연설 중 김대중도서관. 《전집보기》. https://www.kdjlibrary.org/archives/activity
29) 조세영, "김대중-오부치 탄생과정과 그 의의" 〈동아시아연구원〉, 2018 'https://www.eai.or.kr/m/research_view.asp?intSeq=13804&code=99&menu=program

자료'로 활용하여 "군인들의 강간행위를 방지하고 성병 감염을 방지하며 군사기밀의 누설을 막기 위한다는 구실로 우리나라와 대만 및 점령지역의 10만 명에서 20만 명에 이르는 여성들을 속임수와 폭력을 통해 연행하였다"라고 서술, 실상을 생생하게 담아냈다.

일본군위안부 문제에 대한 기초연구작업으로서 '일본군 위안부 강제동원, 운영에 관한 실증자료 발굴, 분석', '중국 등 국외 거주 '위안부' 피해자 발굴조사' 및 '일본군위안부 피해자 증언 통계자료집' 등을 발간하여 본 문제에 대한 진실규명 작업의 기초를 다졌다. 일본에서 공개된 문서자료 486건 및 회고록 자료 332건을 번역, 정리하여 일제의 위안부 정책 및 그 실행과정에서의 강제성을 논리적, 실증적으로 분석, 해명하였고, 중국 거주 일본군위안부 피해자 발굴조사를 통해 14명의 위안부 피해자가 중국에 생존하고 있음을 확인하고, 이 중 1명은 60년 만에 가족을 상봉하여 국내에서 호적 및 국적회복을 위한 절차를 진행하였다.

'일본군 위안부 피해자 증언통계자료집(2001.7-12 실태조사)'은 우리나라 최초로 정부에 등록된 일본군 '위안부' 피해자 203명 중 자료가 불충분한 11명을 제외하고 총 192명의 실태를 조사한 것으로서, '위안부' 동원 과정, '위안부'로서의 생활 및 현재의 생활실태를 전반적으로 분석한 것이다. 이를 통해, 미혼여성(87%)뿐만 아니라 유부녀(10.3%)까지도 군 위안부로 강제동원하였고, 피해자들은 '위안부'로 최고 14년간을 구타와 폭력에 시달리며 동원되었으며, 귀국 후 '위안부' 피해자들은 생계를 위해 파출부(31%), 노점 행상(25%), 식당의 허드렛일(22%) 등으로 생계를 잇고, '위안부' 생활의 후유증으로 심리적, 육체적 고통을 겪는 등 정상적인 생활을 하지 못하는 것으로 나타났다. 또한, 피해자의 50% 이상이 결혼과 출산 등의 가족생활을 경험하지 못한 채 혼자 외롭게 생활하고 있는 것으로 드러났다.

'일제하 일본군 위안부에 대한 생활안정지원법 개정추진' 의원입법30)으로 동 법(제정, 1993.6)의 개정(2002.12.11.)이 이루어져 '일제하 일본군 위안부 피해자에 대한 생활안정지원 및 기념사업 등에 관한 법률'로 명칭을 개정한 것은 정신적, 육체적으로 고통받은 '위안부' 피해자의 입장을 반영한 것으로, 일본군위안부 문제에 대한 진실규명과 인권증진을 위하여 기념사업 및 관련 역사적 자료의 수집, 교육홍보사업 등 추진근거를 마련하며, 매년 피해자 생활실태조사를 정기적으로 하는 것을 담고 있다. 2001년부터 2003년까지 실시해온 일본군 위안부 관련 조사, 연구사업을 기반으로 각 단체와 협의로 자료를 집적하고 개정법에 근거한 기념사업을 추진하고, 위안부 문제의 교육, 홍보 등 관련 사업을 적극적으로 추진할 수 있게 되었다.

여성부는 2003년 피해자들의 85%가 70대 후반 고령으로 점차 사망이 증가하고 있는 점을 고려하여, 피해자들의 사진, 영상자료를 제작하고 자료목록집을 발간하였다. 자료목록집은 자료 DB화의 초기작업으로 한국정신대문제대책협의회, 한국정신대연구소, 나눔의집 등 각 단체가 소장하고 있는 자료를 제목, 내용, 발행일, 소장단체명 등을 명시, 체계적으로 정리하여 '위안부' 관련 자료의 접근성 및 활용도를 높였다.

맺음말

젠더기반 여성폭력에 대항한 한국의 여성 인권운동의 역사는 여성 인권에 관한 법과 제도의 수립과 정책을 추동할 수 있는 기본적 동력

---

30) 새천년민주당 이미경의원 발의

이 되었다. 김대중 정부는 공·사적 영역에서 일어나는 여성에 대한 폭력에 대응하여 국가정책을 보다 체계화하였고, 남녀평등 사회실현이라는 정책 방향을 보다 명확하게 하였다. 성희롱의 예방과 피해자 보호를 위한 최초의 법제 구축, '가정폭력특별법'의 최초 시행과 피해자 보호강화를 위한 입법, 디지털 성폭력과 청소년 대상 성폭력, 성매매 규제를 위한 최초의 법제 구축, 그리고 일제하 일본군 위안부 피해기념사업을 위한 최초의 법제 구축 등이 김대중 정부에서 이루어졌다. 법과 제도의 정비, 전담부서인 여성부 설치를 통해 여성차별과 폭력에 대응한 정책을 구체적으로 추진해나갔으며 피해자를 보호, 구조하기 위한 전국적 체계를 확대하였다. 20여 년이 지난 지금, 여성긴급전화1366의 연 상담 건수가 30여만 건에 육박하고 있고, 디지털 진화와 함께 성범죄가 예측할 수 없는 정도로 급증하는데 오히려 추진 기구는 무력화되고 있는 현 상황에서 김대중 정부의 '여성인권'에 대한 신념과 추진력을 소환하고 싶은 심정이다.

Ⅳ

성평등한 가족의 기본을 만들다

차선자 (전남대학교 법학전문대학원)

들어가기

김대중 대통령은 금융위기로 인한 경제적 위기가 한국사회를 덮친 1998년 2월 25일부터 대통령 임기를 시작하였다. 경제위기라는 외적인 환경 변화는 우리 국민의 가족생활에도 영향을 끼쳤다. 이혼율을 증가와 핵가족의 점진적인 축소로 인한 가구원 수의 축소와 같은 외적형태의 변화와 더불어 경제위기로 인한 남성 가장의 실업율의 증가는 여성을 고용시장에 진입하도록 하는 계기가 되었고 그와 더불어 가정 내 젠더관계는 그 이전과 달리 변화할 수밖에 없었다. 즉 IMF경제위기와 더불어 여성이 경제활동 참여가 증가하면서 일면은 여전히 가부장적 가족문화가 존속하고 있었으나 동시에 성평등 의식이 강화되어 여성도 재산에 대한 명의권을 가지고 있는 경우가 증가하였고, 가족 내에서 부부가 공동으로 의사결정을 하는 비율이 증가한 것으로 나타났다. 또한 가족 내 교육 투자에 있어서 아들과 딸을 구별하지 않고 동등하게 투자하는 비율이 60% 정도에 이르는 것으로 나타나 교육 분야에서 차별이 감소하였다.[1]

이처럼 김대중 대통령 취임 당시 한국의 가족은 외적·내적으로 많은 변화가 나타나는 시점이었기 때문에 이전의 정부와 비교하여, 어느 때보다도 가족정책의 중요성이 강화될 수밖에 없었고 또한 이전 정부와는 차별되는 새로운 관점의 가족정책이 요구되는 시기였다. 특히 가족 내 교육투자에 있어서 딸과 아들의 차별이 감소하고 고학력 여성이 증가하면서 가족 구성의 중심에 있는 여성들의 의식은 가부장적 가족역할에 문제를 제기하기 시작하였다. 이러한 이유로 김대중 대통령의 재임 시기에 가족정책은 여성정책과 높은 상관성을 나타냈고 그 결과 김대중 정부의 가족정책의 변화는 성평등 정책의 중요부분으로 인식되면서 시도되었다.

1. 가족에 대한 김대중 대통령의 인식과 일상의 민주주의

김대중 대통령은 이러한 변화를 정확하게 인지하고 있었다. 1998년 5월 12일 여성특별위원회 업무보고에서 그는 가정주부의 권익 확대에 관한 계획수립을 요구하였다. 대통령은 그동안 가족법 개정을 비롯하여, 가정폭력 및 성폭력방지법 제정 등을 통하여 가정주부의 권익이 꾸준히 향상되었으나 여전히 어려운 위치에 있다는 것을

---

1) 변화순 외, 〈한국가족의 변화와 여성의 역할 및 지위에 관한 연구〉, 한국여성개발원, 2000 , 197-198쪽.

지적하면서, 주부의 가사노동가치를 제도적으로 반영할 것, 가정폭
력의 예방과 시간제 근로를 확대할 것 등 가정주부의 권익신장을 위
한 방안을 강구할 것을 요청하였다.[2]

특히 가사노동에 대한 경제적 평가는 1990년 민법 개정과 함께
여성의 권익 향상에 중요한 의제가 되었다. 즉 1984년 유엔 '여성차
별철폐협약 비준 이후 그에 따라 1990년 가족법이 성평등한 방향으
로 개정이 이루어지면서 이혼 시 재산분할 제도가 도입되었다.[3] 그
결과 1990년부터는 부부가 가정공동체를 구성하여 공동의 노력으로
축적한 재산이 있을 경우 이혼으로 공동체가 해체될 때 이를 청산하
기 위하여 재산을 분할하게 되었다. 재산분할 제도가 민법에 도입되
면서 가사노동에 대한 가치를 인정하여 가정공동체의 형성 기간 동
안 공동의 노력으로 축적된 재산을 분할해야 한다는 대원칙에 대한
동의는 제도적으로 지원되었으나 가사노동의 구체적인 경제적 가치
를 평가하는 기준과 방법은 여전히 아무런 연구가 없었다.

이 때문에 전업주부로 생활하던 여성이 이혼할 경우 어느 정도로
가사노동을 평가하여 재산분할 비율에 반영해야 하는지에 대해 법원
은 명확한 근거를 제시하지 못하고 막연히 전업주부에게 1/2의 분할
비율은 부당하다고 보거나,[4] 30% 정도의 분할 비율을 긍정하였

---

2) 대통령지시사항 -98. 5. 12. 여성특별위원회 업무보고서.

3) 1990년 개정된 가족법은 ①유명무실한 호주의 권리와 의무 삭제 ②친족 범위를 부계
    모계 8촌으로 평등하게 통합 ③이혼 후 재산분할 청구권 신설 ④ 이혼 후 자녀에 대한
    면접교섭권 신설 ⑤ 부부의 공동생활 비용 부부 공동 부담 등을 내용으로 하여 개정
    전 민법과 비교할 때 여성의 법적 지위와 권한을 대폭 강화하는 내용을 담고 있었다.
    이러한 이유로 당시 개정안이 국회문턱을 넘을 수 있을지 여부는 의문이었다. 실제로
    최근 연세대 김대중 도서관에서 공개한 김대중 대통령 구술 동영상에 의하면 개정안
    통과를 비밀투표로 했으면 지지한 사람은 10%가 될까 말까한 상태였다고 한다. 이러
    한 상황에서 야당이었던 평화민주당이 당시 노태우 대통령의 무슨 안건과 교환해서
    전적으로 통과시킬 수 있었다고 한다. 결국 고 김대중 대통령의 성평등에 대한 신념이
    없었다면 1990년 가족법 개정은 불가능하였을 것이다.
    https://www.youtube.com/watch?v=-2Zs6aviAyA

다.5) 결국 가족법의 개정을 통하여 전업주부의 경제적 평등을 보장해도 가사노동의 가치평가가 적절하게 이뤄지지 않는 한 재산분할제도를 통한 전업주부의 경제적 평등은 여전히 한계를 가질 수밖에 없었다.

이러한 상황에서 김대중 대통령이 주부의 가사노동 가치를 제도적으로 반영할 것을 요청한 것은 재산분할제도를 공정하게 운영하는데 중요한 의제를 제공하였다. 대통령의 가사노동의 가치에 대한 앞선 인식에 화답하여 여성특별위원회는 2000년도 연두 업무보고에서 전업주부의 가사노동의 가치를 GDP에 산정하는 방안을 강구하기 위한 계획수립을 보고하였다.6) 당시 1999년 통계청에서는 '1999생활시간조사'를 발표하였는데, 이것으로 무보수 노동에 대한 가치평가가 객관성을 높일 수 있게 되었고, 그 결과 가사노동의 경제적 가치를 평가할 수 있는 일차적인 배경이 마련되었다. 이것을 기초로 1998-2000년까지의 '제1차 여성정책기본계획'에서는 "주부의 가사노동가치 평가 및 제도적 반영을 위해 가사노동량 파악을 위한 생활시간활용조사를 전국단위로 실시하고", "국민계정체계에 가사노동에 대한 위성계정을 설치하며", 가사노동가치의 적용분야를 발굴하고 적용할 수 있는 방안을 강구한다"는 계획을 수립하였다. 그리고 2001년에는 위의 자료를 토대로 가사노동의 가치평가를 위한 연구가 진행되었다.7)

가사노동에 가치평가를 위한 이러한 노력의 결과는 재산분할의 비율에 대한 판례의 입장에도 점차 반영되었다. 즉 1990년대 초·중반

---

4)   대법원 1994. 12. 2., 선고94므1072 판결
5)   대법원 1995. 5. 23., 선고94므1713,1720 판결
6)   여성특별위원회 연두업무보고 (2000. 2. 21)
7)   문숙재·최민영, 〈가사노동 가치평가를 위한 기초적 분석〉, 《한국가족지원경영학회지》, 제6권 제1호, 2002. 1-2쪽.

판례는 전업주부의 가사노동 가치를 재산분할에서 약 30% 정도로 인정했던 반면 1998년과 2005년에는 50% 미만의 비율은 40%로 감소하였으며, 50%의 비율이 차지하는 비중도 증가하였고, 50%를 초과하는 비율로 재산분할이 이루어진 사건도 많이 증가하였다.[8]

　가족법에서의 재산분할제도의 도입은 추상적 평등을 제도로 구체화한 것에 의미를 평가할 수 있으나 동시에 단순히 제도의 정착이 그 내용을 채우는 과정이 없을 때 성평등을 정착하는 것은 한계를 가질 수 있다는 것을 보여준다. 이러한 상황에서 김대중 대통령이 전업주부의 가사노동의 가치를 제도에 반영할 것을 요청한 것은 가족의 범위에서 젠더 문제가 일부 집단의 문제가 아닌 모든 여성을 대상으로 하는 보편적 의제임을 파악하고 있었기 때문에 가능한 것이었고 모든 여성을 독립적 자기 생존을 위한 노동의 주체로 인식하고 있었다는 것을 보여준다. 특히 제도가 줄 수 있는 형식적 평등과 실질적 평등의 간극을 메우는 것의 중요성을 파악하고 이를 위하여 가사노동이 소외된 행위가 아닌 국가 GDP의 규모를 재평가할 수 있는 중요한 가치노동으로 인식하고 접근했던 것이다. 이것은 대통령으로서 성평등의 문제를 정확히 인지하고 이를 해결하기 위하여 국민의 인식을 전환하도록 하여 그 방향을 제시한 것이라는 점에서 국가의 리더로서 그의 통찰을 보여주는 것이었다.

　이뿐만 아니라 김대중 대통령은 남녀 평등한 가정문화의 중요성을 강조하며 부부가 모든 문제를 같이 논의하고 토의하는 새로운 가정문화의 형성이 필요함을 역설하였다.[9] 김대중 대통령은 권력으로 부터 폭력을 받았던 피해자로서 민주주의의 상징과 같은 존재이었다.

---

8)　전경근·송효진, 〈이혼시 재산분할에 관한 최근 판례 분석〉《가족법연구》, 한국가족법학회, 제28권 제1호 2014, 143쪽.
9)　남녀평등의 새로운 가정문화 형성 (훈시).

그러나 그에게 민주주의에 대한 신념과 이해를 확인할 수 있는 것은 그가 민주적으로 선출될 대통령이라는 것보다 부부 관계에서의 민주주의적인 토대가 중요함을 인식하고 있었다는 점이다. 오늘날 우리 사회가 소위 갑질 문화에 대한 국민적인 반감이 증가하고 있으며, 성별 간에 갈등이 고조되어 있는 현실을 볼 때, 그는 일상의 관계에서의 민주주의의 정착이 국가 권력의 민주화 이후 민주주의가 나아가야 할 방향임을 알고 있었던 것이다.

2. 가족법 개정을 위한 노력과 의미

1) 1998년도 취임과 가족법 개정

김대중 대통령의 가족과 평등한 부부관계의 중요성에 대한 인식은 결국 가부장적 가족법 개정으로 귀결되었다. 이하에서는 김대중 정부의 가족법 개정이 얼마나 필요했었는지 그리고 이러한 필요성이 국회에서 어떤 결과를 가져왔는지 살펴본다.

(1) 동성동본금혼제도와 가족법의 개정
가. 동성동본금혼제도의 역사와 현실

유학을 근간으로 성립된 조선왕조에서는 동성동본간의 혼인을 금지하는 관념이 점차 강화되었다.[10] 그러나 이러한 관습이 법적인 영역으로 전환되게 된 것은 일제강점기에 이르러서였다. 일제는 1912년 '조선민사령'을 제정 조선에서 일본의 민법을 의용하였으나 친족상속에 관한 사항은 조선의 관습에 따르도록 하였다(민사령 제11조).

---

10) 소현숙, 〈'만들어진 전통'으로서의 同姓同本禁婚制와 식민정치〉, 《대동문화연구》 성균관대학교 대동문화연구원, 제96권, 2016, 52쪽.

이를 위하여 일제는 조선의 관습에 대한 조사를 착수하여 〈관습조사
보고서〉를 간행하였다. 여기서 조선후기의 법전이었던 〈속대전〉과
1905년 간행된 〈형법대전〉의 규정을 들어 동성동본금혼을 조선의
'관습'으로 규정하였고, 이로써 동성동본금혼제도는 관행을 넘어서
관습법적 효력을 갖게 되었다.11)

이어 일제강점기를 지나 민법전을 제정하는 과정에서 남녀 평등한
가족법을 주장하는 입장에서는 동성동본금혼제도를 폐지해야 한다
고 보았으나 당시 동성동본금혼제를 존치하는 입장을 취했던 대법원
장이었던 김병로가 가족법 제정을 주도하면서 존치되게 되었다. 제
정 당시 안은 "동성동본인 혈족 사이에는 혼인하지 못 한다."는 규정
과 함께 '선조의 계통이 분명하지 아니한 경우에는 이를 따르지 않는
다.'는 단서 조항이 있었다. 그러나 정작 민법이 국회를 통과할 때는
이 단서조항이 삭제되어 동성동본금혼제도는 예외를 전혀 인정할 수
없는 더 광범위한 금혼법이 되었다.

당시 이미 지나치게 광범위한 금혼범위에 대한 문제는 제기되었
다. 1957년 4월 한국일보가 실시한 민법(안) 제정에 대한 여론조사
결과는 동성동본금혼 규정의 삭제를 찬성하는 비율이 50.9% 반대하
는 비율이 49.1%로 나타났다. 그러나 국회의원들의 보수성과 더불
어 지역에서는 동성동본금혼 폐지를 찬성하면 낙선 운동의 대상으로
삼는 등 과열된 분위기로 국회를 압박하여 동성동본금혼제는 압도적
인 지지로 통과되었다.12)

동성동본금혼제도가 가져온 부작용은 심각하였다. 1977년 동성
동본인 20대 남녀가 유서를 남기고 호텔 옥상에서 투신자살했고 이

---

11) 소현숙, 〈'만들어진 전통'으로서의 同姓同本禁婚制와 식민정치〉, 53쪽.
12) 소현숙, 〈부계혈통주의와 '건전한' 국민 사이의 균열: 1950~70년대 동성동본금혼제를
    둘러싼 법과 현실〉, 《법과사회》 법과사회이론학회, 제51권, 2016, 206~207쪽.

사건을 계기로 여성계는 이 동성동본금혼제 폐지운동을 벌였다. 특히 한국가정법률상담소는 사건 직후 '동성동본 혼인문제 신고센터'를 개설하여 '동성동본 불혼제도 개정촉진회'를 결성하기도 했다. 이런 노력으로 정부는 1978년, 1986년, 1996년 세 차례에 걸쳐 동성동본 부부를 위한 일시적 방편으로 '혼인에 관한 특례법'을 제정하여 한시적인 구제대책을 마련해 줬다. 정부의 이러한 노력에도 불구하고 1996년 12월 30일. 동성동본 혼인신고를 하려던 40대 남성 김종경(45)씨가 형제들의 동의서가 없어 혼인신고를 하지 못하게 되자 이를 비관하여 음독자살을 하였고 부인 김정옥(41)씨는 남편을 살리기 위해 인공호흡을 하다 함께 중독되는 안타까운 일이 발생하였다.[13]

제도에 의하여 국민이 생명을 버리는 극단적인 상황이 발생하자 비로소 헌법재판소가 움직이기 시작했다. 헌법재판소는 1995년 5월 동성동본 부부 8쌍이 제기한 '동성동본금혼' 위헌 소송에 헌법 불합치 결정을 내렸다. 헌법재판소는 동성동본금혼제도가 "인간으로서의 존엄과 가치 및 행복추구권"을 규정한 헌법이면 및 "개인의 존엄과 양성의 평등"에 기초한 혼인과 가족생활의 성립·유지라는 헌법 규정에 정면으로 배치될 뿐 아니라 남계혈족에만 한정하여 성별에 의한 차별을 함으로써 헌법상의 평등의 원칙에도 위반되며, 또한 그 입법목적이 이제는 혼인에 관한 국민의 자유와 권리를 제한할 "사회질서"나 "공공복리"에 해당될 수 없다는 점에서 헌법 제37조 제2항에도 위반 된다고 하여 헌법불합치결정을 선고하였다.[14]

나. 동성동본금혼제 폐지를 위한 가족법 개정

---

[13] 여성신문, 1997.1.17., 제409호, http://www.womennews.co.kr
[14] 헌법재판소 1997. 7. 16. 선고 95헌가6내지13 全員裁判部.

동성동본금혼제가 헌법불합치로 결정됨에 따라서 국회가 1998년 12월 31일까지 동성동본금혼제 관련 규정을 개정하지 않으면 당해 규정은 효력을 상실하게 되었다. 1998년 취임 이후 김대중 정부는 당시 민법 제809조의 "동성동본인 혈족 사이에서는 혼인하지 못한다.(제1항)"는 규정은 삭제하고 1990년 민법 개정으로 친족의 범위가 부계와 모계 모두 8촌 이내의 혈족으로 개정한 것을 반영하여 당시 "남계혈족의 배우자, 부의 혈족 및 기타 8촌 이내의 인척이거나 이러한 인척이었던 자 사이에서는 혼인하지 못한다.(제2항)"고 규정한 근친혼의 범위를 8촌 이내의 부계·모계혈족으로 양성평등하게 조정하는 것을 내용으로 하는 민법개정(안)을 제출하였다.

동성동본금혼제도에 대한 헌법 불합치 결정으로 1998년 12월 31일까지 민법 개정안이 국회를 통과하지 못할 경우 당해 규정은 자동적으로 효력을 상실하여 사문화되게 될 것이므로 김대중 대통령이 취임과 더불어 이러한 민법 개정안을 제출한 것은 1997년 헌법재판소의 결정을 볼 때 당연한 결과이다.

그러나 이러한 배경을 가지고 제출된 동성동본금혼제 폐지에 대한 국회의 반응은 당황스러운 것이었다. 특히 여당인 새정치국민회의도 동성동본금혼제 폐지에 부정적이었다는 것이다. 당시 국회법제사법위원회 내에서는 여야 구분 없이 동성동본금혼제 폐지에 반대하는 주장이 우세했다. 1999년 3월 11일과 12일 이틀에 걸쳐 열린 공청회에서 자유민주연합 함석재 의원은 "역사는 고조선 이래로 동족불취원칙에서 한민족의 확립된 족외혼적 전통이었고 삼한시대의 고대부족연맹체들도 모두가 타 부족 간의 혼인을 통해서 결속하고 평화를 이루었다."며 "이러한 제도나 관습 또는 법령은 우리의 고유한 것으로 외국과의 단순비교로 그 우열을 따진다는 것은 비합리적"이며 따라서 "이런 것은 보존하고 전통양식으로 계승시키는 것이 오히려 바람직하다."고15) 주장했다. 한나라당 최연희 의원도 "가족법 분야는 그 나라의 독특한 윤리관과 도덕관, 또 관습 등이 어떤 법 이론적인 측면보다 중요하다."며16) 가족법 개정에서는 윤리 · 도덕 · 관습에 대한 고려를 중시해야 한다고 강조했다. 새정치국민회의 조순형 의원도 가족법이 "오랜 관습이나 도덕, 몇백 년에 걸쳐" 만들어진 것이기 때문에 다른 법처럼 쉽게 바뀔 수 없고, "관습이라는 것이 우리나라에만 있고 전 세계에 없는 관습도 많으며" 따라서 "외국의 입법례가 없다는 이유로 우리나라에만 있는 조항을 바꿔야 한다는 것은 법 개정의 이유가 되지 못한다."고17) 강조했다. 결국, 보수정당의 의원들이 법제사법위원회 다수였고 여기에 여당 의원들까지도 동성동본금혼제에 반대하자 결국 동성동본금혼제는 존치되었다. 이는 당시 의원들이 보수와 진보 어느 정당에 속하였는지 여부와 관계없이 가족과 친족 제도에 얼마나 폐쇄적인 가치관을 가지고 있었는지 보여준 일례이며,18) 특히 당시 여당 의원들의 보수성은 가부장제에 대한 대통령의 평등의식을 따라가지 못하는 한계를 보여준 것이다.

(2) 양성평등과 혈연진정성 확정을 위한 친생부인의 소

민법은 처가 혼인 중에 포태한 경우 그 자는 부夫의 자로 추정하였고(제844조 제1항), 만일 그 자가 부夫의 친생자가 아닐 경우 그 출생을 안 날로부터 1년 내에 모母를 상대로(제847조 제1항) 부夫만이 친생부인의 소를 제기할 수 있었다(제846조). 또한, 친생부인의 소를 제기

---

15) 제202회 국회 제1차 법제사법위원회 회의록 1999. 03. 11.
16) 제202회 국회 제1차 법제사법위원회 회의록 1999. 03. 11.
17) 제202회 국회 제1차 법제사법위원회 회의록 1999. 03. 11.
18) 권수현, 〈호주제는 왜 제17대 국회에서 폐지되었나? 젠더이슈 · 행위자 · 맥락의 상호작용에 의한 입법과정 분석〉, 《입법과 정책》, 국회입법조사처, 제7권 제1호, 2015. 198-199쪽.

할 수 있는 기간도 그 출생을 안 날부터 1년 이내로 하고 있었다.

　그러나 이 규정은 남편과 아내 모두에게 매우 불합리한 면이 있었다. 당시에는 여전히 남편이 혼인외의 자를 처의 동의 없이 처의 친생자로 출생신고를 하는 경우도 있었는데, 이 경우 처는 친생부인의 소를 제기할 수 있는 청구권이 없기 때문에 친생부인 소송을 제기할 수 없게 되는 불합리한 면이 있었다. 결국 출생한 자녀가 법률상 배우자의 친생자가 아닌 경우에 자녀의 지위는 오직 남편만이 결정할 수 있도록 되어 있기 때문에 이는 양성평등에 반하는 것이었다. 이때문에 처에게도 친생부인의 청구권을 인정할 필요가 있었다.

　또한, 남편의 입장에서는 자신의 법률상의 자녀가 친생자가 아닐 경우 그 출생을 안 날로부터 1년 이내에 친생부인의 소를 제기하여야만 진정한 혈족관계를 확정할 수 있었는데 이것 또한 적절하다고 할 수 없었다. 즉 자녀의 출생 후 1년 이상의 기간이 지난 후에 때로는 10여 년 이상의 장기간이 지난 후 이러한 사실을 알게 되었을 경우 친생부인이 가능한지 해석상 명확하지 않을 수 있었다.

　이와 관련하여 헌법재판소는 1997년 당시 민법 제847조 제1항 중 '그 출생을 안 날로부터 1년 내' 부분에 대한 위헌 여부를 심리하였다. 헌법재판소는 친생부인의 소에 관하여 어느 정도의 제척기간을 둘 것인가는 원칙적으로 입법권자의 재량이나 그 제소기간이 지나치게 단기간이거나 불합리하여 부로 하여금 제소를 현저히 곤란하게 하거나 사실상 불가능하게 하여 진실한 혈연관계에 반하는 친자관계를 부인할 수 있는 기회를 극단적으로 제한하는 것이라면 이는 입법재량의 한계를 넘어서는 것이라고 하였다. 특히, 친생부인의 소의 제척기간의 기산점을 단지 그 '출생을 안 날로부터' '1년'이라는 제척기간 그 자체도 그동안에 변화된 사회현실 여건과 혈통을 중시하는 전통관습 등 여러 사정을 고려하면 현저히 짧은 것이어서, 결과적으로 자유로운 의사에 따라 친자관계를 부인하고자 하는 부의 가정생활과 신분관계에서 누려야 할 인격권, 행복추구권 및 개인의 존엄과 양성의 평등에 기초한 혼인과 가족생활에 관한 기본권을 침해하는 것으로 보고 헌법불합치결정을 선고하였다.[19] 이러한 이유로 정부는 정부 개정안에 친생부인의 소의 제기를 청구할 수 있고 제소기간도 출생을 안 날로부터 1년 출생한 날로부터 5년 내로 연장하도록 개정안을 마련하였다.

(3) 가족의 변화와 양자제도의 개정

김대중 대통령 취임 당시 우리 민법의 양자제도는 자를 위한 양자제도로서의 성격보다는 민법 제정 당시부터 배경이 되었던 가문의 대를 잇기 위한 양자제도로 정착되어 있었다. 그 결과 양자는 친생부의 성을 그대로 사용하고 친생부모와의 관계도 완전히 단절되지 않는 형식을 취하고 있었다. 또한 입양사실이 호적에 기재되기 때문에 혈통을 중시하는 우리 국민의 특성으로 입양사실이 공개되는 것을 꺼려하는 많은 양친이 입양신고 대신 허위 친생자 출생신고를 하는 편법을 사용하였고, 이에 대해 판례는 일정한 요건 하에 무효행위의 전환의 법리를 적용하여 입양의 효력을 인정해왔다.[20]

그런데 대통령 취임 즈음 이미 우리 사회는 이혼이 증가함에 따라 재혼도 증가하였고,[21] 전체 혼인가구의 11%가 재혼으로 부부 10쌍 중 1쌍은 재혼부부인 것으로 나타났다. 그런데 재혼 가정이 늘어나면서 자녀의 성문제가 현실적인 문제로 나타나게 되었다. 즉 남성이 자녀를 데리고 재혼할 경우 그 자녀는 부의 성을 따르고 있으므로

---

19) 헌법재판소 1997. 3. 27. 선고 95헌가14,96헌가7(병합) 전원재판부.
20) 대법원 1977. 7. 26. 선고77다492 판결.
21) http://kostat.go.kr : 통계청 보도자료, 2013. 12. 10.

특별한 변화를 경험할 필요가 없으나 여성이 자녀를 데리고 재혼을 할 경우 재혼한 남편이 여성의 자녀를 입양하여도 당시 입양제도에 따르면 자녀의 성은 여전히 전 남편의 성을 따라야 했기 때문에 새아버지와 자녀가 성이 다르고 또한 재혼가정의 자녀들이 성이 달라서 문제가 되었다. 결과적으로 이 문제는 재혼 가정의 아동에게도 그리고 자녀를 데리고 재혼을 결정하는 여성에게도 몹시 불편한 상황을 야기 하였다. 이 문제가 가족관계의 안정을 침해하는 것으로 인식되자 정부는 친양자제도를 신설하여 양친과 양자를 친생자관계로 보아 종전의 친족관계를 종료시키고 양친의 성과 본을 따르도록 하여 자녀를 데리고 재혼하는 여성들이 경험하는 문제를 해결하고자 하였다.

(4) 1998년 가족법 개정안의 의미와 한계

우리나라는 1984년 '여성차별철폐협약'을 비준한 후 1990년에 협약의 성평등 이념에 부합하도록 가족법을 대대적으로 개정하였다. 그 결과 당시 혈족의 범위가 부계 8촌 모계 4촌으로 차등적이던 것을 부계와 모계 모두 8촌으로 평등하게 조정되었고, 호주상속을 폐지하여 호주승계제도로 전환하는 한편 여성의 가사노동을 반영하여 이혼시 부부재산분할제도를 도입하는 등 양성평등한 가족법으로 상당부분 개정되었다.

이와 비교하여 1998년 김대중 대통령 취임 후 제시된 가족법 개정(안)은 부계혈통과 남계혈족을 중심으로 구축되어 있는 가족법이 혼인과 가족생활에서 개인의 자유를 침해하는 것을 탈피하여 가족구성원 개개인의 존엄과 평등을 추구하는 방향에서 제안되었다. 친생부인의 소를 남편뿐만 아니라 처도 제기할 수 있도록 하는 것은 이러한 방향을 보여주는 단적인 예시로 볼 수 있다. 또한, 친양자제도 도입을 개정(안)에 포함시킨 것은 입양제도가 가문을 위한 것이 아니라 입양되는 아동의 복지를 우선적으로 고려하는 방향을 가족법에서 받아들인 것으로 가족제도에 대한 거대한 전환을 꾀한 것으로 볼 수 있다.

특히 재혼 가정의 성과 본 변경과 관련하여 친양자제도를 도입하고자 한 것과 같이 경제적 위기와 여성의 의식변화와 더불어 나타나기 시작한 혼인과 이혼 그리고 그 결과로 나타나는 가족의 내적 관계 변화를 가족법이 따라가지 못함으로써 발생하는 국민의 생활의 곤란함에 대해 충분히 인식하고 이를 가족법 개정안에 반영하였다는 점에서 높이 평가한다.

그럼에도 불구하고 헌법재판소에서 헌법불합치 결정을 내린 동성동본금혼제를 폐지시키지 못한 것은 당시 국회의 분위기를 잘 보여주는 것이나. 이러한 보수적인 사회분위기로 김대중 정부는 호주세 폐지 공약을 민법 개정안에 포함시키지 않았다. 또한 이혼 이후 여성에게만 적용되었던 6개월간 재혼금지 기간을 삭제하는 것도 논의 되었으나 이는 사회적 합의 과정이 더 필요하다고 판단하여 1998년 정부 개정안에는 포함시키지 않았다. 이에 대하여 여성계는 강력한 반발을 표시하였다.[22] 그러나 당시 동성동본금혼제 폐지에 대하여 당시 여당 의원들조차 부정적인 입장을 표하고 있던 상황을 고려할 때, 정부의 민법개정안이 결코 보수적이라고 평가하기 어렵다.

당시 여성계는 호주제 폐지에 오랫동안 목소리를 내왔고 1999년부터 고 이태영 여사가 기반을 다져온 한국 가정법률상담소와 한국여성단체연합은 호주제 폐지를 위한 시민의 모임 단체 등과 공동으로 호주제 폐지를 위한 공청회를 개최하는 등 더 양성평등한 가족법

---

22) 권수현, 〈호주제는 왜 제17대 국회에서 폐지되었나? 젠더이슈·행위자·맥락의 상호 작용에 의한 입법과정 분석〉. 200쪽.

개정을 위한 노력을 하였다.[23]

　그러나 우리 경제가 가장 어려운 시기에 집권하게 되었던 김대중 정부는 국정운영의 역량을 국가의 경제적 위기를 극복하는데 집중하였음에도 상대적으로 가족의 다양성과 양성평등한 가족관계에 관한 의식은 상당히 높았다고 평가한다. 무엇보다 김대중 정부가 가족제도에서의 이념적 가치질서의 전환을 초기부터 시도할 수 있었던 것은 대통령이 여성에 대한 평등한 가치관을 가지고 있었고 가족에서 여성의 역할과 의미를 적극적인 주체인 동반자로서 인식하고 있었기 때문에 가능하였다고 본다.

3. 2000년대 가족법 개정을 위한 노력

　1) 16대 국회의 시작과 가족법 개정을 위한 시도

　취임 후 제출한 가족법 개정(안)이 재15대 국회에서 통과되지 못하고 2000년 5월 29일 제15대 국회의 임기만료로 자동폐기되자, 정부는 2000년 10월 제16대 국회에서 기존의 민법 개정안을 다시 국회에 제출했다. 제15대 국회 때와 달리 의원들의 법안발의도 이어졌는데 정부 제출안과 내용은 공통이나 친생부인의 소를 제기할 수 있는 원고적격을 부와 모에 이어 자에게 까지 확대하고 친양자제도에서 자녀의 연령제한을 받지 않는 개정(안)이 (최영희 의원 대표발의) 2000년 11월 28일 발의 되었다. 2001년 6월 21일에는 남녀차별적인 부가입적 제도를 개선하는 내용의 개정안이 한나라당 안영근 의원이 대표 발의하였다. 2001년 6월 26일에는 법제사법위원회의 심

---

23) 한국가정법률상담소 50년사, 288쪽

의가 시작되었는데 법제사법위원회는 동성동본금혼제에 대해 "국민들 사이에 첨예한 견해의 대립이 있고 공청회 등의 의견수렴이 필요하다."는[24) 이유로 다시 공청회를 개최했다. 공청회에서 나타난 여성단체와 유림단체의 상반되는 입장은 제15대 국회 때와 동일하게 유지되었다.[25) 다만 한 가지 변화된 것은 보수정당인 한나라당과 자유민주연합 소속 의원들은 여전히 동성동본금혼제를 비롯해 여성의 재혼금지기간, 친양자제도 등에 반대했지만 상대적으로 진보적인 새천년민주당 소속 의원들 중에 민법 개정안을 지지하는 의원들이 나타났다는 것이다.

당시 새천년민주당 송영길 의원은 "우리나라 상당수 남성들이 자기가 여성과 결합을 해서 아이만 낳아 놓고는 씨를 뿌려놨다는 사실하나 때문에 아이도 책임지지 않고 여자를 착취하고 그 여성의 노동력에 의존해 아무런 책임도 지지 않은 행위들이 수없이 보여"지며, "헌법재판소 결정에 의해 이미 효력이 상실된 법안을 국회가 개정하지 않는 것은 국회가 헌법을 위반하는 것"[26) 이라며 가족법 개정의 필요성을 강조했다. 그러나 법제사법위원회는 보수정당 소속 의원들이 다수를 차지하고 있었기 때문에 당시 여당인 새천년민주당 일부 의원들의 찬성만으로는 가족법 개정안을 통과시킬 수 없었다.

2) 호주제 폐지운동과 가족법 개정
(1) 호주제폐지를 위한 이론적 근거의 제공
언급한 바와 같이 김대중 대통령의 취임 후 처음 제출된 가족법

---

24) 제222회 국회 제5차 법제사법위원회 회의록(2001. 06. 26.)
25) 권수현, 〈호주제는 왜 제17대 국회에서 폐지되었나? 젠더이슈·행위자·맥락의 상호작용에 의한 입법과정 분석〉 202쪽
26) 제228회 국회 제1차 법제사법위원회 회의록 2002. 03. 07.

개정(안)은 1997년 헌법재판소에서 헌법불합치 결정을 받은 동성동 본금혼제 폐지가 주된 이슈였다. 반면에 호주제도는 분명히 폐지되 어야 한다는 입장이 점차 설득력을 확장해 가고 있었지만 당시의 보 수적인 사회적 분위기 때문에 공약사항이었던 호주제 폐지를 가족법 개정(안)에 포함시키지 못하였다. 그러나 제16대 국회가 되면서 호 주제 폐지는 본격적인 가족법 개정의 중심의제가 되었다.

이와같이 16대 국회는 호주제 폐지를 가족법의 중요 의제로 인식 하고 움직일 수 있었던 배경은 김대중 정부의 출발 즈음부터 호주제 도 폐지를 위한 이론적 근거에 대한 연구와 그 내용을 알리는 활동이 다양하게 확장되었다는 것을 들 수 있다. 먼저 1999년 4월 26일에 는 한국여성단체연합, 한국가정법률상담소, 대한여한의사회, 및 호 주제폐지를 위한 시민의 모임이 주관하여 프레스센터 19층 기자회 견장에서 '현행 호주제도의 문제점과 대안 마련을 위한 토론회'가 개 최되었다. 여기서는 호주제 규정의 문제점을 가지고 친족 상속법 연 구자인 김주수 교수가 주제발표를 하였고, 호주제로 인한 피해사례 에 대해 가정법률상담소의 박소현 상담위원의 소개가 있었다.

호주제도는 1990년 가족법 개정에서도 강제적인 호주상속제도를 임의적인 호주승계제도로 변모하여 그 명맥을 유지하였다. 구체적으 로 1990년 개정된 가족법은 개정 이전에 호주에게 인정되었던 모든 권리를 삭제하고 가봉자거가加捧者去家에 대한 동의권(민법 제784조 2 항)과 명목적 친족회에 관한 권리(제966조, 968조, 969조, 972조)와 폐 가권廢家權(제793조, 제794조)만을 호주권의 내용으로 남겨 놓았다. 때 문에 1990년 호주제도에 대한 개정은 혼주제도의 존치론자와 폐지 론자의 타협의 결과였고 호주제도는 사실상 공허한 제도로 되고 말 았다는 평가가 있었다. 그러나 위 토론회에서 박소현 상담위원은 ① 호주승계와 관련한 남아선호 문제, ②이혼가정 자녀의 호적문제, ③

이혼가정 자녀의 성(姓) 문제 ④ 혼인 외 자의 입적문제를 중심으로 사례를 소개하여 호주제도가 여전히 국민의 생활에 피해를 줄 수 있는 제도임을 입증하였다.

특히 이 시기에는 호주제 폐지의 정당성을 확보하기 위하여 국민의식 조사에 관한 연구가 이루어졌다. 2000년 대통령직속 여성특별위원회의 지원으로 한국여성개발원이 전국의 성인 남녀 3,107명(남성 775명, 여성 2,332명)을 대상으로 실시한 '21세기 여성정책에 대한 국민의식조사'의 호주제와 관련한 분석을 실시했다.[27] 이에 따르면 남편이 세상을 떠난 후 호주가 될 수 있는 사람은 일차적으로 아들이고, 다음으로 손자, 딸, 아내의 순으로 되어 있는 현행 호주제도에 대하여 남성의 48.7%와 여성의 67.2%가 호주승계의 순서는 '연장자순'으로 되어야 한다고 답하였고, 이혼 후 자녀의 입적에 대해 '엄마든 아빠든 아이를 맡아 키우는 사람의 호적에 올릴 수 있어야 한다'는 의견은 남성 65.9%, 여성 80.6%, 다음으로 '누가 키우든 아버지 호적에 올려야 한다'는 입장은 남성의 34.1%, 여성의 19.4%에 불과하였다.

또한, 2001년에는 여성부의 의뢰로 서울대학교 법학연구소에서 실시한 일반 성인 남녀 2,006명을 대상으로 한 국민의식조사를 진행하였는데 결과는 다음과 같았다.[28] 호주승계순서와 관련하여 '연장자인 아내가 아들(손자), 딸보다 우선하여야 한다'는 견해가 74.3%를 차지하였으며, 현재의 제도가 당연하다는 응답은 전체의 24.1%에 불과하였다. 남편이 아내가 아닌 다른 여자에게서 낳아 온 아들이 있을 경우 아내가 낳은 딸보다 연령에 관계없이 호주승계에서 우선

---

27) 김양희 등, 〈21세기 여성정책에 대한 국민의식조사 연구〉, 한국여성개발원,2000, .30~49쪽.
28) 최대권 등, 〈호주제 개선방안에 관한 조사연구〉, 여성부, (2001),55~144쪽. 참조

하는 데 대하여는 전체의 19%만이 '정당하다'고 응답하였고, 81%는 '정당하지 않다'고 응답하였다. 또한, 호주제가 없어지면 가족의 붕괴가 심화될 것이라는 의견에 대하여 응답자의 71.9%가 '호주제가 없어진다고 가족의 붕괴가 심화되는 것은 아니다'고 하였다.

(2) 호주제 폐지에 대한 국회의 입장

이어 2000년에는 국회 여성특별위원회 전문 위원실에서 '호주제 폐지 관련 논의 및 추진방향'에 대한 보고서를 발표했으며 2002년에는 한국가정법률상담소가 국회여성위원회의 발주로 '호주제 폐지 전략과 호주제 폐지에 대비한 대안 연구'를 주제로 과제를 수행하여 호주제폐지의 당위성과 전략 그리고 호주제 폐지 이후 가족제도 개선방안 등을 연구하였다. 한편, 여성부 발주로 서울대학교 법학연구소에서도 '호주제 개선방안에 관한 조사연구'를 진행하였는데 여기에서 호주제도에 대한 위헌제청과 관련 호주제의 내용과 폐해, 호주제의 위헌성, 호주제 폐지 반대론에 대한 의견이 담겨 있었다. 이 의견서가 2005년 호주제도에 대한 헌법불합치 결정을[29] 이끌어내는데 이론적인 근거를 제공하였다. 이를 통하여 호주제 폐지에 관한 국회와 정부의 논의가 적극적으로 전개되기 시작했음을 짐작할 수 있다.[30]

2002년 3월 7일, 국회법 개정으로 상임위원회가 된 여성위원회 (위원장 한나라당 임진출)에서는 세부적인 내용에 있어 의견 차이가 있었지만 남녀의원 모두 민법 개정안의 전체적인 방향에 대해서는 찬

---

29) 헌법재판소 2005. 2. 3. 선고 2001헌가9,10,11,12,13,14,15,2004헌가5(병합) 전원 재판부
30) 김영정/김성회, 《여성가족정책사 현장 재조명: 호주제 폐지 운동을 중심으로 본 가족 이슈 변화와 방향》, 서울시여성가족재단, 2018 21쪽.

성입장을 밝혔다. 당시 여성위원회는 호주제 폐지에 찬성하지만 호주제 폐지 이후 신설될 신분등록제에 대한 신중하게 검토할 것과 부성강제 조항 폐지와 모의 성을 따를 수 있도록 한 것에 대해서는 양성평등과 부계 혈통주의 완화, 자녀의 복리를 위해 바람직하다는 입장을 밝혔다. 또한 가족의 범위에 대해서는 정부안("부부, 그와 생계를 같이하는 직계혈족 및 그 배우자, 부부와 생계를 같이 하는 그 형제자매")이 가족의 범위를 확대했다는 점에서 긍정적이나 "생계를 같이 하는"이라는 규정이 해석에 따라 가족의 범위가 달라지고 부부와 자녀가 있는 가족을 최소단위의 정상가족으로 봄으로써 현실에 존재하는 다양한 가족형태를 가족의 범주에서 제외시키는 문제점이 있다며 가족 범위는 개별 법률의 취지에 맞게 규정하는 것이 타당하다는 지적을 고려해 줄 것을 요청했다.31) 여성위원회의 이러한 입장은 부계혈족의 계보를 중심으로 구성된 호주제도에 따라 혼인과 혈연으로 구성된 제한된 범위만을 가족으로 인정하는 입장이 현대 사회에서 맞이하게 될 가족기능 한계와 그에 따른 파생문제를 파악하여 직시한 것으로 한국사회의 변화에서 호주제도 폐지의 의미를 국회에서도 인정하는 것이었다.

(3) 호주제폐지에서 시민사회와 언론의 역할

이처럼 호주제 폐지의 당위성과 폐지 이후의 대안에 대한 제시까지 이론적인 배경이 제시되면서 동시에 여성운동 진영은 개별적으로 진행했던 가족법 개정운동을 조직적으로 전개하는 것으로 전략을 바꾸었다. 2000년 9월 22일, 여성단체를 비롯해 호주제 폐지에 찬성

---

31) 제243회 국회 제8차여성위원회 회의록 (2003.11.21. 참조) : 권수현, 호주제는 왜 제17대 국회에서 폐지되었나? 젠더이슈·행위자·맥락의 상호작용에 의한 입법과정 분석〉, 203면, 각주 21) 재인용.

하는 다양한 시민·사회단체들 130여 개와 '호주제 폐지를 위한 시민연대(이하 '시민연대')'를 발족하고 26,156명의 서명이 담긴 '호주제 폐지' 청원을 국회에 제출했다.

호주제 폐지를 위한 시민연대는 발족과 동시에 국회 청원과 거리 서명운동을 전개하였다. 그리고 위헌소송 제기, 문화행사, 국회의원 설문조사, 국민의식조사와 연구, 토론회, 유명인사 홍보대사 위촉 등 그 동안 여성운동에서 사용했던 모든 방법들을 다 동원하여 움직였다. 특히 호주를 폐지하기 위해선 여성만으로는 안 되며, 남성들이 동참을 해야 된다는 것을 인식하고 이를 위하여 남성들도 동참하게 하도록 조직하였다. 또한 단체별로 국회의원실을 다 돌아다니면서, 호주제 폐지 찬성이냐 반대냐 이거를 다 물어보는 등 다양한 방법으로 의원들을 설득과 압박하는 역할을 하였다.[32]

또한 제16대 대통령 선거를 앞두고 '대선여성연대'를 결성해 호주제 폐지에 대한 대통령 후보자들의 입장을 밝힐 것을 요구하면서 대통령 후보자들을 압박했다. 그러나 당시 대통령 후보는 각각 입장이 다소 차이를 보였는데, 여당의 노무현 후보는 호주제 폐지를 전제로 호주제 폐지 이후에 대안적 호적편제와 성씨선택 문제를 민간과 논의하겠다고 밝혔다(한겨레 2002.11.17.). 반면, 이회창 후보는 "당장의 폐지는 어렵고 우선 친양자제도(새아버지의 성을 따를 수 있도록 하는 제도)를 도입하고, 호주승계 순위를 조정하겠다(유니온프레스 2002.10. 30.)"는 소극적인 입장을 밝혔다.

특히 이 당시 호주제도 폐지에서 언론의 역할은 매우 중요하였다. 2000년에는 여성운동계와 여성신문사가 함께 호주제 폐지 운동을 추진했고 이 과정에서 여성 기자들의 노력이 큰 역할을 하였다. 당시

---

32) 김영정/김성회,《여성가족정책사 현장 재조명: 호주제 폐지 운동을 중심으로 본 가족 이슈 변화와 방향》55쪽.

여기자들의 의식수준은 상당히 높았고, 양성평등에 관해서는 여성부나 여성신문이 가지고 있던 입장과 다르지 않았기 때문에 각기 자기 소속의 언론사 내에서도 이를 기사화하고 확산하고 이런 역할을 하였다.[33]

(4) 호주제 폐지를 위한 법률적 접근

이처럼 이론적인 연구를 통한 논거의 마련 시민사회와 언론의 참여와 국회에 대한 압박 등 다양한 방법이 진행되는 과정에서 호주제를 법률적으로 폐지시키는 방식도 시도되었다. 2000년 7월에는 호주제 위헌소송 원고인단을 모집했고 11월에는 호주제 폐지를 위한 시민연대가 호주제 폐지를 위한 위헌소송 기자회견을 하고 신청인 15명이 서울 본적지 관할 구청에 호주 변경 신고 및 이혼여성이 자녀와 한 호적을 갖게 해달라는 입적신고를 했으나 이를 받아들이지 않은 구청의 처분에 대한 불복신청을 서울가정법원 및 서울지방법원 각 지원에 접수하였다. 그러나 같은 해 12월 서울 가정법원은 불복신청을 기각했고, 2001년 4월에 이르러 서울지방법원 북부지원 양승태 지원장과 서울지방법원 서부지원 안성회 지원장이 호주제 관련 조항에 대해 헌법재판소에 위헌심판을 신청하여 비로소 호주제도에 대한 헌법재판이 시작되게 되었다.

정부도 제16대 국회가 구성되면서 2000년 10월 16일 정부는 동성동본금혼제도 폐지와 친양자제도 신설 내용이 포함된 가족법 개정안을 제출하였다. 그러나 사실상 변화는 없었고, 이어 2003년 11월 6일 본격적으로 호주제폐지와 부성승계원칙 및 성불변원칙을 완화하여 부부가 혼인신고 시 부부협의로 모의 성과 본 승계가 가능하도

---

33) 김영정/김성회, 《여성가족정책사 현장 재조명: 호주제 폐지 운동을 중심으로 본 가족 이슈 변화와 방향》 54쪽.

록 하고, 자의 복리를 위하는 경우 법원허가로 자의 성과 본 변경 가능하게 하는 것을 골자로 하는 가족법 개정안을 16대 국회에 제출 하였으나 결국 제16대 국회 회기만료로 법안은 폐기되었다.

3) 국적과 준거법에서의 평등

2001년에는 1962년 제정된 후 거의 실질적인 내용의 개정이 없이 유지되었던 '섭외사법'이 법명부터 '국제사법'으로 개정되었다. 이는 당시 '섭외사법'이 제정 후 변화하는 국제질서를 반영하지 못하고 국제사법 분야의 이론적 성과를 반영하지도 못하는 한계를 나타내 이를 극복하고 변화하는 국제질서에 부합하도록 개정된 것이다. 특히 이때 개정을 통하여 그동안 부夫 또는 부父 단독의 본국법이 준거법이 되는 것으로 정하여졌던 것을 변경하여 비로소 부부 공통의 본국법이나 상거소지법 등을 준거법으로 지정할 수 있게 되어 비로소 양성평등 원칙이 구현되게 되었다.

4. 가족법 개정을 위한 노력과 성평등에의 영향

1998년부터 시작된 김대중 대통령의 재임기간 동안 가족법의 개정안은 결국 국회를 통과하지 못하였다. 실질적으로 가족법 개정의 결과는 이어지는 노무현 대통령 재임 중에 이루어졌다. 당시 노무현 정부는 2003년 2월 대통령직인수위, 호주제폐지를 '12대 국정과제'로 선정했고, 특히 법무부가 호주제도가 시대변화 부합하지 못한다는 의견서를 2003년 11월, 헌법재판소에 제출하여 호주제도의 헌법 불합치 결정을 내리는 데 일조하였다. 결국 2005년 2월 3일에 이르러 헌법재판소가 헌법불합치 결정을 내리고(헌법재판소 2005. 2. 3,

2001헌가9 [전원재판부]) 동시에 동성동본금혼제 폐지 및 이혼 후 여성의 6개월의 재가금지, 친생부인의 소에서 부夫뿐만 아니라 모母에게도 원고적격을 인정하는 방향으로 가족법의 개정이 이루어졌다.

그러나 가족법 개정안이 국회를 통과하지 못하였다는 결론만으로 김대중 정부에서 있었던 가족법 개정에 대한 다양한 활동의 의미를 축소시킬 수는 없을 것이다. 특히 이 시기 동안 가족법 개정안에 대한 국민과 국회의원들의 인식의 변화는 다양한 측면을 가지고 있다. 김대중 대통령의 재임기간 동안 국회에 제출된 가족법 개정안의 가장 핵심은 동성동본금혼제와 호주제도 폐지로 요약할 수 있다.

이 두 제도를 둘러싼 국회의원과 시민들의 반응은 전통에 대한 의미, 가부장제도의 존속 가능성 및 가족에 대한 국민들의 인식을 보여주는 상징적인 의미를 가진다. 대통령 취임 전에 이미 헌법불합치 결정을 받은 동성동본금혼제 폐지는 사실상 너무도 당연하게 수용되어야 하는 것임에도 불구하고 이에 대한 당시 여당과 야당 의원들이 모두 반대하는 입장을 보였다는 것은 국회 자체가 가지는 남성중심의 가부장적인 특성을 그대로 보여주는 것이었다. 특히 대통령의 공약사항이었던 호주제도의 폐지를 1998년 제출한 민법개정안에 내용으로 포함시키지 못한 것은 당시의 사회적 분위기를 그대로 반영한 것이다.

그러나 이러한 보수적인 현실에도 불구하고 호주제도 폐지를 위한 활동에서 학계, 시민사회, 언론 그리고 법조계가 각각 자신들의 위치에서 보여준 모습은 그 어느 시기에도 볼 수 없었던 역동적인 것이었다. 특히 시민사회를 중심으로 연대와 조직적인 역할분담을 통한 대국민적인 활동은 호주제도에 대한 국민 인식과 국회의원들의 인식의 변화까지도 유도하는데 큰 기여를 했다고 본다.

이것이 가능할 수 있었던 것은 여러 가지 원인이 작동했을 것이다.

그러나 반론의 여지없이 무엇보다 당시 대통령의 여성과 가족에 대한 인식이 중요한 요인이었다고 본다. 배우자와의 관계에서 그 시대의 누구보다 평등한 관계였던 대통령의 입장에서 남계혈통의 계보를 중심으로 하는 동성동본금혼제도나 호주제도가 가지고 있는 성 불평등한 요인은 받들어야 할 전통보다는 극복해야 할 불평등의 상징으로 이해될 수밖에 없었던 제도였을 것이다.

또한 김대중 대통령은 누구보다 토론과 이를 통한 시민의 자율적 민주주의의 정착에 신념과 확신을 가지고 있었기 때문에 그 이전의 어느 대통령들 보다 시민사회의 역할에 대한 기대가 있었고 열린 입장을 취하였다. 또한 시민사회 역시 이러한 기대를 토대로 호주제 폐지 운동에서 최대한의 역량을 나타내었다고 본다.

나아가 배우자와의 관계에서 대통령이 보여준 평등한 자세는 당시 국민인 여성들에게도 많은 영향을 끼쳤다고 본다. 당시 한국사회의 여성에 대한 교육은 이미 상당한 수준까지 높아져 있었다. 그러나 가부장적인 가족제도는 여전히 여성들의 자유와 평등을 저해하는 요소임이 분명함에도 개선되지 않고 있었으며 결국 여성들의 높아진 평등의식과 비교하여 이를 따라오지 못하는 남성들과의 관계가 이혼에 대한 증가 등 여러 사회 현상을 유발하는 요인이 되었다.

이러한 현실에서 대통령이 배우자와의 관계에서의 평등은 여성들에게 더 많은 자각을 하도록 했다고 본다. 이것이 배경이 되어 여성들은 가부장적 가족개념에 문제제기를 시작하며 평등한 가족관계를 요구하는 것에 대외적으로 그 목소리를 본격적으로 표출하기 시작했다. 동성동본금혼제와 호주제도 폐지를 위한 시민사회의 활동이 더 힘을 가질 수 있었던 것은 여성들의 인식변화가 배경으로 함께했기 때문이었다.

그럼에도 불구하고 당시의 보수적이었던 남성 의원들과 국민들의

생각은 결국 동성동본금혼제와 호주제 폐지가 포함된 가족법 개정안
어느 것도 국회의 문턱을 넘을 수 없었다. 그러나 이 시기의 준비
작업이 있었기 때문에 이어지는 노무현 대통령에 시기까지 이어질
수 있었다고 본다.

햇볕정책으로

여성 · 평화 · 통일정책의 싹을 틔우다

김정수 (평화를만드는여성회 상임대표)

들어가기

여성평화통일운동에 몸담아온 여성들에게 평화통일에 대한 김대중 정부의 여성정책을 환기하면 크게 두 가지가 떠오른다. 하나는 2000년 6월 15일 평양에서 열린 남북정상회담에 여성계를 대표하여 장상 전 이화여대 총장이 참석한 것이고, 다른 하나는 2002년 10월 금강산에서 남북여성 약 700명이 모여 개최한 '6.15공동선언 실천을 위한 남북여성통일대회'이다.

2000년 6월 15일 열린 남북정상회담은 분단 후 최초로 남과 북의 정상이 만나 남북의 화해와 협력, 통일의 문을 함께 열기로 약속한 '6.15 남북공동선언'을 발표하여 국민에게 커다란 감동과 희망을 안

겼다. 그렇지만 여성계에서는 대통령과 함께 평양을 방문하는 특별수행원 중 여성이 단 한 명뿐이었다는 데 매우 실망했다. 그도 그럴 것이 최초의 남북정상회담을 앞두고 약 보름 전인 5월 29일 한국여성단체연합, 평화를만드는여성회, 흥사단여성위원회, 한국YWCA 등 여성계가 발표한 '남북정상과 국민들에게 드리는 건의문'에서 "남북정상회담과 후속과정 등 통일과정에 시민사회 특별히 여성 대표성 30%까지 참여할 수 있는 제도적 장치 마련"[1]을 건의했지만, 정작 남북정상회담에의 여성 참여는 거의 이뤄지지 않았기 때문이다. 여성계의 건의는 이후 한반도 평화과정에 여성참여 확대를 요구하는 정책제안으로 발전되었다.

두 번째 떠올린 2002년 10월의 '6.15공동선언 실천을 위한 남북여성통일대회'(이하 '남북여성통일대회')는 분단 이후 이뤄진 최대의 남북여성행사로, 남과 북의 여성 700여 명이 2박 3일 동안 금강산 김정숙 휴양소에 모여 개막식, 토론회, 부문별 상봉모임, 연회, 오락유희, 미술서예 작품 관람, 금강산 등반, 폐막식을 함께 하면서 서로를 이해할 수 있는 뜻깊은 기회를 가질 수 있었다. 남북여성통일대회는 6.15남북정상회담과 남북정부의 협력과 지원이 없었다면 불가능했을 역사적 행사였다.

그렇다면, 2000년 남북정상회담과 2002년 남북여성통일대회는 김대중 정부 평화통일 분야 여성정책과 어떻게 연결되어 있는가? 혹은 정부의 모든 정책과 분야에서 성주류화와 여성참여 확대를 지향한 김대중 정부 여성정책은 평화통일 분야 여성참여나 민간에서 진행된 남북여성교류에 어떤 영향을 주었나?

김대중 정부의 여성정책 중 평화통일 부문을 정리하고 평가하기

---

1) 평화를만드는여성회, 《2003년 총회자료집》, 190-191쪽.

위해서는 다음과 같은 점에 주목할 필요가 있다. 첫째 김대중 대통령
의 통일정책인 대북포용정책 혹은 화해협력정책에 대한 개괄적 이
해, 둘째, 김대중 정부 시기의 평화통일 분야 여성정책이 전임 김영
삼 정부 시기와 어떻게 다른지에 대한 파악, 셋째, 여성정책 중 평화
통일 부문이 어떻게 자리매김되고 전개되었는지에 대한 이해, 넷째,
김대중 정부 평화통일 분야 여성정책이 여성평화통일운동에 어떻게
영향을 주었는지, 그리고 여성평화통일운동은 김대중 정부 평화통일
분야 여성정책에 어떻게 대응 또는 협력했는지 등에 대해 서술하고
평가하는 것 등이다.

1. 김대중 대통령의 대북화해협력정책: '햇볕정책'

> "나와 우리 가족이 살아남은 것은 다행이지만, 한국전쟁이 뼈에 사무
> 쳐 왔다. 무엇 때문에 싸워야 하고, 무엇을 위하여 죽어야 하는가? 전황
> 이 바뀔 때 마다 동족을 죽이는 살육전이 되풀이되었다. (중략) 그때 나는
> 전쟁을 보았다. (중략) 그래서 평생 민족의 화해와 전쟁이 없는 세상을
> 꿈꾸며 살았다."[2]

> "회담에서 고비도 여러 차례 있었다. 포기하고 싶었지만 그때마다 민
> 족을 생각했다. 나는 젖 먹던 힘까지 모두 쏟아 부었다. 모든 힘을 풀어
> 최선을 다했다. 내 평생 가장 긴 날이었고, 가장 무거운 짐을 어깨에 진
> 날이었다. 가장 보람을 느낀 날이다."[3]

---

2) 김대중, 《김대중 자서전》 1, (서울: 삼인, 2010), 82쪽.
3) 김대중, 《김대중 자서전》 2, (서울: 삼인, 2010), 304쪽.

'햇볕정책(The Sunshine Policy)'으로 더 많이 알려진 김대중 대통령 대북정책의 정식 명칭은 '대북화해협력정책(학술적으로는 포용정책, Engagement Policy)'이다. 김대중 정부에서 통일부 장관과 국가정보원 원장을 역임하고 '햇볕정책의 전도사'라 불리는 임동원은 김대중 통일철학을 "분단을 극복하고 통일을 이룩하기 위해, 우선 냉전을 끝내고 평화를 만들어야 하며, 남북이 서로 인정하고 화해·협력하는 데서 출발해야" 한다는 것으로 요약된다고 하면서, "평화주의 사상에 기초하여 이상과 현실을 조화시킨" 것으로 평가했다.[4]

김대중 대통령은 1970년 단계적 통일에 대한 인식을 처음으로 드러낸 이래, 지속적으로 발전시켜 마침내 1995년 '3단계 통일론'을 완성했다.[5] 그의 통일철학과 통일론은 1960년대 이래 30년간의 역사적 상황에 적용·변모해가는 과정을 거치면서 형성·발전된 것이다. 특히 1990년내 초 공산권의 붕괴, 독일 통일, 냉전 종식, 그리고 1991년 12월 13일 '남북 사이의 화해와 불가침 및 교류·협력에 관한 합의서'가 채택되는 것을 목격하면서 국제정세의 지각변동이라는 새로운 정세에 부응하여 1995년 '3단계 통일론(연합→연방→완전통일)'을 완성했다. 그는 통일 이전의 남북연합 단계에서는 남북이 수행해야 할 과업으로 사회·문화·경제 등 다방면의 교류·협력을 통해 정치·군사 통합도 가능할 수 있다는 기능주의적 접근을 제시했다. 이러한 내용은 집권 후 전개한 대북정책의 기초를 제공했다.

그는 1998년 2월 25일 대통령 취임식에서 대북정책 3대 원칙을

---

4) 임동원, "김대중의 통일철학과 햇볕정책", 한반도평화포럼 편, 《통일은 과정이다》, (서울: 서해문집, 2015), 16쪽.
5) 김대중 대통령의 3단계 통일론은 《김대중 자서전》 1, 273-282쪽, 백학순, "햇볕정책: 한반도 평화·통일·번영의 대전략", 《김대중의 사상과 정치: 평화·민주주의·화해·협력》 1, (서울: 연세대학교 출판문화원, 2023), 15-32쪽; 장신기, 《성공한 대통령_김대중과 현대사》, (서울: 시대의 창, 2021), 460-472쪽 등 참조.

제시했다. 그것은 첫째 '어떠한 무력도발도 결코 용납하지 않겠다', 둘째, '남한은 북한을 흡수통일할 생각이 없다', 셋째 '대북화해협력을 적극 추진해 나가겠다'는 것이다. 확고한 안보태세를 유지하면서 남북관계를 발전시켜 나가겠다는 것이었다.

김대중의 취임사에 나타난 대북 인식은 전임 김영삼 정부 시기 대세를 이루던 '북한 붕괴론('급변사태론' 혹은 '붕괴 임박론')'과 매우 다르다. 정치인 김대중은 이미 1960년대부터 북한을 적敵이라기보다 평화와 통일의 동반자로 인식하고 있었다.6) 동유럽 공산권이 붕괴하던 1990년대 초중반에는 북한도 동유럽의 루마니아가 급격히 붕괴된 것처럼 곧 무너질 것이라는 전망이 우세했다. 그러나 김대중은 북한은 동구권과 달리 중국이나 베트남처럼 개방·개혁의 아시아 모델을 본받아 전반적인 변화를 이루게 될 것으로 전망하였다.7) 이런 확신에서 김대중 대통령은 집권 후 김영삼 대통령의 '붕괴 임박론'을 부정하고 '점진적 변화론'의 시각에서 대북정책을 추진한 것이다.

그는 대북정책의 목표를 '사실상(de facto)의 통일 상황' 실현에 역점을 뒀다. 화해와 협력을 통해 북한이 변화(개방과 시장경제개혁)할 수 있는 여건을 조성하고, 평화를 만들어 남과 북이 서로 돕고 나누는 '사실상의 통일 상황'을 실현하는 데 역점을 둔 것이다. 그런 의미에서 '화해−협력−변화−평화'라는 4개 개념은 햇볕정책을 대표하는 키워드라 할 수 있다.

김대중 대통령은 적극적인 대북화해협력정책으로 북한에 접근하여 2000년 6월 평양에서 남북정상회담을 성사시킬 수 있었다. 남북정상회담 이후 김대중 정부는 '사실상의 통일 상황' 실현을 위해 노력했다. 본격적으로 사회, 문화, 체육 분야 접촉과 이산가족 상봉, 인도

---

6) 임동원, 《통일은 과정이다》, 23쪽.
7) 임동원, 《통일은 과정이다》, 22쪽.

적 지원 등 교류·협력을 추진했다. 그 결과 남북왕래가 이 전에 비해 약 146배 이상 증가하였다. 1953년 휴전부터 김대중 정부 출범 이전까지 44년간 약 3,000여 명이 왕래했다면, 김대중 정부부터 노무현 정부에 이르기까지 10년 동안 약 440,000명이 남북을 오갔다.[8]

2. 햇볕정책의 적극적 평화, 그리고 '여성·평화·통일정책'[9]

1) 적극적 평화와 여성 분야 평화통일정책

김대중 대통령과 국민의 정부가 추진한 대북화해협력과 햇볕정책의 성격을 요약하자면 북한과 협력하는 데서 첫째, 선이후난先易後難(쉬운 것을 먼저 하고 어려운 것은 나중에 한다), 둘째, 선민후관先民後官(정부가 대화가 되지 않더라도 민간 접촉부터 시작한다), 셋째, 선경후정先經後政(정치적 접근보다는 경제적 접근을 먼저 추진한다), 넷째 선공후득先供後得(먼저 주고 후에 받는다)는 특징을 지니고 있었다.[10]

이러한 특징에서 나타난 것은 김대중 대통령의 대북화해협력정책이 추구한 평화가 소극적 평화가 아닌 적극적 평화라는 점이다. 그는 햇볕정책을 통해 "전쟁억지라는 소극적 평화를 넘어, 불가침 합의와 교류·협력의 상호의존성이 깊어지는 가운데 평화를 정착해 가는 적극적 평화를 실현"[11]시키고자 했다. 백학순은 이에 더해 햇볕정책의

---

8) 임동원, 《통일은 과정이다》, 24쪽.
9) '여성·평화·통일정책'이란 표현은 개념화된 것은 아니며 글쓴이가 김대중 대통령의 햇볕정책 내 여성 분야 정책 실행, 여성정책 내 평화통일 분야 정책 실행을 합해 설명하기 위해 임의적으로 만든 조어적 성격을 지닌다.
10) 임동원, 《피스메이커: 남북관계와 북핵문제 20년》, 423쪽, 백학순, 《김대중의 사상과 정치: 평화·민주주의·화해·협력》, 57쪽에서 재인용.
11) 김대중, "한반도 냉전종식과 평화정착을 위한 한·미협력" 143쪽, 백학순, 《김대중의 사상과 정치: 평화·민주주의·화해·협력》, 34쪽에서 재인용.

공헌으로 "남한사회에서 '화해·협력 세력의 확장'을 가져왔다. … 이 확장된 화해·협력 세력은 햇볕정책 추진과 이행의 주요 국내환경적 요소가 됐다."고 평가했다.[12]

햇볕정책의 특징들, 즉 '사실상의 통일'을 이룩하기 위해 남북 사이에 합의하기 쉬운 것부터 협력하는 것, 남북 정부가 어려울 때 '민간 접촉'부터 먼저 시도하도록 지원한 것, 그리고 적극적 평화를 지향한 점 등은 김대중 정부가 남북여성교류에 지원하고 여성평화통일교육을 확대하며 여성평화통일 관련 단체와 적극적으로 협력하였던 점에서도 확인된다. 김대중 정부 하 여성부는 진보적 여성운동계가 주축이 되어 1991-1993년 동경-서울-평양-동경에서 4차례 개최한 '아세아의 평화와 여성의 역할 토론회'에 대해 남북의 교류협력 과정에서 중요하게 기여한 사건으로 평가했다.[13] 여성계뿐 아니라 전체 교류·협력에서 중요한 의미였다는 것이다. 이런 경험은 1998년 정부 출범 이후 여성특별위원회를 통해 여성평화통일단체의 활동을 지원하고, 6.15남북정상회담 이후에는 남북여성교류를 지원하고 협력하는 정책으로 연결된다. 그 결과 김대중 정부 시기 여성평화통일운동과 남북여성교류가 양적으로나 질적으로 성장했고, 이는 이전 정부와 확연히 대비된다.

한편 한국의 여성시민사회는 1995년 제4차 베이징 세계여성대회 참여와 후속 활동을 통해 성주류화(gender mainstreaming), 여성의 인간안보, 평화과정의 여성참여라는 국제여성운동의 의제를 국내적 차원에서 적용하고 여성정책 차원에서도 수용할 것을 요구했다. 김대중 대통령의 대북화해협력정책이 적극적 평화를 지향하였다면, 여성시민사회는 이에 더하여 '인간안보'[14]가 반영된 적극적 평화 정책

---

12) 백학순, 《김대중의 사상과 정치: 평화·민주주의·화해·협력》, 46쪽.
13) 여성부, 2002 《여성백서》, 369쪽.

의 수립을 요구하였고, 평화통일 과정에 '여성의 참여'가 확대되어야 할 것을 요구하였다. 김대중 정부에서 여성평화통일 분야는 햇볕정책의 기조 하에 여성특별위원회와 여성부의 여성통일정책, 그리고 여성시민사회의 여성평화통일운동이 함께 협력하고 조응하는 거버넌스를 통해 동반성장을 이뤘다 할 수 있다.

2) 독일 통일과 김대중 정부 여성 분야 평화통일정책

1990년 10월 3일 급작스럽게 이뤄진 독일 통일은 김대중 정부의 대북정책 수립에 영향을 끼쳤고, 이는 대북정책 내 여성정책 수립에도 상당히 작용하였다. 독일 통일의 결과 혹은 영향에 대해 정부가 어떻게 이해하고 대북정책, 그리고 관련 여성정책으로 반영했는지 《여성백서》를 중심으로 살펴보고자 한다.

위에서도 언급했듯이, 김대중 대통령은 갑작스러운 독일 통일 모델이나 북한 붕괴론이 한반도 통일에 적용될 것으로 생각하지 않았다. 그는 북한의 점진적 변화와 남북의 접근을 통한 대화와 상호이해, 협력과 공동이익 창출을 통해 신뢰를 형성하여 궁극적으로 통일의 길로 나아갈 것으로 전망했다. 그래서 그는 '남북기본합의서'(1991)에서 합의한 대로 남북관계를 "나라와 나라 사이의 관계가 아닌 통일을 지향하는 과정에서 점진적으로 형성되는 특수 관계"로 인정하고 화해와 협력, 그리고 불가침의 평화공존을 지향하는 정책

---

14) 인간안보(human security)는 유엔개발계획(UNDP)의 〈인간개발보고서 1994〉에서 처음 선보인 개념으로, 무력으로써 국토를 지킨다는 전통적 안보 개념을 넘어서, 발전으로써 인간을 지킨다는 새로운 안보 개념으로 제시되었다. 인간안보는 경제 안보, 식량 안보, 건강 안보, 환경 안보, 개인 안전(고문·전쟁·탄압·범죄·젠더폭력·아동학대 등), 공동체 차원의 안전, 정치 안보 등을 포함한다. 조효제, "인간안보를 다시 생각한다", 《한겨레신문》, 2020년 5월 19일 참조. 여성들도 군사주의 중심의 안보를 벗어나 사회, 경제, 환경안보를 포괄하는 인간안보를 공유하기를 기대했다. 2000년 5월 29일 여성계가 발표한 "남북정상회담에 드리는 건의문"은 인간다운 삶이 보장되는 인간안보를 여성주의의 대안개념으로 반영하여 작성되었다.

을 추진한 것이다.[15] 이러한 신념은 "남북관계는 화해협력, 평화정
착에 토대를 두고 발전시켜 나가야 합니다."라고 밝힌 취임사에도
그대로 나타난다.

그렇지만, 남북관계를 점진적으로, 사람과 사람 사이의 만남을 통
한 화해와 협력으로 진전시켜야 할 김대중 정부의 통일부에도 독일
통일에서 동서독 주민들이 겪은 혼란과 갈등 경험은 풀어야 할 커다
란 과제가 되었다. 이러한 문제의식은 2000년 대통령직속 여성특별
위원회(위원장 백경남)와 2001년 여성부(장관 한명숙)에서 발간한《여성
백서》에도 그대로 반영되었다.

> 독일 통일의 역사적 경험은 제도적·법률적 통일은 순식간에 이루어
> 질 수 있지만, 사회·문화통합은 서로 다른 생활세계에서 살아온 사람들
> 이 오랜 시간을 두고 서로를 이해하려는 노력이 있어야 가능하며, 통일의
> 과정에서 상대적으로 미약한 여성의 역할은 통일 이후 실업문제와 같은
> 경제적 고통의 분담을 가장 먼저 여성이 질 수밖에 없음을 보여주었다.
> 남북한 주민은 분단 이전 한민족으로 같은 민족구성원이라는 공동체
> 의식을 강하게 갖고 살아왔다. 그러나 지난 반세기 동안 분단으로 남북한
> 주민들의 가치관과 생활양식이 달라지면서 서로 상대방에 대해 이질감을
> 느낄 수 밖에 없는 측면도 존재하는 것이 현실이다. 이와 같은 이질감의
> 극복은 남북한의 화해·협력과 통일로 가는 과정에서 반드시 해결해야
> 하는 과제일 것이다. 여성 특유의 타인을 배려하며 더불어 사는 자세,
> 섬세하고 부드러운 태도, 평화를 지향하고 다른 사람과 자신의 관계를
> 통해서 자아의 의미를 파악하는 성향 등은 앞으로 남북한 주민이 함께
> 민족의 동질성을 확대하고 더불어 잘 사는 민족공동체를 건설하는 데 있
> 어 큰 역할을 할 것으로 기대된다.[16]

---

15) 임동원,《통일은 과정이다》, 22쪽.

위 백서에서 서술하고 있는 독일 통일의 교훈이 남북한 여성에게 가져올 현실에 대한 전망과 여성의 역할에 대한 요구는 "여성들이 왜 남북화해협력 정책에 참여해야 하는가"에 대한 김대중 정부 통일부와 여성부의 인식을 보여준다. 첫 번째, 서로 다른 체제에서 살아온 두 집단이 만나는 통일의 과정에서 여성들이 가장 큰 피해자가 될 가능성이 있으므로 여성들이 적극적으로 나서 문제를 해결하기 위해 참여해야 한다는 것이다. 둘째, 역시 서로 다른 체제에서 형성된 이질감을 극복하는 데 여성들의 관계 중심적이고 평화 지향적 특성이 이질성 극복과 동질성 회복에 기여할 것으로 기대한 것이다. 이것은 당시 여성부나 통일부가 여성이 이른바 본성적으로 관계 지향적 혹은 평화 지향적이라 인식했다고 이해할 수 있는 지점이다. 이런 인식에 대한 논의는 별도로 필요해 보인다. 그럼에도 당시 여성부와 통일부는 오랫동안 분단되어 정치, 경제, 사회, 문화 등 전혀 다른 체제에서 살아온 남과 북의 주민들이 다시 만났을 때 발생할 수 있는 이질감을 극복하는 데 여성들이 적극적 역할을 해 줄 것을 기대했던 것으로 이해할 수 있다. 그리고 이런 기대가 통일과정에 여성들의 참여를 최대한 확대하는 방향으로 정책적 노력을 기울이도록 했다.

독일 통일과 동독여성 경험에 대한 성찰은 한국의 여성통일운동에도 영향을 끼쳤다. 정현백(문재인 정부 초대 여성가족부 장관)은 독일 통일 직후 동독 지역의 경제위기나 정리해고 과정에서 여성의 절반이 일자리를 상실하고, 탁아소가 자본주의적 경영으로 축소되어 여성들이 육아를 위해 직장을 떠나게 되고, 그 결과 옛 동독 출신 여성들이 전체 독일 자살자의 절대다수를 차지했던 현상을 한국 여성들은 우

---

16) 여성부, 2001 《여성백서》, 340-341쪽.

려스러운 시선으로 지켜볼 수밖에 없었다고 한다.[17] 이러한 우려와 성찰은 여성들이 왜 통일과정에 참여해야 하는가에 대한 논리와 근거를 만들어내는 데 기여했다.

3. 김대중 정부 여성 분야 통일정책: 내용과 성과

김대중 정부는 제1차 여성정책기본계획(1998-2002)에 따라 여성정책을 집행했다. 1차 여성정책기본계획은 6대 기본전략 20대 정책과제로 구성되었는데, 평화통일 부문 정책은 6대 전략 중 6번 '국제협력과 통일에의 여성 역할 증대', 20대 정책 중 마지막 20번 '통일에의 기여 및 내실화'라는 과제로 포함되었다. 애초에 수립한 세부 과제들은 김대중 정부 5년 동안 이행되며 좀 더 구체화 되었다. 그 결과 김대중 정부에서는 남북여성교류협력을 활성화하는 과제를 수행하려고 노력하였다.

〈표 Ⅴ-1〉 1998-2002 제1차 여성발전기본계획 중 20번 '통일에의 기여 및 내실화 과제'

김대중 정부 제1차 여성발전기본계획 20대 정책 "통일에의 기여 및 내실화 과제"	
전략 6. 국제협력과 통일에의 역할 증대 20대 정책. 통일에의 기여 및 내실화 과제	
1. 여성의 통일 대비 역량강화 1) 여성대상 통일프로그램 강화 2) 남북한 여성통합을 대비한 법·제도 연구 3) 탈북여성의 우리사회 적응 지원	2. 남북여성교류 협력의 활성화 과제 4) 남북여성 교류협력 추진 5) 통일대비 여성정책의 개발 6) 여성계의 다양한 통일운동 유도 및 지원

---

17) 정현백, "국가와 여성평화운동: 김대중·노무현 정부의 평화정치를 중심으로", 한반도평화포럼 편, 《통일은 과정이다》, (서울: 서해문집, 2015), 316-317쪽.

김대중 정부 시기 여성 관련 통일정책은 통일부, 여성특별위원회
(이후 여성부), 민주평화통일자문위원회 등에서 수행되었다. 각 부처
가 구체적으로 수립하여 집행하는 정책의 내용에서 독립성을 유지하
고 있으나, 궁극적으로 지향하는 방향은 여성의 통일역량을 확대하
는 점에서 공통성을 지녔다. 각 부처의 역할은 아래와 같다.

〈표V-2〉 김대중 정부 통일 대비 여성정책 추진 체계

여성부 : '여성정책기본계획'에 의거, 각 부처에서 수립하는 통일정책이 여성
의 참여 확보 및 여성권익 향상에 이바지할 수 있도록 정책을 총괄·조정하는
역할 담당
 (1) 남북여성교류 협력의 활성화를 위한 지원
 (2) 남북 교류협력과정의 여성 참여 확대 및 역할 증대 추진
 (3) 통일대비 여성의 역량 강화 및 평화운동 지원 등
기본 방향에서 통일 관련 여성문제 연구, 단체 지원, 남북한여성 교류협력 지원
등 정책 추진

통일부 : 여성부와 협조, 통일관련 여성단체 활동 적극 지원 & 통일교육원을
통해 여성단체 간부와 전업주부가 대다수인 학부모 대상 통일교육 대규모로
실시

민주평화통일자문회의 : 여성분과 중심, 여성간부위원들을 대상으로 매년 세
미나 및 워크샵 개최.《분단·평화·여성》이라는 책자로 통일문제 연구 성과
물 발간하고 지역사회 여성위원들 대상 통일교육 지속적으로 실시

통일부와 여성부가 남북관계 개선과 통일 과정에 여성들이 감당해
야 할 역할의 중요성을 인식하여 대북정책 추진 과정에 여성들이 참
여할 수 있도록 정책적 노력을 기울인 분야는 첫째, 통일정책 관련
위원회에 여성참여를 확대하는 일, 둘째, 민간차원의 여성평화운동
을 지원하는 일, 셋째 여성들의 통일역량을 강화하기 위해 통일교육
의 기회를 확대시키는 일, 넷째, 탈북여성들의 사회적응을 지원하는

일 등이다.

김대중 정부 5년 동안 여성정책의 특징은 정부 정책에 양성평등 관점을 통합하기 위한 정책 및 양성평등한 가족정책의 기반 조성 등 새로운 정책 환경에 부응한 정책을 추진한 것이다.[18] 정부 정책에 양성평등 관점을 통합하고 성 주류화를 강화하는 정책을 펼친 결과 김대중 정부 기간 중 평화통일 부문의 여성정책이 적극 실행되었다. 그 가시적 결과의 하나로 제2차 여성정책기본계획(2003-2007)에서 평화통일 부문은 10대 핵심정책과제 중 6번 과제가 되었다. 여기서 특징은 제1차 여성평등기본계획에는 나오지 않았던 '평화' 개념이 세부정책과제에 포함된 점이다. 이는 김대중 정부 대북화해협력정책의 '적극적 평화' 지향성이 여성정책기본계획에도 반영된 결과로 보인다.

〈표 Ⅴ-3〉 김영삼 정부와 김대중 정부의 여성정책기본계획 중 평화통일분야 [19]

김영삼 정부 수립 1대 여성정책기본계획 중 평화통일분야		김대중 정부 수립 2대 여성정책기본계획 중 평화통일분야	
6대 기본전략	20대 정책과제	10대 핵심정책 과제	115개 세부정책과제
6. 국제협력과 통일에의 여성역할 증대	19. 여성의 국제협력 강화 20. 통일에의 기여 및 내실화	6. 평화·통일·국제협력에서의 여성의 기여 확대	6-1. 통일대비 여성역량 강화 및 참여확대 6-2. 평화·환경 분야에서의 여성역할 강화 6-3. 여성국제교류 및 협력 활성화

---

18) 여성부, 《지난 5년의 여성정책 성과(1998-2002)》, (2003.4.), 5쪽.
19) 표는 여성부, 《지난 5년의 여성정책 성과(1998-2002)》, (2003.4) 5쪽과 13쪽을 참조하여 작성하였다.

1) 통일 관련 정책위원회 내 여성 참여의 확대

김대중 정부는 여성들의 참여를 통해 대북정책에 대한 여성들의 역할을 늘리고 궁극적으로 남북화해협력 과정에 여성들의 기여를 높이려는 정책적 노력을 지속했다. 그 결과 여성 참여가 전임 김영삼 정부에 비해 크게 증가했다. 일례로, 김영삼 정부 마지막 해였던 1997년 9월 말까지 당시 통일원의 3개 위원회 그리고 국방부의 14개 위원회에 여성참여가 전무했다. 이에 대해 1997년《여성백서》는 그 원인으로 "자격과 경험을 갖춘 여성전문인력이 부족한 점도 있었으나 여성참여에 대한 편견적 관행과 여성참여확대를 위한 각 기관의 적극적 추진의지의 부족 때문이기도 하다"고 서술했다.[20]

김대중 정부 시기 통일부의 여성참여가 김영삼 정부에 비해 대폭 확대되고 또 여디 부처에 비교해도 결코 낮지 않은 수쥬으로 증가한 데는 정부정책 전반에 대한 여성참여를 확대시키려는 대통령의 정책적 의지가 우선 크게 반영한 것으로 보인다. 통일부 위원회의 경우 〈표 Ⅴ-4〉에서 보듯 1998년 10.9%에서 2000년 24.4%, 2001년 28.9%로 증가한 것은 무엇보다 김대중 대통령의 대북화해협력정책에 여성참여를 늘리려 노력한, 즉 통일을 대비하여 여성역량을 강화하고 참여를 확대시키려 노력한 여성특별위원회 · 여성부와 통일부의 정책 협력의 성과라 평가할 수 있을 것이다.

이렇듯 김대중 정부 5년 동안 "남북화해협력에의 여성참여"는 해마다 증가된 수치를 보여준다. 아래 〈표 Ⅴ-5〉를 보면 '통일고문회의'의 경우 1998년의 22%에서 2001년 25.9%로 증가했고, '정책자문위원회'는 1998년 8.3%에서 2001년 31.3%로 증가한 것을 확인

---

20) 정무장관(2실), 1997《여성백서》, 219쪽.

할 수 있다.

〈표 Ⅴ-4〉김영삼 정부와 김대중 정부 정부위원회(전체)와 통일부 위원회 여성
참여 현황 비교[21]

		전체 위원회/ 여성참여 위원회	여성위원 참여율 총계		통일원 위원회/ 여성참여 위원회	통일원 여성위원 참여율
김영삼정부	1995	324개/116개 35.5%	위촉직 7.7%		3개/3개 100%	위촉직 7.4%
			전체 7.0%			전체 7.4%
	1997 9월 말				0%	0%
		참조: 국방부 14개 위원회도 여성참여 전무				

		정부위원회 전체(중앙행정기관)			통일부 위원회		
		위촉직	여성 위원	참여율 (%)	위촉직	여성 위원	참여율 (%)
김대중정부	1998	4,713	556	11.8	92	10	10.9
	1999	4,359	763	17.5	77	10	13.0
	2000	4,775	1,086	22.7	90	22	24.4
	2001	4,210	1,046	24.8	90	26	28.9
	2002	4,367	1,142	26.2	91	24	26.4

---

21) 김영삼 정부 시기 자료는 1996년 정무장관(제2실)《여성백서》141쪽, 1997년 정부장
관(제2실)《여성백서》219쪽을 참조하여 작성하였다. 김대중 정부 시기 자료는 여성
부,《지난 5년의 여성정책 성과(1998-2002)》, (2003.4) 48-50쪽을 참조하여 작성
하였다.

22) 표는 1998-2002년 《여성백서》를 참조하여 작성하였다. 1998년 《여성백서》, 245쪽;

〈표 Ⅴ-5〉 김대중 정부 통일부 위원회 여성 참여 현황[22]

구분	1998	1999	2000	2001	2002
	여성위원/위원 총수				
	비율(%)				
통일고문회의	6/27	6/29	7/29	7/27	5/32
	22	20	25	25.9	15.6
정책자문회의	4/48	4/48	12/48	15/48	14/48
	8.3	8.3	25	31.3	29.2
통일교육심의위원회	−	3/25	3/24	4/14	4/14
		12	12.5	28.6	28.6
자체평가위원회	−	−	−	4/10	3/15
				40.0	20.0

1999년 신설된 '통일교육심의위원회'도 1999년 12%에서 2021년 28.6%로 증가했고, 통일정책 '자체평가위원회'도 1998 2000년까지 전혀 없었지만 2001년에는 40%가 되었다. 2002년의 경우 전반적으로 비율이 줄어들긴 했지만, 정부 초기 1998년의 경우를 고려하면 전제적으로 증가한 것으로 볼 수 있다.

통일부 각종 위원회에 여성참여가 증가한 것은 여성들이 정부의 대북화해협력정책을 심의하고 정하는 의사결정 과정에 참여하는 기회가 증대한 것을 의미한다. 정부 역시 매해 발간된 《여성백서》를 통해 남북관계의 개선과 통일로 가는 길에 있어 여성이 감당해야 할 역할의 중요성을 감안하여 대북정책을 추진하는 과정에서 여성의 참여를 최대한 확대하는 방향으로 나아갔다고 밝히고 있다. 이 같은 참여는 다른 부처의 여성참여 비율에 비해 결코 낮지 않았다.

1999년 《여성백서》, 292쪽; 2000년 《여성백서》, 331쪽; 2001년 《여성백서》, 341쪽; 2002년 《여성백서》, 366쪽.

2) 민간차원 여성통일운동 및 남북여성교류 활성화 지원

김대중 정부의 여성정책 중 통일분야 과제 가운데 하나가 민간차원 여성통일운동과 남북여성교류 활성화를 지원하는 것이다. 전임 김영삼 정부 시절은 남북관계가 북한의 핵 문제(NPT 탈퇴), 김일성 주석 사망과 조문 파동 등으로 남북접촉이 거의 단절되었다. 이로 인해 1991-1993년 남한·북한·일본 여성들이 동경(1991년 5월)→서울(1991년 11월)→평양(1992년 9월)→동경(1993년 4월)에서 4차례에 걸쳐 개최한 "아세아의 평화와 여성의 역할 토론회" 역시 중단된 상황이었다. 김대중 정부가 출범하면서 민간차원의 통일운동은 점차 활성화되기 시작하였고, 특히 2000년 6.15남북정상회담이 성사되면서 중단된 남북여성교류도 본격적으로 재개되는 계기를 마련하였다.

김대중 정부가 민간차원의 통일운동을 지원하고 정부의 화해협력 정책에 대한 공감대 형성을 위하여 1998년 9월 6일 설립한 것이 '민족화해협력범국민협의회'(이하 '민화협')이다.[23] 민화협 창립 후 여성계 인사들이 상임의장[24], 공동의장, 정책위원장으로 선출되었고, 여성위원회도 별도로 설치되어 매해 약 18-24개의 여성단체들이 참가하고 있다. 민화협 지도부에의 여성 진출과 여성위원회 설치는 통일 논의와 남북민간 교류에 여성의 참여를 조직화하는 계기를 마련하였다.[25]

---

23) 민화협은 우리 사회 내의 통일 및 대북문제와 관련하여 다양한 견해를 가진 단체들이 초당적이고 범국민적인 기반 위에서 통일운동을 추진하는 목적으로 창립되었다.

24) 민화협 초대 상임의장단 중 여성상임의장은 이우정 당시 평민당 의원이다. 이우정 의원은 '아세아의 평화와 여성의 역할 토론회'를 성사시킨 주역이다. 이문숙, 《이우정 평전》, 삼인, 2012, 489-490쪽.

25) 민화협 여성위원회는 1999년 8월 '겨레손잡기 대회' 참여, '여성 815인 평화통일선언'(신문광고) 등의 활동을 전개했고, 2000년 6.15 남북공동선언 이후 활발해진 남북공동행사(6.15 기념행사, 8.15 민족대축전 등)에 민화협 지도부와 여성위원회에 참여하는 한국여성단체연합, 한국여성단체협의회, 한국YWCA, 평화를만드는여성회 등의

한편, 김대중 정부 동안 통일부에 사단법인으로 등록된 여성통일
운동단체는 평화를만드는여성회(1997년 설립), 세계평화여성연합(1999
년 설립) 두 단체다. (참고로 그전에는 1989년 설립된 한민족통일여성협의회가 유일하
다.) 6.15남북정상회담은 여성단체들의 통일운동을 활성화하는 데
결정적으로 기여했다. 그것은 2002년 12월 당시 여성부가 파악한
바, 여성통일운동 참여 단체가 위 세 단체를 포함하여 민화협 여성위
참여 19곳, 통일연대 2곳, 7대 종단여성위원회 등 최소 28개 이상으
로 증가한 데서도 확인된다.27) 이 단체들은 6.15남북정상회담 이후
전개된 남북여성교류와 여성평화통일교육에 적극 참여하여 민간차
원의 통일운동 활성화와 통일을 대비하는 여성들의 역량을 강화하는
데 기여했다. 이 과정에 여성부의 여성발전기금 지원사업(아래 〈표
V-6〉참조)과 통일교육원에서 진행한 여성단체 간부 통일교육에서
통일부와 여성부의 지원과 협력이 긍정적 역할을 한 것으로 파악된

〈표 V-6〉 여성발전기금 지원사업 중 통일 분야 지원사업26)

연도	주제	비고
1998년	· 탈북여성 생활실태 조사사업	12개 중 1개
1999년		14개 중 0개
2000년	· 21세기 한반도 통일 · 평화교육 방법론과 프로그램 개발 · 남누리북누리 2000 여성통일행진 · 평화 · 통일활동분야의 여성역량 강화 · 평화통일과정에서의 여성의 역할 · 여성통일문화 한마당 · 하나되는 마음 얼싸안고 마음의 문을 열자 · 북한여성지원용품 물자물류비 지원	30개 중 7개
2001년		11개 중 0개
2002년		17개 중 0개

인사가 참여했다.
26) 본 표는 여성부, 《지난 5년의 여성정책 성과(1998~2002)》, (2003. 4.), 37~41쪽을

다(여성통일교육은 아래 서술).

1998-2002년까지 남북여성교류는 매우 활성화되었다. 역시 분기점은 2000년 6.15 정상회담이라 할 수 있다. 〈표 V-7〉에서 보이듯이, 1998-2000년까지 민간차원의 남북여성교류와 접촉은 주로 '위안부 문제'로 집중되었다. 2000년 남북정상회담 기간 중 대통령부인 이희호 여사가 여원구 최고인민회의 부의장 등 북한 여성계 대표들과 만나 종군위안부 문제에 공동으로 대처하고, '한민족 여성 한마당 대회' 개최에 대해 논의한 이후 남북한 여성교류에서 6.15공동선언실천을 위한 남북여성 협력 과제가 주요 의제로 채택되었다.

〈표 V-7〉 김대중 정부 하 남북여성교류 행사와 접촉 사례[28]

1998년	· 5월 동경, 북측 위안부 피해자 및 관계자 2인과 접촉 · 7월 '일본의 전시하의 강제연행에 관한 동경 심포지움' 북측 인사와 접촉 · 10월 북경, 종군위안부 및 태평양전쟁 피해자 보상대책위원회 관계자들과 접촉·교류
1999년	· 9월 우리민족서로돕기운동본부 여성계 4명 '남북여성계 교류 및 대북지원문제' 협의를 위한 방북
2000년	· 3월 상해 남측 정대협, 북측 종태위(박명옥 등 3명) '일본군 위안부 해결을 위한 상해 국제심포지움' 참가 · 6월 평양 남북정상회담 기간 중 이희호 여사와 여성계 대표와 여원구 등 북측 여성계 대표 접촉 · 7월 [2000년 일본군 성노예전범 국제법정] 마닐라 국제실행위원회 및 국제검사단 모임에 남측 정대협 관계자(7인)과 북측 종태위[29] 관계자(4명) 접촉 · 10월 여성연합 3명 조선여성협회 '노동당 기념행사' 참관차 방북시 접촉 · 11월 우리민족서로돕기운동본부 여성대표 위 의제로 재방문

참조하여 작성하였다.
27) 여성부, 2002 《여성백서》, 371쪽.

	· 12월 연변 이화여대 10명 김일성종합대학 교수 4명 '남북한 및 중국 조선족 여성의 삶 관련 학술회의' 참가 · 12월 동경 [2000년 일본군 성노예전범 국제법정] 정대협 등 남측 150여 명 참석 및 북측 종태위 관계자 12명 참가(일본천황 공동기소)
2001년	· 2월 한국여성지도자연합 10명 북측 조선여성협회 관계자와 '남북여성하나되기 토론회' 개최 · '6.15 남북공동선언 1주년 남북공동행사' 여성계 대표인사 참석 · '8.15 축전'(공동행사)에 참석한 민화협과 통일연대 여성위원회 (22명)과 북측 조선민주여성동맹, 조선여성협회 등 관계자들과 "2001 민족통일대축전 평양여성행사"(주제: 6.15공동선언과 여성의 역할) 개최 및 공동결의문 채택, 2002년 남북여성통일대회 개최 합의 · 9월 평화를만드는여성회 7명, 캐나다연합교회, 조선여성협회 관계자 5명 등 한반도의 평화와 통일을 위해 연대하는 여성들 회의 참석(캐나다 토론토) · 10월 노동당 창건행사 '여성단체연합' 등 여성계 대표 참석
2002년	· 5월 평양 '일본의 과거사 청산을 요구하는 아시아 지역 토론회' 개최 · 10월 16~17일 금강산 '6.15공동선언 실천을 위한 남북여성통일대회' 개최(남북여성 700여명 참석)

남북여성교류 활성화를 위한 통일부와 여성부의 지원과 협력은 통일을 대비한 여성의 역량강화라는 정책기조에 따라 실행된 것이었다. 그럼에도 2000년 10월 노동당창건행사, 2001년 8.15 공동행사

---

28) 본 표는 1989-2002년 《여성백서》, 《지난 5년의 여성정책 성과(1998-2001)》를 참조하여 작성하였다.
29) 북측의 '종태위' 공식명칭은 '종군위안부 및 태평양전쟁 피해자 문제대책위원회'로 이후 '조선일본군 성노예 및 강제련행 피해자 문제대책위원회'로 바뀌었다.

를 제외한 순수한 여성교류 목적의 북한방문 교류는 5건에 불과한
실적이다. 또한 전체 사회문화교류의 증가에도 불구하고 여성들만의
독자적인 혹은 여성의제를 반영한 여성교류는 거의 보이지 않았다는
한계도 드러냈다.[30] 이에 대해 2001년《여성백서》는 여타 교류협력
분야에 비해 남북여성교류가 시작단계여서 그렇다는 해석을 달았
다.[31]

그런데 위 〈표 V-7〉에 소개된 2002년 10월 금강산에서 남북여
성 700여 명이 개최한 '남북여성통일대회' 이후 여성부와 통일부의
관심은 보다 긍정적으로 발전하였다. 분단 이후 열린 최대의 남북여
성행사로 기록된 '남북여성통일대회'에 대해 여성부는 여성들이 원활
한 남북교류 협력을 도모함으로써 평화와 통일을 위한 주요한 역할
을 할 수 있음을 보여주었다고 평가하였다. 또한 이 행사를 계기로
남북통합단계에서 여성의 역할이 중시되고 강조되는 여성정책을 수
립하고 아울러 교류·협력을 활성화시킬 수 있는 제도화 방안을 강
구할 필요가 있음을 확인하였다.[32]

3) 여성의 통일역량 강화를 위한 통일교육 기회 확대

통일교육은 김대중 정부가 대북화해협력정책 추진을 통해 남북관
계를 통일 지향적으로 발전시키는 과정에서 국민적 지지와 공감대를
형성하기 위해 반드시 이행해야 할 필요한 정책과제 중 하나였다.

---

30) 정현백은 "역설적으로, 국민의 정부 하에서 대북포용정책이 활성화되는 동안 전체 사
회문화교류에서 여성의 비중이 더 감소… 이유는 민간교류를 위해 필요했던 인도주의
적 지원과 비용과 접촉을 위한 여행 경비를 마련하는 문제가 생겼고, 여성단체나 페미
니스트들은 그런 사업을 수행할 만한 경제력을 갖추지 못했던 것"으로 설명했다. 또
"이 기간 동안 남북 경제협력, 대북지원이 총량이 급속하게 증가되었지만, 상대적으로
남북간 여성교류나 이에 대한 정부의 지원 비중이 낮아진 것"도 이유의 하나로 본다.
정현백, 《통일은 과정이다》, 342쪽.
31) 여성부, 2001《여성백서》, 343쪽.
32) 여성부, 2002《여성백서》, 372-3쪽.

통일교육을 체계적으로 추진하기 위해 정부는 1999년 2월 '통일교육지원법'을 제정했다.33) 통일교육은 국민 전체를 대상으로 하는 공공교육의 성격을 지니고 있으나, 인구의 절반을 차지하는 여성통일교육의 경우 그 필요성에 비해 교육의 체계가 미흡한 현실이었다. 통일부 산하 통일교육원은 각계각층 대상 통일교육 과정에서 여성참여 비율이 평균 10-20% 수준인 현실과 기존에 여성단체 간부들을 대상으로 하던 통일교육은 수혜자 역시 매우 제한적이라는 평가를 기반으로 하여, 일반 여성들을 대상으로 하는 통일교육을 확산하기 위해 초·중·고 학부모 대상 통일교육 과정을 새로 개설했다.

3년 동안 시행한 그 결과 전업주부 비중이 많은 학부모 대상 통일교육을 대규모로 실시하여 여성대상 통일교육 참여자가 증가한 것으로 여성부는 평가하고 있다. 그러나 아쉬운 점은 학부모 대상 통일교육 과정을 개실하기 위해 2000년 여성단체 간부 대상 통일교육 과정을 축소하였고, 참가자 역시 184명 참가한 1999년에 비해 2000년 69명으로 급격하게 줄어든 점이다.34) 이후에도 여성단체 간부 대상 평화통일교육 참가자는 별로 늘지 않았다.

〈표 V-8〉 여성단체 간부 및 학부모 대상 통일교육 현황35)(단위: 명)

연도	1993	1995	1997	1999	2000	2001	2002
여성단체간부	100	90	90	184	69	108	83
학부모대상					2,995	2,563	1,989

〈표 V-8〉에서 보듯이, 여성들의 통일역량을 강화하려는 목표 아

---

33) 통일교육지원법 제2조는 "통일교육이라 함은 국민으로 하여금 자유민주주의에 대한 신념과 민족공동체의식 및 건전한 안보관을 바탕으로 통일을 이룩하는 데 필요한 가치관과 태도의 함양을 목적으로 하는 제반 교육"으로 정의된다.

34) 여성부, 2000 《여성백서》, 332쪽.

35) 본 표는 통일부 통일교육원 내부자료에 근거하여 1989-2002년 《여성백서》를 참조하여 작성한 것이다.

래 여성들의 통일교육 참가자를 확대하기 위해 노력한 양적 성과를 확인할 수 있다. 그렇다면, 여성들이 참여하는 통일교육은 일반 통일교육과 어떤 차이가 있는가, 여성대상 통일교육에서 성인지 관점의 통일교육이 별도로 이뤄졌는가 하는 질문이다. 그런데 여성통일교육 성과에 대한 질적 평가 혹은 통일교육을 통한 여성의 통일역량 강화라는 성과에 대해 분석한 자료는 부족한 편이다.

다만, 통일부에서 여성단체 간부들이 참여하는 통일교육, 특히 남북여성교류에 대비하여 ▲여성의 시각으로 본 통일의 과제, ▲남북여성교류의 현황과 과제, ▲분단의 배경과 과정, ▲내가 생각하는 북한(북한사회 이해) 등 교과목을 개발하여 여성단체 간부들을 대상으로 운영했던 것은 매우 의미 있는 진전이었다.36)

4) 북한이탈여성의 사회적응 지원

북한이탈주민의 경우 초기에는 남성입국자가 더 많았으나, 김대중 정부 들어서는 점차 여성입국자가 늘어나기 시작했다. 입국인원에 대한 자료가 여성부 발간 《여성백서》와 통일부 홈페이지에 나온 '북한이탈주민 입국인원 현황'(〈표 Ⅴ-9〉 참조)과 다르긴 하지만, 대체

〈표 Ⅴ-9〉 북한이탈주민 입국인원 현황37)

구분	-1998	-2001	2002	2023년 3월까지 전체
남(명)	831	565	510	9,515
여(명)	116	478	632	24,401
합계(명)	947	1,043	1,142	33,916
여성비율	12.2%	45.8%	55.3%	71.9%

36) 김재인, "통일을 위한 여성 역할의 증대", 여성부, 《국민의 정부 여성정책, 성과와 과제》 자료집, (2002.4.10.), 70쪽.

37) 최근현황〈 현황〈 북한이탈주민정책〈 주요사업〈 통일부 (unikorea.go.kr) [북한이탈주민 입국인원 현황] 참조. (검색일: 2023년 7월 12일)

로 2002년 한해만 해도 여성입국자가 55%를 상회한다. 참고로 통일부 자료에 의하면 2023년 3월까지 입국한 북한이탈주민 전체 숫자는 33,916명이고 이중 여성이 24,401명으로 71.9%에 달한다.

국내에 입국하는 북한이탈주민 중 여성들의 비중이 급격하게 늘면서 통일부는 여성북한이탈주민의 사회적응을 지원하는 데 노력을 기울이게 된다. 즉 여성북한이탈주민들이 가정생활과 사회생활에서 남북한의 서로 다른 여성관과 생활방식, 문화적 취향의 차이 등으로 인하여 우리 사회 적응에 어려움을 겪는 경우가 많은 점이 알려졌기 때문이다. 정부는 이들의 어려움을 감안하여, 여성북한이탈주민과 민간단체를 연계하여 취업·결혼·육아문제 등 여성문제 관련 상담을 받게 하는 등 해결방안을 강구하였다. 여성부와 통일부는 이런 연계를 통해 향후 남북한 여성들의 상호 이해증진을 도울 뿐 아니라 통일 전후에 발생가능한 여성문제에 대한 대처능력을 키우는 데 기

〈표 V-10〉 1998-2002년 실시된 탈북여성의 우리사회 적응지원 사례 (통일부 주관하여 여성부와 협의·추진)[38]

분야	참여인원과 세부 내용
사회적응 교육	1998(11명), 1999(58명), 2000년(30명), 2001(67명)
직업훈련 및 취업알선	1998(12명), 1999(27명), 2000년(30명), 2001(67명), · 미용, 조리, 정보처리, 패션디자인, 웹디자인 등 실시 · 1998-2002년 11월까지 932명 직업훈련 이수 · 2000-2002년 11월까지 364개 사업체 510명 취업(취업보호제 운영 - 고용기업에 대해 월 최고 70만원 2년 지급)
복지 증진	생활보호대상자 60명 중 여성포함 25세대 편입지원, 여성관련 단체 알선연계 통해 결혼, 가정생활문제 상담 및 물질적 지원, 오찬간담회 등 여성이탈주민의 조기정착 중요성 강조

---

38) 표는 2022년 《여성백서》 368쪽과 374쪽을 참조하여 작성한 것이다.

여할 것으로 기대하였다.[39)]

그러나 위 〈표 V−10〉에서 보여지듯 통일부와 여성부가 협력하여 추진한 북한이탈여성주민 사회적응 교육과 취업훈련, 취업알선 그리고 복지 증진 사례는 양적 참여도 미흡하고 질적 차원에서 어느 정도 성과가 있었는지 평가할 수 있는 자료가 거의 없다. 북한이탈주민의 절대 다수를 차지하는 여성이탈주민의 고용, 노동, 복지를 위한 여성가족부와 통일부의 노력은 양적·질적 측면에서 더욱 확대되어야 할 것이다.

4. 햇볕정책에 대한 여성평화통일운동의 대응

김대중 정부 대북화해협력 정책에 대한 여성평화통일운동계의 대응 혹은 관계 맺기 방식은 제안, 협력, 비판, 대안 제시 등으로 요약해 볼 수 있다.

첫 번째 활동은 대통령선거와 총선을 앞두고 여성평화통일정책을 제안한 것이다. 그 예로 1997년 12월의 제15대 대통령선거에 대한 '여성평화정책' 제안을 살펴보자. 김대중 정부 시기 정부의 대북정책에 대해 여성참여 확대 등 입장을 제시하거나 요구하고 또 비판하는 등의 정책 대응을 활발하게 한 단체는 진보적 여성운동단체로 분류되었던 한국여성단체연합과 평화를만드는여성회였다. 특히 1997년 3월 여성평화운동 전문단체로 출발한 평화를만드는여성회는 같은 해 11월 제15대 대통령 후보에게 드리는 '20대 여성평화정책'를 발표했다.[40)] 이들 제안은 여성평화운동에서 이후 실시된 대통령선거

---

39) 여성부, 2001《여성백서》, 349쪽.
40) 주요 내용은 ①북한여성과 아동을 위한 지원, ②통일관련 분야의 정책수립과 결정

나 총선을 앞두고 발표한 정책 제안 활동에 계속 포함되었다. 이것은 달리 말하면 여성계의 요구가 충분히 수용되지 않았음을 의미한다.

둘째 주요 활동으로 2000년 6.15남북정상회담을 둘러싼 적극적 대응이다. 분단 후 최초로 남북정상회담이 열린다는 소식에 여성계는 환영논평을 내는 등 발 빠르게 움직였다. 이어 5월 29일 개최한 여성평화통일포럼(주제: "남북정상회담-여성, 무엇을 할 것인가)41)를 마치고 참가자들과 24개 여성단체 그리고 25명의 여성계 인사들은 "남북정상회담을 앞두고 남북정상과 국민들에게 드리는 여성들의 건의문"을 발표했다. 이 건의문은 청와대, 통일부, 여성특별위원회에 전달되었다.42) 그러나 이 글을 시작하면서 언급했듯이, 분단 후 최초로 성사된 6.15남북정상회담의 여성 참여는 너무 미흡하여 여성들에게 커다란 좌절감을 주었다. 수행원 130명 중 여성계 몫으로 장상 이화여대 총장 1명, 취재기자 50명 중 여성기자 1명, 민간인 몫 특별수행원 24명 중 정당쪽 2인 제외 22명 경제계 인사 모두 남성, 시민단체 몫 8명 모두 남성이었다. 여성들은 6.15남북정상회담 개최 전부터 통일부 장관 초청간담회, 여성특별위원회 초청 여성단체장 간

집행 과정에 여성참여 30% 이상 확보, ③남북여성교류의 활성화를 위한 보장과 지원, ④평화교육을 위한 여성지도력 양성과 지원, ⑤방위비 삭감과 여성복지 확대, ⑥한미행정협정의 개정과 미군에 의한 여성인권 유린 방지, ⑦정신대 문제 해결을 위한 정부차원의 지원과 적극적인 외교정책 실시 등이다.

41) 평화를만드는여성회, 한국여성단체연합 공동주최

42) 여성들은 이 건의문에서 남북정상회담과 통일과정에 대한 여성들의 입장으로 ▲1991년 채택된 남북기본합의서의 원칙, ▲이산가족과 재난에 처한 이들의 생존문제를 최우선 과제로 삼는 인도주의 원칙, ▲공존과 공영의 평화주의적 관점, ▲남북한 국민의 복리를 확대하기 위한 경제공동체 구성이 환경친화적·여성친화적 방향으로 진행될 것, ▲남북한 언론의 협력 등을 밝혔다. 또한 남북정상회담에 대한 여성들의 요구로 성인지적 관점이 도입되어 ①남북정상회담과 후속과정에 여성참여 30% 확대로 여성대표성 높일 것, ②남북정상회담과 후속과정에 여성관련 의제를 포함할 것, ③인도주의적 원칙에 입각하여 북한 어린이와 모성보호를 위한 지원을 우선적으로 할 것, ④남북 화해와 협력을 위한 갈등해결과 평화교육을 공교육 과정에 도입할 것을 주장했다. 평화를만드는여성회, 《2001년 정기총회자료집》, 112-115쪽

담회, 통일부 장관 주최 민간단체 남북정상회담에 대한 의견수렴 간
담회 등에서 여성계 참여 확대를 요구했지만, 이러한 요구는 결국
반영되지 않았다.43)

　김대중 정부 동안 통일 분야 여성참여 확대 정책의 성과는 주로
위원회 참여 차원에서 대폭 증가한 것으로 나타났다. 그러나 정작
대통령의 가장 중요한 통치행위였던 6.15남북정상회담에 초청된 여
성은 단 1~2명 정도였다는 점은, 여성정책에서 추구하는 여성 참여
확대와 다르게 정상회담과 같은 통치영역에 여성이 제외된 현실임을
드러낸 바, 정부와 여성계가 협력하여 함께 풀어내야 할 숙제이다.
동시에 이것은 여성들이 통일·외교·국방을 포함한 전통적 안보(국
가안보와 군사안보) 영역에서 전문성이 부족하다는 이유로 주변화되어
온 오랜 역사와 연결되어 있다.

　셋째, 2000년 남북정상회담 이후 활성화된 남북 사회문화 교류에
여성계도 적극 참여한 점이다. 위의 〈표 Ⅴ-7〉(김대중 정부 하 남북여성
교류 행사와 접촉 사례)에서 보듯, 남북여성교류는 6.15남북정상회담 이
후 활발해졌다. 여성들은 민화협 여성위원회와 통일연대 여성위원회
에 소속된 단체들이 함께 힘을 합쳐 남북여성교류를 위해 협력하고
북측여성들과 만남의 공간과 기회를 만들어냈다. 또 남북정상회담 이
후 교류·확대를 위해 '통일 관련 실무회담에 여성의 참여 확대, 향후
남북기본합의서에 따라 분야별 위원회, 그중에서도 남북사회문화교류
협력위원회 산하에 여성위원회를 설치하는 방안' 등을 요구했다.44)

　김대중 정부도 여성계의 요구에 부응하여 여성교류와 관련된 행사
를 적극 지원했다. 대표적 사례가 2002년 5월 평양에서 열린 '일본
의 과거사 청산을 요구하는 아시아 지역 토론회'와 같은 해 10월 금

---

43) 정현백, 《통일은 과정이다》, 319쪽, 340쪽.
44) 정현백, 《통일은 과정이다》, 341쪽.

강산에서 열린 '남북여성통일대회'이다. 이 두 행사는 통일부의 협조
와 지원, 그리고 여성계의 기획과 재원 마련, 그리고 북측 여성들과
의 협상을 통해 성사될 수 있었다. 이러한 정부의 지원과 협력 그리
고 여성계의 주도성이 결합되어 남북정상회담 이후 남북여성교류가
활성화될 수 있었다.

5. 김대중의 여성 · 평화 · 통일정책, 성과와 과제

　김대중 대통령의 대북화해협력 정책은 한반도에서 냉전을 종식하
고 남북관계에서 지속적인 교류로 화해를 이루며 경제분야 협력을
통해 '사실상의 통일'을 이루는 상태에서 평화적 통일의 기반을 마련
하고자 하였다. '화해'에서 '협력'으로, '변화'를 통한 '평화' 그리고
'통일'로 나아가는 과정에 여성들의 참여와 지지를 기대하고 이를 정
책적으로 추진하였다. 이제 김대중 대통령의 여성정책 중 평화통일
부분의 성과와 과제에 대해 간략하게 정리해 보자.
　김대중 대통령의 대북화해협력정책, 그리고 관련된 여성정책 분
야에 미친 영향에 대한 평가는 다면적으로 이뤄질 필요가 있을 것이
다. 무엇보다 대북화해협력정책과 6.15남북정상회담은 남북이 장기
화된 냉전적 대결에서 평화적 대화와 협력관계로 전환을 이룸으로써
한반도에서 전쟁의 공포와 위기를 줄인 점에서 '소극적 평화'를 지속
시키는 데 결정적으로 기여하였다. 적극적 평화를 지향한 소극적 평
화의 지속, 이 점이 안보 위협에 일상적으로 노출된 한반도 주민들에
게 가져다 준 일상의 평화는 매우 큰 것이었다. 특히 무력 분쟁과
전쟁이 여성과 소녀들에게 더 큰 피해와 희생을 초래해 왔다는 점에
서, 김대중 정부의 대북화해협력정책, 그리고 이어진 노무현 정부

동안 남북의 교류와 협력을 통해 분단 상황이 안정적으로 관리됨으로써 여성의 안전과 인간안보가 향상되었다는 점을 긍정적 결과로 평가할 수 있을 것이다.45)

아울러 김대중 대통령의 대북화해협력정책은 여성들이 참여할 수 있는 공간을 확장했다. 구체적인 성과는 여성가족부와 통일부가 협력하여 여성들이 통일정책 분야 각 위원회 참가 비율을 대폭 늘린 데서(1998년 말 10.9%에서 2002년 말 26.3%로 증가) 찾을 수 있다. 또 여성들의 통일 대비 역량을 강화하기 위해 통일교육원 내 강좌를 개설하여 여성들의 참여를 늘리려 노력한 결과 여성들의 참여 비율이 증가하였다. 전임 정부와 결이 다른 대북화해협력정책, 그리고 6.15 남북정상회담의 영향으로 일본군'위안부' 문제 해결과 '6.15공동선언을 위한 남북여성협력' 차원의 남북여성교류도 활발하게 전개되었다. 또한, 여성가족부가 주관하는 여성단체 지원사업 분야에 '통일' 분야 사업이 확대되어 여성단체들의 통일역량을 강화하는 데도 도움이 되었다. 그 결과 김대중 정부 5년 동안 여성평화통일운동이 매우 활발하게 진행되었고, 여성들의 평화통일 분야 역량 강화는 한반도 평화와 통일과정에 여성 참여 확대를 요구하는 선순환적 발전으로 이어졌다.

하지만 아쉬운 점 또한 지적하지 않을 수 없다. 비록 여성 참여가 양적 차원에서 증가하였지만, 통일 분야 법과 제도를 성평등적 관점으로 전환하는 성과로 제대로 이어지지 못했다. 그런 의미에서 남북

---

45) 김민정, "김대중 정부 평화, 통일정책 평가와 발전방향",《김대중 정부 평화, 통일 평가 및 여성평화 통일운동》, 평화를만드는여성회 주최 제6회 〈여성평화통일포럼(전문가포럼)〉, (2002. 11. 6.), 33-34쪽. 김민정 교수는 "전쟁의 상황과 한반도 긴장이 여성들에게 특별히 안보의 위협이 된다는 점을 감안하면 대북포용정책은 (평화와 화해를 지향한다는 점에서) 여성의 입장에서 긍정적인 결과를 가져오고 있다고 평가할 수 있을 것이다"라고 보았다.

여성들의 삶의 질을 향상하고 성평등을 실현시킬 수 있는 내용을 담은 대북정책 혹은 성인지적 평화통일정책으로의 전환은 남겨진 과제이다. 아울러 통일교육과 성평등교육을 결합시키는 여성통일교육 이론과 방법론 개발 역시 필요하다.

한편, 여성의 인간안보 측면에서 볼 때, 대북화해협력 정책에도 불구하고 2001년 9.11 테러 이후 미국의 대테러 전쟁에 한국이 동맹국으로 연루되는 데서 오는 안보불안, 그리고 불평등한 한미관계 특히 '주한미군 주둔군 지위에 관한 협정'(SOFA)으로 인해 여성들의 피해와 희생이 발생해도 공정하게 해결하지 못하는 불평등한 구조는 여전히 지속되었다는 한계도 있다. 그런 의미에서 대북정책과 한반도 주변국 외교는 휴전협정의 평화협정으로의 전환, '힘을 통한 평화'를 추구하는 군사주의를 강화하는 한미동맹의 재편을 포함하여 좀 더 평화 지향적으로 전개될 필요가 있다. 이를 위해 적극적 평화, 인간안보, 여성의 인간안보(2000년 유엔안보리 1325 결의안 이후 '여성평화안보'(WPS) 의제로 구체화 됨)에 대한 범정부적 관심, 법·제도 구축, 이에 따른 정책 수립과 이행은 여전히 필요하다.

3부

김대중의 성평등 추진체계

김엘림 (한국방송통신대학교 명예교수)

gender
equality

들어가기

이 책의 3부에서 '성평등 추진체계'란 성평등을 추진하는 데 기반
과 동력이 되는 법제(법령과 권리구제제도 등의 제도)와 행정기관·
입법기관   및 전문 연구·교육기관을 말한다. '성평등'(gender
equality)이란 모든 사람이 성별에 관계없이 동등하게 인권을 보장
받고 모든 영역에 동등하게 참여하는 한편, 여성이 임신·출산하는
고유한 모성기능을 가지면서 오랫동안 차별과 폭력, 비하의 주된 대
상이 되고 사회참여를 제한받고 있는 문제를 해소하여 실질적 평등
과 상생 발전 및 평화를 이루는 것을 의미한다. '남녀평등', '양성평
등' 이란 용어로 흔히 일컬어진다. 이러한 의미를 가진 성평등은 오
늘날 국제기구(UN과 ILO 등)와 그에 속한 세계 대다수 국가들이
공통적으로 추구하는 국제적·보편적 규범(global norm)이 되고 있
다. 또한 성평등은 여성 억압의 문제를 규명하고 해결방안을 모색하
여 평등하고 민주적인 사회구조와 인간관계를 만들기 위한 사상이자
실천운동인 '여성주의'(페미니즘)를 토대로 한다. 그리고 "남녀평등
의 촉진, 여성의 사회참여확대 및 복지증진"을 실행하려는 '여성정
책'과 법제와 정책 등이 성별에 따라 영향이 다르게 미칠 수 있는
문제를 인식하고 불평등이 발생하지 않도록 하려는 '성인지 정책'이
공통적으로 추구하는 목표가 된다.

그런데 대통령 중심의 정치체제가 견고한 우리나라에서는 대통령
의 성평등에 관한 인식과 문제해결 의지 및 실천력이 어떠한지는 성
평등 추진체계의 형성과 발전, 쇠퇴를 좌우하는 핵심 요인이 된다.

김대중은 대통령이 되기 전부터 성평등에 관한 진보적 인식과 문
제해결 의지를 선거공약과 활동을 통해 표명했다. 대통령으로 취임
한 후 재임 5년간(1998.2.25~2003.2.24) 성평등 공약을 적극적으

로 실천하려고 노력하였다. 그리하여 성차별과 젠더폭력(성희롱·성폭력·가정폭력·성매매 등)을 철폐하고 여성의 인재양성과 사회참가를 촉진하여 실질적 성평등을 이룸으로써 국민 전체와 사회 및 국가를 인권과 민주주의 기초하여 정치적·경제적·사회적·문화적으로 발전시키고 평화로운 사회를 이루고자 하였다. 이러한 성평등 공약과 의지를 효과적이고 실질적으로 구현하기 위해 '국민의 정부'의 여성정책과 15대·16대 국회와 여성계를 비롯한 각계의 협력으로 입법을 추진하여 성평등 추진체계를 구축하고 개혁하고자 하였다. 이와 관련하여 김대중 대통령의 집권기간에 145종의 입법이 추진되어 136종의 법령이 제정되거나 개정되었고, 9종의 입법은 노무현 대통령 집권기간 초반에 법제화되었다. 이와 같은 입법 수는 집필자가 연구하여 찾아 낸 것이며 실제는 더 많을 수도 있으므로 최소한의 수로 보아야 할 것이다. 그럼에도 김대중이 역대 대통령 중에서 성평등 추진체계 관련 입법과 정책을 가장 많이 추진한 사실을 분명히 실증한다.

그런데 입법 수 보다 더 중요한 것은 김대중 대통령의 집권기간에 우리나라 최초로 '성평등 추진체계'가 구축되었다는 사실이다. 또한 우리나라에서 '최초'로 이루어지고 여성의 삶과 지위를 변화시키는 데 영향을 주었으며 오늘날의 여성과 성평등 관련 입법과 정책의 기반이 되고 있는 입법이 84종에 이를 정도로 많이 이루어진 사실도 크게 주목해야 할 것이다. 이것은 김대중 대통령이 역대 대통령 중에서 여성 및 성평등과 관련하여 가장 의미있는 업적을 하였다는 사실을 실증적으로 증명한다.

그런데 근래 "여성가족부는 반헌법적인 페미니즘에 기초한 것이므로 폐지되어야 한다", "여성정책과 성인지 정책은 공정에 어긋난다", "성평등은 동성애자를 옹호하는 것이다"는 발언이 정치권에서

등장할 정도로 '성평등', '여성주의(페미니즘)', '여성정책', '성인지
정책'에 관한 왜곡된 비판이 많다. 그 영향으로 김대중 대통령 집권
기간에 이루어진 성평등 관련 법제와 행정기관, 전문 연구 · 교육기
관이 폐지되거나 축소되어 가는 상황이 발생되고 있다. 이러한 상황
이 어떠한 문제가 있는지를 파악하고 적절한 해법을 찾기 위해서는
김대중 대통령이 집권기간에 성평등 추진체계를 구축한 근거와 내용
및 그 의의를 구체적이고 정확하게 재조명할 필요가 있다.

　이러한 관점에서 이 책의 제3부는 "김대중의 성평등 추진체계"란
제목으로 4개의 장과 2개의 부록으로 구성되었다. 제1장(Ⅰ)은 "최
초로 성평등 추진체계를 구축하다"란 제목으로 김대중 대통령이 성
평등 추진체계를 구축한 근거와 기본방향, 방법과 의의에 관하여 서
술하였다. 이를 통해 김대중의 성평등 추진체계는 대통령으로 재임
하기 전에 공포 · 시행된 「대한민국헌법」과 「여성발전기본법」등의 법
률에 부합되는 합헌성과 적법성, 국제기구(UN과 ILO)가 채택하고
세계 대다수 국가들이 시행하고 있는 국제인권규범에 부합되는 국제
적 보편성을 갖추었음을 규명하였다. 또한 여성정책기본계획과 법령
정비계획 및 「21세기 남녀평등헌장」에 기초한 체계성, 여성단체 등
의 입법청원과 여 · 야 의원들의 협력에 기초한 민주성, 정부출연기
관인 한국여성개발원의 연구에 기초한 전문성, 오늘날의 여성과 성
평등 관련 법제와 정책에 기반을 제공한 선진성을 갖추었음도 규명
하였다.

　김대중 대통령의 성평등 추진체계 구축의 성과와 의의에 관해서는
우리나라에서 최초로 이루어진 84종의 입법을 중심으로 서술하였
다. 서술은 "제2장(Ⅱ) 최초로 성평등 관련 법제를 구축 · 추진하다
(75종)", "제3장(Ⅲ) 최초로 성평등 관련 행정 · 입법기관을 구축 ·
추진하다(6종)", "제4장(Ⅳ) 최초로 성평등 관련 연구 · 교육기관을

구축 · 추진하다(3종)"로 구분하여 이루어졌다.

그리고 김대중 대통령의 집권기간에 이루어진 성평등 추진체계 구축 내역과 의의를 일목요연하게 파악할 수 있도록 "[부록 1] 성평등 추진체계 관련 입법(145종) 연대표"와 "[부록 2] 성평등 추진체계 관련 최초의 입법(84종) 내역"을 첨부하였다.

최초로 성평등 추진체계를 구축하다

1. 김대중의 성평등 추진체계의 구성

김대중 대통령의 집권기간에 「대한민국헌법」(이하 "헌법"이라 한다)과 성평등 관련 국제인권문서에 기초하여 「여성발전기본법」의 개정이 이루어지고 성차별, 적극적 조치, 모성보호, 돌봄지원, 성희롱방지법과 젠더폭력(성폭력, 가정폭력, 성매매, 일제하일본군 위안부 피해)특별법의 제정과 개정이 이루어졌다. 그리하여 〈그림 Ⅰ-1〉에서 제시된 바와 같이 「헌법」을 최상위법으로 하고 「여성발전기본법」을 중간법으로 하여 다양한 법령(성차별금지법, 적극적 조치법, 모성보호법, 돌봄지원법, 성희롱방지법, 젠더폭력특별법)으로 구성되고 또한 국내법과 같은 효력을 가진 국제협약 등을 포함하는 '성평등 법체계'가 구축되었다. 아울러 입법기관(국회 내 여성위원회 등), 행

정기관(여성부, 여성정책책임관, 여성정책조정회의 등), 권리구제기
관(남녀차별개선위원회 등), 전문 연구·교육기관(한국여성개발원,
여성인력개발센터, 한국양성평등교육진흥원 등)도 구축되거나 추진
되었다. 그리하여 우리나라 최초로 성평등 추진체계가 구축되었다.

〈그림 Ⅰ-1〉 김대중의 성평등 추진체계도

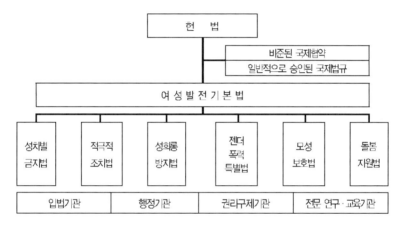

2. 성평등 추진체계의 근거와 기본방향

김대중의 성평등 추진체계는 대통령으로 재임하기 전에 공포·시
행된 「대한민국헌법」과 「여성발전기본법」등의 법률에 부합되는 합헌
성과 적법성, 국제기구(UN과 ILO)가 채택하고 세계 대다수 국가들
이 시행하고 있는 국제인권규범에 부합되는 국제적 보편성을 기가지
고 있다.

1) 「대한민국헌법」의 성평등 관련 규정

우리나라의 모든 대통령은 「헌법」을 준수하여 국가를 통치해야 할 책무를 가진다. 「헌법」은 국가의 운영원칙 및 통치구조, 국민의 기본권 등에 관하여 규정한 국가의 기본법이다. 또한 모든 법령과 행정, 정책 및 사법은 「헌법」에 근거하고 「헌법」에 위반되면 무효가 되므로 「헌법」은 국가의 최고법이 된다.

김대중은 1998.2.25. 대통령으로 취임을 하였으므로 1987. 10. 27. 전부개정되고, 1988. 2. 25. 시행된 「제6공화국 헌법」(현행 「헌법」)을 준수하여 국가를 통치해야 할 책무를 가졌다.

한편, 여성계는 「헌법」에 여성의 권익과 성평등을 위한 규정들이 삽입되고 그것이 국가의 기본질서가 되도록 1980년에 「헌법」이 개정될 때부터 노력하였다. 특히 한국여성단체연합과 한국여성개발원은 「헌법」이 1987년에 개정될 때, 〈헌법개정의견서〉를 각각 제출하였는데 이 의견들은 많이 반영되었다.

그리하여 현행「헌법」의 성평등 관련 규정들(표 Ⅰ-2)은 다른 국가들의 「헌법」보다 다양하다. 그리고 "성별에 의한 차별금지"(제11조제1항)와 "혼인과 가족생활에서의 양성평등"(제36조제1항)을 명시하는 한편, "여자근로의 특별보호와 차별금지"(제32조제4항)와 "국가의 여자의 복지와 권익의 향상(제34조제3항) 및 모성보호(제36조제2항)를 위해 노력할 의무"를 명시하여 실질적 성평등을 구현하는 것을 기조로 한다. 이 기조는 성평등 실현을 위한 국제인권문서에 부합된다.

김대중 대통령은 「헌법」의 성평등 관련 조항들을 구현하기 위해 입법·행정·사법 등의 통치행위와 여성정책을 통해 성평등 추진체계 개혁을 추진하였다.

〈표 Ⅰ-1〉 「헌법」의 성평등 관련 조항

제10조	(모든 국민의 기본적 인권) 모든 국민은 인간으로서의 존엄과 가치를 가지며, 행복을 추구할 권리를 가진다. 국가는 개인이 가지는 불가침의 기본적 인권을 확인하고 이를 보장할 의무를 진다.
제11조 제1항	(성차별의 금지) 모든 국민은 법 앞에 평등하다. 누구든지 성별·종교 또는 사회적 신분에 의하여 정치적·경제적·사회적·문화적 생활의 모든 영역에 있어서 차별을 받지 아니한다.
제32조 제4항	(여자근로의 특별보호와 차별금지) 여자의 근로는 특별한 보호를 받으며, 고용·임금 및 근로조건에 있어서 부당한 차별을 받지 아니한다.
제34조 제3항	(여자의 복지와 권익 향상) 국가는 여자의 복지와 권익의 향상을 위하여 노력하여야 한다.
제36조 제1항	(혼인과 가족생활의 양성평등) 혼인과 가족생활은 개인의 존엄과 양성의 평등을 기초로 성립되고 유지되어야 하며, 국가는 이를 보장한다.
제36조 제2항	(모성보호) 국가는 모성의 보호를 위하여 노력하여야 한다.

2) 「여성발전기본법」의 국가의 책무 관련 규정

「여성발전기본법」은 "헌법의 남녀평등이념을 구현하기 위한 국가와 지방자치단체의 책무등에 관한 기본적인 사항을 규정함으로써 정치·경제·사회·문화의 모든 영역에 있어서 남녀평등을 촉진하고 여성의 발전을 도모함"(제1조)을 목적으로 1995.12.30. 제정되어 1996.7.1.시행되었다. 이 법은 국가와 지방자치단체가 수립·시행해야 할 여성정책의 개념과 추진체계 및 기본시책, 여성발전기금 등에 관해 규정하여 '여성정책 기본법'의 성격을 가진다.

이 법에서 "여성정책"이란 "남녀평등의 촉진, 여성의 사회참여확대 및 복지증진에 관한 대통령령이 정하는 정책"(제3조제1호)을 말

한다. 이 법은 "개인의 존엄을 기초로 하여 남녀평등의 촉진, 모성의
보호, 성차별적 의식의 해소 및 여성의 능력개발을 통하여 건강한
가정의 구현과 국가 및 사회의 발전에 남녀가 공동으로 참여하고 책
임을 분담할 수 있도록 함"(제2조)을 기본이념으로 하였다.

김대중 대통령이 집권한 후, 이 법은 1998.2.28. 법의 소관사무
가 '정무장관(제2)실'에서 '대통령직속 여성특별위원회'로 변경됨에
따라 개정되었다가 2001.1.29. 법의 소관사무가 '여성특별위원회'
에서 '여성부'로 변경됨에 따라 다시 개정되었다.

여성부는 이 법의 개정을 추진하여 2002.12.11. 다수의 조항들이
신설되고 개정되었다. 여성정책에 관한 제6조(적극적 조치) 중 여성
부장관의 실시 권고와 점검 조항(제2항), 제21조의2(여성인적자원
의 개발과 여성의 경제활동 및 정보화 능력 향상), 제25조제3항(성
폭력과 가정폭력 피해자의 상담과 가해자의 교정), 제33조(여성관련
시설의 설치 · 운영) 중 교육을 위한 여성과 관련된 시설 및 여성의
직업능력개발훈련을 위한 시설의 설치 · 운영과 재정지원에 관한 조
항(제3항)이 신설되었다. 또한 제23조(직장 및 가정생활의 병행)의
전문개정도 이루어졌다. 또한 여성정책 관련 행정기관에 관한 제11
조(여성정책조정회의 설치), 제12조(여성정책책임관의 지정 등)도
신설되었다. 한편, '성인지 정책'을 실시하기 위한 제10조(정책이 여
성의 권익과 사회참여 등에 미칠 영향의 분석 · 평가), 제13조제3항
(성별 통계작성)도 신설되었다.

이 법에 따라 국가와 지방자치단체가 가지는 주요 책무와 실시해
야 할 여성정책의 기본시책을 〈표 Ⅰ-2〉로 정리한다.

〈표 Ⅰ-2〉「여성발전기본법」이 규정한 국가의 책무

- 남녀평등의 촉진, 여성의 사회참여 확대 및 복지증진을 위하여 필요한 법적·제도적 장치의 마련과 이에 필요한 재원 조달(제5조)
- 여성정책기본계획과 연도별 시행계획의 수립·시행(제7조, 제8조)
- 정책이 여성의 권익과 사회참여 등에 미칠 영향의 분석·평가(제10조)
- 여성과 관련된 문제에 대한 기초조사 및 여론조사의 실시와 성별 통계 작성(제13조)
- 여성의 정책결정과정 참여확대 방안의 강구(제15조제1항)
- 여성의 정치참여 지원(제15조제2항)
- 여성의 공직참여 확대를 위한 여건 조성(제16조)
- 고용에서의 남녀평등과 성희롱의 예방 등 직장 내의 평등한 근무환경 조성(제17조)
- 모성보호의 강화와 비용의 사회분담화(제18조)
- 가정교육·학교교육·평생(사회)교육에서의 남녀평등교육 실시(제19조~제21조)
- 여성인적자원의 개발과 여성의 경제활동 및 정보화 능력 향상(제21조의2)
- 지역·연령 등에 따른 여성복지수요에 부응하기 위한 시책과 요보호여성(저소득 모자가정, 미혼모, 가출여성, 여성노인, 농어촌 거주 여성 등)의 복지증진(제22조)
- 근로자가 직장생활과 가정생활을 조화롭게 병행할 수 있도록 영유아보육시설의 확충, 방과 후 아동 보육의 활성화, 육아휴직제의 정착을 위한 시책 강구(제23조)
- 민주적이고 평등한 가족관계 확립(제24조제1항)
- 가족구조의 변화에 따라 맞벌이부부·한부모가족등에 대한 지원조치(제24조제2항)
- 성폭력과 가정폭력의 예방과 피해자에 대한 상담·보호 및 가해자에 대한 교정(제25조)
- 가사노동에 대한 경제적 가치의 정당한 평가와 반영(제26조)
- 여성의 국제기구와 국제회의 참여 확대와 여성의 국제적 평화증진운동과 국제협력강화를 위한 활동 지원(제27조제1항)
- 여성관련조약의 체결 또는 이행(제27조제2항)
- 대중매체의 성차별적 내용의 개선과 대중매체를 통한 남녀평등의식 확

산(제28조)
- 「여성발전기본법」의 목적을 실현하기 위한 사업 등의 지원에 필요한 재원을 확보하기 위한 여성발전기금 설치(제4장)
- 여성단체가 추진하는 남녀평등의 촉진, 여성의 사회참여확대 및 복지증진을 위한 활동에 필요한 행정적인 지원과 경비보조(제32조제1항)
- 비영리법인 또는 비영리단체가 남녀평등과 여성발전을 촉진하는 활동을 하는 경우에 필요한 지원(제33조제1항)
- 여성의 권익 및 복지증진과 교육을 위한 여성과 관련된 시설의 설치·운영과 경비 보조(제33조제1항·제2항)
- 여성의 직업능력개발훈련을 위한 시설의 설치·운영과 경비 보조(제33조제3항)

이러한 〈표 Ⅰ-2〉의 내용은 「헌법」의 성평등 관련 규정들(표 Ⅰ-1)과 후술하는 성평등 관련 국제인권문서(표 Ⅰ-3)가 규정한 것을 반영한 여성정책의 과제이기도 하다.

김대중 대통령과 '국민의 정부'는 〈표 Ⅰ-2〉에서 게시한 국가의 책무를 '여성정책', '성인지 정책'을 통해 이행하고자 적극 노력하였다.

3) 성평등 관련 국제인권문서

UN(국제연합)은 제2차 세계대전 후 세계의 평화와 인류의 발전을 도모하기 위해 1945. 10. 24. 창설된 국제기구이다. ILO(국제노동기구)는 1919년에 창설되었지만, UN이 창설된 후에는 고용과 사회보장에 관한 UN의 전문기구가 되었다.

UN과 ILO는 세계인구의 반수를 차지하는 여성들이 오랫동안 차별과 폭력의 주된 대상이 되며 그로 인해 능력을 충분히 계발·발휘하지 못하고 사회참여가 제한되고 있는 상황을 세계의 평화와 인류의 발전을 저해하는 중대한 문제로 인식하였다. 이 문제를 해결하기 위해 '평등·발전·평화'(Equality, Development and Peace)를 공통 표어로 한 대규모 세계여성회의를 4차례(1975년, 1980년, 1985년, 1995년) 개최하고 여성의 발전과 성평등을 실현하기 위한 전략과 국가의 책무를 제시한 국제인권문서(국제협약(조약)과 선언, 권고, 행동강령 등)들을 채택하여 회원국에게 이에 따라 국내의 법과 정책을 정비할 것을 촉구하고 있다.

〈표 I-3〉에 게시된 것은 성평등을 위한 입법과 정책의 기본방향을 제시한 대표적인 국제인권문서이다.

〈표 I-3〉 성평등 관련 주요 국제인권문서

국제기구	채택 연도	국제문서명(약칭)
UN	1979.12	여성차별철폐협약
	1993.12	여성폭력철폐선언
	1995.9	세계여성(북경)행동강령
ILO	1951.6	동일가치노동에 대한 남녀근로자의 동일보수에 관한 협약(제100호)
	1958.6	고용 및 직업상의 차별에 관한 협약(제111호)
	1981.6	가족부양 책임이 있는 남녀근로자에 대한 균등한 기회 및 대우에 관한 협약(제123호)
	2000.5.	모성보호 개정협약(제183호)

이러한 국제인권문서들이 규정한 성평등에 관한 기본원칙과 주요 내용의 요지는 〈표 1-4〉로 정리할 수 있다. 이것은 세계 대다수 국가의 성평등 관련 입법과 정책의 지침이 되고 있다.

〈표 Ⅰ-4〉 성평등 관련 국제인권문서의 요지

- 성별에 따라 기질과 능력 및 역할이 다르다는 고정관념(전통적 성별특질론, 성별분업관)은 성차별의 근본요인이 되므로 철폐되어야 하고, 개인의 존엄과 개성은 존중되어야 한다.
- 모든 사람은 성별에 관계없이 인권보장과 사회참여, 근로조건 및 직업훈련, 사회보장을 포함한 모든 부문과 사안에서 동등한 기회와 대우를 받아야 한다.
- "여성에 대한 차별은 권리 평등 및 인간의 존엄성의 존중원칙에 위배되며, 여성이 남성과 동등한 조건으로 국가의 정치적·사회적·경제적·문화적 활동에 참여하는 데 장애가 되고, 사회와 가정의 번영의 증진을 어렵게 하며, 국가와 인류에 대한 봉사에 있어 여성의 잠재력의 완전한 개발을 더욱 어렵게 한다. 그러므로 국가는 여성에 대한 모든 형태의 차별을 철폐하기 위한 입법과 정책 등의 조치를 실시해야 한다. 여성의 사회참여를 촉진하기 위해 실질적 성평등을 이룰 때까지 잠정적으로 여성을 우대하는 조치는 차별로 보지 아니한다."(UN여성차별철폐협약)
- 여성 고유의 임신·출산 기능은 인력을 창출하여 사회를 유지하는 중요한 사회적 기능이므로 여성이 임신, 출산으로 불이익을 받지 않도록 국가와 사업주는 모성보호 조치를 해야 하고 그 비용은 국가의 재정 또는 사회보장으로 부담해야 한다.
- 육아와 가족간호 등의 가사노동은 여성만이 아니라 남녀 모두가 참여하고 권한과 책임을 분담해야 하는 일이며 사회를 지속시키는 사회적 중요성을 가지므로 가족부양 책임을 가지는 남녀근로자가 가사노동으로 불이익을 받지 않도록 국가와 사업주는 돌봄지원 조치를 해야 하고 그 비용은 국가의 재정 또는 사회보장으로 부담해야 한다.
- 업무와 관련하거나 지위를 이용하여 상대방이 원하지 않는 성적 언동을 하는 직장 내 성희롱은 피해 근로자의 인권을 침해하고 근로의욕과 성과에 악영향을 미치며, 사업장에 생산성 저하와 근로환경 악화 등 피해를 발생시키므로 국가와 사업주는 그 예방과 피해자 보호 및 재발방지를 위한 대책을 수립·실시해야 한다.
- "여성에 대한 성희롱, 성폭력, 가정폭력, 강제적 성매매 등의 폭력은 남녀 간의 불평등한 힘의 관계에서 발생하고, 여성의 종속적 지위를 고착시키며, 여성의 인권과 기본적 자유를 침해하는 것이므로 「여성차별철폐협약」에서 말하는 여성차별에 해당된다. 국가는 「여성차별철폐협약」의 국가이행보고서를

작성할 때, 여성폭력을 철폐하기 위해 실시한 조치를 포함해야 하고, 여성폭력사건에 관해 조사·처벌하고 법을 집행할 책임 있는 공직자들이 여성의 입장을 이해하기 위한 훈련을 받도록 해야 한다."(UN여성폭력철폐선언)

■ 성별에 관한 인식(젠더, gender)은 성차별과 여성에 대한 폭력의 근본요인이 될 수 있다. 성평등을 효과적으로 실현하기 위해서는 젠더의 문제에 관한 인식을 높일 수 있는 성인지(gender sensitive) 교육이 필요하다. 또한 모든 의사결정과 입안, 계획에서부터 여성을 참여시켜 남성 주류의 의사결정과 사회구조를 성평등하고 민주적으로 변화시키는 성주류화(gender mainstreming)가 필요하다.(UN세계여성행동강령)

김대중 대통령은 성평등 관련 국제인권문서를 적극 이행하고 이에 따라 우리나라 법제와 행정기구들을 개혁하고자 하였다. 또한 후술하는 바와 같이 우리나라가 「UN여성차별철폐협약」을 비준할 때, 국내법과 상충되던 협약의 국적 관련 조항에 대한 비준유보를 해제하였다(발효일: 1999.8.24.). 그리고 〈표 Ⅰ-3〉에 게시된 ILO의 국제협약 중 「모성보호 재개정 협약」(제183호)을 제외한 3종의 국제협약에 비준하였다. 비준이란 대통령이 국회의 동의를 얻어 국제협약을 국내법과 같이 준수하고 국제협약에 따라 국내법을 정비하겠다고 국제사회에 약속하는 행위를 말한다. 우리나라 「헌법」은 "헌법에 의해 체결·공표된 조약과 일반적으로 승인된 국제법규는 국내법과 같은 효력을 가진다."(제6조제1항)라고 규정하고 있다. 그러므로 대통령이 적법한 절차를 거쳐 비준한 국제협약은 우리나라 법과 같은 효력을 가진다.

그런데 「UN여성차별철폐협약」은 협약을 비준한 국가에게 협약의 이행에 관한 국가보고서를 UN여성차별철폐위원회에 제출하여 심의를 받게 하고 있다. 대통령직속 여성특별위원회는 「여성차별철폐협

약」의 제4차 국가이행보고서(이행기간 : 1994~1997.2)를 1998년
3월에 심의를 받았고, 여성부는 제5차 보고서(이행기간 :
1998~2001.12)를 2002년에 제출하여 심의를 받았다.

3. 김대중의 성평등 추진체계 구축의 방법과 특성

김대중의 성평등추진체계는 여성정책기본계획과 법령정비계획
및 「21세기 남녀평등헌장」에 기초한 체계성, 여성단체 등의 입법청
원과 여·야 의원들의 협력에 기초한 민주성, 정부출연기관인 한국
여성개발원의 연구에 기초한 전문성, 오늘날의 여성과 성평등 관련
법제와 정책에 기반을 제공한 선진성을 갖추었다.

1) 체계성

(1) 여성정책기본계획
〈제1차 여성정책기본계획〉(시행기간: 1998~2002년)은 「여성발
전기본법」에 따라 정무장관(제2)실이 여성정책에 관한 기본계획을
중앙행정기관과 협의하여 수립하여 김영삼 대통령의 승인을 얻어
1997.12.확정되었다.
〈제2차 여성정책기본계획〉(시행기간: 2003~2007년)은 2001.
1.29. 출범한 여성부가 수립하여 김대중 대통령의 승인을 얻어
2002.12. 확정되었다.
제1차와 제2차 기본계획의 개요(목표와 비젼, 기본전략, 추진전
략, 핵심과제)는 〈표 I -5〉로 정리한다.

〈표 I-5〉 제1차와 제2차 여성정책기본계획의 개요

제1차 여성정책기본계획		제2차 여성정책기본계획	
목표	건강한 가정의 구현과 국가 및 사회 발전에 남녀가 공동으로 참여하고 책임을 분담하는 사회시스템 구축	비전	실질적 남녀평등사회의 실현
세부목표	1.남녀평등의 촉진 2.여성의 사회참여 확대 3.여성의 복지증진	목표	1.남녀의 조화로운 동반자 관계형성 2.지식기반 사회 여성의 경쟁력강화 3.사회 각 분야 여성의 대표성 제고 4.여성의 복지증진 및 인권보호강화
기본전략	1. 법제도 및 관행의 개혁과 여성의 대표성 제고(공공부문 개혁) 2. 여성고용의 촉진 및 안정을 위한 지원강화 3. 여성의 경쟁력 제고를 위한 교육체제 확립과 교육을 통한 여성인재 양성 4. 다양한 여성·가정 복지서비스의 확충 5. 여성의 문화·사회활동 활성화를 위한 기반구축 6.국제협력과 통일에의 여성역할 증대	추진전략	성주류화
		핵심과제	1.정책에 양성평등 관점 통합 2.정책결정 과정에 여성의 대표성 제고 3.여성 인적자원의 개발과 활용 4.남녀고용평등과 여성의 경제활동 참여 제고 5.사회·문화 분야 여성참여 확대 6.평화·통일·국제협력에서의 여성의 기여 확대 7.여성의 건강과 복지향상 8.여성에 대한 폭력예방 및 인권보호 강화 9.양성평등한 가족정책 기반 조성 10.평등문화 및 의식의 확산

1998.2.28. 출범한 대통령직속 여성특별위원회는 「여성발전기본법」과 제1차 여성정책기본계획에 따라 1998년, 1999년, 2000년 시행계획을 수립ㆍ시행하였다. 이 때 제1차 여성정책기본계획을 수정보완하였다. 2001.1.29. 출범한 여성부는 2001년, 2002년에 수정보완된 제1차 여성정책기본계획에 따라 시행계획을 연도별로 수립ㆍ시행하였다가 2002년 말에 제2차 여성정책기본계획을 수립하여 시행하였다.

김대중 대통령과 '국민의 정부'는 제1ㆍ2차 여성정책기본계획에 따른 여성정책을 실시하였고 그 결과를 매년 「여성백서」를 발간하여 공지하였다.

(2) 법령정비계획

대통령직속 여성특별위원회는 1998.2.28. 출범 직후 남녀차별적 법령 정비를 정책과제로 삼았는데 이를 보다 체계적으로 하기 위해 〈남녀차별적 법령과 지방자치법규 종합 정비추진 계획〉을 수립하여 국무회의에 2000.5.16. 보고하였다. 여성부가 출범한 후에도 이 정비작업은 계속되어 2002년 2월까지 진행되었다. 이 사업으로 35개 기관(중앙행정기관 12개소, 시ㆍ도 16개소, 지방교육청 7개소)에서 771건의 국가 법령 및 지방자치법규가 정비되었다.

(3) 「21세기 남녀평등헌장」

김대중 대통령이 집권한 후, 여성부는 여성단체들과 협력하여 「21세기 남녀평등헌장」(표Ⅰ-6)을 마련하여 이를 2001.7.3. 개최한 '제6회 여성주간' 행사에서 김대중 대통령 부부와 전국 각지에서 2천여 명이 참석한 가운데 선포하였다.

이 헌장은 남성과 여성이 협력하여 이루어야 할 남녀평등사회의 지향점과 남녀관계를 제시하였다. 이것은 「헌법」의 성평등 관련 규정과 성평등 관련 국제인권문서, 「여성발전기본법」과 여성정책기본계획에 부합된다. 김대중 정부가 추진한 성평등을 위한 입법과 정책은 이 헌장이 제시한 바를 구현한 것이다.

〈표 I -6〉 21세기 남녀평등헌장

우리는 2001년을 참된 남녀평등 사회를 실현하는 원년으로 선포한다. 20세기가 남녀평등의 씨앗을 뿌린 시대였다면, 21세기는 그 결실을 맺는 시대가 될 것이다. 가정과 직장, 사회와 국가의 모든 부문에서 여성과 남성이 조화로운 동반자 관계를 이루는 일이 우리의 시대적 사명이다. 우리는 차별이 사라진 평등한 사회, 폭력이 없는 평화로운 사회, 인권이 존중되는 민주사회를 지향한다. 이를 위해 여성들 스스로가 자기 삶의 당당한 주체가 되어 사회 발전의 주역으로 나서야 한다. 이에 남녀평등 사회로 가는 지표를 세우고자 한다.

1. 남녀는 가정 안에서 역할과 책임을 공유한다. 특히 자녀양육은 남녀 모두의 권리이자 의무이다. 남녀가 평등한 가족 공동체를 이루고 다양한 가족형태를 존중한다.

1. 임신과 출산은 여성의 사회적인 기여로 인정되고, 마땅히 보호받는다. 임신과 출산으로 인해 어떠한 차별이나 불이익을 받아서는 안 된다.

1. 남녀는 능력에 따라 동등하게 경제 활동에 참여하고 이에 걸맞은 대우를 받는다. 여성은 고용과 임금에서 남성과 동등한 권리와 기회를 공유한다. 장애인을 포함한 소외여성에 대해서는 별도의 적극적인 지원이 이루어져야 한다.

1. 남녀는 시민적, 정치적 권리를 동등하게 행사한다. 정치와 공공 부문에 여성이 참여하는 기회를 늘리며, 여성의 정치적 대표성을 높일 수 있는 법적·제도적 장치를 마련한다.

1. 남녀는 동등하게 교육받을 기회를 갖는다. 남녀의 역할에 대한 고정관념을 없애도록 교과 내용을 개선하고, 지식정보 사회를 맞아 여성의 잠재력을 개발할 수 있는 교육 환경을 조성한다.

1. 남녀는 평등하고 민주적인 문화를 가꾸어 나간다. 이를 위해, 가정과 직장, 대중매체 등 모든 영역에서 민주적이고 남녀 평등한 의식과 관행을 확립하도록 노력한다. 여성을 향한 모든 형태의 폭력을 없애기 위해 노력한다.

1. 남녀는 환경보존과 한반도의 항구적인 평화체제 정착을 위해 함께 노력한다. 남녀평등 사회 실현을 앞당기기 위해 국제적인 연대를 강화한다.

2001년 7월 3일
여성부

2) 민주성

여성단체들은 여성문제를 해결하는 방안으로 연대하는 조직을 만들고 전문가들과 협력하여 입법안을 마련하고 이를 입법청원 등으로 관철하는 활동을 전개하여 왔다. 특히 지속가능한 성평등 사회를 만들고 여성 인권을 보호하기 위해 여성 단체들의 연합체로서 한국여성단체연합이 1987년 2월에 결성된 것을 계기로 여성에 대한 차별과 폭력의 철폐와 모성보호와 돌봄지원의 강화 등을 요구하는 입법안을 전문가들과 협력하여 만들고 입법청원을 하는 활동은 본격화되었다. 김대중 대통령이 집권한 후에 여성단체들은 더욱 다양한 사안으로 입법청원을 많이 하였고, '국민의 정부' 및 국회는 이 청원을 적극 수용하였다.

한편, 김대중 대통령은 성평등 추진체계를 구축하고 개혁하는 입법을 추진할 때, 15대 국회와 16대 국회의 여·야 의원들의 협력을 얻고자 노력하였다.

그리하여 김대중의 성평등 추진체계 구축은 민주적으로 그리고 비교적 원활하게 이루어졌다.

3) 전문성

우리나라는 세계에서 유례가 없는 여성정책과 성평등 전문 정부출연기관을 두고 있다.

한국여성개발원(현 한국여성정책연구원의 전신)은 1983.4.21. 여성문제 전담 정부출연법인으로 출범하여 여성문제와 여성정책에 관한 조사·연구와 교육·훈련 및 정보제공, 여성활동 지원 등의 다양한 업무를 수행하였다. 그런데 1999.1.29. 「정부출연연구기관등의 설립·운영및육성에관한법률」이 제정됨에 따라 한국여성개발원은 성평등을 추구하는 여성정책을 전문분야로 하는 정부출연 연구기관이 되었다. 한국여성개발원은 출범할 때부터 다양한 전공의 석·박사 학위를 가진 다수 전업 연구인력을 보유하였는데 이들은 국내외 여성문제의 실태와 여성정책 및 법제에 관한 동향을 심층 조사하고 우리나라 실정에 적합한 정책방안과 입법안을 제시하는 연구자료들을 작성하였다. 이 연구자료들은 정부와 입법기관(국회 및 지방의회), 사법기관, 학계, 여성계와 언론계 등 각계에 제공되었다.

김대중 대통령의 집권기간 중에 성평등을 실현하기 위해 추진된 각종 입법과 정책은 거의 이 기관의 연구자료와 입법안에 기초하여 이루어졌다.

4) 선진성

김대중 대통령 집권기간 중에 성평등 추진체계 구축과 개혁을 위해 이루어진 입법은 오늘날 성평등 관련 입법과 정책의 기반이 되는 선진성을 가졌다. 예를 들면, 앞에서 언급한 바와 같이 여성정책을 강화하고 아울러 성인지 정책을 실시하기 위해 「여성발전기본법」이 2002.12.11. 개정되었는데 이 때 개정된 내용은 이 법이 비록 2014.5.28. 「양성평등기본법」으로 대체되었어도 현재도 유지되고 있다. 그리고 「여성발전기본법」은 10년이 지난 2013.8.13.에야 일부 소폭 개정되었다. 이러한 사실은 2002.12.11.의 「여성발전기본법」개정이 가진 선진성을 보여주는 사례이다.

최초의 성평등 법제 구축과 추진(75종)

김대중 대통령의 집권기간에 우리나라에서 "최초"로 이루어지고 여성의 삶과 지위에 영향을 주었으며 오늘날의 성평등 관련 입법과 정책의 기반이 되고 있는 84종의 입법 중 법제(법령과 권리구제제도 등의 제도)는 총 75종에 이른다. 이를 입법의의별로 대분류하면 〈표 II-1〉과 같이 17종으로 구분된다.

〈표 II-1〉 최초의 성평등 법제의 입법의의별 대분류(17종)

- 최초로 여성·남성·성소수자의 실질적 성차별금지법을 만들다(14종)
- 최초로 성희롱의 예방·규제와 피해자보호법을 만들다(7종)
- 최초로 성차별·성희롱의 비사법적 권리구제제도를 만들다(5종)
- 최초로 남녀고용평등을 위한 상담실과 명예감독관제를 만들다(2종)

- 최초로 여성의 인재양성과 양성평등한 사회참여 촉진을 위한 적극적 조치법을 만들다(10종)
- 최초로 여성근로자·공무원·교원의 모성보호제도를 다양화하고 산전 후 휴가급여를 만들다(6종)
- 최초로 육아휴직제의 남녀공용화와 육아휴직급여 및 무상보육을 시행하다(6종)
- 최초로 고용 지원과 사회보장 및 정보화 교육을 연계한 여성복지법을 만들다(5종)
- 최초로 디지털 성폭력을 규제하고 성폭력범죄 신고자의 보호법을 만들다(2종)
- 최초로 스토킹을 처벌하기 위한 입법을 추진하다
- 최초로 청소년 대상 성폭력·성매매의 예방·규제법을 만들다(3종)
- 최초로 가정폭력특별법을 시행하고 피해자보호를 강화하다(2종)
- 최초로 윤락관련 요보호자보호시설 설치자를 확충하고 노래방등의 윤락행위 알선을 금지하며 성매매특별법의 입법화를 추진하다(3종)
- 최초로 일제하 일본군위안부피해 기념사업법을 만들고 "일제하 일본군위안부"를 정의하다(2종)
- 최초로 정책의 성별영향 분석·평가와 성별 통계 작성을 의무화하다(2종)
- 최초로 성평등 관련 비영리단체와 교육 및 직업훈련 시설의 지원 조항을 만들다(3종)
- 최초로 「정부조직법」과 「국회법」에 여성정책 관련 조직을 명시하다(3종)

1. 최초로 여성·남성·성소수자의 실질적 성차별금지법을 만들다

'성차별'이란 합리적 이유 없이 특정성에게 불이익을 주어 평등권을 침해하는 행위를 말한다.

김대중 대통령이 집권하기 전, 우리나라 법은 성차별을 「헌법」제11조제1항, 제32조제4항(표 Ⅰ-2에서 게시)과 같이 소극적 또는 추상적으로 금지하거나 1987.12.4. 제정된 「남녀고용평등법」제2장과 같이 일반 사업장의 여성근로자에 대한 차별을 금지하였다.

그런데 김대중 대통령이 집권한 후, 「남녀차별금지및구제에관한법률」의 제정(1999.2.8.)과 개정(2001.1.29.), 「남녀고용평등법」의 개정(1999.2.8.)과 전부개정(2001.8.14.), 「국가인권위원회법」의 제정(2001.5.24.)을 비롯한 다양한 입법이 이루어져 최초로 여성·남성·성소수자에 대한 실질적 성차별금지법을 갖추게 되었다. 그 입법의의와 내용을 14종으로 세분화하여 〈표 Ⅱ-2〉로 정리한다.

〈표 Ⅱ-2〉 여성·남성·성소수자에 대한 최초의 실질적 성차별금지법(14종)

- 최초로 "남녀차별"의 개념과 예외를 정의하다
- 최초로 간접차별을 성차별의 유형으로 명시하다
- 최초로 남녀차별금지 영역을 고용, 교육, 재화·시설·용역, 법과 정책의 집행으로 확충하다
- 최초로 남녀차별금지 의무자에 '공공기관'을 명시하다
- 최초로 남녀차별금지에 관한 구체적 지침을 만들다
- 최초로 여성차별금지를 남녀차별금지로 전환하고 남성차별을 해소하다
- 최초로 유족 수급권에서의 기혼여자녀의 차별을 해소하다
- 최초로 가족 관련 준거법과 공무원법 등에서의 성차별을 해소하다
- 최초로 방송의 성차별 금지와 양성평등 심의사항을 규정하다
- 최초로 「UN여성차별철폐협약」 국적 관련 조항의 비준유보를 철회하다
- 최초로 ILO의 성평등 협약(3종)에 비준하다
- 최초로 헌법재판소의 성차별 인정에 따라 동성동본금혼조항과 제대군인 취업가산점제도를 대체하는 입법을 하다
- 최초로 성소수자의 차별을 규제하다
- 최초로 성희롱이 남녀차별에 해당됨을 명시하다

1) 최초로 "남녀차별"의 개념과 예외를 정의하다

(1) 최초로 "남녀차별"의 개념을 정의하다

우리나라에서 최초로 "남녀차별"의 개념을 정의한 법은 김대중 대

통령이 집권한 후, 1999.2.8. 제정되고 1999.7.1. 시행된 「남녀차별금지및구제에관한법률」(약칭: 남녀차별금지법)이다. 이 법에서 "남녀차별"이란 "정치적·경제적·사회적·문화적 생활의 모든 영역에서 인간으로서의 기본적 자유를 인식·향유하거나 권리를 행사함에 있어서 합리적인 이유없이 성별을 이유로 행하여지는 모든 구별·배제 또는 제한"(제2조제1호)을 말한다.

한편, 「남녀고용평등법」은 1989.4.1.개정될 때, "차별"의 개념을 처음 정의하였지만, "사업주가 근로자에게 성별, 혼인 또는 가족상의 지위, 임신등의 사유로 합리적인 이유없이 채용 또는 근로의 조건을 달리하거나 기타 불이익한 조치를 취하는 것"(제2조의2 제1항)로 규정하여 고용분야에서의 성차별 뿐 아니라 혼인 또는 가족상의 지위, 임신등의 사유에 의한 차별을 포괄하는 개념이었다.

그런데 2001.5.24. 제정된 「국가인권위원회법」은 "평등권 침해의 차별행위"를 "합리적인 이유없이 성별 등을 이유로 특정한 사람을 우대·배제·구별하거나 불리하게 대우하는 행위"(제30조제2항)로 정의하였다.

　(2) 최초로 "남녀차별"의 예외를 규정하다

「남녀고용평등법」은 1989.4.1.개정될 때, "차별"의 개념조항(제2조의2)에서 "근로여성에 대한 모성보호는 이 법에서 말하는 차별로 보지 아니한다."(제2항), "현존하는 차별을 해소하기 위하여 국가, 지방자치단체 또는 사업주가 잠정적으로 특정 성의 근로자를 우대하는 조치를 취하는 것은 이 법에서 말하는 차별로 보지 아니한다."(제3항)라고 규정하여 "차별"의 예외를 처음 규정하였다.

그런데 1999.2.8. 제정된 「남녀차별금지법」은 "다른 법률에 규정된 남녀평등을 촉진하기 위한 잠정적 조치등은 이 법에 의한 남녀차별로 보지 아니한다."(제8조)라고 규정하여 "남녀차별"의 예외를 최초로 규정하였다.

그후 2001.5.24. 제정된 「국가인권위원회법」도 "평등권 침해의 차별행위"의 예외에 대하여 "다른 법률에서 특정한 사람(특정한 사람들의 집단을 포함)에 대한 우대를 차별행위의 범위에서 제외한 경우 그 우대는 차별행위로 보지 아니한다."(제30조제2항 단서)라고 규정하였다.

(3) 최초로 '진정직업적격'을 차별의 예외에 포함하다

「남녀고용평등법」은 2001.8.14. 전부개정될 때, 차별의 예외를 "1. 직무의 성질상 특정 성이 불가피하게 요구되는 경우 2. 근로여성의 임신, 출산, 수유등 모성보호를 위한 조치를 취하는 경우 3. 현존하는 차별을 해소하기 위하여 국가, 지방자치단체 또는 사업주가 잠정적으로 특정 성을 우대하는 조치를 취하는 경우"(제2조제1항 단서)로 규정하였다. 그리하여 최초로 "직무의 성질상 특정 성이 불가피하게 요구되는 경우"(진정직업적격)를 차별의 예외에 포함하였다.

2) 최초로 간접차별을 성차별의 유형으로 명시하다

성차별의 행태 중 구별·배제 또는 제한 등으로 남성과 여성을 다르게 대우하여 특정성에게 불이익을 주는 것을 '직접차별'이라 한다. 한편, 남성과 여성에게 조건을 동일하게 적용하여 표면상 성차별이 아닌 것처럼 보이지만, 그 조건이 불합리하여 결과적으로 특정성에게 불이익이 초래되는 것을 '간접차별'이라 한다.

남녀차별을 금지하는 법이 제정된 후에는 직접차별은 비교적 많이 해소되었지만, 간접차별은 거의 규제되지 못하였다. 여성단체 등의 여성계와 노동단체는 연대조직을 만들고 남녀차별을 실질적으로 규제하기 위하여 정부와 국회에 남녀차별의 개념에 간접차별을 포함하는 입법청원을 하였다.

　　김대중 대통령이 집권한 후, 이러한 여성계 등의 요구를 반영하여 「남녀고용평등법」은 1999.2.8. 개정될 때, "차별"의 개념을 정의한 조항(제2조제1항)에 "이 경우 사업주가 여성 또는 남성 어느 한 성이 충족하기 현저히 어려운 인사에 관한 기준이나 조건을 적용하는 것도 차별로 본다."는 제2문을 추가하였다. 그리하여 우리나라 법에서 '간접차별'의 개념을 최초로 규정한 법이 되었다.

　　2001.5.24. 제정된 「국가인권위원회법」도 '평등권 침해의 차별행위"의 행태를 "특정한 사람을 우대·배제·구별하거나 불리하게 대우하는 행위"로 규정하여 '간접차별'을 포함하였다.

　　그런데 「남녀고용평등법」은 2001.8.14. 전부개정될 때, 간접차별에 관한 조문을 "사업주가 채용 또는 근로의 조건은 동일하게 적용하더라도 그 조건을 충족시킬 수 있는 남성 또는 여성이 다른 한 성에 비하여 현저히 적고 그로 인하여 특정 성에게 불리한 결과를 초래하며 그 기준이 정당한 것임을 입증할 수 없는 경우에도 이를 차별로 본다."(제2조제1항 제2문)라고 변경하여 '간접차별'의 개념을 구체화하였다.

3) 최초로 남녀차별금지 영역을 고용, 교육, 재화·시설·용역, 법과 정책의 집행으로 확충하다

　　우리나라 성차별금지법에는 차별금지 영역에 대해 「헌법」과 같이 "정치적·경제적·사회적·문화적 생활의 모든 영역"(제11조제1항)으로 포괄적으로 규정한 법도 있지만, 「근로기준법」과 「남녀고용평등법」등과 같이 고용 영역에서의 차별을 금지하는 법이 많다.

　　그런데 김대중 대통령이 집권한 후, 1999.2.8. 제정된 「남녀차별금지법」은 공공기관 및 사용자에게 고용(채용, 승진, 전보, 해고, 정년등)(제3조), 교육에 있어서 교육기회·조건·방법등(제4조), 재화·시설·용역 등의 제공 및 이용에 있어서(제5조) 남녀차별을 하여서는 아니된다는 것을 규정하였다. 또한 "공공기관은 법령에 의하여 직무를 수행하거나 권한을 행사함에 있어서 남녀차별을 하여서는 아니된다."는 조항(제6조)도 두었다. 그리하여 이 입법은 최초로 성차별의 금지영역을 고용 뿐 아니라 "교육에 있어서 교육기회·조건·방법등", "재화·시설·용역 등의 제공 및 이용", "법과 정책의 집행"으로 확충한 점에서 의의가 크다.

그 후 2001.5.24. 제정된 「국가인권위원회법」은 "평등권 침해의 차별행위"의 개념 정의(제2조제3호)에서 차별행위의 영역을 "1. 고용(모집, 채용, 교육, 배치, 승진, 임금 및 임금외의 금품 지급, 자금의 융자, 정년, 퇴직, 해고 등을 포함한다) 2. 재화·용역·교통수단·상업시설·토지·주거시설의 공급이나 이용 3. 교육시설이나 직업훈련기관의 이용"으로 구체화하였다.

4) 최초로 남녀차별금지 의무자에 '공공기관'을 명시하다

「근로기준법」은 남녀차별금지의 의무자를 "사용자"로 규정하고, 「남녀고용평등법」은 "사업주"로 규정하였다.

그런데 「남녀차별금지법」은 1999.2.8. 제정될 때, 남녀차별 금지의 의무자를 "공공기관과 사용자"로 명시하였다. 이 법에서 "공공기관"이라 함은 "국가기관·지방자치단체 기타 대통령령이 정하는 공공단체(1. 국가·지방자치단체가 자본금의 2분의 1이상을 출자한 기관 및 한국은행(이하 "정부투자기관"이라 한다)과 국가·지방자치단체 또는 정부투자기관의 출자총액이 자본금의 2분의 1이상인 기관 2. 특별법에 의하여 설립된 특수법인)"(제2조제3호, 시행령 제2조)를 말한다. 이 입법은 최초로 국가, 지방자치단체 등의 공공기관을 남녀차별 금지의 의무자로 규정한 점에서 의의가 크다.

한편, 이 법에서 "사용자"란 "사업주 또는 사업경영담당자 기타 근로자에 관한 사항에 대하여 사업주를 위하여 행위하는 자"(제2조 제4호)를 말한다.

5) 최초로 남녀차별금지에 관한 구체적 지침을 만들다

1999.2.8. 제정된 「남녀차별금지법」은 남녀차별개선사무에 관한 '대통령 직속 여성특별위원회'의 기능에 "남녀차별금지에 대한 기준 및 개선지침의 수립·보급"(제10조제5호)을 포함하였다. 1999.6.30. 제정된 시행령은 제3조(남녀차별금지에 대한 기준의 고시)에서 "여성특별위원회는 「남녀차별금지법」의 남녀차별금지규정(제3조 내지 제7조)에 위반되는 남녀차별을 예방하기 위하여 법 제10조제5호의 규정에 의한 남녀차별금지에 대한 기준을 정한 경우에는 이를 고시할 수 있다."라고 규정하였다.

그후 「남녀차별금지법」은 2001.1.29. 개정될 때, "남녀차별금지에 대한 기준 및 개선지침의 수립·보급"을 '남녀차별개선위원회'의 기능으로 변경하였다. 같은 날 개정된 시행령은 남녀차별금지에 대한 기준 고시를 '여성부'가 할 수 있도록 규정하였다.

이에 따라 여성부는 2001.4.17. 「남녀차별금지기준」을 제정하여 고시하였다가 2002.11.4. 개정하여 다시 고시하였다. 「남녀차별금지기준」은 "남녀차별금지및구제에관한법률 제10조제5호 및 시행령 제3조의 규정에 의하여 남녀차별금지에 위반하는 행위를 예방하고 남녀차별 여부를 결정하기 위하여 필요한 사항을 규정함"(제1조)을 목적으로 하였다. 이 기준은 고용(제2장), 교육(제3장), 재화·시설·용역 등의 제공 및 이용(제4장), 법과 정책의 집행(제5장)에서 남녀차별금지의 의미와 대표적인 남녀차별행위의 유형을 구체적으로 규정하였다.

한편, 노동부는 1992년에 노동부 예규로 「남녀고용평등업무처리
규정」을 제정하였다가 김대중 대통령이 집권한 후, 1999.4.28. 개정
하였다. 이 예규는 "남녀고용평등법, 동법 시행령 및 동법 시행규칙
에 따라 고용에 있어서 남녀의 평등한 기회 및 대우를 보장하는 데
필요한 사항을 정함"(제1조)을 목적으로 하였다. 그리고 모집·채
용, 교육·배치·승진, 정년·퇴직·해고에서의 여성차별금지규정
들과 동일가치노동 동일임금규정이 말하는 차별행위의 구체적 유형
과 판단기준을 예시하였다.

이러한 2종의 입법은 김대중 대통령의 집권기간에 최초로 남녀차
별금지에 관한 구체적 지침을 만들어 「남녀차별금지법」과 「남녀고용
평등법」을 실질적으로 시행하게 하고 남녀차별을 예방하게 하는 점
에서 의의가 크다.

6) 최초로 여성차별금지를 남녀차별금지로 전환하고 남성차별을 해소하다

(1) 최초로 여성차별금지를 남녀차별금지로 전환하다

「남녀고용평등법」은 1987.12.4.제정될 때, "헌법의 평등이념에
따라 고용에 있어서 남녀의 평등한 기회 및 대우를 보장하는 한편
모성을 보호하고 직업능력을 개발하여 근로여성의 지위향상과 복지
증진에 기여함"(제1조)을 법의 목적으로 하였다. 이 법은 [제2장 고
용에 있어서 남·녀의 평등한 기회 및 대우등]에서 사업주는 "근로자
의 모집과 채용에 있어서 여성에게 남성과 평등한 기회를 주어야 한
다."(제6조)라고 규정하였다. 그리고 교육·배치 및 승진(제7조), 정
년 및 해고(제8조제1항)에 있어서 "여성인 것을 이유로 남성과 차별
대우를 하여서는 아니된다."는 것을 규정하였다. 또한 "근로여성의
혼인·임신 또는 출산을 퇴직사유로 예정하는 근로계약을 체결하여

서는 아니된다."는 제8조제2항도 두었다. 그후 이 법은 1989.4.1. 차별의 정의 규정(제2조)과 남녀동일가치노동 동일임금 지급 규정(제6조의2), 사업주의 입증책임 규정(제19조)을 신설하였다. 그리고 "사업주는 여성근로자를 모집·채용함에 있어서 모집·채용하고자 하는 직무의 수행에 필요로 하지 아니하는 용모·키·체중 등의 신체적 조건, 미혼조건 그 밖에 노동부령이 정하는 조건을 제시하거나 요구하여서는 아니된다."는 여성용모채용기준 금지조항(제6조제2항)을 1995.8.4. 신설하였다.

그런데 김대중 대통령이 집권한 후, 이 법은 2001.8.14.전부개정될 때, 법의 목적을 "헌법의 평등이념에 따라 고용에 있어서 남녀의 평등한 기회 및 대우를 보장하는 한편 모성을 보호하고 직장과 가정생활의 양립과 여성의 직업능력개발 및 고용촉진을 지원함으로써 남녀고용평등 실현을 하는 것"(제1조)으로 변경하였다. 법이 제정된 지 14년 만에 '근로여성복지법'에서 '실질적 남녀고용평등법'으로 법의 성격이 전환된 것이다.

이에 따라 이 법은 정부가 수립해야 할 "근로여성기본계획"을 "남녀고용평등기본계획"으로 변경하였다. 그리고 제6조(모집과 채용), 제6조의3(임금외의 금품등), 제7조(교육·배치 및 승진), 제8조(정년·퇴직 및 해고)의 제1항에서 "여성인 것을 이유로 남성과 차별대우를 하여서는 아니된다."는 조문을 "남녀를 차별하여서는 아니된다."로 변경하였다. 이 입법은 최초로 여성차별금지를 남녀차별금지로 전환하여 고용에서의 실질적인 남녀차별금지법으로 변모시킨 의의가 있다.

다만, 여성용모채용기준 금지규정(제6조제2항)과 여성결혼퇴직제금지규정(제8조제2항)은 존치시켰다. 기업이 여성을 키와 몸무게 등의 용모를 기준으로 채용하는 관행과 여성이 혼인하거나 임신 또

는 출산을 하면 퇴직시키는 관행이 당시 여전히 유지되고 있었던 사
정을 감안한 입법조치이다.

(2) 최초로 남성차별을 해소하는 입법을 하다

김대중 대통령이 집권한 후, 1999.2.8. 제정된 「남녀차별금지법」
은 최초로 여성 뿐 아니라 남성에 대한 차별을 금지하였다.

2001.5.24. 제정된 「국가인권위원회법」도 특정성에 관계없이 성
별을 이유로 한 차별을 "평등권을 침해하는 차별행위"의 대표적 유형
으로 규정하였다. 이에 따라 국가인권위원회는 남성에 대한 차별을
인정하고 시정을 권고하는 첫 번째 결정을 2002.11.25. 하였다. 그
후 남성차별에 관한 진정이 국가인권위원회에 접수되는 사례가 증가
하였고, 위원회의 인정 사례도 증가하였다.

한편, 「근로기준법」은 "여자와 18세미만인 자가 해고일로부터 14
일이내에 귀향하는 경우에는 사용자는 필요한 귀향여비를 부담하여
야 한다. 다만, 근로자의 귀책사유로 인한 해고로서 사용자가 그 사
유에 대하여 노동위원회의 인정을 받은 경우에는 그러하지 아니하
다."는 조항(제74조)을 1999.2.8. 폐지하였다. 폐지이유에는 이러
한 보호에 18세 이상의 남성근로자를 배제하는 것은 합리성이 없다
는 이유가 포함되어 있다.

남성차별 해소와 관련하여 「모자복지법」이 「모·부자복지법」으로
2002.12.18. 전환된 사례도 주목된다. 「모자복지법」은 "모자(母子)
가정이 건강하고 문화적인 생활을 영위할 수 있게 함으로써 모자가
정의 생활안정과 복지증진에 기여함"(제1조)을 목적으로 1989.4.1.
제정되어 1989.7.1.시행되었다. 그런데 질병, 교통사고, 이혼 등으
로 아버지가 배우자 없이 자녀들을 돌보는 부자(父子)가정이 증가하
자 이 법은 남성을 차별한다는 비판을 받았다. 이 문제를 해소하기

위해 2002.12.18. 제정된 「모·부자복지법」은 "모·부자가정이 건강하고 문화적인 생활을 영위할 수 있게 함으로써 모·부자가정의 생활안정과 복지증진에 기여함"(제1조)을 목적으로 하였다. 골자는 저소득 모자가정과 부자가정에게 동일하게 복지급여, 복지자금대여, 고용촉진, 공공시설내 매점 및 시설설치, 국민주택의 우선 분양 및 임대, 복지시설의 설치·운영 등의 사회서비스를 제공하는 것이었다. 이 입법은 사회보장에서의 성평등을 구현하고자 한 의의가 있다. 그런데 이 법의 시행은 노무현 대통령이 집권한 후, 2003.6.19. 이루어졌다.

7) 최초로 유족 수급권에서의 기혼여자녀의 차별을 해소하다

우리나라 법령이 여성을 차별하는 이유에는 유교적·가부장적 가족제도에서 여성은 혼인하면 가족이 아니게 된다는 출가외인(出嫁外人)의 통념에 기초하는 경우가 많다. 그런데 김대중 대통령이 집권한 후, 다음 3종의 입법이 이루어져 이러한 여성차별적 규정들은 폐지되었다.

(1) 「국민연금법」은 2000.12.23. 개정될 때, 가입자의 사망으로 유족이 가지는 연금수급권을 여성 자녀나 손자녀가 혼인하면 소멸시킨 규정(제65조제1항제4호)을 삭제하였다.

(2) 「독립유공자예우에관한법률」은 2000.12.30. 개정될 때, 독립유공자의 출가(出嫁)한 딸 또는 손녀는 다른 유족이 없고 친가에 후손이 없는 경우에만 이 법에 의한 보상을 받을 수 있도록 하던 규정을 삭제하여 다른 유족과 마찬가지로 보상을 받을 수 있도록 하되, 연금지급 및 대부는 다른 유족이 없는 경우에 한하여 받을 수 있도록 하였다(제5조·제12조제4항·제18조). 그리고 독립유공자의 호주

승계인인 손자녀가 질병·심신장애 또는 고령 등으로 취업이 어려워 그 자녀에게 취업보호를 실시하는 경우 출가한 딸을 제외하도록 하던 조항(제16조제1항)도 삭제하였다.

(3) 「국가유공자예우및지원에관한 법률」도 「독립유공자예우에 관한법률」과 같은 내용으로 2000.12.30.개정되었다(제5조·제13 조제1항·제47조).

8) 최초로 가족 관련 준거법과 공무원법 등에서의 성차별을 해소하다

(1) 최초로 가족 관련 준거법에서의 성차별을 해소하다

준거법(準據法)이란 외국과 관련되어 있는 사안에 관하여 어느 나라 법을 적용할 것인지를 정한 법을 말한다. 이에 관하여 우리나라 「섭외사법」은 "대한민국에 있어서의 외국인 및 외국에 있어서의 대한민국 국민의 섭외적 생활관계에 관하여 준거법을 정함"을 목적으로 1962. 1.15. 제정되었다. 그런데 이 법은 혼인의 효력(제16조제1항)과 부부재산제(제17조제1항), 이혼(제18조)은 "남편의 본국법에 의한다."라고 규정하였다. 또한 친자간의 법률관계는 "아버지의 본국법에 의하고 아버지가 없는 때에는 어머니의 본국법에 의한다." (제22조)라고 규정하였다. 이와 같이 이 법은 혼인과 가정생활에서 남편, 아버지 중심주의를 명시하였다. 이것은 혼인과 가정생활은 개인의 존엄과 양성평등에 기초한다는 「헌법」제36조제1항과 국가는 혼인과 가족관계에 관한 모든 문제에 있어 여성에 대한 차별을 철폐하기 위한 조치를 해야 한다는 「UN여성차별철폐협약」제16조에 위반된다는 지적이 많았지만 약 40년간 유지되었다.

그런데 김대중 대통령이 집권한 후, 2001.4.17. 이 법의 법명은 「국제사법」으로 변경되고 전부개정되었다. 그 중 혼인과 이혼, 부부

재산제, 친자관계 등에 관한 국제재판관할과 준거법을 정함에 있어
서 남편 또는 아버지의 본국법에 의하도록 한 것을 삭제하고 부부
또는 부모 중 일방의 본국법 등으로 변경되었다.

(2) 최초로 가족 관련 공무원법에서의 성차별을 해소하다

「국가공무원복무규정」(대통령령)은 1999.12.7. 개정하여 남계(男
系)와 여계(女系) 친족간의 형평성 논란이 있는 경조사 특별휴가의 대상
을 남녀평등이념에 맞추어 합리적으로 조정하고, 부모사망 및 탈상 시
의 휴가일수를 남녀에게 동일하게 부여하였다(제20조제1항, 별표 2).

(3) 그 외 가족관련법에서 여성차별을 해소하다

「상훈법시행령」(대통령령)은 2000.1.28. 개정될 때, 유족이 훈
장을 대리하여 수령할 경우에는 호주승계의 순위에 의하도록 하였던
규정(제20조제2항)을 배우자가 우선하여 수령할 수 있도록 하고, 배
우자가 없는 경우에는 「민법」상의 호주승계의 순위에 의하며, 호주승
계의 순위에 의하여도 대리수령자가 없는 경우에는 추천권자가 행정
자치부장관과 협의하여 지정할 수 있도록 변경하였다. 이 입법은 당
시 호주승계는 원칙적으로 남성이 하는 것이며, 여성은 가(家)에 호
주를 승계할 남성이 없고 혼인하지 않은 경우에 승계할 수 있었기에
가부장적 가족제도에서의 여성차별 문제를 일부나마 해소하기 위해
이루어진 의의가 있다.

9) 최초로 방송의 성차별 금지와 양성평등 심의사항을 규정하다

「방송법」은 "방송의 자유와 공적 기능을 보장함으로써 민주적 여
론형성과 국민문화의 향상을 도모하고 공공복지의 증진에 기여함"
(제1조)을 목적으로 1987.11.28.제정되었다. 그런데 이 법은 제4조

(방송의 공적 책임)에서 "방송은 인간의 존엄과 가치 및 민주적 기본질서를 존중하여야 한다."(제1항)라고 규정하였을 뿐, 성차별 금지와 양성평등은 명시하지 않았다.

그런데 김대중 대통령이 집권한 후, 2000.1.12. 이 법은 성차별과 양성평등에 관하여 다음과 같이 중요한 개정을 하였다. 이 개정은 2000.3.13. 시행되었다.

(1) 제5조(방송의 공적 책임)에서 "방송은 국민의 화합과 조화로운 국가의 발전 및 민주적 여론형성에 이바지하여야 하며 지역간·세대간·계층간·성별간의 갈등을 조장하여서는 아니된다."는 제2항과 "방송은 건전한 가정생활과 아동 및 청소년의 선도에 나쁜 영향을 끼치는 음란·퇴폐 또는 폭력을 조장하여서는 아니된다."는 조항(제5항)을 신설하였다.

(2) 제6조(방송의 공정성과 공익성)에서 " 방송은 성별·연령·직업·종교·신념·계층·지역·인종등을 이유로 방송편성에 차별을 두어서는 아니 된다."는 조항(제2항제1문)을 신설하였다.

(3) 제33조(심의규정)에서 방송위원회가 방송의 공정성 및 공공성을 심의하기 위하여 제정·공표하여야 하는 「방송심의규정」에 "양성평등에 관한 사항"을 처음 포함하였다.

10) 최초로 「UN여성차별철폐협약」 국적 관련 조항의 비준유보를 철회하다

우리나라는 「UN여성차별철폐협약」에 1984.12.27. 비준하여 이 협약은 1985.1.26.부터 국내법과 같은 효력을 가지고 있다. 그런데 이 협약에 비준할 당시 우리나라 「국적법」은 처와 미성년 자녀의 국적을 남편과 아버지의 국적에 따라 자동 변경되도록 규정하여 국적에서의 여성차별철폐조치를 요구한 협약 제9조와 상충되었다. 또한 우리나라 「가족법」(「민법」제4편과 제5편)은 남성중심의 가부장적 가족제도를 기초로 하여 여성차별적 규정들을 많이 두었기에 혼인과 가정생활에서의 여성차별철폐조치를 요구한 협약의 제16조 (다), (라), (마), (사)항에 상충되었다.

여성계는 이 협약에 비준하기 전 협약에 상충되는 국내법을 먼저 개정해야 한다고 주장하였지만, 정부는 국내법과 상충하는 협약의 조항들에 대해서는 비준을 유보하는 조치를 하였다. 그후 「가족법」의 여성차별적 규정들을 1990.1.13. 일부개정한 후, 협약 제16조에 대한 비준 유보를 해제하였다(발효일: 1991.3.15.) 그러나 현재에도 "가족성(姓) 및 직업을 선택할 권리를 포함하여 부부로서의 동일한 개인적 권리"를 규정한 협약의 제16조 (사)항에 대한 비준유보는 해제하지 못했다. 그것은 「가족법」이 자녀는 아버지의 성(姓)과 본(本)을 따른다는 것을 원칙으로 하고 있기 때문이다.

그런데 김대중 대통령은 집권한 후, 성평등 국제문서에서 규정한 기본이념과 기본방향에 따라 성평등을 실현하기 위한 입법과 정책이 본격적으로 추진하였다. 그 일환으로 국적에 관한 협약 제9조에 대한 비준 유보를 해제하였다(발효일: 1999.8.24.). 「국적법」이 국적의 취득과 변동에서 남성과 여성에게 동등한 권리를 부여하도록 1997.12.13. 개정된 데 따른 후속조치였다.

11) 최초로 ILO의 성평등 협약(3종)에 비준하다

김대중 대통령은 집권한 후, 〈표 Ⅰ-3〉에 제시된 국제협약 중 최초로 ILO의 성평등 관련 협약(3종)에 비준하였다. 비준은 「동일가치노동에 대한 남녀근로자의 동일보수에 관한 협약」(제100호)에 1998.12.8., 「고용 및 직업상의 차별에 관한 협약」(제111호)에

1999.12.24., 「가족부양책임 있는 남녀근로자에 대한 균등한 기회 및 대우에 관한 협약」(제156호)에 2001.3.29. 이루어졌다. 그리하여 이 협약들은 국내법과 같은 효력을 가진다.

12) 최초로 헌법재판소의 성차별 인정에 따라 동성동본금혼조항과 제대군인 취업가산점제도를 대체하는 입법을 하다

(1) 최초로 헌법불합치 결정을 받은 동성동본금혼조항을 대체하는 입법을 하다

「가족법」(「민법」제4편 친족과 제5편 상속)은 1958.2.22. 제정될 때부터 호주제와 동성동본금혼제 등의 가부장적 가족제도를 기반으로 하여 여성차별적 규정들을 많이 포함하였다. 여성들이 주축이 되어 전개한 가족법개정운동의 영향으로 1977.12.31.의 개정과 1990.1.3.의 개정이 일부 이루어졌지만, 가족법은 여전히 우리나라의 대표적인 여성차별적인 법으로 지적되었다.

그런데 헌법재판소는 1997. 7.16. 동성동본금혼제를 규정한 「민법」 제809조제1항이 "혼인과 가족생활은 개인의 존엄과 양성평등을 기초로 성립되고 유지되어야 한다."는 「헌법」 제36조제1항에 불일치하므로 1998.12.31.까지 새로운 혼인제도로 개정하지 않으면 효력을 상실한다는 헌법불합치 결정을 하였다. 그럼에도 국회는 제809조제1항을 개정하지 않아 행정관청과 신청자들 사이에 혼인신고를 둘러싼 혼란과 분쟁이 발생하였다.

그런데 김대중 대통령이 집권한 후, 동성동본금혼제 폐지와 이을 대체할 근친혼 금지규정, 그리고 여자의 재혼금지기간 삭제 등을 담은 가족법 개정안을 국무회의의 의결을 거쳐 1999.11.7. 제출하였다. 그러나 국회법사위는 1999.12.17. 동성동본금혼제도를 유지한다는 수정안을 가결하였는데 이 수정안 조차 15대 국회의 임기만료

로 폐기되었다. 법무부는 2000.10.6. 가족법 개정안을 다시 국회에 제출하였지만 16대 국회의 임기만료료 자동폐기되었다.

결국 가족법은 노무현대통령이 집권한 후, 2005.3.30.에 대폭 개정되었다. 이 개정으로 동성동본금혼조항은 근친혼금지조하항으로 대체되었다.

(2) 최초로 위헌결정을 받은 제대군인 취업가산점제도를 대체하는 입법을 추진하다

김대중 대통령이 집권한 후, 헌법재판소는 「제대군인지원에관한법률」 제8조(채용시험의 가점)과 가점 비율을 정한 시행령 제9조에 따라 제대군인이 공무원채용시험 등에 응시한 때에 과목별 만점의 3~5%를 가산하는 제대군인 취업가산점제도에 대해 사회적 소수자인 여성과 장애인이 공무원시험에 합격하는 것을 매우 어렵게 하여 평등권과 공무담임권을 침해하여 위헌이라는 결정을 1999.12.23. 선고하였다. 이에 따라 제대군인 가산제도는 무효화되어 공무원과 교원 등 공직 관련 시험에 합격하는 여성들의 수는 크게 증가하였다. 한편, 남성들의 반발은 고조되었다.

이러한 상황을 감안하여 이 법은 2001.1.4. 개정될 때, 제대군인의 채용시험 가산점조항(제8조)을 폐지하고 채용우대조항으로 변경하였다. 채용우대의 골자는 취업보호실시기관의 장이 당해 기관에 채용된 제대군인의 호봉이나 임금을 결정함에 있어 군복무기간을 근무경력에 포함할 수 있다는 등이다.

13) 최초로 성소수자의 차별을 규제하다

우리나라는 선천적으로나 후천적으로 남성과 여성이 아닌 제3의 성을 가진 사람이거나 남성과 여성 사이의 이성애가 아닌 같은 성

사이의 동성애를 하는 사람을 인권 보장의 대상에 포함하지 않았다.

그런데 김대중 대통령이 집권한 후, 「국가인권위원회법」이 "국가인권위원회를 설립하여 모든 개인이 가지는 불가침의 기본적 인권을 보호하고 그 수준을 향상시킴으로써 인간으로서의 존엄과 가치를 구현하고 민주적 기본질서의 확립에 이바지함"(제1조)을 목적으로 2001.5.24. 제정되고 2001.11.25.시행된 것을 계기로 변화가 이루어졌다. 이 법은 "평등권 침해의 차별행위"의 개념 정의(제2조제3호)에서 차별 사유를 "합리적인 이유없이 성별, 종교, 장애, 나이, 사회적 신분, 출신지역, 출신국가, 출신민족, 용모 등 신체조건, 혼인여부, 임신 또는 출산, 가족상황, 인종, 피부색, 사상 또는 정치적 의견, 형의 효력이 실효된 전과, 성적(性的) 지향, 병력(病歷) 등"으로 규정하였다. 그리하여 우리나라 법 중 최초로 "성적(性的) 지향"을 합리적 이유없는 차별 사유로 명시하여 남성·여성 뿐 아니라 성소수자에 대한 차별행위를 최초로 규제하고 피해를 인권 차원에서 국가인권위원회가 구제할 수 있게 한 점에서 입법의의가 크다. 이에 따라 실제로 국가인권위원회는 성소수자에 대한 차별행위를 인정하고 시정권고를 한 결정을 하였다.

14) 최초로 성희롱이 남녀차별에 해당됨을 명시하다

「남녀차별금지법」은 1999.2.8. 제정될 때, "성희롱은 남녀차별로 본다."(제7조제3항)라고 규정하였다.

이 입법은 성희롱이 남녀불평등한 관계에서 주로 특정성 특히 여성을 대상으로 이루어지고 있는 현상을 감안하여 성희롱을 남녀차별 문제로 최초로 명시한 점에서 의의가 크다. 또한 이 입법은 우리나라 법이 성폭력·가정폭력·성매매를 범죄행위로 규정하여 특례법으로 형사처벌하는 반면, 성희롱에 대해 「남녀고용평등법」은 고용에서의 남녀의 평등을 침해하는 고용차별행위의 일종으로, 「국가인권위원회법」은 "평등권침해의 차별행위"의 일종으로 분류한 입법에 영향을 미쳤다.

2. 최초로 성희롱의 예방·규제와 피해자보호법을 만들다

'성희롱'이란 업무와 관련하거나 지위를 이용하여 상대방이 원하지 않는 성적인 언동을 하여 상대방에게 정신적·신체적 피해와 인권침해 및 업무상의 피해를 발생시키는 행위를 말한다. 국제적으로 'sexual harassment'란 용어로 지칭되며 성차별과 여성에 대한 폭력(젠더폭력)의 대표적인 유형이다.

우리나라에서는 1993년 10월에 성희롱 관련 소송이 최초로 제기되면서 성희롱에 관한 사회적 관심이 높아지고 여성계는 법적 대책을 요구하였다.

우리나라 법 중 최초로 '성희롱'을 언급한 법은 1995.12.30. 제정된 「여성발전기본법」이다. 그런데 이 법은 "국가·지방자치단체 또는 사업주는 성희롱의 예방 등 직장 내의 평등한 근무환경 조성을 위하여 필요한 조치를 취하여야 한다."(제17조제3항)라고 규정하였을 뿐, 성희롱의 개념과 예방 및 사후 조치에 관해서는 규정하지 않았다.

성희롱에 관한 입법은 김대중 대통령이 집권한 후 본격적으로 추진되었다. 그리하여 1999.2.8. 제정된 「남녀차별금지법」과 같은 날 개정된 「남녀고용평등법」에서 최초로 성희롱의 개념, 금지규정, 예방교육, 피해자의 보호, 행위자와 위법자의 제재에 관한 조항들이 마련되었고, 그후 법개정으로 성희롱에 관한 법규정들은 한층 정비되었다.

〈표 Ⅱ-3〉 성희롱의 예방·규제와 피해자보호를 위한 최초의 입법(7종)

- 최초로 "성희롱"과 "직장내 성희롱"의 개념을 정의하다
- 최초로 성희롱에 관한 구체적 지침을 만들다
- 최초로 성희롱예방교육 실시를 의무화하다
- 최초로 성희롱 금지를 명시하다
- 최초로 성희롱 피해자의 보호를 규정하다
- 최초로 성희롱 행위자의 제재를 규정하다
- 최초로 성희롱 관련 위법자의 제재를 규정하다

1) 최초로 "성희롱"과 "직장내 성희롱"의 개념을 정의하다

(1) 최초로 "성희롱"의 개념을 정의하다

「남녀차별금지법」은 1999.2.8. 제정될 때, 최초로 "성희롱"의 개념을 정의하였다. 이 법에서 "성희롱"이란 "업무, 고용 기타 관계에서 공공기관의 종사자, 사용자 또는 근로자가 그 지위를 이용하거나 업무등과 관련하여 성적 언동등으로 성적 굴욕감 또는 혐오감을 느끼게 하거나 성적 언동 기타 요구 등에 대한 불응을 이유로 고용상의 불이익을 주는 것"(제2조제2호)을 말한다. 이러한 성희롱의 개념은 우리나라 최초의 성희롱 소송사건에 관한 대법원 판결(1998.2.10. 선고95다39533[손해배상])을 반영하여 구성되었다.

(2) 최초로 "직장내 성희롱"의 개념을 정의하다

「남녀고용평등법」은 1999.2.8. 개정될 때, 고용과 관련하여 발생한 성희롱을 "직장내 성희롱"으로 명명하고 그 개념을 최초로 규정하였다. 이 법에서 "직장내 성희롱"이란 "사업주, 상급자 또는 근로자가 직장내의 지위를 이용하거나 업무와 관련하여 다른 근로자에게 성적인 언어나 행동등으로 또는 이를 조건으로 고용상의 불이익을 주거나 또는 성적 굴욕감을 유발하게 하여 고용환경을 악화시키는

것"(제2조의2 제2항)을 말한다.

이 법의 시행규칙은 1999.3.17. 개정될 때, 직장내 성희롱의 유형을 "육체적 행위", "언어적 행위", "시각적 행위", "기타 사회통념상 성적 굴욕감을 유발하는 것으로 인정되는 언어나 행동"으로 구분하여 각각 예시하였다. 그리고 "성희롱여부의 판단은 피해자의 주관적 사정을 고려하되, 사회통념상 합리적인 사람이 피해자의 입장이라면 문제가 되는 행동에 대하여 어떻게 판단하고 대응하였을 것인가를 함께 고려하여야 한다."(제1조의2, 별표)는 판단기준도 제시하였다.

그런데 이 법은 2001.8.14. 전부개정될 때, 「남녀차별금지법」의 성희롱 개념 정의에 맞추어 "직장내 성희롱"을 "사업주, 상급자 또는 근로자가 직장내의 지위를 이용하거나 업무와 관련하여 다른 근로자에게 성적인 언동 등으로 성적 굴욕감 또는 혐오감을 느끼게 하거나 성적 언동 그 밖의 요구 등에 대한 불응을 이유로 고용상의 불이익을 주는 것"(제2조제2항)으로 정의하였다. 그리고 이 법의 시행규칙은 2001.8.31. 전부개정될 때, 직장내 성희롱의 판단기준을 "성희롱여부의 판단시에는 피해자의 주관적 사정을 고려하되, 사회통념상 합리적인 사람이 피해자의 입장이라면 문제가 되는 행동에 대하여 어떻게 판단하고 대응하였을 것인가를 함께 고려하여야 하며, 결과적으로 위협적·적대적인 고용환경을 형성하여 업무능률을 저해하게 되는지를 검토하여야 한다."라고 변경하였다.

2) 최초로 성희롱에 관한 구체적 지침을 만들다

여성부는 「남녀차별금지법시행령」 제3조(남녀차별금지에 대한 기준의 고시)와 "성희롱 예방교육의 내용·방법 기타 필요한 사항은 남녀차별개선위원회가 정하여 고시한다."는 제4조제2항을 근거로 「공공기관의 성희롱예방지침」을 2001.4.17. 제정, 고시하였다. 그

후 이 지침을 2002.10.28. 개정하여 적용범위, 교육계획의 수립, 교육의 내용과 방법, 성희롱예방조치를 보다 구체화하였다.

3) 최초로 성희롱예방교육 실시를 의무화하다

(1) 「남녀차별금지법」의 성희롱예방교육 실시 의무

「남녀차별금지법」은 1999.2.8. 제정될 때, "공공기관의 장 및 사용자는 대통령령이 정하는 바에 의하여 성희롱의 방지를 위하여 교육을 실시하는등 필요한 조치를 강구하여야 한다."(제7조제2항)라고 규정하였다. 이 입법은 우리나라에서 최초로 공공기관의 장 및 사용자에게 성희롱예방교육 실시의무를 부과한 점에서 의의가 크다.

1999.6.30. 제정된 시행령은 제4조(성희롱 예방교육등)에서 "법 제7조제2항의 규정에 의하여 공공기관의 장 및 사용자는 성희롱의 방지를 위하여 연 1회이상 성희롱 예방교육을 실시하여야 한다. 다만, 남녀고용평등법의 적용을 받는 사업 또는 사업장에 있어서의 성희롱 예방교육은 남녀고용평등법이 정하는 바에 따른다."(제1항)라고 규정하였다. 그러므로 「남녀차별금지법」의 성희롱예방교육 실시의무는 공공기관의 장에게만 부과된다.

(2) 「남녀고용평등법」의 성희롱예방교육 실시 의무

「남녀고용평등법」은 1999.2.8. 개정될 때, 제8조의2(직장내 성희롱의 예방)를 신설하고 "사업주는 직장내 성희롱을 예방하고 근로자가 안전한 근로환경에서 일할 수 있는 여건조성을 위하여 직장내 성희롱의 예방을 위한 교육을 실시하여야 한다."(제1항제1호)라고 규정하였다.

이 법의 시행령은 1999.3.17. 개정될 때, 제9조(직장내 성희롱 예방교육)를 신설하였다. 이 조항은 "①사업주는 법 제8조의2제1항제1호의 규정에 의하여 직장내 성희롱 예방을 위한 교육을 연1회이상 실시하여야 한다. ②제1항의 규정에 의한 교육의 내용·방법 기타 필요한 사항은 노동부령으로 정한다. ③제1항 및 제2항의 규정에 불구하고 직장내 성희롱이 발생할 우려가 현저히 낮거나 규모가 영세한 경우등 노동부령이 정하는 특별한 사정이 있는 사업의 사업주가 실시하여야 할 교육의 횟수·내용·방법등에 관하여는 노동부령으로 따로 정한다."라고 규정하였다.

이에 따라 이 법의 시행규칙은 1999.3.17. 개정될 때, 제1조의3(직장내 성희롱 예방교육의 내용등)을 신설하고, 직장내 성희롱 예방교육에 "1. 직장내 성희롱에 관한 법령 2. 직장내 성희롱 예방에 대한 사업주의 방침등에 관한 사항 3. 직장내 성희롱 발생시의 처리절차 및 조치기준 4. 직장내 성희롱 피해근로자의 고충상담 및 구제절차 5. 기타 직장내 성희롱 예방에 필요한 사항"(제1항)이 포함되어야 한다는 것을 규정하였다. 그리고 "직장내 성희롱 예방교육은 사업장의 규모와 사정을 고려하여 직원연수·정례조회·부서별 회의등을 이용하되, 비디오테이프등 시청각 교재를 활용할 수 있다."(제2항)라고 교육방법도 규정하였다. 또한 제1조의4(직장내 성희롱 예방교육의 예외)도 신설하여 "사업주의 친족만을 근로자로 사용하는 사업"과 "사업주 및 근로자 모두가 남성 또는 여성 어느 한 성으로 구성된 사업"의 사업주는 2년에 1회이상 직장내 성희롱 예방교육을 실시하여야 한다라고 규정하였다.

그후 「남녀고용평등법」은 2001.8.14. 개정될 때, 제13조(직장내 성희롱의 예방교육)에서 "사업주는 제1항의 규정에 의한 직장내 성희롱 예방교육을 노동부장관이 지정하는 기관에 위탁하여 실시할 수 있으며 교육을 위탁할 수 있는 기관의 지정요건 및 절차 등에 관하여 필요한 사항은 노동부령으로 정한다."는 제2항을 신설하였다.

4) 최초로 성희롱 금지를 명시하다

(1) 「남녀차별금지법」은 1999.2.8. 제정될 때, 제7조(성희롱의 금지등)에서 "공공기관의 종사자, 사용자 및 근로자는 성희롱을 하여서는 아니된다."(제1항)라고 규정하였다. 이 입법은 우리나라 최초로 성희롱의 금지를 법으로 명시한 의의가 있다.

(2) 「남녀고용평등법」은 2001.8.14. 전부개정될 때, 제12조(직장 내 성희롱의 금지)를 신설하고 "사업주, 상급자 또는 근로자는 직장 내 성희롱을 하여서는 아니된다."라고 규정하였다 .

5) 최초로 성희롱 피해자의 보호를 규정하다

(1) 「남녀차별금지법」은 1999.2.8. 제정될 때, 성희롱 피해자의 보호에 관하여 규정하지 않았다. 다만, 1999.6.30. 제정된 시행령에서 "공공기관의 장 및 사용자는 성희롱의 피해자에 대하여 신속하고 적절한 구제조치를 강구하여야 한다."(제4조제3항) 라고 규정하였다.

(2) 「남녀고용평등법」은 1999.2.8. 개정될 때, "사업주는 직장내 성희롱과 관련하여 그 피해근로자에게 고용상의 불이익한 조치를 하여서는 아니된다."는 조항(제8조의2 제2항)을 신설하였다.

그후 이 법은 2001.8.14. 전부개정될 때, 제14조(직장내 성희롱 발생시 조치)를 신설하고 "사업주는 직장내 성희롱과 관련하여 피해주장이 제기되었을 때에는 그 주장을 제기한 근로자가 근무여건상 불이익을 받지 않도록 노력하여야 한다."는 제2항을 신설하였다. 그리고 "사업주는 직장내 성희롱과 관련하여 그 피해근로자에게 해고 그 밖의 불이익한 조치를 취하여서는 아니된다."(제3항)라고 규정하였다.

6) 최초로 성희롱 행위자의 제재를 규정하다

(1) 「남녀고용평등법」은 1999.2.8. 개정될 때, "사업주는 직장 내 성희롱을 한 자에 대한 부서전환, 징계 기타 이에 준하는 조치를 하여야 한다."(제8조의2 제2항)라고 규정하였다. 그런데 이 법은 2001.8.14. 전부개정될 때, "사업주는 직장내 성희롱 발생이 확인 된 경우 지체없이 행위자에 대하여 징계, 그 밖에 이에 준하는 조치 를 취하여야 한다."(제14조제1항)라고 규정하였다. 이 입법은 최초 로 사업주에게 직장내 성희롱 행위자에 대한 징계 등의 인사조치를 의무화한 의의가 있다.

(2) 「남녀고용평등법」은 2001.8.14. 전부개정될 때, "사업주가 제 12조의 규정에 위반한 행위를 한 경우에는 1천만원 이하의 과태료에 처한다."(제39조제1항)라고 규정하였다. 이 입법은 우리나라 최초로 직장내 성희롱 행위자에 대하여 과태료의 제재를 부과하여 직장내 성희롱의 예방과 대처를 하고자 한 의의가 있다.

7) 최초로 성희롱 관련 위법자의 제재를 규정하다

(1) 「남녀고용평등법」은 1999.2.8. 개정될 때, 사업주가 제8조의 2(직장내 성희롱의 예방)를 위반하여 직장내 성희롱예방교육을 실시 하지 않은 경우 300만원이하의 과태료에 처한다는 조항(제23조의2 제1항제1호)을 신설하였다.

(2) 「남녀고용평등법」은 1999.2.8. 개정될 때, "사업주가 제8조의 2 제1항을 위반하여 직장내 성희롱 행위자에 대한 부서전환, 징계 기타 이에 준하는 조치를 하지 않는 경우 300만원이하의 과태료에 처한다."는 조항(제23조제1항제1호)도 신설하였다. 그런데 이 법은

2001.8.14. 전부개정될 때, 이 벌칙을 "500만원 이하의 과태료"로 상향하였다.

(3) 「남녀고용평등법」은 1999.2.8. 개정될 때, 사업주가 "제8조의2 제2항을 위반하여 성희롱피해를 당한 근로자에게 고용상의 불이익한 조치를 하는 경우 500만원 이하의 벌금에 처한다."(제23조제2항)라고 규정하였다. 그후 이 법은 2001.8.14. 전부개정될 때, "사업주가 제14조제3항을 위반하여 피해근로자에게 해고 그 밖의 불이익한 조치를 취한 경우에는 3년 이하의 징역 또는 2천만원 이하의 벌금에 처한다."(제37조제2항)라고 규정하여 벌칙을 크게 상향하였다.

3. 최초로 성차별·성희롱의 비사법적 권리구제제도를 만들다

'권리구제제도'란 위법한 행위로 권리를 침해당한 사람의 권리를 원상회복시켜주고 관련 분쟁을 해결하는 기구와 절차를 말한다. '비사법적 권리구제제도'란 고소와 소송에 의해 법원이 분쟁을 해결하는 사법적 권리구제제도와 달리 행정기구 또는 국가인권위원회와 같은 전문기구가 피해를 진정받거나 직권조사로 당사자에게 합의를 권고하거나 조정 또는 시정권고 등의 방법으로 진정인의 침해된 권리를 회복시키고 원만하게 분쟁을 해결하는 제도로서 '행정적 권리구제제도'라고 한다.

우리나라 법 중 최초로 성차별에 관하여 비사법적 권리구제제도를 규정한 법은 「남녀고용평등법」이다. 이 법은 1987.12.4. 제정될 때, 사업장에서 사업주 또는 노사협의회에 의한 자율적 분쟁처리제도와 아울러 6개의 지방노동청에 두는 '고용문제조정위원회'에 의한 행정적 권리구제제도를 규정하였다. 그러나 이것은 「남녀고용평등법」이 금지한 여성차별행위에 대해 조정의 방법으로만 분쟁을 해결하는 제한적인 권리구제였다. 이 위원회는 근로자위원, 사용자위원, 공익위원으로 구성되었는데 1995년에 '고용평등위원회'로 명칭이 변경되었다.

그런데 우리나라에서 성차별·성희롱의 비사법적 권리구제제도가 최초로 마련된 때는 김대중 대통령이 집권한 후, 1999.2.8. 「남녀차별금지법」이 제정된 때부터이다. 그후 2001.1.29. 개정된 이 법과 2001.5.24. 제정된 「국가인권위원회법」, 2001.8.14. 전부개정된 「남녀고용평등법」에 의해 이러한 권리구제제도는 더욱 발전되었다. 김대중 대통령의 집권기간에 조성된 성차별·성희롱의 비사법적 권리구제제도의 내역은 〈표 II-4〉로 정리된다.

〈표 II-4〉 성차별·성희롱에 관한 최초의 비사법적 권리구제제도(5종)

- 최초로 성차별·성희롱 전담 권리구제기구를 만들다
- 최초로 국가인권위원회를 성차별·성희롱 권리구제제도로 만들다
- 최초로 성차별·성희롱의 시정신청(진정)제도를 만들다
- 최초로 성차별·성희롱의 조사제도를 만들다
- 최초로 성차별·성희롱의 비사법적 권리구제절차를 만들다

1) 최초로 성차별·성희롱 전담 권리구제기구를 만들다

(1) 「여성발전기본법」은 1995.12.30. 제정될 때, 제11조(성차별개선위원회)를 두고 "정부는 각종 법·제도, 행정조치 및 관행등에 나타나는 여성에 대한 차별을 시정하고 여성의 발전을 도모하기 위하여 성차별개선위원회를 둔다."라고 규정하였다. 1996.6.29. 제정된 시행령은 이 개선위원회가 위원장(정무장관(제2))1인을 포함하여 10인 이내의 위원으로 구성한다는 것과 위원은 "여성관련 정책

에 관한 전문지식과 경험을 갖춘 자 중에서 위원장이 위촉하는 자가
된다."(제17조)는 것을 규정하였다. 그리고 개선위원회는 "1. 개인
또는 단체로부터 접수된 남녀차별사례 2. 제1호의 규정에 의한 조사
의 결과 위법·부당한 행위등에 대한 시정방안 3. 남녀차별적인
법·제도 및 운영의 개선에 관한 사항 4. 기타 여성발전을 도모하기
위한 사항"에 대하여 "조사·연구·심의한다."라고 규정하였다(제
18조제1항). 그런데 개선위원회는 실제 거의 가동하지 않았고 사안
도 성차별에 한정되었다.

　　(2) 우리나라에서 성차별·성희롱 전담 권리구제기구가 최초로
설치된 것은 김대중 대통령의 집권 후, 1999.2.8. 제정된 「남녀차별
금지법」에 따라 대통령직속 여성특별위원회와 남녀차별개선실무위
원회가 설치된 때이다. 2001.1.29. 개정된 「남녀차별금지법」에 따
라 이 권리구제기구는 남녀차별개선위원회로 변경되었다.
　① 대통령직속 여성특별위원회와 남녀차별개선실무위원회
　「남녀차별금지법」은 1999.2.8. 제정될 때, 대통령직속 여성특별
위원회가 "1. 남녀차별사항에 대한 자료요구등 조사 2. 남녀차별 여
부의 결정·조정·시정권고·고발, 3. 남녀차별적 법령·제도나 정
책등의 개선에 대한 권고 또는 의견표명 4. 제2호 및 제3호의 사항에
관한 조치결과의 통보 요구 5. 남녀차별금지에 대한 기준 및 개선지
침의 수립·보급"(제9조제1항)의 기능을 가짐을 규정하였다. 그리고
이 법은 "여성특별위원회로부터 위임받은 남녀차별개선사무를 처리
하기 위하여 위원회에 실무위원회를 두며, 실무위원회의 구성·운
영·위원의 자격등에 관하여 필요한 사항은 대통령령으로 정한다."
(제9조제2항)라고 규정하였다.
　1999.6.30. 제정된 시행령은 남녀차별개선실무위원회가 "남녀차

별(성희롱 포함)에 관한 합의의 권고와 여성특별위원회가 위임하는
남녀차별개선사무의 처리를 하고 여성특별위원회 전원회의가 남녀
차별 분쟁의 처리를 할 때 사전심의"(제6조)를 하도록 규정하였다.
그리고 실무위원회는 실무위원장 1인(여성특별위원회의 상임위원)
및 당연직 실무위원 1인(남녀차별개선사무를 담당하는 위원회 소속
2급·3급 또는 이에 상당하는 공무원 중에서 여성특별위원회 위원
장이 지명하는 자)를 포함한 12인 이내의 실무위원으로 구성하되,
양성 중 어느 하나의 성이 10분의 6을 초과할 수 없도록 하였다(제7
조제1항). 위촉직 실무위원은 교수, 법조인, 여성관련 행정업무에 종
사한 공무원으로 구성하되, 3분의 1 이상은 변호사의 자격이 있거나
법률분야에 관한 학식과 경험이 풍부한 자로 구성되도록 하였다(제7
조제2항~제4항).

② 남녀차별개선위원회

「남녀차별금지법」은 2001.1.29. 개정될 때, "남녀차별사항의 조
사·시정권고 기타 이 법에 의한 남녀차별개선사무를 수행하기 위하
여 여성부장관 소속하에 남녀차별개선위원회를 둔다."(제9조)는 것
을 규정하였다.

남녀차별개선위원회는 대통령직속 여성특별위원회와 남녀차별개
선실무위원회가 수행했던 남녀차별개선 사무를 전담하였다. 이 법은
위원회는 위원장(여성부장관)과 상임위원 1인(차별개선국장)을 포
함한 10인 이내의 위원(교수, 공무원, 법조인, 여성관련 분야 전문
가)으로 구성하되, 법조인이 2인 이상 포함되어야 하도록 규정하였
다(제10조의2).

(3) 한편, 「남녀고용평등법」은 2001.1.29. 전문개정되었을 때, "근
로자 또는 근로자가 속한 사업장의 노동조합과 당해 사업주(관계당사

자)의 쌍방 또는 일방은 이 법에 관한 분쟁이 발생한 경우 이 법에 의한 분쟁의 조정과 남녀고용평등의 실현에 관한 사항을 협의하기 위하여 지방노동행정기관에두는 고용평등위원회에 조정을 신청할 수 있다." (제26조제1항, 제27조)라고 규정하였다. 위원회는 위원장을 포함한 15인의 위원으로 구성하되 근로자를 대표하는 자, 사업주를 대표하는 자, 공익을 대표하는 자 각 5인으로 구성되었다(제28조).

2) 최초로 국가인권위원회를 성차별 · 성희롱 권리구제제도로 만들다

2001.5.24. 제정된 「국가인권위원회법」은 국가인권위원회의 업무에 "인권침해행위에 대한 조사와 구제", "차별행위에 대한 조사와 구제"를 포함시켰다(제19조제3호 · 제4호). 그리고 [제4장 인권침해의 조사와 구제]에서 진정의 사안과 방법에 관해 규정하였다(제30조제1항).

이에 따라 위원회는 국가기관, 지방자치단체 또는 구금 · 보호시설이 업무수행과 관련하여 「헌법」 제10조 내지 제22조가 보장한 인권(인간의 존엄과 가치, 행복추구권(제10조), 평등권(제11조) 등)을 침해한 경우와 법인, 단체 또는 사인(私人)이 평등권침해의 차별행위를 한 경우에는 비사법적 권리구제기관의 기능을 할 수 있다. 이 법은 제정 당시에는 '성희롱'을 명시하지 않았으나 위원회는 성희롱 관련 사건에서 인권침해행위로 규정하여 시정권고하였다.

이와 같이 김대중 대통령의 집권기간 중에 「여성발전기본법」에 의한 성차별개선위원회, 「남녀차별금지법」에 의한 여성특별위원회와 남녀차별개선실무위원회 및 남녀차별개선위원회, 「남녀고용평등법」에 의한 고용평등위원회, 「국가인권위원회법」에 의한 국가인권위원회가 성차별(임신, 출산에 대한 차별 포함)과 성희롱 피해 등에 대한 비사법적 권리구제를 모두 담당하였다. 그리하여 역대 가장 다양한 권리구제제도가 활성화되었다.

3) 최초로 성차별·성희롱의 시정신청(진정)제도를 만들다

(1) 「남녀차별금지법」은 1999.2.8. 제정될 때, 제3조 내지 제7조(남녀차별금지규정과 성희롱금지규정)에 위반한 남녀차별로 피해를 입은 자(자연인에 한한다)는 여성특별위원회에 이 법에 의한 시정을 신청할 수 있다는 것을 규정하였다(제21조). 1999.6.30. 제정된 시행령은 시정신청 방법과 절차를 규정하였다(제13조~제16조). 여성특별위원회는 이 시정신청과 접수를 원활히 하기 위해 남녀차별개선센터와 남녀차별개선실무위원회를 설치하였다. 그리하여 최초로 성차별·성희롱 피해의 진정제도가 만들어졌다.

그 후 이 법은 2001.1.29. 개정될 때, 시정신청의 접수기관을 남녀차별개선위원회로 변경하였다(제21조).

(2) 2001.5.24. 제정된 「국가인권위원회법」은 「남녀차별금지법」이 진정인을 "자연인(개인)"으로 제한한 반면, " 피해자 또는 그 사실을 알고 있는 사람이나 단체"도 진정인이 될 수 있도록 하였다. 이 법은 "진정의 절차와 방법에 관하여 필요한 사항은 위원회의 규칙으로 정한다."(제30조제4항)라고 규정하였다. 이에 따라 제정된 「인권침해 및 차별행위 조사구제규칙」은 피진정인을 "피해자에게 인권침해 또는 차별행위를 하였다고 진정인에 의해 특정된 국가기관, 지방자치단체 또는 구금·보호시설의 소속 공무원 및 직원 또는 사인(私人)"(제2조제4호)로 규정하였다. 또한 진정은 문서, 구술 또는 전화로 국가인권위원회의 인권상담센터에 할 수 있다는 것도 규정하였다(제6조~제9조). 또한 이 법은 진정의 각하에 관해서도 규정하였다(제32조).

4) 최초로 성차별·성희롱의 조사제도를 만들다

(1) 「남녀차별금지법」은 1999.2.8. 제정될 때, 제22조(남녀차

별사항의 조사)를 두고 "여성특별위원회는 남녀차별사항의 시정신청을 접수한 때에는 지체없이 그 사실에 관하여 필요한 조사를 하여야 한다."(제1항)는 것과 "중대한 남녀차별사항이 있다고 믿을만한 상당한 근거가 있는 때에는 직권으로 필요한 조사를 할 수 있다."(제2항)는 것을 규정하였다. 그리고 시행령에서 조사의 방법과 절차에 관하여 규정하였다(제18조~제20조). 그리하여 최초로 성차별·성희롱 피해의 조사제도를 만들었다.

이 법은 2001.1.29. 개정될 때, 제22조(남녀차별사항의 조사), 제23조(조사의 방법), 제24조(조사의 한계와 사실조회)와 시행령 제18조~제20조에서 조사의 방법과 절차에 관하여 보다 구체적으로 규정하였다.

(2) 2001.5.24. 제정된 「국가인권위원회법」은 조사하는 방법에 관하여 규정하였다(제36조). 그리고 "진정이 없는 경우에도 인권침해가 있다고 믿을 만한 상당한 근거가 있고 그 내용이 중대하다고 인정할 때에는 이를 직권으로 조사할 수 있다."(제30조제3항)라고 규정하여 직권조사제도를 도입하였다. 그리고 이 법의 시행령과 「인권침해 및 차별행위 조사구제규칙」은 조사의 방법과 절차에 관하여 구체적으로 규정하였다.

5) 최초로 성차별·성희롱의 비사법적 권리구제절차를 만들다

(1) 「남녀차별금지법」은 1999.2.8. 제정될 때, 여성특별위원회의 성차별·성희롱 피해자에 대한 권리구제방법과 절차에 관하여 [제4장 조사등의 절차]의 합의의 권고(제25조)와 조정(제26조, 제27조), 시정조치 권고(제28조 제1항) 및 의견표명(제28조제3항), 위원회의 시정권고에 대한 이의신청(제32조)에 서 규정하였다. 시정조

치의 권고에는 "1. 남녀차별행위의 중지, 2. 원상회복·손해배상 기타 필요한 구제조치, 3. 재발방지를 위한 교육 및 대책수립 등을 위한 조치, 4. 일간신문의 광고란을 통한 공표 등"(제28조제2항)이 포함되었다. 또한 관계법률의 형사처벌 규정에 위반된다고 인정할 때 수사기관에 고발할 수 있다는 것(제34조)과 여성특별위원회가 남녀차별사항으로 결정한 사항에 대하여 「여성발전기본법」 제30조의 규정에 의한 여성발전기금으로 소송을 지원할 수 있다는 것(제35조)도 규정하였다. 이 법은 2001.1.29. 개정될 때, 이러한 권리구제를 남녀차별개선위원회가 전담하도록 규정하였다.

　(2) 2001.5.24. 제정된 「국가인권위원회법」은 비사법적 권리구제 방법과 절차에 관해 합의의 권고(제40조), 조정위원회의 설치(제41조)와 조정 및 조정에 갈음하는 결정(제42조, 제43조), 구제조치 등의 권고(제44조), 고발(제45조제1항), 징계권고(제45조제2항), 피해자를 위한 법률구조 요청(제47조), 긴급구제조치의 권고(제48조)에서 규정하였다. 제44조(구제조치 등의 권고)는 국가인권위원회가 진정을 조사한 결과 인권침해, 차별행위가 일어났다고 판단하는 때에는 피진정인, 그 소속기관·단체 또는 감독기관의 장에게 조정에 갈음하는 결정과 같은 내용의 조치(1. 조사대상 인권침해행위의 중지, 2. 원상회복·손해배상 그 밖의 필요한 구제조치, 3. 동일 또는 유사한 인권침해행위의 재발을 방지하기 위하여 필요한 조치)의 이행과 법령·제도·정책·관행의 시정 또는 개선을 권고할 수 있다라고 규정하였다. 이러한 시정권고를 받은 기관의 장은 그 권고사항을 존중하고 이행하기 위하여 노력하여야 하며(제25조제2항), 그 권고내용을 이행하지 않을 경우 그 이유를 위원회에 문서로 설명하여야 한다(제25조제3항). 위원회는 필요하다고 인정하는 경우 위원회

의 권고와 의견표명 및 제3항의 규정에 의하여 권고를 받은 기관의 장이 설명한 내용을 공표할 수 있다(제25조제4항).

(3) 2001. 8.14. 전부개정된 「남녀고용평등법」은 고용평등위원회가 "관계당사자의 쌍방 또는 일방에 의해 조정의 신청을 받은 경우에는 조정안을 작성하여 관계당사자에게 이를 수락하도록 권고할 수 있다."(제29조제1항)는 것을 규정하였다. 관계당사자가 조정안을 수락한 때에는 위원회는 조정서를 작성하여야 하며, 조정서에 정한 기준에 달하지 못하는 근로조건을 정한 근로계약은 그 부분에 한하여 무효로 하고, 무효로 된 부분은 조정서에 정한 기준에 의한다(제29조제3항). 한편, "이 법과 관련한 분쟁해결에서의 입증책임은 사업주가 부담한다."는 조항(제30조)은 1989.4.1. 개정될 때 신설되었다.

4. 최초로 남녀고용평등을 위한 상담실과 명예감독관제를 만들다

김대중 대통령의 집권 후, 2001.8.14. 전부개정된 「남녀고용평등법」은 [제4장 분쟁의 예방과 조정]에서 제23조(상담지원)과 제24조(명예고용평등감독관)을 신설하여 고용평등상담실과 명예고용평등감독관(약칭: 명예감독관)의 설치·운영의 근거를 마련하였다.

〈표 II-5〉 고용평등상담실과 명예감독관제에 관한 최초의 입법(2종)

■ 최초로 고용평등상담실의 설치·지원조항을 만들다 ■ 최초로 명예고용평등감독관의 위촉·지원조항을 만들다

1) 최초로 고용평등상담실의 설치·지원조항을 만들다

「남녀고용평등법」은 제23조(상담지원)에서 "①노동부장관은 차별 및 직장내 성희롱에 관한 상담을 실시하는 민간단체에 필요한 비용의 일부를 예산의 범위안에서 지원할 수 있다. ②제1항의 규정에 의한 단체의 선정요건, 비용의 지원기준 및 절차등에 관하여 필요한 사항은 노동부령으로 정한다."라고 규정하였다.

이에 따라 2001.10.31. 개정된 시행규칙(노동부령)은 제11조(민간단체의 선정 등)에서 "법 제23조의 규정에 의하여 노동부장관이 비용을 지원할 수 있는 민간단체는 다음 각호의 요건을 갖추어야 한다. 1. 정관의 목적사업에 차별 및 직장내 성희롱에 관한 상담사업을 포함하고 있는 비영리법인일 것 2. 노동관련 분야에서 3년 이상 종사한 자, 고등교육법에 의한 학교에서 사회학 · 심리학 · 여성학 · 경제학 · 법학 등 관련 분야를 전공하고 노동관련 분야에서 1년 이상 종사한 자 또는 공인노무사 1인 이상이 상담원으로 종사하고 있을 것 3. 상담사업을 수행할 수 있도록 6.6제곱미터 이상의 사무공간을 확보하고 있을 것"(제1항)을 규정하였다. 그리고 "제1항의 요건을 갖추고 노동부장관이 정하는 절차에 따라 선정된 민간단체는 차별 및 직장내 성희롱에 관한 상담을 전담하는 별도의 상담실(이하 "고용평등상담실"이라 한다)을 설치 · 운영하여야 한다."(제2항)라고 규정하여 최초로 "고용평등상담실"을 명시하였다. 그리고 " 제2항의 규정에 의한 고용평등상담실을 설치 · 운영하는 단체에 지원하는 비용의 지원수준은 노동부장관이 정하는 금액으로 하되, 매년 운영실적을 평가하여 민간단체별 지원수준을 달리 할 수 있다."(제3항)라고 규정하였다.

이러한 법령에 따라 김대중 대통령이 집권기간에 노동단체, 여성단체 등의 시민사회단체에 노동부의 지원으로 남녀차별과 직장내 성희롱을 포함하여 고용평등상담실이 전국적으로 설치되었다. 지금까지 고용평등상담실은 전국 민간단체 19곳에서 운영하여 직장 내 성 차별, 성희롱, 출산휴가, 육아휴직 등 노동 문제를 상담하고 지원하는 역할을 해왔다. 그런데 고용노동부는 지난 2000년부터 민간 보조 사업으로 운영하던 고용평등상담실을 2024년부터 지원하지 않기로 했으며 대안으로 전국 고용노동청 8곳에 고용평등상담창구를 마련해 전문 상담 인력을 2명씩을 두겠다고 2023.9.27. 발표했다.

2) 최초로 명예고용평등감독관제를 만들다

「남녀고용평등법」은 제24조(명예고용평등감독관)에서 "노동부장관은 사업장의 남녀고용평등 이행을 촉진하기 위하여 당해 사업장 소속 근로자 중 노사가 추천하는 자를 명예고용평등감독관(이하 "명예감독관"이라 한다)으로 위촉할 수 있다."(제1항)라고 규정하였다.

그리고 명예감독관의 업무에 관해서는 "1. 당해 사업장의 차별 및 직장내 성희롱 발생시 피해근로자에 대한 상담·조언 2. 당해 사업장의 고용평등 이행상태 자율점검 및 지도시 입회 3. 법령위반 사실이 있는 사항에 대하여 사업주에 대한 개선건의 및 감독기관에의 신고 4. 남녀고용평등 제도에 대한 홍보·계몽 5. 그 밖에 남녀고용평등의 실현을 위하여 노동부장관이 정하는 업무"(제24조제2항)로 규정하였다.

사업주는 명예감독관이 정당한 활동을 수행한 것을 이유로 당해 근로자에 대하여 불이익한 조치를 하여서는 아니된다(제24조제3항). 사업주가 이를 위반한 행위를 한 경우에는 500만원 이하의 벌금에 처한다(제37조제3항).

그런데 2001.10.31. 개정된 시행규칙(노동부령)은 제12조(명예고용평등감독관의 위촉·운영 등)를 신설하고 "명예감독관으로 위촉할 수 있는 자는 고충처리기관의 구성원, 노사협의회의 위원 또는 고충처리위원, 노동조합의 임원 또는 인사 · 노무담당부서의 관리자, 그 밖에 당해 사업의 남녀고용평등 실현을 위하여 활동함에 적합하다고 인정되는 자"(제1항)라고 규정하였다. 명예감독관의 대우에 관해서는 "명예감독관이 업무를 수행함에 있어서는 기존의 업무와 겸직하여 비상근, 무보수로 활동함을 원칙으로 한다."(제12조제5항)라고 규정하였다.

5. 최초로 여성의 인재양성과 사회참여 촉진을 위한 적극적 조치법을 만들다

'적극적 조치법'이란 성별에 관한 오랜 고정관념이나 차별로 현재 사회참여에서 열세에 있는 특정성을 잠정적으로 우대하여 남녀 사이의 현저한 격차를 효과적으로 시정하고 남녀평등을 촉진하는 조치에 관한 법을 말한다.

김대중 대통령은 집권기간에 여성의 인재양성과 사회참여 촉진을 위한 적극적 조치를 실시하기 위한 입법을 추진하였다. 이러한 적극적 조치를 위한 법제의 내역은 〈표 II-6〉에서 게시한 바와 같이 10종으로 정리할 수 있다.

〈표 II-6〉 여성의 인재양성과 양성평등한 사회참여촉진을 위한 최초의 적극적 조치법(10종)

■ 최초로 '적극적 조치'의 용어와 실시의 권고 및 점검을 명시하다
■ 최초로 여성정치인 육성을 위한 여성공천할당제를 실시하다
■ 최초로 여성기업과 여성경제인 육성법을 만들다
■ 최초로 여성농어업인 육성법을 만들다

- 최초로 여성과학기술인 육성법을 만들다
- 최초로 여성발명인 육성 조항을 만들다
- 여성공무원 채용목표제를 확충한 후 최초로 공무원의 양성평등 채용 목표제를 실시하다
- 최초로 여성군인 육성을 위한 사관학교 여학생 입학과 여군 지원조치를 실시하다
- 최초로 남녀평등교육의 증진조항과 심의회규정을 만들다
- 최초로 대학 교원의 양성평등 임용제와 국립대 여교수채용목표제를 추진하다

1) 최초로 '적극적 조치'의 용어와 실시의 권고 및 점검을 명시하다

「UN여성차별철폐협약」은 "남성과 여성 사이의 사실상의 평등을 촉진할 목적으로 당사국이 채택한 잠정적 특별조치는 본 협약에서 정의한 차별로 보지 아니하나, 그 결과 불평등한 또는 별도의 기준이 유지 되어서는 결코 아니된다. 기회와 대우의 평등이라는 목적이 달성되었을 때 이러한 조치는 중지되어야 한다."(제4조제1호)라고 규정하였다. 이 '잠정적 특별조치'는 오랫동안 전통적인 성별역할분업관에 기초한 차별로 사회참여가 남성에 비해 부진한 여성의 사회참여를 촉진하여 남녀평등을 실질적이고 효과적으로 이루기 위해 다수 국가에서 활용되었다. 미국은 1960년대부터 이 조치를 '적극적 조치'(Affirmative Action)라 하여 실시하였다.

우리나라에서는 「남녀고용평등법」이 1989.4.1.개정될 때, "현존하는 차별을 해소하기 위하여 국가, 지방자치단체 또는 사업주가 잠정적으로 특정 성의 근로자를 우대하는 조치를 취하는 것은 이 법에서 말하는 차별로 보지 아니한다."는 조항(제2조의2 제3항)을 신설하여 처음으로 이 조치를 규정하였다. 「여성발전기본법」은 1995.12.30. 제정될 때, 제6조(잠정적 우대조치)를 두고 "국가 및 지방자치단체는 여성의 참여가 현저히 부진한 분야에 대하여 합리적

인 범위안에서 그 참여를 촉진하기 위하여 관계법령이 정하는 바에 따라 잠정적인 우대조치를 취할 수 있다."라고 규정하였다.

그런데 김대중 대통령의 집권 후, 1999.2.8. 제정된 「남녀차별금지법」은 제8조(남녀차별금지의 예외)에서 "다른 법률에 규정된 남녀평등을 촉진하기 위한 잠정적 조치등은 이 법에 의한 남녀차별로 보지 아니한다."라고 규정하여 이 조치가 남녀평등을 촉진하기 위한 것임을 명시하였다.

그후 2002.12.11. 개정된 「여성발전기본법」은 제6조의 조항 명칭을 "잠정적 우대조치"에서 "적극적 조치"로 변경하고 제1항을 "국가 및 지방자치단체는 여성의 참여가 현저히 부진한 분야에 대하여 합리적인 범위안에서 여성의 참여를 촉진함으로써 실질적인 남녀평등이 이루어질 수 있도록 관계법령이 정하는 바에 따라 적극적 조치를 취할 수 있다."라고 개정하여 적극적 조치를 실시하는 이유가 실질적인 남녀평등을 이루기 위한 것임을 명시하였다. 그리고 "여성부장관은 국가기관 및 지방자치단체의 장에 대하여 제1항의 규정에 의한 적극적 조치를 취하도록 권고하고 그 결과를 점검하여야 한다."는 제2항을 신설하였다.

2) 최초로 여성정치인 육성을 위한 여성공천할당제를 실시하다

국회가 개원한 1948년부터 1996년까지 국회의원 중 여성 비율은 약 3%에 불과했다. 이 문제를 해결하고 여성의 대표성을 높이기 위해 여성계는 정당이 후보자를 공천할 때 일정비율을 여성에게 할당하도록 하는 여성공천할당제를 요구했다.

김대중 대통령은 집권한 후, 이 요구를 반영하여 여성공천할당제를 실시하는 입법을 추진하였다. 그 결과 다음 3종의 법조항이 신설되었다.

(1) 「정당법」의 "공직선거후보자의 추천" 규정의 신설과 확충

이 법은 2000.2.16. 개정될 때, 제31조(공직선거후보자의 추천)을 신설하고 "각 정당은 국회의원 및 시·도의회의원 비례대표후보자의 30퍼센트이상을 여성으로 추천하도록 하여야 한다."(제4항)라고 규정하였다. 이 입법은 우리나라 최초로 여성공천할당제를 도입한 점에서 의의가 크다.

그후 이 법은 2002.3.7. 개정될 때, 여성공천할당제를 강화하기 위해 제31조에 "정당은 비례대표선거구시·도의회의원선거후보자 중 100분의 50 이상을 여성으로 추천하되, 비례대표선거구시·도의회의원선거후보자명부 순위에 따라 2인마다 여성 1인이 포함되도록 하여야 한다."는 제5항을 신설하였다. 또한 "정당은 임기만료에 의한 지역구시·도의회의원 선거후보자 중 100분의 30 이상을 여성으로 추천하도록 노력하여야 하며, 이를 준수한 정당에 대하여는 정치자금에관한법률 제17조의 규정에 의하여 지급하는 보조금외에 같은 법 제17조의2의 규정에 의하여 지급하는 보조금을 추가로 지급할 수 있다."는 제6항도 신설하였다.

(2) 「공직선거및부정선거방지법」의 "정당의 후보자추천" 규정의 신설

이 법은 2002.3.7. 개정될 때, 제47조(정당의 후보자추천)에 "정당이 비례대표시·도의원선거에 후보자를 추천하는 때에는 정당법 제31조제5항의 규정에 따라 여성후보자를 추천하여야 한다."는 제3항을 신설하였다. 또한 이를 위반하면 후보자등록신청의 수리를 거부하고 후보자등록을 무효로 할 수 있도록 규정하였다(제49조제8항, 제52조제1항제2호).

(3)「정치자금에관한법률」의 "공직후보자 여성추천보조금" 규정의 신설

이 법률은 2002.3.7. 개정될 때, 제17조의2(공직후보자 여성추천보조금)를 신설하였다. 이 조항은 "①국가는 정당법 제31조제6항의 규정에 의한 보조금으로 최근 실시한 국회의원총선거의 선거권자 총수에 100원을 곱한 금액을 임기만료로 인한 시ㆍ도의회의원선거가 있는 연도 예산에 계상한다. ②임기만료에 의한 지역구시ㆍ도의회의원선거후보자중 100분의 30 이상을 여성으로 추천한 정당에 대하여 공직후보자 여성추천보조금 총액의 100분의 50은 지급 당시 정당별 국회의석수의 비율에 따라, 그 잔여분은 최근 실시한 국회의원총선거의 득표율의 비율에 따라 배분ㆍ지급한다. ③제1항 및 제2항의 규정에 의한 보조금은 임기만료로 인한 지역구시ㆍ도의회의원 선거의 선거일 후 1월 이내에 지급한다."라고 규정하였다.

3) 최초로 여성기업과 여성경제인 육성법을 만들다

김대중 대통령이 집권한 후, 여성을 각 분야의 인재로 육성하는 다양한 입법과 정책이 추진되었다. 그 결과 여성을 경제인ㆍ농어업인ㆍ과학기술인ㆍ발명인으로 육성하기 위하여 적극적 조치를 규정한 독립된 법 또는 법조항이 마련되었다.

그 일환으로「여성기업지원에관한법률」이 "여성기업의 활동과 여성의 창업을 적극적으로 지원함으로써 경제영역에 있어 남녀의 실질적인 평등을 도모하고 여성의 경제활동을 제고하여 국민경제발전에 이바지함"을 목적으로 1999.2.5. 제정되고 1999.6.1.시행되었다.

이 법에서 "여성기업"이란 "여성이 소유하고 경영하는 기업으로서 대통령령으로 정하는 기준에 해당하는 기업"(제2조제1호)을 말한다. "여성경제인"이란 "기업의 임원으로서 그 기업의 최고의사 결정에

참여하는 여성"(제2조제2호)을 말한다. 이 법의 주요 내용은 여성에 대한 차별적 관행의 시정(제4조), 여성기업활동촉진에 관한 기본계획(제5조), 여성의 창업지원특례(제5조), 여성기업이 생산하는 물품의 구매 촉진(제9조), 기업에 대한 자금을 지원함에 있어 여성기업의 활동과 창업을 촉진하기 위한 여성기업 우대(제10조), 여성경제인등의 경영능력향상지원(제11조), 한국여성경제인협회의 설립과 지원(제13조~제17조), 여성기업종합지원센터의 설치(제15조) 등이다.

이 입법은 경제계에서 여성이 기업의 소유주이거나 임원이 되는 경우가 매우 적은 현실을 감안하여 적극적 조치를 규정한 점에서 의의가 크다.

4) 최초로 여성농어업인 육성법을 만들다

김대중 대통령이 집권한 후, 여성농민과 여성어민을 농어촌의 전문인력으로 육성하려는 입법도 이루어졌다.

(1) 「농업 · 농촌기본법」의 여성농업인의 육성 규정의 신설

이 법은 1999.2.5.제정될 때, 제14조(여성농업인의 육성)를 두고 "국가 및 지방자치단체는 농업정책의 수립 · 시행에 있어서 여성농업인의 참여를 확대하는 등 여성농업인의 지위향상과 전문인력화를 위하여 필요한 시책을 수립 · 시행하여야 한다."라고 규정하였다. 이 법은 2001.7.17. 시행되었다.

(2) 「여성농어업인육성법」의 제정

이 법은 "여성농업인 및 여성어업인의 권익보호 · 지위향상 · 삶의 질 제고 및 전문인력화를 적극적으로 지원함으로써 건강한 농어촌가정 구현과 농어업의 발전 및 농어촌 사회의 발전에 이바지함"(제1조)을 목적으로 2001.12.31. 제정되어 2002.7.1.시행되었다.

이 법은 제3조(국가와 지방자치단체의 책무)를 두고 "국가와 지방
자치단체는 정치적 · 경제적 · 사회적 · 문화적 생활의 모든 영역에
있어서 여성농어업인의 능력개발과 지위향상 및 삶의 질 향상을 위
하여 종합적인 정책을 수립하고 필요한 재정지원을 할 수 있다."라고
규정하였다. 그리고 제4조(여성농어업인의 역할)에서는 "여성농어
업인은 농업 · 어업, 농촌 · 어촌의 발전주체로서 농업 및 어업생산활
동을 통하여 품질좋고 안전한 농수산물을 안정적으로 생산 · 공급함
으로써 농어업 · 농어촌발전에 이바지하고, 국민식량자립기반을 구
축하는 데에 노력한다."라고 규정하였다.

이 법의 골자는 여성농어업인육성기본계획과 연도별 시행계획의
수립(제5조), 국가와 지방자치단체의 여성농어업인의 경영능력 향상
을 위한 사업의 실시(제9조), 여성농어업인의 지위향상 및 농어업경
영이나 정책결정 또는 각종 교육기회의 제공 · 지원 등을 함에 있어
여성농어업인의 인권 보호와 농어촌지역에서의 양성평등문화 확산
(제10조), 여성농어업인의 삶의 질 향상(제11조)에 필요한 시책의
수립 · 시행, 여성농어업인단체에 대한 지원(제12조), 여성농어업인
관련시설의 설치 · 운영(제13조) 등이다.

5) 최초로 여성과학기술인 육성법을 만들다

김대중 대통령은 집권한 후, 21세기 지식산업화 시대에 고도의 전
문성과 창의성이 요구되는 과학기술분야에 여성들의 진출이 남성에
비해 현저히 낮고, 진출한 여성의 지위도 미약한 상황을 개선하고,
여성들을 과학기술 분야의 인재로 육성하기 위한 적극적 조치를 실시
하고자 입법을 추진하였다. 그 결과 다음 2종의 법이 마련되었다.

(1) 「과학기술기본법」의 여성 과학기술인 양성규정의 신설

이 법은 2001.1.16. 제정될 때, 제24조(여성 과학기술인의 양성)

를 두고 "정부는 국가과학기술역량을 높이기 위하여 여성 과학기술인의 양성 및 활용방안을 마련하고, 여성 과학기술인이 그 자질과 능력을 충분히 발휘할 수 있도록 필요한 지원시책을 세우고 추진하여야 한다."라고 규정하였다. 이 법은 2001.7.17. 시행되었다.

(2) 「여성과학기술인육성및지원에관한법률」의 제정

이 법률은 "여성과학기술인의 양성·활용 및 그들에 대한 지원 시책을 마련하고, 여성과학기술인이 그 자질과 능력을 충분히 발휘할 수 있도록 지원함으로써 여성의 과학기술 역량 강화와 국가의 과학기술발전에 이바지함"(제1조)을 목적으로 2002.12.18. 제정되어 2003.6.19. 시행되었다.

이 법률에서 "여성과학기술인"이란 "이학·공학(이하"이공계"라 한다)분야의 연구직·기술직 또는 관련 직종에 종사하고 있거나 종사하고자 하는 여성으로서 대통령령이 정하는 사람"(제2조)을 말한다. 2003.7.30. 제정된 대통령령(시행령)은 "대학과 대학원 등의 교육기관에서 이학(理學) 또는 공학 분야의 학위를 취득한 여성"으로 규정하였다.

이 법률은 여성과학기술인의 육성 및 지원에 관한 기본계획(제4조)과 연도별 시행계획(제5조)의 수립과 시행(제5조), 여성의 이공계 진학 및 진출의 촉진(제7조), 이공계 여학생과 여성과학기술인의 재정지원(제9조,제10조), 여성과학기술인에 대한 채용목표비율 및 직급별 승진목표비율을 일정수준으로 설정하는 등의 적극적 조치(제11조), 여성과학기술인 지원센터의 설치(제14조) 등을 골자로 하였다.

6) 최초로 여성발명인 육성 조항을 만들다

기업과 국가의 경쟁력이 지식과 정보에 의하여 결정되는 지식경제

시대의 환경에 맞추어 「발명진흥법」이 2002.12.5. 개정하면서 제6
조의2(여성발명활동의 촉진)를 신설하였다. 이 조항은 "정부는 여성
의 발명에 대한 창의력의 개발과 여성발명인력의 육성을 목적으로
하는 지원시책을 수립·시행하여야 한다."(제1항)라고 규정하고, 그
시책에 "1. 여성발명인에 대한 산업재산권에 관한 교육, 2. 여성발명
의 사업화, 3. 여성발명진흥행사의 개최 등 여성의 발명을 진흥하기
위하여 필요한 사항"(제2항)을 포함시켰다.

7) 최초로 여성공무원 채용목표제를 확충한 후 공무원의 양성평등 채용목표제를 실시하다

(1) 여성공무원 채용목표제를 확충하다

「공무원임용시험령」은 1995.12.22. 개정될 때, 여성의 공직진출
기회를 확대하기 위하여 제11조의3(여성의 합격)을 신설하여 "시험
실시기관의 장이 한시적으로 시험실시단계별로 여성이 일정비율이
상이 될 수 있도록 예정인원을 초과하여 여성을 합격시킬 수 있다."
라고 규정하였다. 이 여성공무원채용목표제는 1996.1.1.부터 시행
되어 2000년까지 한시적으로 시행되도록 설계되었다.

그런데 김대중 대통령이 집권한 후, 행정자치부는 1999.2.23."이
제도를 2002년까지 연장하고, 여성채용비율도 2002년까지 5급은
20%, 7급은 25%, 9급은 30%로 높이며, 적용범위를 2000년부터
기술직까지 확대한다."는 조치를 발표하고, 이를 시행하였다.

(2) 최초로 공무원의 양성평등채용목표제를 실시하다

그런데 여성채용목표제를 도입한 결과 전체적으로 여성의 합격비
율이 증가하였으나, 일부 시험에서는 여성의 합격비율이 지나치게
높아 이 제도를 발전적으로 개선·보완할 필요가 있다는 지적이 많

았다. 그래서 공무원임용시험에 있어 공직 내 양성의 평등을 제고하고 직렬 또는 기관별로 남녀의 성비(性比)가 균형을 이룰 수 있도록 공무원의 양성평등 채용목표제를 신설하는 입법이 추진되었다.

그 결과 「공무원임용시험령」이 2002.12.26. 개정되어 제11조의3의 제목이 "여성 또는 남성의 선발예정인원 초과합격"으로 변경되었다. 그리고 "①시험실시기관의 장은 여성과 남성의 평등한 공무원임용기회를 확대하기 위하여 필요하다고 인정하는 경우에는 한시적으로 여성 또는 남성이 시험실시단계별로 선발예정인원의 일정비율 이상이 될 수 있도록 선발예정인원을 초과하여 여성 또는 남성을 합격시킬 수 있다. ②제1항의 규정에 의하여 여성 또는 남성을 합격시킬 경우에 그 실시대상시험의 종류, 채용목표비율, 합격자결정방법 기타 시험의 시행에 관하여 필요한 사항은 시험실시기관의 장이 정한다."(제1항)라고 규정하였다. 이 입법은 2003.1.1.시행되었다.

8) 최초로 여성군인 육성을 위한 사관학교 여학생 입학과 여군 지원조치를 실시하다

김대중 대통령은 집권한 후, 여성군인을 군의 전문인력으로 육성하기 위하여 최초로 사관학교 여학생 입학을 시행하고 여군 지원조치를 실시하였다.

(1) 최초로 「사관학교법」의 여학생 입학을 시행하다

「사관학교법」은 1955.10.1. 제정될 때부터 육군·해군·공군의 정규 장교가 될 사람에게 필요한 교육을 하기 위하여 설치되는 사관학교의 입학자격을 "17세 이상 21세 미만의 남자"로 제한하였다.

그런데 김영삼 대통령이 집권한 후, 여성의 사회참여확대 정책의 일환으로 이 법은 1995.12.29. 입학자격을 "17세 이상 21세 미만인 자"로 변경하는 개정을 하여 여성도 사관학교에 입학할 수 있도록 하였다(제3조제1항). 그리고 이 법의 부칙에 "(여자사관생도의 모집 시기에 관한 특례) 제3조제1항의 개정규정에 의하여 육군 및 해군에 두는 사관학교에 입학하게 되는 여자사관생도의 모집시기는 대통령령으로 정한다."는 조항을 신설하였다. 이에 따라 1997.3.25. 부칙에 "(여자사관생도의 모집시기) 법률 제5058호 사관학교설치법중개정법률 부칙 제2항의 규정에 의한 육군사관학교 여자사관생도의 모집은 1998학년도부터 실시한다."는 조항을 신설하였다. 그후 1998.2.7. 시행령의 부칙을 "육군사관학교 여자사관생도의 모집은 1998학년도부터 실시하고, 해군사관학교 여자사관생도의 모집은 1999학년도부터 실시한다."라고 개정하였다.

김대중 대통령이 집권한 후, 최초로 「사관학교법」에 따른 여학생 입학을 공군, 육군, 해군 사관학교 순으로 시행하여 여성사관생도들이 배출되기 시작하였다.

(2) 최초로 여성군인 육성을 위한 여군 지원조치를 실시하다

김대중 대통령은 여성군인을 육성하기 위하여 1999년에 「여군발전기본계획」을 최초로 수립·시행하였고 2002년에는 최초로 여성장군을 임명하였다.

한편, 여성군인들이 육아와 가족돌봄으로 인해 제대하지 않고 군복무를 계속할 수 있도록 하기 위하여 「군인사법」을 1999.1.29.개정하여 육아휴직과 가족돌봄휴직에 관한 조항(제48조제3항)을 신설하였다. 이 입법은 임용권자가 장기복무장교, 준사관 및 장기복무하사관 뿐 아니라 단기복무중인 여자군인에 대해서도 "자녀(휴직신청 당시 1세미만인 자녀에 한한다)를 양육하기 위하여 필요한 때"(제4호), "사고 또는 질병등으로 장기간의 요양을 필요로 하는 부모·배우자·자녀 또는 배우자의 부모의 간호를 위하여 필요한 때"(제5호)에

휴직을 원하는 경우에는 업무수행 및 인력운영상 지장을 초래하지 아니하는 범위안에서 휴직을 명할 수 있도록 적극적 조치를 한 의의가 있다. 이 휴직기간은 각각 1년 이내로 하며(제49조제3항), 휴직기간에는 봉급을 지급하지 아니하되(제48조제4항), 의무복무기간과 진급최저복무기간에 산입하지 아니하여(제49조제4항) 휴직자들이 진급에서 불이익을 받지 않도록 하였다.

9) 최초로 남녀평등교육의 증진조항과 심의회 규정을 만들다

(1) 남녀교육평등의 증진 규정을 신설하다

「교육기본법」은 "교육에 관한 국민의 권리·의무와 국가 및 지방자치단체의 책임을 정하고 교육제도와 그 운영에 관한 기본적 사항을 규정함"(제1조)을 목적으로 1997.12.13.제정되어 김대중 대통령이 집권한 후 1998.3.1. 시행되었다. 이 법은 제정될 때, 제4조(교육의 기회균등)를 두고 "모든 국민은 성별, 종교, 신념, 사회적 신분, 경제적 지위 또는 신체적 조건등을 이유로 교육에 있어서 차별을 받지 아니한다."라고 규정하였다.

그런데 이 법은 2000.1.28. 개정될 때, 제17조의2(남녀평등교육의 증진)를 신설하고 "①국가 및 지방자치단체는 남녀평등정신을 보다 적극적으로 실현할 수 있는 시책을 수립·실시하여야 한다. ②제1항의 규정에 의한 시책에는 체육·과학기술등 여성의 활동이 취약한 분야를 중점 육성할 수 있는 교육적 방안이 포함되어야 한다."라고 규정하였다. 이 제2항은 교육에 있어서 여성에 대한 적극적 조치를 규정한 입법의의가 있다.

(2) 「남녀평등교육심의회규정」을 제정하다

「교육기본법」은 2001.1.28 개정될 때, "학교교육에서의 남녀평등

증진을 위한 학교교육과정의 기준과 내용등 대통령령이 정하는 사항에 관한 교육부장관의 자문에 응하기 위하여 남녀평등교육심의회를 둔다."(제17조의2 제3항) 라고 규정하였다.

이에 따라 「남녀평등교육심의회규정」이 2000.9.25. 제정되었다. 이 규정(대통령령)은 심의회의 기능을 "1. 남녀평등교육증진을 위한 교육정책 및 제도개선 2. 남녀평등교육증진을 위한 교육과정 · 교수방법 · 교육내용 3. 교원의 남녀평등교육의식 활성화 4. 체육 · 과학기술 등 여성의 활동이 취약한 분야를 중점적으로 육성할 수 있는 교육적 방안 5. 기타 교육부장관이 부의하는 사항"(제2조)을 심의하는 것으로 규정하였다. 그리고 심의회의 구성을 "1. 남녀평등과 여성문제에 관한 학식과 덕망을 갖춘 자로서 교육기관 · 연구기관 · 학계에 종사하는 자 및 시민단체(비영리민간단체지원법 제2조의 규정에 의한 비영리민간단체를 말한다)에서 추천한 자 중에서 교육부장관이 위촉하는 자와 2. 교육부 · 과학기술부 · 문화관광부 · 정보통신부 · 노동부 · 여성특별위원회의 3급 이상 공무원 중에서 해당 기관의 장이 지명하는 자"(제3조)로 하였다. 이 규정은 2001.1.29. 교육부를 교육인적자원부로, 여성특별위원회를 여성부로 개정하였다.

10) 최초로 대학 교원의 양성평등 임용제와 국립대 여교수채용목표제를 추진하다

(1) 최초로 대학 교원의 양성평등 임용제를 추진하다

교육인적자원부는 대학 교원 중 여성의 비율이 현저히 적은 문제를 개선하기 위해 대학 교원의 양성평등 임용제를 추진하였다. 이 제도는 ① 대학인사위원회에 여성위원을 일정 비율 포함시킬 것, ② 국가 및 지방자치단체는 대학의 교원임용에 있어서 양성평등을 제고하기 위하여 필요한 정책을 수립 · 시행할 것, ③ 대학은 대학의 교원을 임용함에 있어서 특정 성별에 편중되지 아니하도록 계열별 임용목표 비율이 명시된 임용계획 등 적극적 조치의 시행을 위하여 필요한 계획을 수립·시행할 것을 골자로 하였다. 교육인적자원부는 그 시행을 위해 2003년 1월에 「교육공무원법」의 개정안을 국회에 제출하였다. 그 결과 노무현 대통령이 집권한 후, 2003.7.25. 「교육공무원법」이 개정되어 제5조(대학인사위원회에서의 여성위원), 제11조의3(양성평등을 위한 임용계획의 수립 등)이 신설되었다. 또한 2003.11.4. 개정된 「교육공무원임용령」에는 제6조의2(대학교원임용양성평등위원회), 제6조의3(양성평등조치계획의 평가 등)이 신설되었다.

(2) 최초로 국·공립대 여교수채용목표제를 추진하다

'국·공립대 여교수채용목표제'란 남성에 편중되어 있는 대학교수 채용에서 여성 비율을 높이기 위해 국·공립대가 스스로 여성 교수 채용계획을 수립하고 그 추진 실적이 우수하다고 평가를 받은 경우에 교수 정원외에 여성을 교수로 채용할 수 있도록 정부가 지원하는 제도를 말한다.

교육인적자원부는 이 제도를 도입하고자 「교육공무원법 개정안」을 마련해 2002.12.24. 국무회의에서 의결하고 2003년 1월에 국회에 제출하였다. 그리고 2003년에 국립대에서 채용하는 신임교수 1,000명 중 약 20%를 여성교수로 채용되도록 먼저 희망대학의 여성교수 확대 채용계획과 신청을 받아 2003년에 200명을 우선 증원하고, 앞으로 매년 연간 100명씩 국·공립대 여교수 정원을 확보한다는 방침을 2003.1.10. 발표하였다. 정부가 이 제도를 도입하려는 것은 2002년 기준으로 국공립대의 여교수 비율이 사립대 16.1%의 절반 수준인 8.8% 밖에 되지 않는 한편, 시간강사 비율은 전체에서 여성이 37%를 넘게 차지하는 상황을 적극적 조치로 개선하여 여성이 전임교원으로 많이 채용될 수 있게 하여 대학교원의 양성평등 임용제를 효과적으로 추진하고자하는 취지가 있다.

6. 최초로 여성근로자 · 공무원 · 교원의 모성보호제도를 다양화하고 산전후휴가급여를 만들다.

'모성보호'란 여성의 고유한 임신 · 출산 · 생리 · 수유 기능에 관한 보호를 말한다. 모성보호는 여성의 건강 뿐 아니라 태아, 신생아(유아)의 건강을 보호하는 것이며 가정, 사회, 사업장에 건강한 인력을 창출하고 제공하여 사회를 지속적으로 유지 · 발전시키는 데 필수적인 중요한 사회적 기능을 가진 데 대한 보호이다.

'산전후휴가급여'란 출산전후휴가기간에 임산부에게 지급되는 사회보험에 의한 급여를 말한다. '사회보험'이란 국가가 국민에게 건강보장 또는 소득보장을 하기 위해 보험의 방식으로 보험료를 징수하고 국가의 재정 지원으로 운영하다가 출산, 양육, 노령, 실업, 질병, 사망 등의 사회적 위험이 발생한 경우 급여를 지급하는 사회보장제도이다. 산전후휴가급여를 사회보험으로 지급한다는 것은 모성보호비용을 사회가 분담한다는 것을 의미한다. 종래 임산부 근로자의 출산전후휴가기간에 사용자에게 임금지급의무를 부담시켜 왔는데 이것은 여성고용을 기피하는 문제를 발생시켜 왔다. ILO의「모성보호협약」은 출산전후휴가기간에 사용자(기업)에게 임금지급 부담을 전적으로 부과시켜서는 아니되고 사회보험과 국가의 재정으로 사회보장 급여를 지급해야 한다는 것을 명시하고 있다.

그런데 우리나라「헌법」은 1948. 7. 17. 제정될 때부터 "여자의 근로는 특별한 보호를 받는다."라는 조항을 두고 있다. 이에 따라「근로기준법」은 1953.5.10. 제정될 때부터 제5장의 제목을 '여자와 소년'으로 하고, 근로여성들을 유해 · 위험 직무와 야간근로 · 휴일근로 등의 근로시간에서 취업을 금지하거나 제한하는 방식으로 보호하고, 생리 시와 출산 전후에 유급휴가를 주며, 사용자에게 출산전후휴가기간에 임금을 지급하게 하는 방식으로 보호하였다. 이러한 여성보호규정들은 사실상 제대로 시행되지 않았는데도 기업들이 여성의 고용을 기피하는 요인이 되어 여성의 취업에 도움이 되지 않는다는 지적과 여성을 특별보호하는 이유가 불명확하거나 과도하여 남녀평등과 상충된다는 지적을 받았다.

이러한 여성노동문제를 획기적으로 개선하기 위해 김대중 대통령이 집권한 후, 「남녀고용평등법」을 근로여성복지법에서 실질적인 남녀평등법으로 전환하는 입법과 함께 「근로기준법」의 [제5장 여자와 소년]에 있던 여성특별보호 규정들을 모성보호규정으로 전환하는 입법 그리고 모성보호 비용과 육아비용의 사회분담화를 위해 「고용보험법」을 개정하여 고용보험으로 산전후휴가급여와 육아휴직급여를 만들어 지급하는 입법이 추진되었다. 이 3종의 법은 2001.8.14. 공포되어 2001.11.1. 시행되었다. 당시 주무부처인 노동부는 이 입법을 "모성보호 3법"으로 명명하였다. 이 개정법은 "여자"란 용어를 "여성"으로 변경하였다.

그 외에도 김대중 대통령의 집권기간에 최초로 여성공무원과 여성교원에 대한 모성보호제도를 다양화하는 입법도 이루어졌다.

김대중 대통령의 집권기간에 모성보호를 위해 이루어진 법제의 내역은 〈표 Ⅱ-7〉과 같이 6종으로 분류된다.

〈표 ||-7〉 모성보호제도 다양화와 산전후휴가급여 신설을 위한 최초의 입법(6종)

- 최초로 여성의 사용과 야업의 금지조항을 모성보호 조항으로 전환하다
- 최초로 모성보호 비용의 사회분담화로 산전후휴가급여를 만들다
- 최초로 산전후휴가기간을 90일로 연장하고 유급휴가를 60일로 하다
- 최초로 여성공무원과 교원의 산전후휴가 허용을 의무화하고 휴가기간을 90일로 연장하다
- 최초로 여성공무원과 교원의 임신 중 건강검진휴가와 육아시간 조항을 만들다
- 최초로 여성공무원과 교원의 임신·출산휴직과 휴직자 보호 조항을 만들다

1) 최초로 여성의 사용과 야업의 금지 조항을 모성보호 조항으로 전환하다

(1) 최초로 여성의 사용금지조항을 모성보호 조항으로 전환하다

「근로기준법」은 종전에는 제63조(사용금지)에서 "사용자는 여자와 18세미만인 자는 도덕상 또는 보건상 유해·위험한 사업에 사용하지 못한다."라고 규정하고 시행령에서 사용금지직종을 규정하였다.

그런데 2001.8.14. 개정법은 "①사용자는 임신중이거나 산후 1년이 경과되지 아니한 여성(이하 "임산부"라 한다)과 18세 미만자를 도덕상 또는 보건상 유해·위험한 사업에 사용하지 못한다. ②사용자는 임산부가 아닌 18세 이상의 여성을 제1항의 규정에 의한 보건상 유해·위험한 사업 중 임신 또는 출산에 관한 기능에 유해·위험한 사업에 사용하지 못한다. ③제1항 및 제2항의 규정에 의한 금지직종은 대통령령으로 정한다."라고 규정하였다. 2001.10.31. 개정된 시행령의 별표2(임산부 등의 사용금지직종)은 임신 중인 여성에 대한 13종, 산후 1년이 경과되지 아니한 여성에 대한 3종, 임산부가 아닌 18세 이상의 여성에 대한 2종의 사용금지직종을 규정하였다.

그리하여 제63조(사용금지)에서 임산부 보호가 강화되고 일반여성에 대한 사용금지는 임신 또는 출산에 관한 기능에 유해·위험한 사업에의 사용금지로 제한하였다.

　(2) 최초로 여성의 야업금지 조항을 모성보호조항으로 전환하다

「근로기준법」은 종전에는 제68조(야업금지)에서 "사용자는 여자와 18세미만인 자는 하오 10시부터 상오 6시까지의 사이에 근로시키지 못하며, 또 휴일근로에 종사시키지 못한다. 다만, 그 근로자의 동의와 노동부장관의 인가를 얻은 경우에는 그러하지 아니하다."라고 규정하였다.

2001.8.14. 개정된 법은 제68조의 제목을 "야업 및 휴일근로의 제한"으로 변경하였다. 그리고 제1항에서 "사용자는 18세 이상의 여성을 오후 10시부터 오전 6시까지의 사이 및 휴일에 근로시키고자 하는 경우에는 당해 근로자의 동의를 얻어야 한다."라고 규정하여 임산부가 아닌 여성은 본인의 의사에 따라 야업과 휴일근로를 하여 취업과 소득 증대의 기회를 가질 수 있게 하였다. 반면, 임산부에 대한 야업과 휴일근로의 제한은 더욱 엄중하게 개정되었다. 개정법은 제2항에서 "사용자는 임산부와 18세 미만자를 오후 10시부터 오전 6시까지의 사이 및 휴일에 근로시키지 못한다. 다만, 다음 각호의 1의 경우로서 노동부장관의 인가를 얻은 경우에는 그러하지 아니하다. 1. 18세 미만자의 동의가 있는 경우 2. 산후1년이 경과되지 아니한 여성의 동의가 있는 경우 3. 임신중의 여성이 명시적으로 청구하는 경우"라고 규정하였다. 또한 제3항에서 "사용자는 제2항의 경우 노동부장관의 인가를 얻기 이전에 근로자의 건강 및 모성보호를 위하여 그 시행여부와 방법 등에 관하여 당해 사업 또는 사업장의 근로자대표와 성실하게 협의하여야 한다."라고 규정하였다. 그리하여 사

용자가 임산부를 야업 및 휴일근로를 시키려면 본인의 동의 또는 명시적 청구, 모성보호에 관한 노사의 협의, 노동부의 인가가 있어야 하도록 하여 모성보호를 강화하였다.

2) 최초로 모성보호 비용의 사회분담화로 산전후휴가급여를 만들다

(1) 「남녀고용평등법」의 모성보호

2001.8.14. 전부개정된 「남녀고용평등법」은 모성보호를 강화하기 위해 제18조(산전후휴가에 대한 지원)를 신설하였다. 이 조항은 "①국가는 근로기준법 제72조제1항의 규정에 의한 산전후휴가를 사용한 근로자중 일정한 요건에 해당하는 자에 대하여 당해 휴가기간 중 무급휴가에 해당하는 기간의 통상임금에 상당하는 금액(이하 "산전후휴가급여"라 한다)을 지급하여야 한다. ②제1항의 산전후휴가급여를 지급하기 위하여 필요한 비용은 재정 및 사회보장기본법에 의한 사회보험에서 분담할 수 있다. ③사업주는 여성근로자가 제1항의 규정에 의한 산전후휴가급여를 받고자 하는 경우, 관계서류의 작성·확인등 제반 절차에 적극 협력하여야 한다. ④제1항의 규정에 의한 산전후휴가급여의 지급요건 및 절차 등에 관하여 필요한 사항은 따로 법률로 정한다."라고 규정하였다. 사업주가 제18조제3항을 위반한 경우에는 300만원 이하의 과태료에 처한다는 조항(제39조제3항)도 신설하였다.

우리나라 법 중 모성보호 비용의 사회분담화를 처음 언급한 법은 1995.12.30. 제정된 「여성발전기본법」이다. 이 법은 "국가 및 지방자치단체는 취업여성의 임신·출산 및 수유와 관련한 모성보호비용에 대하여 사회보장기본법에 의한 사회보험 및 재정등을 통한 사회적 부담을 높여 나가도록 하여야 한다."라고 규정하였다.

2001.8.14., 전부개정된 「남녀고용평등법」과 후술하는 「고용보험법」의 산전후휴가급여 규정은 모성보호 비용의 사회분담화를 고용보험으로 구현한 점에서 입법의의가 크다.

  (2) 「고용보험법」의 산전후휴가급여 신설
  「고용보험법」은 2001.8.14. 개정될 때, 고용보험사업으로 산전후휴가급여를 신설하였다(제4조). 그 수급요건과 지급에 관해서는 [제5장 육아휴직급여등의 제2절 산전후휴가급여]에서 규정하였다. 제55조의7(산전후휴가급여)는 "노동부장관은 남녀고용평등법 제18조의 규정에 의하여 피보험자가 근로기준법 제72조의 규정에 의한 산전후휴가를 부여받은 경우로서 다음 각호의 요건을 갖춘 경우에 산전후휴가급여를 지급한다. 1. 산전후휴가종료일 이전에 제32조의 규정에 의한 피보험단위기간이 통산하여 180일 이상일 것 2. 산전후휴가종료일부터 6월 이내에 신청할 것. 다만, 동기간 이내에 대통령령이 정하는 사유로 산전후휴가급여를 신청할 수 없었던 자는 그 사유 종료후 30일 이내에 신청하여야 한다."라고 규정하였다. 그리고 제55조의8(지급기간 등)은 "①제55조의7의 규정에 의한 산전후휴가급여는 근로기준법 제72조의 규정에 의한 산전후휴가기간중 60일을 초과한 일수(30일을 한도로 한다)에 대하여 근로기준법상 통상임금(산전후휴가 개시일을 기준으로 산정한다)에 상당하는 금액을 지급한다. ②제1항의 규정에 의한 산전후휴가급여의 지급금액은 대통령령이 정하는 바에 따라 그 상한액과 하한액을 정할 수 있다. ③제1항 및 제2항의 규정에 의한 산전후휴가급여의 신청 및 지급에 관하여 필요한 사항은 노동부령으로 정한다."라고 규정하였다.
  2001.10.31. 개정된 시행령은 제68조의8(산전후휴가급여의 상·하한액)을 신설하였다.

3) 최초로 산전후휴가기간을 90일로 연장하고 유급휴가를 60일로 하다

「근로기준법」은 종전에는 제72조(산전후휴가)에서 "사용자는 임신중의 여자에 대하여는 산전후를 통하여 60일의 유급보호휴가를 주어야 한다. 다만, 유급보호휴가는 산후에 30일이상 확보되도록 한다."(제1항)라고 규정하였다.

그런데 이 법은 2001.8.14. 개정될 때, 제72조의 제목을 "임산부의 보호"로 변경하고 산전후휴가에 관하여 " ①사용자는 임신중의 여성에 대하여 산전후를 통하여 90일의 보호휴가를 주어야 한다. 이 경우 휴가기간의 배치는 산후에 45일 이상이 되어야 한다. ②제1항의 규정에 의한 휴가중 최초 60일은 유급으로 한다." 라고 규정하였다. 그리하여 최초로 산전후휴가기간을 90일로 연장하고 유급휴가를 60일로 하며 나머지 30일은 고용보험의 산전후휴가급여를 지급하게 하여 모성보호를 크게 강화하였다. 아울러 산전후휴가기간이 90일로 연장된 데 따른 사용자(기업)의 부담을 적게 하여 여성고용기피 문제를 해소하고자 하였다.

4) 최초로 여성공무원과 교원의 산전후휴가 허가를 의무화하고 휴가기간을 90일로 연장하다

「국가공무원복무규정」(대통령령)은 종전에는 제20조(특별휴가)에서 "임신중의 여자공무원은 그 출산의 전후를 통하여 60일 이내의 출산휴가를 얻을 수 있다."(제2항)라고 규정하였다.

그런데 김대중 대통령이 집권한 후, 1999.12.7. 제20조제2항은 임용권자가 임신중의 여자공무원이 출산전후휴가를 신청하면 "허가하여야 한다."는 강제규정으로 개정되었다. 그리고 2001.10.31.의 개정으로 출산전후휴가기간이 60일에서 90일로 연장되었다.

이러한 입법은 최초로 여성공무원과 여성교원의 산전후휴가 허가를 의무화하고 휴가기간을 90일로 연장하여 모성보호를 강화한 의의가 있다.

5) 최초로 여성공무원과 교원의 임신 중 건강검진휴가제와 육아시간 조항을 만들다

(1) 최초로 임신 중 건강검진휴가제를 만들다

「국가공무원복무규정」은 종전에는 제20조(특별휴가)에서 "여자공무원은 매생리기마다 1일의 여성보건휴가를 얻을 수 있다."(제3항)라고 규정하였다.

그런데 김대중 대통령이 집권한 후, 1999.12.7. 제20조의 제3항은 "여자공무원은 매생리기와 임신한 경우 검진을 위하여 매월 1일의 여성보건휴가를 얻을 수 있다."로 변경되었다.

이 입법은 최초로 임신 중 건겅검진휴가제를 만든 의의가 있다. 임신하지 않은 여성은 보건휴가를 사용할 수 있는데 임신한 여성에 대해서는 출산 전에 모성보호휴가를 가질 수 없는 문제에 대해 여성계가 문제를 지적하고 임신 중 건겅검진휴가제를 요구한 데 따른 입법이다.

(2) 최초로 1시간의 육아시간 조항을 만들다

「근로기준법」은 제73조(육아시간)에서 "생후 1년미만의 유아를 가진 여성근로자의 청구가 있는 경우에는 1일 2회 각각 30분이상의 유급수유시간을 주어야 한다."라고 규정하고 있다. 이 조항은 1953.5.10. 제정될 때부터 있었지만 사업장에 수유실이 없는 경우가 많고 출퇴근 시간에 유아를 동반하기가 어려워 사실상 이 조항은 사문화되어 왔다.

그런데 김대중 대통령이 집권한 후, 1999.12.7.「국가공무원복무규정」에 "생후 1년 미만의 유아를 가진 여자공무원은 1일 1시간의 육아시간을 얻을 수 있다."는 제4항이 신설되었다. 이 입법은 최초로 여성공무원과 교원에 대해 1일 1시간의 육아시간을 부여함으로써 출퇴근시간을 조정할 수 있게 하여 수유시간의 실효성을 높힌 점에서 의의가 크다.

7) 최초로 여성공무원과 교원의 임신·출산휴직제와 휴직자 보호조치를 만들다

(1) 최초로 여성공무원과 교원의 임신·출산휴직제를 만들다

「국가공무원법」은 종전에 제71조(휴직)에서 공무원이 휴직을 원하는 경우에 임용권자가 휴직을 명할 수 있는 사유에 "자녀(휴직신청 당시 1세 미만인 자녀에 한한다)를 양육하기 위하여 필요한 때"(제2항제4호)를 포함하였다.

그런데 김대중 대통령이 집권한 후, 이 조항은 "자녀(휴직신청 당시 3세 미만인 자녀에 한한다)를 양육하기 위하여 필요하거나, 여자공무원이 임신 또는 출산하게 된 때"에는 "임용권자는 대통령령이 정하는 특별한 사정이 없는 한 휴직을 명하여야 한다."(제71조제2항제4호)라고 2002.1.19. 개정하였다. 그리고 "임용권자는 제2항제4호의 규정에 의한 휴직을 이유로 인사상 불리한 처우를 하여서는 아니된다."는 제4항을 신설하였다. 또한 휴직기간을 자녀 1인에 대하여 1년 이내로 개정하였다(제72조제7호).

「지방공무원법」도 2002.12.18.「국가공무원법」과 동일하게 개정되었다(제63조제2항제4호, 제64조제7호).

그리하여 최초로 여성공무원의 임신·출산휴직제와 휴직자의 보호조치를 만들었다.

7. 최초로 남녀공용의 육아휴직제와 육아휴직급여 및 무상보 육을 시행하다

'육아휴직제'란 근로자가 육아로 인해 직장을 퇴직하지 않고 휴직 을 할 수 있도록 하여 자녀돌봄 등의 가정생활과 직장생활을 조화롭 게 병행할 수 있게 하는 돌봄지원 조치이다. 모성보호 지원조치가 여성에 대한 특별보호 조치인 반면, 돌봄지원 조치는 육아 등의 돌봄 이 여성만이 해야 하거나 할 수 있는 일이 아니라 남녀 부모 모두가 참여하고 책임과 권한을 분담해야 하는 일이므로 남녀근로자와 가정 에 대한 보호조치이다.

'육아휴직급여'란 육아가 사회를 지속적으로 유지하고 발전시키는 데 필수적인 일이므로 그 비용을 사회가 분담한다는 인식으로 사회 보험과 국가의 재정으로 육아휴직자에게 지급되는 사회보장 급여를 말한다.

그런데 김대중 대통령이 집권한 후, 육아 지원을 크게 강화하는 조치가 소위 모성보호 3법과 「영유아보육법 시행령」, 공무원관계법, 「군인사법」등의 개정으로 이루어졌다. 이러한 육아지원 법제의 내역 은 〈표 Ⅱ-8〉과 같이 6종으로 분류된다.

〈표 Ⅱ-8〉 육아휴직제와 육아휴직급여 및 무상보육 시행에 관한 최초의 입법(6종)

- 최초로 육아휴직제를 완전히 남녀공용화하다
- 최초로 육아휴직 실시와 고용보장 조항을 강제조항으로 만들다
- 최초로 육아비용의 사회분담화로 육아휴직급여를 만들다
- 최초로 여성공무원과 교원의 육아휴직 보호조치와 육아수당을 만들다
- 최초로 무상보육을 시행하다
- 최초로 직장보육시설 설치비용의 무상지원 조항을 만들다

1) 최초로 육아휴직제를 완전히 남녀공용화하다

「남녀고용평등법」은 1987.12.4. 제정될 때, 제11조(육아휴직)를 두고 "①사업주는 생후 1년미만의 영아를 가진 근로여성이 그 영아의 양육을 위하여 휴직(이하 "육아휴직"이라 한다)을 신청하는 경우에 이를 허용하여야 한다. ②제1항의 규정에 의한 육아휴직 기간은 근로기준법 제60조의 규정에 의한 산전·산후 유급휴가기간을 포함하여 1년이내로 한다."라고 규정하여 최초로 여성육아휴직제를 규정하였다. 그런데 이러한 입법은 육아휴직제를 신설한 입법의의는 크지만, 대상을 근로여성으로 한정하여 여성의 고용기피 문제를 더 악화시키고 육아휴직을 남녀공용화하는 국제적 추세에 맞지 않는다는 비판이 많았다.

이 문제를 해소하기 위해 「남녀고용평등법」은 1995.8.4. 개정될 때, 육아휴직의 부여 대상을 "근로여성 또는 그를 대신한 배우자인 근로자"로 규정하였다. 이 입법은 남성근로자도 육아휴직을 할 수 있게 되었지만, 여전히 근로여성이 육아의 책임자라는 인식을 드러냈다는 비판을 받았다.

이러한 상황을 감안하여 김대중 대통령이 집권한 후, 2001.8.14. 「남녀고용평등법」이 전부개정될 때, 육아휴직의 부여 대상을 "생후 1년 미만의 영아를 가진 근로자"로 규정하여 육아휴직제를 완전히 남녀공용화하였다(제19조제1항).

2) 최초로 육아휴직 실시와 고용보장 조항을 강제조항으로 만들다

「남녀고용평등법」은 1987.12.4. 제정될 때, "사업주는 근로여성에게 육아휴직을 이유로 불리한 처우를 하여서는 아니된다."(제11조제3항)라고 규정하였다. 그런데 육아휴직 실시와 고용보장에 관한 조항 위반에 대한 벌칙이 없어 실효성이 적었다.

그런데 김대중 대통령이 집권한 후, 「남녀고용평등법」은 2001.8.14. 전부개정될 때, 육아휴직 실시와 고용보장에 관한 조항을 다음과 같이 강화하고 위반자에 대한 벌칙을 부과하여 실효성을 높히고자 하였다.

(1) 사업주가 생후 1년 미만의 영아를 가진 근로자가 그 영아의 양육을 위하여 휴직을 신청했는데 이를 대통령령이 정한 예외 사유가 없음에도 허용하지 않는 경우에 500만원 이하의 벌금에 처한다는 제37조제3항을 신설하였다.

(2) 사업주는 "육아휴직 기간동안은 당해 근로자를 해고하지 못한다. 다만, 사업을 계속할 수 없는 경우에는 그러하지 아니하다."는 조문(제19조제3항)을 신설하였다. 또한 사업주가 제19조제3항을 위반하여 육아휴직을 이유로 해고 그 밖의 불리한 처우를 하거나 육아휴직 기간동안에 당해 근로자를 해고한 경우에는 3년 이하의 징역 또는 2천만원 이하의 벌금에 처한다는 제37조제2항도 신설하였다.

(3) 사업주는 "육아휴직 종료후에는 휴직전과 동일한 업무 또는 동등한 수준의 임금을 지급하는 직무에 복귀시켜야 한다." 는 제19조제4항을 신설하였다. 사업주가 이를 위반하는 경우에 500만원 이하의 벌금에 처한다는 제37조제3항도 신설하였다.

3) 최초로 육아비용의 사회분담화로 육아휴직급여를 만들다
(1) 「남녀고용평등법」의 육아비용 지원조항 신설

이 법은 2001.8.14. 전부개정될 때, 제20조(직장과 가정생활의 양립 지원)를 신설하고 "국가는 사업주가 근로자에게 제19조의 규정에 의한 육아휴직을 부여한 경우, 당해근로자의 생계비용과 사업주의 고용유지비용의 일부를 지원할 수 있다."라고 규정하였다. 이 입법은 육아와 같은 돌봄노동이 가정과 사회, 국가를 유지시키는 데 중요한 사회적 기능을 가짐을 인정하고 육아 비용의 사회분담화의 근거를 명시한 의의가 크다.

(2)「고용보험법」의 육아휴직급여 신설

이 법은 "고용보험의 시행을 통하여 실업의 예방, 고용의 촉진 및 근로자의 직업능력의 개발·향상을 도모하고, 국가의 직업지도·직업소개기능을 강화하며, 근로자가 실업한 경우에 생활에 필요한 급여를 실시함으로써, 근로자의 생활의 안정과 구직활동을 촉진하여 경제·사회발전에 이바지함"을 목적으로 1993.12.27. 제정되어 1995.7.1. 시행되었다. 이 법은 제1조의 목적을 달성하기 위하여 고용보험사업으로서 고용안정사업·직업능력개발사업 및 실업급여를 실시한다는 것을 규정하였다(제3조).

그런데 김대중 대통령이 집권한 후, 이 법은 2001.8.14. 전부개정될 때, 고용보험사업으로 육아휴직급여를 신설하였다(제4조). 이 급여의 수급요건과 지급에 관해서는 [제5장 육아휴직급여등 제1절 육아휴직급여] 중 제55조의2(육아휴직급여)가 규정하였다. 이 조항은 "①노동부장관은 남녀고용평등법 제19조의 규정에 의한 육아휴직을 30일(근로기준법 제72조의 규정에 의한 산전후휴가기간 90일과 중복되는 기간을 제외한다) 이상 부여받은 피보험자 중 다음 각호의 요건을 갖춘 경우에 육아휴직급여를 지급한다. 1. 육아휴직개시일 이전에 제32조의 규정에 의한 피보험단위기간이 통산하여 180일 이상일 것 2. 동일한 자녀에 대해서 피보험자인 배우자가 육아휴직(30일 미만은 제외한다)을 부여받지 않고 있을 것 3. 육아휴직개시일 이후 1월부터 종료일 이후 6월 이내에 신청할 것. 다만, 동 기간 내에 대통령령이 정하는 사유로 육아휴직급여를 신청할 수 없었던 자는 그 사유 종료후 30일 이내에 신청하여야 한다. ②제1항의 규정에 의한 육아휴직급여액은 대통령령으로 정한다. ③육아휴직급여의 신청 및 지급에 관하여 필요한 사항은 노동부령으로 정한다.”라고 규정하였다.

이에 따라 「고용보험법 시행령」은 2001. 10. 31. 육아휴직기간중 지급하는 육아휴직급여액을 월 20만원으로 규정하였고, 2002. 12. 30. 개정으로 그 금액을 월 30만원으로 인상하였다(제68조의3 제1항).

4) 최초로 여성공무원과 교원의 육아휴직 보호조치와 육아수당을 만들다

김대중 대통령이 집권한 후, 공무원과 교원관계법의 육아휴직제는 다음과 같이 크게 강화되었다.

(1) 「국가공무원법」은 1999. 12. 31. 개정될 때, 임용권자는 국가공무원이 “자녀(휴직신청 당시 1세 미만인 자녀에 한한다)를 양육하기 위하여 필요한 때” 육아휴직을 신청하면 1년 이내의 휴직을 명할 수 있도록 하던 것을 “대통령령이 정하는 특별한 사정이 없는 한 휴직을 명하여야 한다.”(제71조제2항)라고 변경하였다. 또한 종전에는 육아휴직기간을 승급기간에 산입하지 아니하였으나, “임용권자는 육아휴직을 이유로 인사상 불리한 처우를 하여서는 아니되며, 대통령령이 정하는 바에 의하여 그 휴직기간의 5할에 해당하는 기간을 호봉간의 승급에 필요한 기간에 산입한다.”는 조항(제71조제3항)을 신설하였다. 그후 육아휴직에 관하여 2002. 1. 19. 다시 개정하여 대상이 되는 자녀의 연령을 1세 미만에서 3세 미만으로 확대하고 휴직기간은

1자녀에 대하여 1년 이내로 하였다. 「지방공무원법」도 2002.1.19. 「국가공무원법」과 동일하게 육아휴직에 관한 조항을 개정하였다.

(2) 「교육공무원법」은 2000.1.28. 개정될 때, 임면권자는 교육공무원이 휴직신청 당시 1세미만인 자녀를 양육하기 위하여 필요하거나 여교원이 임신 또는 출산하게 되어 휴직한 것을 이유로 인사상 불리한 처우를 하여서는 아니되며, 휴직기간중 최초 1년이내의 기간은 근속기간에 산입한다는 조항(제44조제4항)을 신설하였다. 「사립학교법」도 2000.1.28. 동일한 내용으로 개정되었다.

(3) 「공무원수당등에관한규정」(대통령령)은 2001.11.13. 개정될 때, 자녀를 양육하기 위하여 30일 이상 휴직한 공무원에 대하여 휴직기간중 월 20만원의 육아휴직수당을 지급한다는 조항(제11조의4)을 신설하였다. 이 개정은 2002.1.1.시행되었다.

5) 최초로 무상보육을 시행하다

「영유아보육법」은 "보호자가 근로 또는 질병 기타 사정으로 인하여 보호하기 어려운 영아 및 유아를 심신의 보호와 건전한 교육을 통하여 건강한 사회성원으로 육성함과 아울러 보호자의 경제적·사회적 활동을 원활하게 하여 가정복지증진에 기여함"(제1조)을 목적으로 1991.1.14. 제정되었다.

이 법은 1997.12.24. 제21조의2(무상보육 특례)를 신설하고, "① 제21조의 규정에 불구하고 초등학교 취학직전 1년의 유아에 대한 보육은 무상으로 하되, 대통령령이 정하는 바에 의하여 순차적으로 실시한다. ②제1항의 무상보육 실시에 드는 비용은 대통령령이 정하는 바에 의하여 국가 및 지방자치단체가 이를 부담 또는 보조하여야

한다. ③제7조제1항의 규정에 불구하고 국가 및 지방자치단체는 제1
항의 규정에 의한 무상보육을 받고자 하는 유아를 보육시키기 위하
여 필요한 보육시설을 설치·운영하여야 한다."라고 규정하였다.

그런데 김대중 대통령이 집권한 후, 「영유아보육법 시행령」을
1998.5.6. 개정하여 무상보육의 우선실시대상자를 매년 3월 1일 현
재 만 5세에 도달하는 유아로서 읍·면지역과 도서·벽지지역에 거
주하는 유아로 정하고(제23조의2), 국가와 지방자치단체가 비용을
부담하는 것을 명시하였다(제23조의3).

6) 최초로 직장보육시설 설치비용의 무상지원 조항을 만들다

(1) 「고용보험법 시행령」은 1999.10.1. 개정될 때, 사업주가 직
장보육시설을 설치할 경우 종전에는 그 설치비용을 사업주에게 융자
할 수 있도록 하던 것을 여성고용촉진을 위하여 그 설치비용의 일부
를 사업주에게 무상으로 지원할 수 있도록 하는 조항(제24조제4항)
을 신설하였다.

(2) 「남녀고용평등법」은 2001.8.14. 전부개정될 때, 제21조(보육
시설)에 "노동부장관은 근로자의 고용을 촉진하기 위하여 제1항의
규정에 의한 직장보육시설의 운영에 필요한 지원 및 지도를 하여야
한다."는 제3항을 신설하였다.

8. 최초로 고용 지원과 사회보장 및 정보화교육을 연계한 여성 복지법을 만들다

김대중 대통령이 집권한 후, 취약여성에 대한 복지는 단순히 생계

지원을 위한 금품을 지급하는 방식이 아니라 고용을 지원하고 사회
보장 및 정보화 교육을 연계한 여성복지법으로 전환하여 지식정보화
시대에 생활과 취업에 유용한 도움을 주고 사회보장급여에 관한 수
급권을 부여하였다. 김대중 대통령의 집권기간에 최초로 이루어진
주요 여성복지 법제는 〈표 II−9〉와 같이 5종으로 분류된다.

〈표 II−9〉 고용 지원과 사회보장 및 정보화 교육을 연계한 최초의 여성복지법(5종)

- 최초로 여성실업가구주의 고용촉진장려금을 만들다
- 최초로 이혼배우자의 분할연금 수급권을 인정하다
- 최초로 처의 유족연금 수급권을 우대하다
- 최초로 여성장애인의 권익보호와 고용지원 조항을 만들다
- 최초로 전업주부와 여성복지시설 수용자의 정보화 교육지원 조항을 만들다

1) 최초로 여성실업가구주의 고용촉진장려금을 만들다

김대중 대통령이 집권한 후, 1997년 말 발생한 외환위기로 실업
이 증가하고 실직자들이 생활 곤란을 겪는 문제의 대책을 수립 · 추
진하였다. 그 일환으로「고용보험법시행령」을 1998.10.1. 개정하여
상대적으로 취업이 곤란하고 부양가족이 있어 생계가 어려운 여성실
업가구주를 새로이 고용한 사업주에 대하여 당해 사업주가 지급한
임금의 2분의 1에 해당하는 금액을 여성고용촉진장려금에서 6개월
간 지급하는 제24조제3항을 신설하였다.

2) 최초로 이혼배우자의 분할연금 수급권을 인정하다

김대중 대통령이 집권한 후, 「국민연금법」은 1998.12.21. 개정될
때, 제57조의2(분할연금수급권자 등)를 신설하였다. 이 조항은 "①혼
인기간(배우자의 가입기간 중의 혼인기간에 한한다. 이하 같다)이 5년
이상인 자가 다음 각호의 1에 해당하게 되는 때에는 그때부터 그가

생존하는 동안 배우자이었던 자의 노령연금을 분할한 일정한 금액의 연금(이하 "분할연금"이라 한다)을 지급받을 수 있다. 1. 노령연금수급권자인 배우자와 이혼한 후 60세가 된 때 2. 60세가 된 이후에 노령연금수급권자인 배우자와 이혼한 때 3. 60세가 된 이후에 배우자이었던 자가 노령연금수급권을 취득한 때 4. 배우자이었던 자가 노령연금수급권을 취득한 후 본인이 60세가 된 때 ②제1항의 규정에 의한 분할연금액은 배우자이었던 자의 노령연금액(가급연금액을 제외한다)중 혼인기간에 해당하는 연금액을 균분한 액으로 한다. ③분할연금 수급권자가 재혼한 때에는 그 재혼기간동안 해당 분할연금의 지급을 정지한다. ④분할연금을 청구할 권리는 제1항 각호의 1에 해당하는 때부터 3년을 경과한 때에는 소멸한다."라고 규정하였다.

이 입법은 이혼 후 배우자가 혼인파탄 책임의 유무에 관계없이 가지는 재산분할청구권을 노령연금에서도 보장한 것이다. 재산분할청구권은 혼인 후 취득된 재산은 부부 공동의 협력으로 형성된 것임을 기초로 인정되었다. 그러므로 배우자가 국민연금의 가입자격을 취득하거나 유지한 것에 대한 다른 배우자의 가사노동이나 기여의 경제적 가치를 인정한 의의가 있다.

3) 최초로 처의 유족연금 수급권을 우대하다

김대중 대통령이 집권한 후, 「산업재해보상보험법」은 1999.12.31. 개정될 때, 제43조의2(유족보상연금 수급자격자의 범위)를 신설하였다. 이 조항은 유족보상연금을 받을 수 있는 자격이 있는 자는 근로자의 사망 당시 그에 의하여 부양되고 있던 자로 하고, 그 중 처(사실상 혼인관계에 있는 자를 포함한다)를 무조건 1순위로 규정한 한편, 남편(사실상 혼인관계에 있는 자를 포함한다)은 60세 이상 또는 2등급의 신체장해자어야 산업재해를 당한 처의 유족으로서 유족보상연금을 받을 수 있는 자격을 가지도록 규정하였다.

이 입법은 당시 배우자가 사망한 후 대부분의 처는 가사노동으로 취업이나 경제활동을 하지 않아 경제적 상황이 곤궁해지는 경우가 많았던 반면, 남편은 대부분 경제활동을 하고 있었던 상황을 감안하여 이러한 남녀차등을 둔 것이다.

4) 최초로 여성장애인의 권익보호와 고용지원 조항을 만들다

(1) 김대중 대통령이 집권한 후, 「장애인복지법」은 1999.2.8. 전부개정될 때, "국가와 지방자치단체는 여성장애인의 권익을 보호하기 위하여 필요한 시책을 강구하여야 한다."는 제9조제2항을 신설하였다. 이 법은 2000.1.1. 시행되었다.

(2) 「장애인고용촉진 및 직업재활법」은 2000.1.12. 전부개정될 때, "국가 및 지방자치단체는 사업주·장애인 기타 관계자에 대한 지원과 장애인의 특성을 고려한 직업재활의 조치를 강구하여야 하며, 장애인의 고용촉진을 도모하기 위하여 필요한 시책을 종합적이고 효과적으로 추진하여야 한다. 이 경우 중증장애인 및 여성장애인에 대한 고용촉진 및 직업재활을 중요시하여야 한다."는 제3조제2항을 신설하였다. 이 법은 2000.7.12.시행되었다.

5) 최초로 전업주부와 여성복지시설 수용자의 정보화 교육 지원 조항을 만들다

김대중 대통령이 집권한 후, 「정보격차해소에관한법률」이 "저소득자·농어촌지역 주민·장애인·노령자·여성 등 경제적·지역적·신체적 또는 사회적 여건으로 인하여 생활에 필요한 정보통신서비스에 접근하거나 이용하기 어려운 자에 대하여 정보통신망에 대한 자유로운 접근과 정보이용을 보장함으로써 이들의 삶의 질을 향상하게 하고 균형있는 국민경제의 발전에 이바지함"(제1조)을 목적으로 2001.1.6.제정되어 2001.4.17. 시행되었다.

이 법률은 제11조(정보화교육의 실시 등)에서 국가 또는 지방자치단체가 정보격차의 해소를 위하여 필요한 정보화교육(컴퓨터 기본교육, 인터넷 활용교육)의 전부 또는 일부를 부담할 수 있는 대상에 "여성 중 전업주부 등 대통령령으로 정하는 자"를 포함하였다(제2항 제3호). 2001.5.16. 제정된 시행령은 그 대상을 "전업주부와 모자복지시설 등 여성관련 복지시설의 수용자 또는 이용자"로 특정하였다(제18조제2항). 그리하여 이 입법은 지식정보화 시대에 여성에게 생활과 취업에 유용한 정보화 교육 지원을 한 점에서 의의가 크다.

9. 최초로 디지털 성폭력을 규제하고 성폭력범죄의 신고자 보호법을 만들다

'성폭력'이란 상대방이 원하지 아니한 성적 언동을 수반한 폭력행위를 말한다. '성폭력범죄'란 성폭력 중에서 죄질이 나쁘고 피해가 심해 국가가 형벌로 처벌하는 범죄를 말한다.

우리나라에서 성폭력범죄에 대한 특별법은 「성폭력범죄의처벌및피해자보호등에관한법률」(약칭: 성폭력특별법)란 법명으로 1994.1.5. 처음 제정되어 1994.4.1. 시행되었다.

그런데 김대중 대통령이 집권한 후, 당시 성행하여 사회문제가 되었던 소위 '몰래카메라'에 의한 성적 행위 촬영을 성폭력범죄로 처벌하는 입법과 「특정범죄신고자보호법」을 제정하여 성폭력범죄 신고자를 보호하는 입법이 최초로 이루어졌다. 그 내역은 〈표 Ⅱ-10〉과 같이 2종으로 분류된다.

〈표 ||-10〉 디지털 성폭력과 성폭력범죄의 신고자 보호에 관한 최초의 입법(2종)

> ■ 최초로 디지털 성폭력을 성폭력범죄로 규제하다
> ■ 최초로 특정 성폭력범죄의 신고자 보호법을 만들다

1) 최초로 디지털 성폭력을 성폭력범죄로 규제하다

「성폭력특별법」은 「형법」에 규정된 성범죄와 이 법률에서 새로이 규정한 성범죄를 성폭력범죄로 규정하였는데 이 법률의 제14조(통신매체이용음란죄)가 규정한 행위를 제외하고는 모두 상대방의 의사에 반하여 직접적으로 신체접촉을 한 행위를 기본요소로 하였다.

그런데 상대방의 의사에 반하여 상대방의 신체 또는 상대방과의 성관계 장면을 몰래 촬영하고 그 촬영물을 반포하는 소위 '몰래카메라' 사건이 잇달아 발생하여 사회문제로 부각되었다.

이러한 상황을 감안하여 김대중 대통령이 집권한 후, 이 법률은 1999.12.28. 개정될 때, 제14조의2(카메라등 이용촬영)를 신설하였다. 이 조항은 "카메라 기타 이와 유사한 기능을 갖춘 기계장치를 이용하여 성적 욕망 또는 수치심을 유발할 수 있는 타인의 신체를 그 의사에 반하여 촬영한 자는 5년이하의 징역 또는 1천만원이하의 벌금에 처한다."라고 규정하였다. 이 행위의 미수범도 처벌된다(제12조). 이 입법은 최근 심각한 현안문제가 되고 있는 디지털 성폭력(불법 성적 촬영행위)에 대한 최초의 법적 규제라는 점에서도 의의가 크다.

2) 최초로 성폭력범죄의 신고자 보호법을 만들다

김대중 대통령이 집권한 후, 범죄가 점차 흉폭화·조직화되면서 범죄피해자가 보복범행을 우려하여 범죄신고를 기피하는 현상이 심화되고 있음에도 범죄의 신고자나 증인에 대한 보호제도가 미약한

문제에 대처하기 위하여 「특정범죄신고자보호법」을 1999.8.31. 제정하여 2000.6.1.시행하였다. 이 법은 "특정범죄에 관한 형사절차에서 국민이 안심하고 자발적으로 협조할 수 있도록 그 범죄신고자등을 실질적으로 보호함으로써 범죄로부터 사회를 방위함에 이바지함"(제1조)을 목적으로 하였고, 국가에게 "범죄신고자등을 보호하고, 이들에 대한 보복범죄를 예방하기 위한 법적·제도적 장치를 마련하고, 필요한 재원을 조달해야 하는 의무"(제4조제1항)를 부과하였다.

그런데 이 법이 신고자 보호 대상으로 정한 "특정범죄"에 "형법 제32장의 정조에 관한 죄 중 흉기 기타 위험한 물건을 휴대하거나 2인 이상이 합동하여 범한 제297조(강간), 제298조(강제추행), 제299조(준강간·준강제추행), 제300조(미수범), 제305조(미성년자에 대한 간음·추행)의 죄 및 제301조(강간등에 의한 치시상)의 죄"가 포함되었다. 이 입법은 성폭력범죄의 발생을 신고한 사람에 대한 보호조치를 최초로 만든 의의가 있다.

10. 최초로 스토킹을 처벌하기 위한 입법을 추진하다

김대중 대통령이 집권한 후, 1999년 5월에 「스토킹처벌에관한특례법안」이 의원발의되었다. 당시 사회적 문제가 되고 있는 스토킹에 대하여 사회적 인식부족과 현행 법규정의 미비로 피해지가 증가하고 있음에도 불구하고 방치되고 있는 문제에 대처하기 위해 스토킹을 범죄행위로 규정하여 이를 처벌할 수 있는 법적 근거를 마련하고자 최초로 제안된 입법이다.

그런데 이 법안은 법제사법위원회에서 심사되었지만, 김대중 대통령 집권기간에 법제화되지 못하였다. 스토킹에 대한 법적 규제는

「경범죄 처벌법」이 2007.3.21. 전부개정될 때, "(지속적 괴롭힘) 상대방의 명시적 의사에 반하여 지속적으로 접근을 시도하여 면회 또는 교제를 요구하거나 지켜보기, 따라다니기, 잠복하여 기다리기 등의 행위를 반복하여 하는 사람"은 "10만원 이하의 벌금, 구류 또는 과료(科料)의 형으로 처벌한다."라고 처음 규정되었다.

그후 「스토킹범죄의 처벌 등에 관한 법률」(약칭: 스토킹처벌법)이 "스토킹범죄의 처벌 및 그 절차에 관한 특례와 스토킹범죄 피해자에 대한 보호절차를 규정함으로써 피해자를 보호하고 건강한 사회질서의 확립에 이바지함"(제1조)을 목적으로 2021.4.20. 제정되어 2021.10.21. 시행되었다. 그리고 「스토킹방지 및 피해자보호 등에 관한 법률」(약칭: 스토킹방지법)은 "스토킹을 예방하고 피해자를 보호·지원함으로써 인권증진에 이바지함"을 목적으로 2023. 1. 17. 제정되어 2023. 7. 18. 시행되었다.

11. 최초로 청소년 대상 성폭력·성매매의 예방·규제법을 만들다

김대중 대통령이 집권한 후, 당시 사회문제로 부각된 청소년 대상 성폭력·성매매를 예방하고 규제하기 위하여 〈표 Ⅱ-11〉과 같이 3종의 입법을 추진하였다.

〈표 Ⅱ-11〉 청소년 대상 성폭력·성매매의 예방·규제에 관한 최초의 입법(3종)

- 최초로 영리목적의 성적 접대행위와 성매매를 포함한 청소년유해행위의 금지조항을 만들다
- 최초로 청소녀의 유흥접객원 취업금지조항을 만들다
- 최초로 청소년 대상 성폭력·성매매의 예방·규제를 위한 특별법을 제정하다

1) 최초로 영리목적의 성적 접대행위와 성매매를 포함한 청소년유해행위의 금지조항을 만들다

「청소년보호법」은 "청소년에게 유해한 매체물과 약물 등이 청소년에게 유통되는 것과 청소년이 유해한 업소에 출입하는 것 등을 규제함으로써 청소년을 유해한 각종 사회환경으로부터 보호·구제하고 나아가 이들을 건전한 인격체로 성장할 수 있도록 함"(제1조)을 목적으로 1997.3.7.제정되어 1999.7.1. 시행되었다. 이 법에서 "청소년"이란 19세미만자를 말한다(제2조제1호).

그런데 김대중 대통령이 집권한 후, 이 법은 1999.2.5. 개정되어 다음과 같은 조항들을 신설하였다.

(1) 제5조(국가와 지방자치단체의 책임)에 "국가 및 지방자치단체는 청소년을 보호하기 위하여 청소년유해환경을 규제함에 있어 그 의무를 충실히 수행하여야 한다."는 제4항을 신설하였다.

(2) 제26조의2(청소년유해행위의 금지)를 신설하였다. 금지되는 9종의 청소년유해행위에 "1. 영리를 목적으로 청소년으로 하여금 신체적인 접촉 또는 은밀한 부분의 노출등 성적 접대행위를 하게 하거나 이러한 행위를 알선·매개하는 행위", "2. 영리를 목적으로 청소년으로 하여금 손님과 함께 술을 마시거나 노래 또는 춤등으로 손님의 유흥을 돋구는 접객행위를 하게 하거나 이러한 행위를 알선·매개하는 행위", " 3. 영리 또는 흥행의 목적으로 청소년에게 음란한 행위를 하게 하는 행위", "8. 청소년에 대하여 이성혼숙을 하게 하는 등 풍기를 문란하게 하는 영업행위를 하거나 그를 목적으로 장소를 제공하는 행위", "9. 청소년에 대하여 금전 기타 재산상의 이익을 제공하거나 제공할 것을 약속하고 성교 또는 신체를 이용한 유사성교를 하는 행위"가 포함되었다.

2) 최초로 청소녀의 유흥접객원 취업금지조항을 만들다

「식품위생법」은 2000.1.28. 제31조(영업자등의 준수사항)를 개정하여 "식품접객영업자는 청소년(19세미만자)에 대하여 1. 청소년을 유흥접객원으로 고용하여 유흥행위를 하게 하는 행위 2. 식품접객업중 청소년유해업소에 청소년을 고용하는 행위 3. 청소년유해업소에 청소년을 출입하게 하는 행위 등"을 하여서는 아니된다는 제2항을 신설하였다. 그런데 1989.7.11. 개정된 시행령은 유흥접객원을 "손님과 함께 술을 마시거나 노래 또는 춤으로 손님의 유흥을 돋구는 부녀자"(제8조제2항)로 규정하였다. 그러므로 제31조제1호에서 식품접객영업자가 유흥접객원으로 고용하지 못하는 청소년은 청소녀를 말한다.

그리고 이 법은 제24조(영업허가등의 제한)를 개정하여 식품접객영업자가 청소년을 유흥접객원으로 고용하여 유흥행위를 하게 하다가 영업의 허가가 취소되었거나 영업소가 폐쇄된 경우 동일 장소에서는 1년간, 그 위반자에 대하여는 2년간 식품접객업의 허가 등을 제한하였다(제24조).

3) 최초로 청소년 대상 성폭력 · 성매매의 예방 · 규제를 위한 특별법을 제정하다

「청소년의성보호에관한법률」은 "청소년의 성을 사거나 이를 알선하는 행위, 청소년을 이용하여 음란물을 제작 · 배포하는 행위 및 청소년에 대한 성폭력행위 등으로부터 청소년을 보호 · 구제하여 이들의 인권을 보장하고 건전한 사회구성원으로 성장할 수 있도록 함"(제1조)을 목적으로 2000.2.3. 제정하여 2000.7.1. 시행되었다. 이 법률은 청소년 대상 성폭력 · 성매매의 예방 · 규제를 위한 최초의 특별법이란 입법의의를 가진다.

이 법률의 주요 내용은 다음과 같다.

(1) "청소년의 성을 사는 행위"란 " 청소년, 청소년을 알선한 자 또는 청소년을 실질적으로 보호·감독하는 자 등에게 금품 기타 재산상 이익이나, 직무·편의제공등 대가를 제공하거나 이를 약속하고 가. 청소년과의 성교행위 나. 청소년과의 구강·항문 등 신체의 일부 또는 도구를 이용한 유사성교행위를 하는 것"(제2조제2호)을 말한다.

(2) "국가 및 지방자치단체는 청소년의 성을 사는 행위, 청소년에 대한 성폭력행위 등의 범죄를 예방하고 청소년을 보호하며 이의 근절을 위하여 조사·연구·교육·계도 기타 필요한 법적·제도적 장치를 마련하고 필요한 재원을 조달하여야 한다."(제4조)

(3) [제2장 청소년의 성을 사는 행위 등의 처벌]에서 제5조 (청소년의 성을 사는 행위), 제6조(청소년에 대한 강요행위등), 제7조(알선영업행위등), 제8조(청소년이용음란물의 제작·배포등), 제9조(청소년 매매행위), 제10조(청소년에 대한 강간, 강제추행등)를 두고 성인 대상 범죄행위 보다 가중 처벌을 규정하였다.

(4) [제3장 대상 청소년의 선도보호 등]에서 제13조(소년부 송치), 제14조(소년부 보호사건의 처리), 제15조(보호처분), 제16조 (보호시설), 제17조(상담시설), 제18조(비밀누설금지), 제19조(수사절차에서의 배려)를 두었다.

12. 최초로 가정폭력특별법을 시행하고 피해자보호를 강화하다

'가정폭력'이란 가정구성원 사이에 정신적·신체적 또는 재산상 피해를 발생시키는 폭력을 말한다.

우리나라에서는 1997년 12월에 「가정폭력특별법」이 제정되어 가정폭력을 범죄로 규정하는 한편, 가정폭력행위자가 가정구성원이라는 점을 감안하여 형벌 대신에 보호처분을 하여 재발을 방지할 수 있도록 하는 특례를 규정한 입법과 가정폭력을 예방하고 가정폭력의 피해자를 보호·지원하는 입법이 이루어졌다. 이에 따라 가정폭력특별법은 1997.12.13. 제정된 「가정폭력범죄의처벌등에관한특례법(가정폭력처벌법)과 1997.12.31. 제정된 「가정폭력의방지및 피해자보호등에관한법률」(가정폭력방지법)로 구성되었다.

김대중 대통령이 집권한 후, 최초로 이러한 가정폭력특별법을 시행하는 입법과 피해자보호를 강화하는 입법이 이루어졌다.

〈표 II-12〉 최초의 가정폭력특별법의 시행과 피해자의 인권보호 입법(2종)

■ 최초로 「가정폭력처벌법」을 시행하고 피해자보호 조항을 만들다
■ 최초로 「가정폭력방지법」을 시행하다

1) 최초로 「가정폭력처벌법」을 시행하고 피해자의 인권보호 조항을 만들다

「가정폭력처벌법」은 "가정폭력범죄의 형사처벌절차에 관한 특례를 정하고 가정폭력범죄를 범한 자에 대하여 환경의 조정과 성행의 교정을 위한 보호처분을 행함으로써 가정폭력범죄로 파괴된 가정의 평화와 안정을 회복하고 건강한 가정을 육성함"(제1조)을 목적으로 하였다.

김대중 대통령이 집권한 후, 이 법은 1998.7.1. 최초로 시행되었다. 그런데 이 법은 1999.12.21. 개정될 때, 가정폭력피해아동의 교육을 담당하는 교사 및 학교장 등 교육과 보호를 담당하는 기관의 종사자와 그 장이 가정폭력피해아동의 전학 등 직무상 알게 된 비밀을 누설하지 못하도록 하는 조항(제18조제1항)을 신설하였다. 그리고 2002.12.18. 개정될 때, 법의 목적에 "피해자와 가족구성원의 인권보호"를 추가하였다(제1조). 또한 임시조치를 위반한 가정폭력행위자에 대하여 검사가 경찰관서 유치장이나 구치소에의 유치를 법원에 청구할 수 있도록 하여 피해자의 보호를 강화하였다(제8조제2항).

2) 최초로 「가정폭력방지법」을 시행하다

「가정폭력방지법」은 "가정폭력을 예방하고 가정폭력의 피해자를 보호·지원함"(제1조)을 목적으로 하였다.

그런데 김대중 대통령이 집권한 후, 이 법은 1998.7.1. 최초로 시행되었다. 이에 따라 1998.7.1. 이 법의 시행령이 제정되고 1998.11.3. 이 법의 시행규칙이 제정되었다. 시행규칙은 법의 소관 사무가 보건복지부에서 여성부로 변경됨에 따라 2001.1.31. 개정되었다.

2001.1.29. 개정된 「여성부직제」는 "가정폭력·성폭력 방지 및 피해자 보호를 위하여 권익증진국에 권익기획과 및 폭력방지과를 두고 그 분장사무를 정한다."(제4조)는 것을 규정하였다.

13. 최초로 윤락관련 요보호자보호시설 설치자를 확충하고 노래방 등의 윤락행위 알선을 금지하며 성매매특별법의 입법화를 추진하다

우리나라는 성매매에 대한 최초의 특별법으로 "윤락행위를 방지하여 국민의 풍기정화와 인권의 존중에 기여함"을 목적으로 하는 「윤락행위등방지법」을 1961.11.9., 제정하였다. 이 법에서 "윤락행위"란 "불특정인으로부터 금전 기타 재산상의 이익을 수수 또는 약속을 하거나 기타 영리의 목적으로 성행위를 하는 것"(제2조)을 말한다. 이 법은 윤락행위의 금지와 처벌(제4조), 윤락행위의 상습이 있는 자와 환경 또는 성행으로 보아 윤락행위를 하게 될 현저한 우려가 있는 요보호여자에 대한 선도보호(제7조)와 직업교육(제8조), 요보호여자에게 가지는 채권의 무효(제11조)등을 골자로 하였다.

그런데 이 법은 윤락행위의 당사자와 업주를 모두 처벌하도록 규정하였지만, 실제는 성을 파는 여성의 선도와 처벌 위주로 시행되었다. 또한 단속되어 처벌받은 윤락여성을 선도와 직업교육을 위해 직업보도소에 강제 입소시키는 조치는 법적 근거가 모호하고 인권침해라는 비판과 판결을 받았다.

그리하여 이 법은 1995.1.5. 전문개정되었다. 개정법은 법의 목적을 "선량한 풍속을 해치는 윤락행위를 방지하고 윤락행위를 하거나 할 우려가 있는 자를 선도함"(제1조)으로 목적을 변경하고, 선도대상이 되는 "요보호자"를 "윤락행위의 상습이 있는 자와 환경 또는 성행으로 보아 윤락행위를 하게 될 현저한 우려가 있는 자"(제2조제2호)로 정의하였다. 그리고 요보호자의 복지시설을 단기보호시설, 선도보호시설, 자립자활시설로 구분하고 이를 국가와 지방자치단체, 허가받은 사회복지법인과 사회복지시설만이 설치할 수 있도록 하며,

윤락업소 업주에 대한 처벌을 강화하였다.

그런데 김대중 대통령이 집권한 후, 「윤락행위등방지법」을 개정하여 최초로 요보호자보호시설 설치자를 확충하는 입법과 「음반·비디오물및게임물에관한법률」에 윤락행위 알선금지를 명시하는 입법, 그리고 최초로 성매매특별법 제정을 추진하는 입법이 추진되었다.

〈표 Ⅱ-13〉 성매매 관련 최초의 입법(3종)

> ■ 최초로 윤락 관련 요보호자보호시설 설치자를 확충하다
> ■ 최초로 노래방 등에서의 윤락행위 알선금지조항을 만들다
> ■ 최초로 성매매특별법의 입법화를 추진하다

1) 최초로 윤락 관련 요보호자보호시설 설치자를 확충하다

김대중 대통령이 집권한 후, 「윤락행위등방지법」을 1999.2.8. 개정하여 요보호자선도대책위원회를 정책자문위원회로 통합 폐지하였다(제7조). 그리고 사회복지법인 기타 비영리법인외에 개인도 요보호자보호시설 및 여성복지상담소를 설치할 수 있도록 하였으며(제12조제2항), 여성복지상담소의 설치를 신고제로 완화하여 민간 참여를 확대하였다(제14조제2항). 이 개정은 1999.5.9. 시행되었다.

2) 최초로 노래방·비디오방에서의 윤락행위 알선금지조항을 만들다

김대중 대통령이 집권한 후, 「음반·비디오물및게임물에관한법률」이 "음반·비디오물 및 게임물의 질적향상을 도모하고 음반·비디오물 및 게임물산업의 진흥을 촉진함으로써 국민의 문화생활 및 정서생활에 이바지함"을 목적으로 1999.2.8. 제정되었다.

그런데 1999.9.25. 최초로 시행된 개정법은 제32조(유통관련업

자의 준수사항)에서 "노래연습장업자 및 비디오물감상실업자는 주류를 판매 · 제공하는 행위, 접대부를 고용 · 알선하는 행위, 윤락행위 또는 음란행위를 하게 하거나 이를 알선 · 제공하는 행위를 하지 아니할 것"(제7호)을 신설하였다.

3) 최초로 성매매특별법의 입법화를 추진하다

"윤락행위"란 용어는 성을 파는 사람의 도덕 실추로 보는 시각을 담고 있으므로 이를 성을 사고 파는 행위 그리고 이를 영업화하는 성매매업을 대상으로 하는 "성매매"란 용어로 변경하는 것이 필요 · 적절하다는 지적은 1980년대 말부터 제기되었다. 그러나 용어 변경에 대한 입법화 시도는 이루어지지 못했다.

그런데 김대중 대통령이 집권한 후, 여성부는 관련부처와 합동으로 '성매매방지 종합대책'을 2002년 6월에 수립하여 실시를 추진하였다. 그리고 한국여성개발원, 여성단체, 전문가, 여성의원 등과 협력하여 성매매특별법안을 작성하였다. 그리하여 「성매매알선등행위의처벌에관한법률안」과 「성매매방지및피해자보호등에관한 법률안」을 조배숙 의원외 86인의 의원 발의로 국회에 2002.9.11. 제출하였다. 이 법안은 노무현 대통령이 집권한 후 2004.3.22. 제정 · 공포되었다.

14. 최초로 일제하 일본군위안부피해 기념사업법을 만들고 "일제하 일본군위안부"를 정의하다

「일제하일본군위안부에대한생활안정법」은 "일제에 의하여 강제동원되어 일본군위안부로서의 생활을 강요당한 자에 대하여 국가가 인도주의정신에 입각하여 이들을 보호하고 지원함"(제1조)을 목적으로 1993.6.11. 제정되었다. 이 법은 일본군위안부에게 「국민기초생활보장법」에 의한 생계급여와 「의료급여법」에 의한 의료급여 및 생활안정지원금의 지급 등을 하는 것을 골자로 하였다.

그런데 김대중 대통령이 집권한 후, 이 법은 법명과 법의 적용대상자의 용어를 변경하였다.

〈표 II-14〉 일제하 일본군위안부피해에 관한 최초의 입법(2종)

■ 최초로 일제하 일본군위안부피해 기념사업법을 만들다
■ 최초로 일본군위안부를 피해자로 정의하다

1) 최초로 일제하 일본군위안부피해 기념사업법을 만들다

「일제하일본군위안부에대한생활안정법」이란 법명이 2002.12.11. 「일제하일본군위안부피해자에대한생활안정및기념사업등에관한법률」로 변경되었다. 그리고 법의 목적이 "이 법은 일제에 의하여 강제동원되어 위안부로서의 생활을 강요당한 피해자를 보호·지원하고 일본군위안부에 관한 기념사업을 수행함으로써 이들의 생활안정을 기하고 국민의 올바른 역사관 정립과 인권증진에 기여함"(제1조)으로 변경되었다.

이에 따라 기념사업에 관하여 국가 및 지방자치단체의 다음과 같은 조치를 규정한 3개의 조항이 신설되었다. 이 개정조항들은 노무현 대통령 집권 후인 2003.6.12. 시행되었다.

(1) 일본군위안부에 관한 진실규명과 인권증진을 위하여 기념사업 및 관련 자료의 수집·보존·조사·연구·교육·홍보 등을 수행할 수 있다(제11조).

(2) 일본군위안부에 관한 조사·연구 및 기념사업 등을 개인·법인 또는 단체가 추진할 경우 예산의 범위 안에서 필요한 지원을 할 수 있다(제12조).

(3) 일본군위안부 관련 법인 또는 단체가 일본군위안부에 관한 기념사업을 수행하는 경우 국유재산이나 공유재산을 무상으로 대부할 수 있다(제13조).

2) 최초로 일본군위안부를 피해자로 정의하다

「일제하일본군위안부에대한생활안정법」은 제1조(목적)에서 일본군위안부를 "일제에 의하여 강제동원되어 일본군위안부로서의 생활을 강요당한 자로 표현하였다.

그런데 2002.12.11. 개정된 법은 제2조(정의)에서 "일본군위안부"라 함은 "일제에 의하여 강제동원되어 성적학대를 받으며 위안부로서의 생활을 강요당한 피해자"(제1호)로 정의하였다.

15. 최초로 정책의 성별영향 분석·평가와 성별 통계 작성을 의무화하다

'성인지 정책'(gender sensetive poilcy)이란 법제와 정책이 여성과 남성에게 영향이 다를 수 있음을 인식하고 불평등이 발생하지 아니하도록 정책의 성별영향 분석·평가와 성별 통계 작성, 교육, 예산의 수립과 배분 등을 실시하는 정책을 말한다. 1995년 9월에 UN이 북경에서 개최한 제4차 세계여성회의에서 21세기 성평등과 여성발전을 위해 필요한 정책으로 제시되어 많은 국가에서 실시되고 있다.

우리나라에서는김대중 대통령 집권 후, 2002.12. 수립된 〈제2차 여성정책기본계획〉(시행기간: 2003~2007년)에서 실현전략으로 "성주류화"를 명시하였다.

그런데 「여성발전기본법」은 2002.12.11. 개정될 때, '성인지 정책'을 실시하는 데 기본적인 사항을 최초로 규정하였다.

〈표 Ⅱ-15〉 성인지 정책에 관한 최초의 입법(2종)

> ■ 최초로 정책의 성별영향 분석·평가조항을 만들다
> ■ 최초로 성별 통계 작성 조항을 만들다

1) 최초로 정책의 성별영향 분석·평가조항을 만들다

「여성발전기본법」은 2002.12.11. 개정될 때, 제10조(정책의 분석·평가 등)를 신설하고, "①국가 및 지방자치단체는 소관 정책을 수립·시행하는 과정에서 당해 정책이 여성의 권익과 사회참여 등에 미칠 영향을 미리 분석·평가하여야 한다. ②여성부장관은 국가 및 지방자치단체에 대하여 제1항의 규정에 의한 정책의 분석·평가에 필요한 지원 및 자문을 할 수 있다. ③제1항의 규정에 의한 정책의 분석·평가를 위한 기준 등에 관하여 필요한 사항은 대통령령으로 정한다."라고 규정하였다. 이 입법은 우리나라에서 최초로 정책의 성별 영향 분석·평가를 실시하기 위한 근거 규정을 마련한 의의가 있다. 그런데 제10조에 관한 시행령 규정은 노무현 대통령 집권 후 2003.3.12. 마련되었다.

2) 최초로 성별 통계 작성 조항을 만들다

「여성발전기본법」은 2002.12.11. 개정될 때, 제13조 (여성관련문제의 조사등)에서 "국가 및 지방자치단체가 인적 통계를 작성하는 경우에는 성별을 주요 분석단위에 포함시켜야 한다."는 제4항을 신설하였다.

　이러한 입법은 국가 및 지방자치단체로 하여금 성별로 인적 통계를 작성하게 하여 여성의 상황과 남녀 간의 격차 불평등 상황을 정확히 드러내고 인식하게 하여 이를 시정하는 성평등(성인지) 정책을 실시하게 하는 의의가 있다.

16. 최초로 성평등 관련 비영리단체와 교육 및 직업훈련 시설의 지원 조항을 만들다

　「여성발전기본법」은 1995.12.30. 제정될 때, 여성단체와 여성관련 시설에 대한 지원조치를 규정하였다.

　그런데 김대중 대통령이 집권한 후, 이 법은 2002.12.11. 개정될 때 여성단체의 지원요건을 명확히 하고 최초로 비영리법인 또는 비영리단체가 남녀평등과 여성발전을 촉진하는 활동을 하는 경우와 여성의 교육과 직업능력개발훈련을 위한 시설의 설치·운영과 경비 보조 조항을 만들었다.

〈표 II-16〉 성평등 관련 비영리단체와 교육 및 직업훈련 시설의 지원에 관한 최초의 입법(3종)

- 최초로 여성단체가 추진하는 성평등 활동의 지원 조항을 만들다
- 최초로 남녀평등과 여성발전을 촉진하는 비영리법인(단체)의 지원 조항을 만들다
- 최초로 여성의 교육 및 직업능력개발훈련을 위한 시설의 설치·운영과 경비보조 조항을 만들다

1) 최초로 여성단체가 추진하는 성평등 활동의 지원 조항을 만들다

「여성발전기본법」은 1995.12.30. 제정될 때, "여성단체"를 "남녀
평등의 촉진, 여성의 사회참여확대 및 복지증진을 주된 목적으로 설
립된 법인 또는 대통령령이 정하는 단체"(제3조제2호)로 정의하였
다. 1996. 6.29. 제정된 이 법의 시행령은 여성단체를 "1. 남녀평등
의 촉진, 여성의 사회참여확대 및 복지증진을 주된 목직으로 설립된
단체, 2. 기타 여성발전을 위한 사업을 수행하는 단체로서 정무장관
(제2)이 인정하는 단체"(제2조제2항)로 정의하였다. 그리고 이 법은
제32조(여성단체의 지원)에서 "①국가 및 지방자치단체는 여성단체
의 조직과 활동에 필요한 행정적인 지원을 할 수 있으며, 예산의 범
위안에서 그 활동등에 필요한 경비의 일부를 보조할 수 있다. ② 개
인·법인 또는 단체는 여성단체의 시설 및 운영을 지원하기 위하여
금전 기타 재산을 출연할 수 있다."라고 규정하였다.

그런데 김대중 대통령이 집권한 후, 이 법은 2002.12.11. 개정될
때, 제32조제1항을 "국가 및 지방자치단체는 여성단체가 추진하는
남녀평등의 촉진, 여성의 사회참여확대 및 복지증진을 위한 활동에
필요한 행정적인 지원을 할 수 있으며, 예산의 범위안에서 그 활동등
에 필요한 경비의 일부를 보조할 수 있다."라고 규정하였다. 이 입법
은 여성단체의 지원에 대해 '여성단체의 조직과 활동에 필요한 지원"
을 "여성단체가 추진하는 남녀평등의 촉진, 여성의 사회참여확대 및
복지증진을 위한 활동에 필요한 지원"으로 변경하여 지원의 목적과
대상을 이 법에 부합되게 분명히 한 의의가 있다.

2) 최초로 남녀평등과 여성발전을 촉진하는 비영리법인(단체)의 지원 조항을 만들다

2002.12.11. 개정된 「여성발전기본법」은 제32조(여성단체 등의
지원)에서 "국가 및 지방자치단체는 비영리법인 또는 비영리단체가

남녀평등과 여성발전을 촉진하는 활동을 하는 경우에 필요한 지원을
할 수 있다."는 제2항을 신설하였다. 이 입법은 여성단체가 아닌 비
영리법인 또는 비영리단체에 대해서도 국가 및 지방자치단체가 남녀
평등과 여성발전을 촉진하는 활동을 장려하고 그러한 활동을 하는
경우에 필요한 지원을 할 수 있도록 한 의의가 있다.

3) 최초로 여성의 교육 및 직업능력개발훈련을 위한 시설의 설 치 · 운영과 경비보조조항을 만들다

「여성발전기본법」은 1995.12.30. 제정될 때, "여성관련시설"을
"남녀평등의 촉진, 여성의 사회참여확대 및 복지증진을 위한 대통령
령이 정하는 시설"(제3조제3호)로 정의하였다. 1996.6.29. 제정된
시행령은 여성관련시설의 범위를 "1. 국가 및 지방자치단체가 설
치 · 운영하는 시설, 2. 개인 · 법인 또는 단체가 관계법령의 규정에
의하여 설치 · 운영하는 시설"(제2조제3항)로 정의하였다. 그리고
「여성발전기본법」은 제33조(여성관련시설의 설치 · 운영)에서 "국가
및 지방자치단체는 여성의 권익 및 복지증진을 위한 여성과 관련된
시설을 설치 · 운영할 수 있다."라고 규정하였다

그런데 김대중 대통령이 집권한 후, 2001.1.29. 「여성발전기본
법」의 제33조에 "국가 및 지방자치단체는 여성의 권익 및 복지증진
을 위한 여성과 관련된 시설에 대하여 예산의 범위안에서 그 경비의
전부 또는 일부를 보조할 수 있다. "는 제2항이 신설되었다.

그후 이 법의 시행령이 2001.4.21. 개정되었는데 이 개정은 여성
에 대한 직업능력개발훈련과 취업정보제공 등의 기능을 행하는 "일
하는 여성의 집"에 관한 지원업무가 노동부에서 여성부로 이관됨에
따라, 당해 시설을 운영하는 비영리법인 등에 대한 지원규정을 이
영에 신설하고, 당해 지원업무에 관한 여성부장관의 권한의 일부를

시·도지사에 위임하도록 하였다. 이 개정으로 시행령에 제34조의
2(여성관련시설의 지원)가 신설되어 "여성부장관은 법 제33조제2항
의 규정에 의하여 여성의 능력개발과 사회경제적 지위향상을 위하여
여성을 대상으로 하여 1. 직업능력개발훈련 2. 취업정보제공 및 취
업알선 3. 고충상담 4. 그 밖의 후생복지 및 문화활동의 지원"의 업
무를 행하는 시설을 운영하는 비영리법인 또는 단체에 대하여 예산
의 범위안에서 그 경비의 전부 또는 일부를 보조할 수 있다."라고
규정하였다.

그리고 2002.2.11. 「여성발전기본법」이 개정되어 "국가 및 지방
자치단체는 여성의 직업능력개발훈련을 위한 시설에 대하여 예산의
범위안에서 그 경비의 전부 또는 일부를 보조하거나 동 시설을 설
치·운영할 수 있다."는 제3항이 신설되었다.

이러한 입법은 교육과 직업능력훈련을 위한 여성관련시설의 설치
와 재정지원에 관한 근거법을 신설한 의의가 있다.

17. 최초로 「정부조직법」과 「국회법」에 여성정책 관련 조직을 명시하다

〈표 II-17〉 「정부조직법」과 「국회법」의 여성정책관련 조직에 관한 최초의 입법(3
종)

■ 최초로 「정부조직법」에 여성특별위원회의 설치 조항을 만들다
■ 최초로 「정부조직법」의 행정조직에 여성부를 포함하다
■ 최초로 「국회법」에 상임위원회인 여성위원회를 설치하다

1) 최초로 「정부조직법」에 여성정책 관련 조직을 명시하다

1990년 6월에 정무장관(제2실)이 여성정책을 전담하여 총괄하는 최초의 행정조직이 되었지만, 1990.6.21. 개정된 「국무총리훈령 제243호」을 근거로 하였다.

그런데 우리나라 역사상 「정부조직법」에 여성정책 전담 행정조직이 최초로 명시된 때는 김대중 대통령이 집권한 후이다. 그리하여 여성정책 전담기구의 위상이 상당히 높아졌다.

(1) 최초로 「정부조직법」에 여성특별위원회 조항을 만들다

1998.2.28. 개정된 「정부조직법」은 제18조(특별위원회)를 신설하고 " ①여성정책의 기획·종합 등 여성의 지위향상을 위하여 대통령소속하에 여성특별위원회를 둔다. ②여성특별위원회의 위원장은 정무직으로 한다.③여성특별위원회의 조직 및 운영에 관하여 필요한 사항은 대통령령으로 정한다."라고 규정하였다.

(2) 최초로 「정부조직법」의 행정조직에 여성부를 포함시키다

2001.1.29. 개정된 「정부조직법」은 제19조(행정각부)에 여성부를 포함하고, 제42조(여성부)를 신설하고 "여성부장관은 여성정책의 기획·종합, 남녀차별의 금지·구제 등 여성의 지위향상에 관한 사무를 장리한다."라고 규정하였다.

2) 최초로 「국회법」에 여성정책과 성평등 관련 조직을 명시하다

「국회법」은 1994.6.28. 제46조의2(여성특별위원회)를 신설하고 "①여성의 복지와 권익의 향상을 위하여 여성특별위원회를 둔다. ②여성특별위원회의 위원수는 20인 이내로 하되, 의장이 각 교섭단체 대표의원과 협의하여 정한다."라고 규정하였다. 이에 따라 국회의 상설특별위원회 중의 하나로 여성특별위원회가 신설되었다.

그런데 김대중 대통령이 집권한 후, 2001.1.29 행정부 내에 여성
부가 신설됨을 계기로 국회 여성특별위원회는 여성부를 소관으로 하
는 상임위원회로 개편하기 위해 「국회법 」 제37조(상임위원회와 그
소관)에 여성부를 소관으로 하는 상임위원회로서 '여성위원회'를 포
함시키는 조항을 2002.3.7. 신설하였다(제37조제1항제17호).

Ⅲ

최초로 성평등 관련 행정·입법기관을
구축·추진하다(6종)

1. 김대중 대통령 집권 전의 여성정책 관련 행정체제

광복 후 1980년대 초까지 여성정책 관련 행정기관은 미군정기의 부인국(1946.9. 설치), 사회부의 부녀국(1948.11. 설치), 보건사회부의 부녀아동국(1963.12 설치), 노동부 근로기준국의 부녀소년과 (1981.4 설치)와 보건사회부의 가정복지국 부녀과(1981.11. 설치)와 같이 국 또는 과단위로 조직되었다. 주요 업무는 주로 요보호여성 (윤락여성, 전쟁미망인, 저소득 근로여성 등)의 보호를 추진하는 "부녀정책"이었다. 1980년대 초부터 "여성정책"이란 용어가 사용되었지만, 행정기관에 변화는 거의 없었다.

한편, UN은 1975년에 제1차 세계여성회의를 개최하여 여성차별철폐와 남녀평등을 효과적으로 추진하려면 여성정책을 전담하는 국가적 차원의 행정조직을 설치할 것을 촉구하였다. 이에 따라 많은 국가에서 여성정책 전담 국가기구가 설치되기 시작하였다.

이러한 상황을 감안하여 우리나라 여성계는 1970년대부터 여성정책을 전담하는 국가기구의 설치를 요구하였다.

그런데 김대중 대통령은 1971.1.23. 대통령 후보로서 연설하면서 "집권하면 대통령직속 아래 여성지위향상위원회를 두겠다"는 공약을 하였고 그 후에도 이 선거공약을 지속적으로 하였다.

1981년에 전두환 대통령이 집권한 후, 정부는 여성계가 요구한 여성정책 전담 행정조직을 설치하는 대신에 1982.12.31. 「한국여성개발원법」을 제정하고 1983.4.21. 정부출연 법인으로 '한국여성개발원'을 개원시켰다. 개발원은 여성문제의 조사 · 연구 뿐 아니라 여성관련 교육, 정보 · 자료의 제공, 여성단체 및 여성활동의 지원 등의 업무를 종합적으로 하면서 여성정책안과 관련 입법의 초안을 작성 · 제공하는 업무도 하였다.

정부는 아울러 1983.12.8. 제정된 「여성정책심의위원회규정」(대통령령)을 근거로 국무총리 소속하에 '여성정책심의위원회'를 설치하였다. 이 심의위원회는 국무총리를 위원장으로 하여 관계부처 장관 등의 공무원과 개발원 원장 및 여성문제에 관한 학식과 경험이 풍부한 자로 구성되어 민 · 관 협력체제로 여성정책에 관한 사항을 심의 · 조정하는 행정기구이었다.

한국여성개발원과 여성정책심의위원회의 가동으로 1980년대부터 여성정책의 추진력이 가속화되었다.

그런데 1980년대부터 대통령 선거 후보들은 각양 각색의 여성정책 전담 행정조직의 설치를 선거공약으로 제시하였다. 1988.2.25. 노태우 대통령이 취임하자 여성계와 한국여성개발원은 당초 사회문화 분야의 당정협의를 위해 설치되었다가 운영이 정지된 상태에 있던 정무장관(제2)실을 여성정책 전담 행정조직으로 운영할 것을 건의하였다. 그리하여 1988.4.13. 「국무총리훈령 제218호」에 의해 정무장관(제2)실이 여성국무위원(장관급)을 수반으로 하여 여성정책을 담당하는 국무총리 소속 행정기관이 되었다. 그러나 이 행정기관은 아동, 청소년, 노인문제와 문화예술분야의 정책도 아울러 기획·조정하는 업무도 수행하였다. 그리하여 여성계와 한국여성개발원은 정무장관(제2)실을 여성정책 전담 행정조직으로 운영할 것을 계속 건의하였다. 그리하여 1990.6.21. 「국무총리훈령 제243호」에 의하여 정무장관(제2)실은 우리나라에서 여성정책을 전담하여 총괄하는 최초의 행정조직이 되었다. 정무장관(제2)실은 여성정책의 기본법인 「여성발전기본법」의 입법을 추진하였는데 이 법이 1995.12.30. 제정된 후에는 이 법의 주무부처로서 위상과 규모가 커졌다. 그러나 정무장관(제2)는 「정부조직법」상 중앙행정기관이 아니어서 국무회의에 참석은 할 수 있지만 의결권은 없었고, 대통령 및 그 명을 받아 국무총리가 특히 지정하는 사무를 수행하며 기획, 조정과 협의 등을 하는 기능만 있었고 정책의 집행력은 없었다. 소속 직원의 정원은 약 50명에 불과하였다.

2. 김대중 대통령 집권 후의 성평등 관련 행정·입법기관

김대중 대통령이 집권한 후, 〈표 Ⅲ-1〉과 같이 최초의 관련 입법이 추진되어 최초의 성평등 담당 행정·입법기관 6종이 생겼다.

〈표 Ⅲ-1〉 최초의 성평등 담당 행정 · 입법기관(6종)

- 최초로 여성정책 총괄 특별행정기구(대통령 직속 여성특별위원회)를 설치하다
- 최초로 6개 중앙행정부처에 여성정책담당관을 두고 모든 중앙 · 지방부처에 여성정책협조부서를 재지정하다.
- 최초로 여성정책 전담 중앙행정부처(여성부)를 설치하다
- 최초로 모든 중앙행정기관에 여성정책책임관의 지정을 추진하다
- 최초로 민 · 관협력체제의 여성정책조정회의와 여성정책실무회의 설치를 추진하다
- 최초로 국회 내에 상임위원회인 여성위원회를 설치하다.

1) 최초로 여성정책 총괄 특별행정기구(대통령 직속 여성특별위원회)를 설치하다

김대중 대통령이 집권한 후, 1998.2.28. 개정된 「정부조직법」제18조(특별위원회)를 근거로 대통령소속하에 최초로 여성정책을 총괄하는 특별행정기구(대통령직속 여성특별위원회)가 설치되었다.

이 법의 제18조(특별위원회)는 여성특별위원회의 기능을 "여성정책의 기획 · 종합 등 여성의 지위향상"(제1항)으로 명시하였다. 그리고 "여성특별위원회의 조직 및 운영에 관하여 필요한 사항은 대통령령으로 정한다."(제3항)라고 규정하였는데 이에 따라 1998.2.28. 「여성특별위원회규정」(시행령)이 제정되었다. 이 규정은 제2조(기능과 권한)에서 위원회의 소관사무를 "1. 여성정책에 대한 종합적인 기획 · 조정에 관한 사항 2. 여성의 지위향상과 관련한 대통령 자문기능의 수행 3. 여성발전기본법 제15조 내지 제28조의 규정에 의한 여성정책의 기본시책 시행을 위한 제반조치에 관한 사항 4. 여성발전기본법 제36조의 규정에 의한 정부의 사무(기본계획의 수립, 기금의 관리 · 운용등 이 법에서 규정하고 있는 정부의 사무) 5. 남녀평등

촉진 및 여성발전을 위한 여성단체의 활동 및 여성관련시설의 운영 지원에 관한 사항 6. 남녀평등촉진 및 여성발전을 위한 정책개발 및 조사연구에 관한 사항 7. 각종 법·제도, 행정조치 및 관행 등에 나타나는 여성차별에 대한 조사 및 차별시정에 관한 사항 8. 기타 남녀 평등촉진 및 여성발전을 위하여 대통령의 명을 받아 여성특별위원회 위원장이 지정하는 사항"으로 규정하였다.

위원회는 이 규정의 제3조(구성)에 따라 위원장(정무직) 1인과 사무처장인 상임위원(1급 상당 별정직국가공무원) 및 당연직 위원 6인(법무부차관·행정자치부차관·교육부차관·농림부차관·보건복지부차관 및 노동부차관), 그리고 위원장의 제청으로 대통령이 임명 또는 위촉하는 8인의 위촉직 위원 및 사무처로 구성되었다. 사무처에는 총무과와 정책조정관·협력조정관 및 차별개선조정관 각 1인을 두었다.

2) 최초로 6개 중앙행정부처에 여성정책담당관을 두고 모든 중앙·지방부처에 여성정책협조부서를 재지정하다.

(1) 최초로 6개 중앙행정부처에 여성정책담당관을 두다

김대중 대통령은 1998.2.28. 대통령 직속 여성특별위원회를 설치함과 동시에 위원회의 여성정책 수립과 추진에 협력하고 소속부처의 조직과 업무에서의 여성정책을 추진할 행정기구로서 5개 부처(법무부·교육부·농림부·보건복지부·행정자치부)에 '여성정책담당관'을 두었다. 그런데 교육부의 경우는 그 명칭을 '여성교육정책담당관'으로 하였다.

여성정책담당관 또는 여성교육정책담당관은 소속 부처의 기획관리실에 소속되었다. 그 기능과 직무에 관해서는 「법무부와그소속기관의직제시행규칙」(법무부령), 「보건복지부와그소속기관의직제시행규칙」

(보건복지부령),   「교육부와그소속기관의직제시행규칙」(교육부령),
「농림부와그소속기관의직제시행규칙」(농림부령)이은 1998.2.28. 제
정되어 규정하였다. 「행정자치부와그소속기관의직제시행규칙」(행정
자치부령)은 1998.3.3. 제정되었다.

한편, 노동부는 1998.2.28., 「노동부와그소속기관의직제시행규
칙」(노동부령)을 제정하였는데 여성정책담당관을 별도로 두지 않고
근로여성국에 근로여성정책과와 부녀소년지원과를 설치한다는 것을
규정하였다. 근로여성정책과의 과장이 노동부 내 여성정책담당관의
역할을 하였다. 그리하여 1998년 당시에 여성정책담당관은 사실상
6개 부처에서 설치 · 운영되었다.

그후 3개 부처의 여성정책 관련 직제시행규칙이 1999.5.24. 변경
되었다. 즉 「노동부와그소속기관의직제시행규칙」의 개정으로 근로
여성국은 근로여성정책국으로 변경되고 하부조직인 부녀소녀지원과
는 여성고용지원과로 변경되었다. 또한 「행정자치부와그소속기관의
직제시행규칙」도 개정되어 여성정책담당관의 업무에 "지방자치단체
여성정책의 지원, 여성공무원 인사관리에 대한 지도 · 지원, 여성정
책추진사항의 평가"가 추가되었다. 「보건복지부와그소속기관의직제
시행규칙」도 개정되어 가정복지심의관이 가정복지, 여성보건복지,
영유아보육행정 등에 관하여 사회정책실의 실장을 보좌하게 되었다.

2001.1.29. 여성부가 설치되자 「보건복지부와그소속기관의직제
시행규칙」이 같은 날 개정되어 여성정책담당관의 업무에 "여성부와
의 협조, 보건복지관련인력의 성평등의식제고"가 추가되었다. 또한
같은 날에 교육부가 교육인적자원부로 개편되자 「교육인적자원부와
그소속기관직제시행규칙(교육인적자원부령)이 제정되어 여성교육
정책담당관의 업무에 "그밖의 여성교육에 관한 사항"이 추가되어 업
무범위를 확대하였다.

   (2) 중앙행정부처와 지방자치단체에 여성정책협조부서를 재지
정하고 확충하다

   한편, 정무장관(제2)실, 중앙행정기관과 지방자치단체 상호간에
여성정책 추진의 협조를 보다 긴밀하게 하기 위하여 각 중앙행정기
관과 지방자치단체에 '여성정책협조부서'가 1994년 7월에 처음 지
정·운영되었다.

   그런데 김대중 대통령 집권 후, 1998.2.28. 대통령직속 여성특별
위원회가 설치되고 정부조직이 개편됨에 따라 여성정책협조부서는
1998년 4월에 재지정되었고, 2001.1.29. 여성부가 설치된 후에는
더욱 확충되었다. 여성부가 입법을 추진하여 노무현 대통령 집권 후
2002.3.12. 제정된 「여성발전기본법시행령」은 "중앙행정기관의 장
및 시·도지사는 법 제9조의 규정에 의하여 기본계획 및 시행계획의
수립·시행을 위하여 당해기관에 여성정책관련 협조부서를 지정·
운영하여야 한다."(제6조)라고 규정하였다

3) 최초로 여성정책 전담 중앙행정부처(여성부)를 설치하다

   여성계는 대통령 여성특별위원회가 위원장이 국무회의에서의 의
결권과 정책집행력이 없으며 소속 인원이 약 50명밖에 없는 등의
문제를 지적하고 여성특별위원회 형태 보다 더 강한 집행력을 갖춘
여성정책 담당 중앙행정부처를 요구하였다. 이 과정에서 여성정책을
전담할 여성부, 여성정책과 청소년정책을 병행할 여성청소년부, 여
성정책과 청소년정책·가족정책을 병행할 여성청소년가족부 중 어
떠한 형태의 부처를 요구할 것인지에 관한 의견들이 나뉘어 논의되
었다.

   여성부의 설치는 1987년 6.29 선언 이후 제13대 대통령선거에서
김대중 후보와 김영삼 후보가 선거공약으로 처음 제시하였고, 1997

년 12월의 제15대 대통령 선거에서는 김대중 후보를 포함한 모든 후보의 선거공약이 되었다. 1998년과 2000년에 여성단체들도 실질적인 정책조정기능과 강력한 집행력을 가진 여성부를 요구하는 건의서를 제출하였다. 한국여성개발원도 여성정책을 전담하는 행정조직을 건의하였다.

이러한 상황을 감안하여 김대중 대통령은 2000.1.3. 발표한 대통령신년사에서 "여성특별위원회를 여성부로 바꿔 정부 각부처에 분산되어 있는 여성업무를 일괄해서 관리집행하도록 함으로써 21세기에 역할이 크게 증대될 여성의 시대에 대비하고자 한다."라고 하였다. 아울러 21세기 인적자원개발정책의 중요성을 감안하여 교육부를 교육인적자원부로 개편하고 교육부총리제를 도입하는 방안, 재정경제부와 기획예산처를 통합하고 재정경제부총리제를 도입하는 방안, 청소년의 보호·육성 정책을 위한 기구 설치 계획도 발표하였다. 그 직후 행정자치부는 한국행정연구원을 주무기관으로 하여 관련 전문연구기관 연구자, 학계 전문가들로 '정부기능조정방안 연구진'을 구성하고 연구를 2000년 4월까지 진행하게 하였다. 여성부 설치분과는 한국여성개발원 연구자(집필자)가 연구책임자가 되어 설치방안을 연구하고 제시하였다.

그 후 여성부는 설치방안에 관한 공청회, 토론회 등의 논의를 거쳐 「정부조직법」에 법적 근거를 두고 정책의 기획력과 집행력을 갖춘 최초의 여성정책 전담 중앙행정부처로서 2001.1.29.출범하였다. 그런데 이를 전후로 '여성부'란 명칭이 자칫 여성만을 대상으로 하거나 여성의 권익을 위한 정부 부처라는 오인을 발생시킬 수 있으므로 여성부의 목적에 따라 '남녀평등부', '성평등부'로 해야 한다는 지적이 있었다. 이를 감안하여 '여성부'의 영문명칭은 'Ministry of Gender Equality'로 하였다.

「정부조직법」은 제42조(여성부)에서 "여성부장관은 여성정책의 기획·종합, 남녀차별의 금지·구제 등 여성의 지위향상에 관한 사무를 장리한다."라고 규정하였다. 그런데 2001.1.29. 제정된 「여성부직제」는 여성부의 직무에 대해 "여성정책의 기획·종합, 가정폭력·성폭력 방지 및 피해자 보호, 윤락행위 방지, 남녀차별의 금지·구제 등 여성의 지위향상에 관한 사무를 관장한다."(제2조)라고 규정하여 "가정폭력·성폭력 방지 및 피해자 보호, 윤락행위 방지"를 명시하였다. 하부조직에 관해서는 "여성부에 총무과·여성정책실·차별개선국·권익증진국 및 대외협력국을 두고 장관밑에 공보관 1인을 둔다."(제3조)라고 규정하였다. 그리고 부칙에서 여성부 공무원 정원을 총 102명으로 규정하였다.

「여성부직제」는 2002.3.2. 개정되어 여성정책실에 행정관리·법무·감사 및 비상계획업무를 담당하는 전담조직을 신설하기 위하여 1개 과를 증설하고 이에 필요한 정원을 증원하며, 여성인력개발 및 여성정보화사업의 효율적 추진 등 변화하는 행정환경에 효과적으로 대처하기 위하여 필요한 정원도 증원하였다. 여성부 공무원 정원은 총 120명으로 규정하였다.

4) 최초로 모든 중앙행정기관에 여성정책책임관의 지정을 추진하다

여성부는 여성정책의 협력체제를 강화하고 소속 기관의 여성정책을 효율적으로 수립·시행하기 위해 모든 중앙행정기관에 여성정책책임관을 두는 입법을 추진하였다. 그 결과 「여성발전기본법」이 2002.12.11. 개정되어 제12조(여성정책책임관의 지정 등)를 신설하고 "①중앙행정기관의 장은 당해 기관의 여성정책을 효율적으로 수립·시행하기 위하여 소속공무원중에서 여성정책책임관을 지정하여야 한다. ②제1항의 규정에 의한 여성정책책임관의 지정 및 임무 등에 관하여 필요한 사항은 대통령령으로 정한다."라고 규정하였다. 그런데 이 대통령령은 노무현 대통령이 집권한 후 2003.3.12.마련되었다. 이 시행령은 "중앙행정기관의 장은 당해 기관의 기획관리실장 또는 이에 준하는 직위의 공무원을 여성정책책임관으로 지정하여야 한다. "(제13조)라고 규정하였다.

5) 최초로 민·관협력체제의 여성정책조정회의와 여성정책실무회의 설치를 추진하다

여성정책 심의·조정 기구에 민간 전문가들이 참여하여 민·관협력체제를 처음 이룬 때는 1983.12.8. 제정된 「여성정책심의위원회규정」(대통령령)을 근거로 국무총리 소속하에 '여성정책심의위원회'가 설치된 때이다. 이 규정은 위원회의 기능을 " 1. 여성문제에 관한 기본계획과 종합정책의 수립 2. 관계행정기관간의 여성분야시책의 종합·조정 3. 여성의 취업증대와 사회참여 확대 4. 여성의 지위향상 5. 기타 여성문제에 관한 주요사항을 심의·조정"으로 규정하였다. 위원회는 위원장 1인(국무총리), 부위원장 2인(경제기획원장관과 보건사회부장관), 내무부장관·법무부장관·문교부장관·노동부장관·대통령정무제2수석비서관·행정조정실장·한국여성개발원장 및 여성문제에 관한 학식과 경험이 풍부한 자 중에서 위원장이 위촉하는 자로 20인 이내로 구성되었다.

1993.12.9. 개정된 「여성정책심의위원회규정」은 위원회의 심의·조정하는 사안에 "여성분야 국제협력에 관한 사항"을 포함시켰다. 그리고 위원회 위원을 위원장 1인과 부위원장 3인을 포함한 35인 이내의 위원으로 확충하였다. 부위원장에 통일원장관이 포함되고, 보건사회부장관 대신에 정무장관(제2)가 되었다. 당연직 위원에

외무부장관, 교육부장관·문화체육부장관·농림수산부장관·보건
사회부장관·노동부장관·대통령비서실 여성정책담당수석비서관이
포함되었다.

　그런데 「여성발전기본법」이 1995.12.30. 제정될 때, 제10조(여성
정책심의위원회)를 두고 "①여성정책에 관한 주요시책을 심의하기
위하여 국무총리소속하에 여성정책심의위원회를 둔다. ②심의위원
회의 기능·구성 및 운영등에 관하여 필요한 사항은 대통령령으로
정한다."라고 규정하고, 1996.6.29. 제정된 시행령에서 심의위원회
에 관하여 구체적으로 규정하자 「여성정책심의위원회규정」은 폐지되
었다.

　그후 김대중 대통령이 집권한 후, 여성부는 민·관 협력체제의 여
성정책 심의·조정기구를 재건하고 활성화시키고자 「여성발전기본
법」의 개정을 추진하였다. 2002.12.11. 개정된 법에서 제11조(여성
정책조정회의)가 신설되고 "①여성정책에 관한 주요사항을 심의·
조정하기 위하여 국무총리 소속하에 여성정책조정회의(이하 "조정
회의"라 한다)를 둔다. ②조정회의는 다음 각호의 사항을 심의·조
정한다. 1. 기본계획 및 시행계획에 관한 사항 2. 2 이상의 행정기관
에 관련되는 여성정책의 조정에 관한 사항 3. 여성정책의 평가 및
제도개선에 관한 사항 4. 그 밖에 여성정책을 위하여 대통령령이 정
하는 사항"으로 규정하였다. 그리고 "제2항의 규정에 의한 심의·조
정사항을 미리 검토하고 조정회의가 위임한 사항을 처리하기 위하여
조정회의에 여성정책실무회의를 둔다."는 제3항과 "조정회의 및 여
성정책실무회의의 구성 및 운영 등에 관하여 필요한 사항은 대통령
령으로 정한다."는 제4항도 두었다. 그런데 이 대통령령은 김대중
대통령 집권기간에 여성부가 입법을 추진하다가 노무현 대통령 집권
후 2003.3.12. 공포되었다. 이 시행령은 「여성발전기본법」 제11조

제2항제4호에서 여성정책조정회의가 심의·조정하는 사항에 "1. 남
녀평등을 실현하기 위한 적극적 조치의 시행에 관한 사항 2. 다른
법령에 의하여 조정회의의 심의·조정이 필요한 사항 3. 그 밖에 조
정회의의 의장이 필요하다고 인정하여 심의·조정에 부치는 사항"을
포함시켰다(제11조). 그리고 조정회의는 의장 1인(국무총리)과 부의
장 1인(여성부장관)을 포함한 25인 이내의 위원으로 구성되도록 하
였다. 조정회의의 위원은 "재정경제부장관·교육인적자원부장관·
법무부장관·행정자치부장관·과학기술부장관·농림부장관·산업
자원부장관·보건복지부장관·노동부장관·기획예산처장관·국무
조정실장·국정홍보처장 및 부의안건과 관련되어 의장이 지정하는
중앙행정기관의 장"으로 하였다(제10조 제1항~제3항).

그리고 여성정책실무회의는 의장 1인(여성부차관)을 포함한 25인
이내의 위원으로 구성도록 하였다. 위원은 여성정책조정회의 위원이
속한 행정기관의 여성정책책임관이 되도록 하였다(제12조).

6) 최초로 국회 내에 상임위원회인 여성위원회를 설치하다

국회는 1994.6.28. 「국회법」에 제46조의2(여성특별위원회)가 신
설됨에 따라 국회의 상설특별위원회 중의 하나로 여성특별위원회를
설치하였다. 위원회는 위원장을 포함하여 17인의 위원으로 구성하
였다. 그런데 상임위원회와는 달리 법률안제제안권 및 의결권, 국정
감·조사권, 예·결산 예비심사권이 없었다. 그러나 여성관련 법률
안 및 청원 등의 안건을 심사한 후, 그 의견을 소관 상임위원회에
제시하는 기능을 하였다.

그런데 김대중 대통령이 집권한 후, 국회는 2002.3.7. 「국회법」에
여성부를 소관으로 하는 상임위원회로서 '여성위원회'가 포함됨에 따
라 위원장을 포함하여 16인의 위원(여성위원 9인, 남성위원 7인)으

로 여성위원회를 구성하였다. 이 위원회는 소관 법률안 및 청원 심사, 관련위원회로서의 의견제시, 예산안·결산 및 기금 심사, 국정감사 및 국정조사, 법률안 및 기타 의안의 제출 등의 업무를 하였다.

최초로 성평등 관련 연구 · 교육기관을 구축 · 추진하다

김대중 대통령이 집권한 후, 성평등 추진체계의 가동과 개혁에 필요한 전문연구기관과 교육기관을 구축하기 위한 입법과 정책이 이루어졌다. 그 내역은 〈표 Ⅳ-1〉과 같이 3종으로 구분된다.

〈표 Ⅳ-1〉 성평등 전문 연구 · 교육기관의 구축과 추진(3종)

1. 최초로 여성정책과 성평등 전문 연구기관을 구축하다
2. 최초로 여성직업훈련시설을 구축 · 확충하다
3. 최초로 양성평등 전문교육기관의 설치를 추진하다

1. 최초로 여성정책과 성평등 전문 연구기관을 구축하다

한국여성개발원은 1982.12.31. 제정된 「한국여성개발원법」에 의해 정부출연법인으로 설립되어 1983.4.1. 개원하였다.

「한국여성개발원법」은 "한국여성개발원(이하 "개발원"이라 한다)을 설립하여 여성과 관련된 문제에 관한 조사·연구, 여성의 능력개발을 위한 교육훈련 및 여성활동에 대한 지원등의 업무를 효율적으로 수행하게 함으로써 여성의 사회참여 및 복지증진에 기여함"(제1조)을 목적으로 하였다. 이 법에 따라 한국여성개발원은 여성의 사회참여 및 복지증진에 기여하기 위해 "1. 여성과 관련된 문제에 관한 조사·연구 2. 여성단체회원 및 여성을 대상으로 하는 업무분야종사자에 대한 교육훈련 3. 여성에 적합한 직종의 개발 및 복지시범사업 4. 여성활동에 대한 지원·육성 5. 여성분야에 관한 국제협력사업 6. 국내외 연구기관과의 정보교환·공동연구 및 이에 대한 지원 7. 연구결과의 출판 및 발표 8. 여성과 관련된 문제에 관하여 보건사회부장관 또는 기타의 중앙행정기관의 장이 위탁하는 사업"(제1조, 제12조)을 수행하였다.

그런데 김대중 대통령이 집권한 후, 1998.2.28 「행정권한의 위임위탁에 관한 규정」에 따라 한국여성개발원의 업무조정감독권이 보건사회부에서 대통령 직속 여성특별위원회로 이관되었다.

그리고 정부는 다양한 행정부처에 소속되었던 각종 정부출연연구기관들을 모두 국무총리 소속으로 일원화하여 체계적으로 관리하고 경영합리화를 도모하기 위하여 1999.1.29. 「정부출연연구기관등의 설립·운영및육성에관한법률」을 제정하였다. 이 법률은 "정부출연연구기관의 설립·지원·육성과 체계적인 관리 및 책임경영에 관한 기본적인 사항을 정함으로써 합리적인 국가연구체제의 구축과 정부

출연연구기관의 경영합리화 및 발전을 도모함"(제1조)을 목적으로 하였다. 이 법률에서 "정부출연연구기관"이라 함은 "정부가 출연하고 연구를 주된 목적으로 하는 기관"(제2조제1호)을 말한다. 그런데 이 법률은 한국여성개발원을 정부출연연구기관에 포함시켰다. 이에 따라 「한국여성개발원법」은 폐지되고 「여성발전기본법」에서 한국여성개발원에 관한 규정을 두었다. 그리고 한국여성개발원은 국무총리 산하의 인문사회연구회에 소속되어 여성정책과 성평등에 관해 전문적으로 연구하는 기관으로 개편되었다.

그후 한국여성개발원은 2005.07.01 「정부출연연구기관등의설립.운영및육성에관한법률」개정에 따라 소속이 국무총리 산하의 경제ㆍ인문사회연구회 소관 연구기관으로 변경되었다. 그리고 2007.05.11. 기관 명칭이 '한국여성개발원'에서 '한국여성정책연구원'으로 변경되었다.

김대중 집권기간 중에 이루어진 각종 입법과 정책은 한국여성개발원의 각종 연구와 입법안에 기초한 경우가 많았다.

2. 최초로 여성직업훈련시설을 구축ㆍ확충하다

김대중 대통령이 집권한 후, 2001.4.21.「여성발전기본법 시행령」에 제34조의2(여성관련시설의 지원)가 신설되었다. 이 조항은 "여성부장관은 법 제33조제2항의 규정에 의하여 여성의 능력개발과 사회경제적 지위향상을 위하여 여성을 대상으로 하여 1. 직업능력개발훈련 2. 취업정보제공 및 취업알선 3. 고충상담 4. 그 밖의 후생복지 및 문화활동의 지원"의 업무를 행하는 시설을 운영하는 비영리법인 또는 단체에 대하여 예산의 범위안에서 그 경비의 전부 또는 일부를 보조할 수 있다."라고 규정하였다.

그리고 「여성발전기본법」이 2002.2.11. 개정될 때, "국가 및 지방자치단체는 여성의 직업능력개발훈련을 위한 시설에 대하여 예산의 범위안에서 그 경비의 전부 또는 일부를 보조하거나 동 시설을 설치·운영할 수 있다."는 제3항이 신설되었다.

이러한 입법에 의해 여성부는 여성인력개발센터를 전국적으로 확충하였다. 노동부가 운영하던 '일하는 여성의 집'은 이 센터로 통합되었다. 여성인력개발센터는 "여성이 능력과 개성을 발휘하고, 주권적 삶의 주체로 살아가도록 연대와 협력을 통해 공동 성장을 이룬다."는 비젼을 가지고 있다. 주요 사업은 직업능력개발사업으로서 일반적인 노동시장에서 취약한 여성들을 대상으로 여성들에게 필요한 분야 개발 및 교육 프로그램을 운영하여 여성들이 경제적으로 자립 기반을 마련할 수 있도록 도와주는 역할을 하고 있다. 그외 직업상담과 취업알선, 새로운 직종훈련과정에 대한 설명회와 창업 컨설팅 등 다양한 취·창업 지원사업 등을 하고 있다.

3. 최초로 양성평등 전문교육기관의 설치를 추진하다

여성부는 한국여성개발원이 정부출연연구기관으로 개편되자, 한국여성개발원이 담당해온 여성과 양성평등 교육을 보다 전문적으로 수행할 교육기관의 설립을 추진하였다. 그 법적 근거를 마련하기 위해 「여성발전기본법」이 2002.12.11. 제정될 때, 제33조(여성관련시설의 설치·운영)을 개정하여 제1항에 "국가 및 지방자치단체는 교육을 위한 여성과 관련된 시설을 설치·운영할 수 있다."는 조문을 신설하였고, 그 시설에 대하여 예산의 범위안에서 그 경비의 전부 또는 일부를 보조할 수 있다는 제2항을 신설하였다.

이러한 법적 근거를 가지고 여성부는 이러한 교육기관의 설립을 준비하였다. 그리고 「여성발전기본법」 개정안도 2003년 1월에 국회에 제출하였다. 이 기관은 노무현 대통령이 집권한 후 2003.3.5. '한국양성평등교육진흥원'이란 명칭의 재단법인으로 출범하였다.

【부록 1】 김대중의 성평등 추진체계 관련 입법(145종) 연대표

1. 1998년(2.25~12.31, 22종)

법령명	주요 내용	제·개정과 시행
정부조직법	대통령직속 여성특별위원회 신설	개정 2.28
여성특별위원회 규정(대통령령)	여성특별위원회의 조직과 운영 등	제정 2.28
법무부와그소속기관의직제시행규칙(법무부령)	여성정책담당관 신설	제정 2.28
보건복지부와그소속기관의직제시행규칙(보건복지부령)	여성정책담당관 신설	제정 2.28
교육부와그소속기관의직제시행규칙(교육부령)	여성교육정책담당관 신설	제정 2.28
농림부와그소속기관의직제시행규칙(농림부령)	여성정책담당관 신설	제정 2.28
노동부와그소속기관의직제시행규칙(노동부령)	근로여성국에 근로여성정책과와 부녀소년지원과 설치	제정 2.28
여성발전기본법	법의 소관사무를 정무장관(제2)실에서 여성특별위원회로 이관	개정 2.28
여성발전기본법 시행령(대통령령)	법의 소관사무를 여성특별위원회로 이관한 데 따른 시행령 정비와 여성정책기본계획의 승인권자를 여성정책심의회에서 대통령으로 변경함	개정 2.28
행정자치부와그소속기관의직제시행규칙(행정자치부령)	여성정책담당관 신설	제정 3.3

영유아보육법 시행령(대통령령)	무상보육의 우선실시대상자 및 비용부담에 관한 조항 신설	개정 5.6
가정폭력범죄의처벌등에관한특례법	가정폭력범죄의 처리에 관한 사법특례	시행 7.1
가정폭력방지및피해자보호등에관한법률시행령(대통령령)	「가정폭력방지및피해자보호등에관한법률」의 시행에 관하여 필요한 사항	제정 7.1
영유아보육법 시행규칙(보건복지부령)	직장보육시설과 종교단체 부설 보육시설의 설치 활성화를 위한 기준 완화	개정 9.4
고용보험법	상병급여의 지급사유에 '출산'을 명시	개정 9.17 시행 10.1
고용보험법시행령(대통령령)	여성고용촉진장려금 신설	개정 10.1
모자복지법시행규칙(보건복지부령)	모자복지시설입소 및 복지급여신청 절차 완화	개정 10.1
가정폭력방지및피해자보호등에관한법률시행규칙(보건복지부령)	「가정폭력방지및피해자보호등에관한법률」과 시행령에서 위임된 사항과 그 시행에 관하여 필요한 사항	제정 11.2
ILO의 동일가치노동에 대한 남녀근로자의 동일보수에 관한 협약	동일가치노동에 종사하는 남녀근로자에 대한 동일임금 보장	비준 12.4
성폭력범죄의처벌및피해자보호등에관한법률	성적 욕망 또는 수치심을 유발할 수 있는 타인의 신체를 몰래 촬영하는 행위를 성폭력범죄에 포함시켜 처벌	개정 12.28
모자복지법	부녀복지관을 여성복지관, 부녀상담소를 모자가정상담소로 명칭을 변경하고 사회복지법인 및 비영리법인외에 개인도 모자복지시설을 설치·운영할 수 있도록 허용	개정 12.30 시행 1999.3.31
모자복지법시행령	시·도지사등이 설치·운영하는 모자	개정 12.31

(대통령령)	복지상담소의 시설기준을 삭제하여 지방자치단체의 장이 자율적으로 운영하도록 허용	
국민연금법	이혼배우자의 노령 분할연금 수급권 조항 신설	개정 12.31 시행 1999.1.1

2. 1999년 (41종)

법령명	주요 내용	제 · 개정과 시행
가정폭력범죄의처벌등에관한특례법	가정폭력피해아동의 교육과 보호를 담당하는 기관의 종사자에게 피해아동의 전학 등 비밀누설금지조항 신설	개정 1.21 시행 2.22
정부출연연구기관등의설립 · 운영및육성에관한법률	한국여성개발원을 정부출연연구기관에 포함	제정 1.29
군인사법	단기복무중인 여자군인의 육아휴직제, 가족간호휴직제 신설	개정 1.29
청소년보호법	청소년에게 성매매, 성적 및 술접대행위를 시키는 행위 등의 청소년유해행위 금지 조항 신설	개정 2.5 시행 7.1
여성기업지원에관한 법률	여성기업과 여성경제인의 활동과 여성의 창업에 대한 적극적 지원	제정 2.5 시행 6.1
농업 · 농촌기본법	"여성농업인의 육성" 조항 신설	개정 2.5 시행 2000.1.1
남녀차별금지및구제에관한법률	공공기관과 사업장의 고용, 교육, 재화 · 시설 · 용역의 이용과 제공, 법과 정책의 집행에서의 남녀차별과 성희롱 금지와 여성특별위원회와 남녀차별개선실무위원회의 권리구제	제정 2.8 시행 7.1
여성발전기본법	남녀차별개선실무위원회 신설에 따른 성차별개선위원회 폐지	개정 2.8 시행 7.1

남녀고용평등법	간접차별과 직장내 성희롱 관련 조항 신설	개정 2.8 시행 7.1
국민건강보험법	출산을 보험급여와 요양비의 지급사유로 명시	제정 2.8 시행 2000.1.1
근로기준법	해고된 여자근로자의 귀향여비 지급 조항 폐지	개정 2.8
모자보건법	인권침해 소지가 있는 불임수술명령제도 폐지	개정 2.8
장애인복지법	여성장애인의 권익보호 조항 신설	개정 2.8 시행 2000.1.1
윤락행위등방지법	요호자보호시설 설치자의 확충 등	개정 2.8
모자복지법시행규칙(보건복지부령)	일시보호시설의 보호기간 연장과 모자복지시설의 면적 · 규모기준 완화	개정 3.11
남녀고용평등법시행령(대통령령)	직장내 성희롱예방교육의 구체적 실시사항을 규정하고 고용평등위원회가 지방노동행정기관의 장으로부터 직장내 성희롱 여부에 관한 의견제시를 요청받은 경우 공익대표위원으로 구성되는 공익회의의 심의를 하도록 함	개정 3.17
남녀고용평등법시행규칙(노동부령)	직장내 성희롱 유형의 예시, 육아휴직과 이 법과 관련한 분쟁해결 등에 관한 구체적 시행 사항	개정 3.17
성폭력범죄의처벌및피해자보호등에관한법률시행규칙(보건복지부령)	성폭력피해자보호시설의 설치를 허가제에서 신고제로 전환하고 성폭력피해자를 위한 상담소와 보호시설의 종사자 자격을 확대	개정 4.6
모자복지법시행령(대통령령)	국가 · 지방자치단체 · 사회복지법인 및 비영리법인외에 개인도 모자복지시설을 설치 · 운영할 수 있게 허용	개정 4.24
스토킹처벌에관한특례법안	스토킹을 범죄로 규정하고 처벌할 수 있는 법적 근거 마련	의원발의 5월
음반 · 비디오물및	노래연습장업주의 준수사항에 "접대부	개정 5.15

게임물에관한법률 시행령(대통령령)	를 고용하거나 윤락·음란행위를 알 선·제공 또는 호객·유객행위를 하여 서는 아니된다."를 규정하고, 등급분류 를 받지 못하는 대상에 "저속 또는 외 설적 언어를 사용하거나 음란한 행위를 묘사하는 내용", "존비속·노인·아 동·여성의 학대를 정당화하는 내용" 을 포함	
노동부와그소속기 관의직제시행규칙 (노동부령)	근로여성국을 근로여성정책국으로 변 경하고 하부조직인 부녀소녀지원과를 여성고용지원과로 변경	개정 5.24
행정자치부와그소 속기관의직제시행 규칙(행정자치부 령)	여성정책담당관의 업무에 지방자치단 체 여성정책의 지원, 여성공무원 인사 관리에 대한 지도·지원, 여성정책추진 사항의 평가를 삽입	개정 5.24
보건복지부와그소 속기관의직제시행 규칙(보건복지부 령)	가정복지심의관이 가정복지, 여성보건 복지, 영유아보육행정 등에 관하여 사 회정책실의 실장을 보좌	개정 5.24
여성기업지원에 관한 법률 시행령 (대통령령)	「여성기업지원에 관한 법률」의 시행에 필요한 구체적 사항	제정 6.11
남녀차별금지및구 제에관한법률시행 령(대통령령)	「남녀차별금지및구제에관한법률」의 시 행에 필요한 구체적 사항	제정 6.30 시행 7.1
여성발전기본법시 행령(대통령령)	「남녀차별금지및구제에관한법률」에 따 른 소송지원을 여성발전기금사업에 포 함	개정 6.30 시행 7.1
고용보험법시행령 (대통령령)	사업주가 직장보육시설을 설치할 경우 여성고용촉진을 위해 설치비용의 일부 를 무상으로 지원	개정 7.1
여성특별위원회규 정(대통령령)	위원회의 기능에 남녀차별사항의 조 사·시정권고등에 관한 사무를 추가하 고, 차별개선조정관밑에 담당관 1인을	개정 7.23

	신설하고 정원 8인을 증원	
UN여성차별철폐협약	국적 관련 조항의 비준유보 철회	철회 8.24
소득세법	유치원과 영유아보육시설에 납부하는 교육비에 대한 소득세 공제한도를 상향	개정 8.31
특정범죄신고자등보호법	강간, 강제추행 등의 성폭력범죄 신고자 보호	제정 8.31 시행 2000.6.1
국민기초생활보장법	국민기초생활보장 급여에 해산급여를 포함하고 조산과 분만전후에 필요한 보호와 급여 실시	제정 9.7 시행 2000.10.1
성폭력범죄의처벌 및피해자보호등에 관한법률시행령 (대통령령)	청소년에 대한 성교육 및 성폭력예방에 필요한 교육에 관한 계획에 포함되어야 할 내용과 동 계획의 수립·시행에 관한 사항	개정 10.20
민법(가족법)	동성동본금혼제를 근친혼 금지로 전환하는 등의 가족법 개정안을 국무회의의 의결을 거쳐 국회법사위원회에 제출	개정안 제출 11.7
국가공무원복무규정(대통령령)	출산휴가의 허가를 임의규정에서 강제규정으로 변경, 임신한 여자공무원에게 매 생리기와 정기검진을 위한 월 1일의 여성보건휴가를 허가할 수 있고, 생후 1년 미만의 유아를 가진 여자공무원에게 1일 1시간의 육아시간을 허가할 수 있는 조항을 신설하며, 남계(男系)와 여계(女系) 친족간의 형평성 논란이 있는 경조사 특별휴가의 대상을 남녀평등이념에 맞추어 합리적으로 조정하고, 부모사망 및 탈상시의 휴가일수를 남녀에게 동일하게 부여	개정 12.7
ILO 고용 및 직업상의 차별에 관한 협약	고용 및 직업상의 성차별을 포함한 모든 차별을 해소할 조치	비준 12.20
국회공무원복무규	국회소속 여성공무원에게 60일의 출산	개정 12.30

정(국회규정)	휴가, 매 생리기와 임신한 경우 매월 1일의 보건휴가, 1세미만의 유아에 대한 1일 1시간의 육아시간 부여	
국가공무원법	대통령령이 정하는 특별한 사정이 없는 한 임용권자는 공무원이 육아휴직을 신청하면 휴직을 명하도록 하고, 휴직을 이유로 불리한 처우를 하여서는 아니되며, 휴직기간의 5할에 해당하는 기간은 호봉간의 승급기간에 산입	개정 12.31
지방공무원법	상동	개정 12.31
산업재해보상보험법	유족보상연금수급자격자에서 처를 조건없이 1순위로 하고 남편은 60세 이상 또는 장해2등급의 조건을 붙여 처를 우대	개정 12.31 시행 2000.7.1

3. 2000년(19종)

법령명	주요 내용	제·개정과 시행
장애인고용촉진및 직업재활법	"여성장애인에 대한 고용촉진 및 직업재활을 중요시하여야 한다"는 조항 신설	전부개정1.12 시행 7.12
방송법	방송의 성별 간 갈등 조장과 성별 등을 이유로 한 방송편성 차별의 금지와 방송위원회가 방송의 공정성 및 공공성을 심의하기 위해 제정·공표해야 할 「방송심의규정」에 "양성평등에 관한 사항"을 포함	개정 1.12 시행 3.13
식품위생법	식품접객영업자가 여성청소년을 유흥접객원으로 고용하는 행위의 금지	개정 1.12 시행 7.13
교육기본법	"남녀평등교육의 증진" 조항과 남녀평등교육심의회 설치조항의 신설	개정 1.28 시행 7.29
교육공무원법	여교원의 임신·출산휴직제 신설, 육아	개정 1.28

	휴직에 대하여 승진등에 있어서 불리한 처우를 금지하고, 1년이내의 휴직기간은 근속기간에 포함	
사립학교법	상동	개정 1.28
상훈법시행령(대통령령)	유족이 훈장을 대리하여 수령할 경우에 배우자가 우선하여 수령할 수 있도록 하고, 배우자가 없는 경우에는 호주승계의 순위에 의하도록 함	개정 1.28 시행 1.30
청소년의 성보호에 관한 법률	청소년의 성을 사거나 이를 알선하는 행위, 청소년을 이용하여 음란물을 제작·배포하는 행위 및 청소년에 대한 성폭력행위 등으로부터 청소년을 보호·구제	제정 2.3 개정 7.1
정당법	정당에게 국회의원 및 시·도의회의원 비례대표자후보자의 30% 이상을 여성으로 추천하게 하는 여성공천 할당제 도입	개정 2.16
법원공무원규칙	법원소속 여성공무원에게 매 생리기와 임신한 경우 매월 1일의 보건휴가를 제공, 1세미만의 유아에 대한 1일 1시간의 육아시간 부여	개정 2.26
국민기초생활보장법시행령(대통령령)	임산부를 근로능력이 있는 수급자에서 제외하여 자활사업에 참가하지 않더라도 생계급여를 수급하게 함	제정 7.27 시행 10.1
국민기초생활보장법시행규칙(보건복지부령)	해산급여 지급신청조항	제정 8.18
남녀평등교육심의회규정(대통령령)	심의회의 기능, 위원의 자격·구성·운영 등에 관하여 필요한 사항을 규정	제정 9.25
모자복지법시행규칙(보건복지부령)	"국민의 편의증진과 행정간소화를 위해 모자복지 관련 서식 일부를 수정	개정 9.30
민법(가족법)	동성동본금혼제 폐지, 합리적 근친혼 금지범위 조정, 여자의 재혼금지기간	개정안제출 10.6

	삭제 등을 담은 가족법 개정안을 국무회의의 의결을 거쳐 국회사법위원회에 제출	
청소년의 성보호에 관한 법률 시행령(대통령령)	「청소년의 성보호에 관한 법률」의 시행에 필요한 구체적 사항	제정 10.23
국민연금법	여자녀의 혼인시 유족연금 수급권 소멸 조항의 삭제	개정 12.3
독립유공자예우에 관한 법률	유족수급권에서 독립유공자의 출가한 딸 또는 출가한 손녀에 대한 차별 해소	개정 12.30 시행 2001.1.1
국가유공자등예우 및지원에 관한 법률	유족수급권에서 국가유공자의 출가한 딸 또는 출가한 손녀에 대한 차별 해소	개정 12.30 시행 2001.7.1

4. 2001년(33종)

법령명	주요 내용	제·개정과 시행
제대군인지원에관한법률	헌법재판소의 위헌 결정에 따라 무효화된 제대군인의 취업시험 가산점제도를 폐지하고 제대군인의 채용우대 조항으로 변경	개정 1.4
과학기술기본법	"여성 과학기술인의 양성" 조항의 설치	제정 1.16 시행 7.17
정보격차해소에관한법률	국가 또는 지방자치단체가 정보화 교육비용의 전부 또는 일부를 부담할 수 있는 대상에 여성 중 전업주부 등 대통령령으로 정하는 자를 포함	제정 1.16 시행 4.17
정부조직법	여성부의 설치	개정 1.29
여성특별위원회규정(대통령령)	여성특별위원회 폐지	폐지 1.29
여성부직제(대통	여성부의 조직과 직무범위 그밖에 필	제정 1.29

령령)	요한 사항을 규정	
남녀차별금지및구제에관한법률	남녀차별개선사무를 전담할 남녀차별개선위원회를 신설	개정 1.29
남녀차별금지및구제에관한법률시행령(대통령령)	남녀차별개선위원회의 상임위원은 여성부 차별개선국장이 겸함	개정 1.29
여성발전기본법	●법의 소관사무가 여성특별위원회에서 여성부로 이관 ●여성관련시설의 경비보조 조항 신설	개정 1.29
여성발전기본법시행(대통령령)	법령의 소관사무가 여성특별위원회에서 여성부로 이관	개정 1.29
보건복지부와그소속기관의직제시행규칙(보건복지부령)	여성정책담당관의 업무에 "여성부와의 협조, 보건복지관련인력의 성평등의식제고"를 추가	개정 1.29
음반 · 비디오물및게임물에관한법률	비디오물감상실업자에게 접대부를 고용 · 알선하는 행위, 윤락행위 또는 음란행위를 하게 하거나 이를 알선 · 제공하는 행위를 금지하는 조항의 신설	개정 1.29 시행 2002.3.30
교육인적자원부와그소속기관직제시행규칙(교육인적자원부령)	교육부가 교육인적자원부로 변경됨에 따른 입법과 여성교육정책담당관의 업무에 "그밖의 여성교육에 관한 사항"을 신설하여 업무범위를 확대	제정 1.31
여성부직제시행규칙(여성부령)	여성부의 과 또는 이에 상당하는 담당관의 설치 및 사무분장, 직급별 정원 등 여성부직제에서 위임된 사항과 그 시행에 관하여 필요한 사항을 정	제정 1.31
섭외사법	법명을 "국제사법"으로 변경하고 외국과 관련된 요소가 있는 법률관계 중 혼인과 이혼, 부부재산제, 친자관계 등에 관한 국제재판관할과 준거법을 남편의 본국법에 의하도록 하던 것을	전부개정 4.7

	삭제	
남녀차별금지기준 (여성부고시)	남녀차별행위의 대표적 유형을 예시	제정 4.17
공공기관의성희롱 예방지침(여성부 고시)	공공기관의 성희롱 예방교육의 내용 과 방법 등 세부사항을 규정	제정 4.17
여성발전기본법 시행령(대통령령)	'여성관련시설의 지원'조항 신설	개정 4.21
정보격차해소에관 한법률시행령(대 통령령)	국가 또는 지방자치단체가 정보화 교 육비용의 전부 또는 일부를 부담할 수 있는 대상을 전업주부와 모자복지시 설 등 여성관련 복지시설의 수용자 또 는 이용자로 특정	제정 5.16
국가인권위원회법	국가인권위원회가 권리구제를 하는 '평등권침해의 차별행위'의 차별 사유 에 성별, 혼인·임신·출신, 가족상 황, 성적 기호를 명시	제정 5.24 시행 11.25
남녀고용평등법	●법의 목적을 "근로여성의 지위향상 과 복지증진"에서 "남녀고용평등 실 현"으로 변경. ●"근로여성기본계획"을 "남녀고용 평등기본계획"으로 변경 ●간접차별 개념을 구체화 ●여성차별금지규정을 남녀차별금지 규정으로 변경 ●사업주가 성희롱 행위를 한 경우에 1천만원 이하의 과태료를 부과 ●산전후휴가급여 지급 ●육아휴직을 남녀공용, 사업주에게 육아휴직 기간 중의 해고금지, 휴직 종료 후의 원직복귀 ●고용평등상담실과 명예고용평등담 당관제를 도입 ●고용평등위원회의 업무를 "이 법에	전부개정 8.14 시행 11.1

	의한 분쟁의 조정과 남녀고용평등의 실현에 관한 사항의 협의"로 변경	
근로기준법	●유해·위험한 사업과 심야업 및 휴일근로에서의 여성사용금지 규정에서 임산부 보호를 강화함 ●(출)산전후휴가를 60일에서 90일로 상향하고 최초 60일은 유급으로 함	개정 8.14 시행 11.1
고용보험법	고용보험급여로 산전후휴가급여와 육아휴직급여를 신설하고 고용보험기금에서 지급하도록 하여 임신, 출산, 육아 비용의 사회분담화를 구현	개정 8.14 시행 11.1
남녀고용평등법시행령(대통령령)	「남녀고용평등법」의 전부개정에 따른 입법	전부개정 10.31 시행 11.1
남녀고용평등법시행규칙(노동부령)	「남녀고용평등법」과 시행령의 전부개정에 따른 입법, 직장내 성희롱판단기준의 개정	전부개정 10.31 시행 11.1
근로기준법시행령(대통령령)	「근로기준법」의 개정에 따른 입법	개정 10.31 시행 11.1
근로기준법시행규칙(노동부령)	「근로기준법」과 시행령의 개정에 따른 입법	개정 10.31 시행 11.1
고용보험법시행령(대통령령)	육아휴직급여액을 월 20만원으로 정하고, 산전후휴가급여 30일분의 상한액을 135만원으로 하며, 하한액을 최저임금월액으로 정함	개정 10.31 시행 11.1
고용보험법시행규칙(노동부령)	육아휴직급여와 산전후휴가급여의 신청절차 등 지급에 필요한 사항을 규정	개정 10.31 시행 11.1
국가공무원복무규정(대통령령)	여자공무원의 출산휴가를 60일에서 90일로 연장	개정 10.31
지방공무원복무조례	상동	개정 10.31
공무원수당등에관	자녀를 양육하기 위하여 30일 이상	개정 11.13

한규정(대통령령)	휴직한 공무원에 대하여 휴직기간중 월 20만원의 육아휴직수당을 지급하는 조항의 신설	시행2002.1.1
여성농어업인육성법	여성농업인 및 여성어업인의 권익보호 · 지위향상 · 삶의 질 제고 및 전문인력화를 적극적으로 지원	제정 12.31 시행2002.7.1

5. 2002년(24종)

법령명	주요 내용	제 · 개정과 시행
국가공무원법	여성공무원의 임신 · 출산휴직제 신설, 육아휴직의 대상 아동의 연령을 1세 미만에서 3세 미만으로 상향	개정 1.19
지방공무원법	상동	개정 1.19
국회법	국회 내 상설특별위원회인 여성특별위원회를 폐지하고 상임위원회인 여성위원회를 설치	개정 3.7
여성부직제(대통령령)	여성정책실에 행정관리 · 법무 · 감사 및 비상계획업무를 담당하는 전담조직을 신설하기 위하여 1개 과를 증설하고, 여성인력개발 및 여성정보화사업의 효율적 추진 등 변화하는 행정환경에 효과적으로 대처하기 위하여 필요한 정원을 증원	개정 3.2
정당법	●비례대표선거구 시 · 도의회의원선거후보자중 50% 이상을 여성으로 추천하되, 후보자명부 순위에 따라 2인마다 여성 1인이 포함되도록 함 ●정당은 임기만료에 의한 지역구시 · 도의회의원 선거후보자 중 30% 이상을 여성으로 추천하도록 노력하여야 하며, 이를 준수한 정당에 대하여	개정 3.7

	는 추가로 보조금을 지급할 수 있도로 하는 조항의 신설	
공직선거및부정선거방지법	시·도의원선거의 비례대표후보를 추천할 때에 정당법에 따라 후보자중 100분의 50 이상을 여성으로 추천하도록 하되, 후보자명부순위에 따라 2인마다 여성 1인이 포함되도록 하고, 이를 위반한 경우를 후보자등록신청의 수리거부사유와 후보자등록무효 사유로 규정	개정 3.7
정치자금에 관한 법률	임기만료에 의한 지역구시·도의회 의원선거의 후보자중 100분의 30 이상을 여성으로 추천한 정당에 대하여 공직후보자 여성추천보조금을 추가	개정 3.7
여성부직제시행규칙(여성부령)	남녀차별사건의 조사업무를 보다 효율적으로 수행하기 위하여 종전의 조사 1과 및 조사 2과를 각각 조사과와 차별개선기획담당관으로 개편하며, 폭력방지과를 인권복지과로 변경	개정 3.8
ILO 가족부양책임 있는남녀근로자에 대한 균등한기회 및대우에관한협약	모든 경제활동부문의 모든 종류의 남녀근로자가 가족부양책임으로 인해 차별받지 아니하고, 취업과 가족부양 책임 사이에 충돌없이 근로자의 기회 및 대우에 관한 권리를 행사할 수 있도록 하는 조치	비준 3.23
여성농어업인육성법시행령(대통령령)	「여성농어업인육성법」의 시행에 필요한 사항을 규정	제정 6.29 시행 7.1
성매매특별법 (2종)	「성매매알선등행위의처벌에관한법률안」과 「성매매방지및피해자보호등에관한 법률안」을 의원 발의	개정안제출 9.11
성희롱예방교육강사은행운영규정 (여성부훈령)	성희롱예방교육강사의 위촉, 교육, 평가 등	제정 10.4

공공기관의성희롱 예방지침(여성부 고시)	공공기관의 성희롱 예방교육의 내용 과 방법 등 세부사항을 구체화	개정 10.28
남녀차별금지기준 (여성부고시)	남녀차별행위의 유형을 다양화	개정 11.4
발명진흥법	여성발명활동지원의 촉진 조항 신설	개정 12.5
일제하일본군위안 부에대한생활안정 법	법명을 "일제하일본군위안부피해자 에대한생활안정및기념사업등에관한 법률"로 변경하고 피해에 관한 기념 사업 관련 조항을 신설하며, "일제하 일본군위안부피해자"를 정의함	개정 12.11 시행 2003.6.12
여성발전기본법	●정책의 성별 영향평가, 성별구분 통 계작성, 여성인적자원의 개발, 성폭력 과 가정폭력 피해자의 상담과 가해자 의 교정, 여성정책조정회의과 여성정 책책임관에 관한 조항들과 교육을 위 한 여성과 관련된 시설 및 여성의 직 업능력개발훈련을 위한 시설의 설 치·운영과 재정지원 조항의 신설 ●직장 및 가정생활의 병행 조항의 전 문개정	개정 12.11 시행 2003.3.12
여성과학기술인육 성및지원에관한법 률	여성과학기술인의 양성·활용 및 지 원 시책을 마련하고, 여성과학기술인 이 그 자질과 능력을 충분히 발휘할 수 있도록 지원함으로써 여성의 과학 기술 역량 강화와 국가의 과학기술발 전에 이바지하도록 함	제정 12.18 시행 2003.6.19
모·부자복지법	「모자복지법」을 개정하여 저소득 모 자가정 뿐 아니라 저소득 부자가정도 지원	개정 12.18 시행 2003.6.19
가정폭력범죄의처 벌등에관한특례법	법의 목적에 "피해자와 가족구성원의 인권 보호"를 추가하고, 검사가 임시 조치 위반자의 유치장 유치를 법원에 청구할 수 있게 함	개정 12.18 시행 2003.3.19

모자복지법시행규칙(보건복지부령)	소규모 모자복지시설의 설치와 운영의 활성화를 위하여 모자복지시설을 규모에 따라 세분화하여 시설의 설비기준 및 종사자의 배치기준을 규정	개정 12.20
공무원임용시험령(대통령령)	여성공무원의 채용목표제를 공무원의 양성평등채용목표제로 전환	개정 12.26 시행 2003.1.1
고용보험법 시행령(대통령령)	육아휴직급여액의 상향	개정 12.30

6. 2003년(1.1~2.24, 6종)

법령명	주요 내용	제·개정과 시행
공무원임용시험령	양성평등 채용목표제	시행 1.1
공무원수당등에 관한 규정(대통령령)	육아휴직수당 인상	개정 1.7
교육공무원법	대학교원의 양성평등 임용과 국립대 여교수채용목표제	개정안 제출 1월
교육공무원임용령(대통령령)	상동	개정안 제출 1월
여성발전기본법시행령(대통령령)	2002.12.11. 개정된 여성발전기본법의 시행에 필요한 사항	개정안 제출 1월
여성발전기본법	양성평등교육 전문기관 설치	개정안 제출 1월

【부록2】김대중의 성평등 추진체계 관련 최초의 입법(84종) 내역

1. 최초의 성평등 법제 관련 입법(75종)

1-1. 최초의 성평등 법제의 입법의의별 대분류(17종)

- 최초로 여성·남성·성소수자의 실질적 성차별금지법을 만들다(14종)
- 최초로 성희롱의 예방·규제와 피해자보호법을 만들다(7종)
- 최초로 성차별·성희롱의 비사법적 권리구제제도를 만들다(5종)
- 최초로 남녀고용평등을 위한 상담실과 명예감독관제를 만들다(2종)
- 최초로 여성의 인재양성과 양성평등한 사회참여 촉진을 위한 적극적 조치법을 만들다(10종)
- 최초로 여성근로자·공무원·교원의 모성보호제도를 다양화하고 산전후 휴가급여를 만들다(6종).
- 최초로 육아휴직제의 남녀공용화와 육아휴직급여 및 무상보육을 시행하다(6종)
- 최초로 고용 지원과 사회보장 및 정보화 교육을 연계한 여성복지법을 만들다(5종)
- 최초로 디지털 성폭력을 규제하고 성폭력범죄 신고자의 보호법을 만들다(2종)
- 최초로 스토킹을 처벌하기 위한 입법을 추진하다
- 최초로 청소년 대상 성폭력·성매매의 예방·규제법을 만들다(3종)
- 최초로 가정폭력특별법을 시행하고 피해자보호를 강화하다(2종)
- . 최초로 윤락관련 요보호자보호시설 설치자를 확충하고 노래방 등의 윤락행위 알선을 금지하며 성매매특별법의 입법화를 추진하다(3종)
- 최초로 일제하 일본군위안부피해 기념사업법을 만들고 "일본군위안부"를 피해자로 정의하다(2종)
- 최초로 정책의 성별영향 분석·평가와 성별 통계 작성을 의무화하다(2종)
- 최초로 성평등 관련 비영리단체와 교육 및 직업훈련 시설의 지원 조항을 만들다(3종)
- 최초로 「정부조직법」과 「국회법」에 여성정책 관련 조직을 명시하다(3종)

1-2. 여성·남성·성소수자에 대한 최초의 실질적 성차별금지법 (14종)

- 최초로 "남녀차별"의 개념과 예외를 정의하다
- 최초로 간접차별을 성차별의 유형으로 명시하다
- 최초로 남녀차별금지 영역을 고용, 교육, 재화·시설·용역, 법과 정책 의 집행으로 확충하다
- 최초로 남녀차별금지 의무자에 '공공기관'을 명시하다
- 최초로 남녀차별금지에 관한 구체적 지침을 만들다
- 최초로 여성차별금지를 남녀차별금지로 전환하고 남성차별을 해소하다
- 최초로 유족 수급권에서의 기혼여자녀의 차별을 해소하다
- 최초로 가족 관련 준거법과 공무원법 등에서의 성차별을 해소하다
- 최초로 방송의 성차별 금지와 양성평등 심의사항을 규정하다
- 최초로 「UN여성차별철폐협약」 국적 관련 조항의 비준유보를 철회하다
- 최초로 ILO의 성평등 협약(3종)에 비준하다
- 최초로 헌법재판소의 성차별 인정에 따라 동성동본금혼조항과 제대군인 취업가산점제도를 대체하는 입법을 하다
- 최초로 성소수자의 차별을 규제하다
- 최초로 성희롱이 남녀차별에 해당됨을 명시하다

1-3. 성희롱의 예방·규제와 피해자보호를 위한 최초의 입법(7종)

- 최초로 "성희롱"과 "직장내 성희롱"의 개념을 정의하다
- 최초로 성희롱에 관한 구체적 지침을 만들다
- 최초로 성희롱예방교육 실시를 의무화하다
- 최초로 성희롱 금지를 명시하다
- 최초로 성희롱 피해자의 보호를 규정하다
- 최초로 성희롱 행위자의 제재를 규정하다
- 최초로 성희롱 관련 위법자의 제재를 규정하다

1-4. 성차별·성희롱에 관한 최초의 비사법적 권리구제제도(5종)

- 최초로 성차별·성희롱 전담 권리구제기구를 만들다
- 최초로 국가인권위원회를 성차별·성희롱 권리구제제도로 만들다
- 최초로 성차별·성희롱의 시정신청(진정)제도를 만들다
- 최초로 성차별·성희롱의 조사제도를 만들다
- 최초로 성차별·성희롱의 비사법적 권리구제절차를 만들다

1-5. 고용평등상담실과 명예감독관제도에 관한 최초의 입법(2종)

- 최초로 고용평등상담실의 설치·지원조항을 만들다
- 최초로 명예고용평등감독관의 위촉·지원조항을 만들다

1-6. 여성의 인재양성과 양성평등한 사회참여촉진을 위한 최초의 적극적 조치법(10종)

- 최초로 '적극적 조치'의 용어와 실시의 권고 및 점검을 명시하다
- 최초로 여성정치인 육성을 위한 여성공천할당제를 만들다
- 최초로 여성기업과 여성경제인 육성법을 만들다
- 최초로 여성농어업인 육성법을 만들다
- 최초로 여성과학기술인 육성법을 만들다
- 최초로 여성발명인 육성 조항을 만들다
- 최초로 여성공무원 채용목표제를 확충한 후 공무원의 양성평등 채용목표제를 실시하다
- 최초로 여성군인 육성을 위한 사관학교 여학생 입학과 여군 지원조치를 실시하다
- 최초로 남녀평등교육의 증진조항과 심의회규정을 만들다
- 최초로 대학 교원의 양성평등 임용제와 국립대 여교수채용목표제를 추진하다

1-7. 모성보호제도 다양화와 산전후휴가급여 신설을 위한 최초의 입법(6종)

- 최초로 여성의 사용과 야업의 금지조항을 모성보호 조항으로 전환하다
- 최초로 모성보호 비용의 사회분담화로 산전후휴가급여를 만들다
- 최초로 산전후휴가기간을 90일로 연장하고 유급휴가를 60일로 하다
- 최초로 여성공무원과 교원의 산전후휴가 허용을 의무화하고 휴가기간을 90일로 연장하다
- 최초로 여성공무원과 교원의 임신 중 건강검진휴가와 육아시간 조항을 만들다
- 최초로 여성공무원과 교원의 임신·출산휴직과 휴직자 보호 조항을 만들다

1-8. 육아휴직제와 육아휴직급여 및 무상보육 시행에 관한 최초의 입법(6종)

- 최초로 육아휴직제를 완전히 남녀공용화하다
- 최초로 육아휴직 실시와 고용보장을 강제조항으로 만들다
- 최초로 육아비용의 사회분담화로 육아휴직급여를 만들다
- 최초로 여성공무원과 교원의 육아휴직 보호조치와 육아수당을 만들다
- 최초로 무상보육을 시행하다
- 최초로 직장보육시설 설치비용의 무상지원 조항을 만들다

1-9. 고용지원과 사회보장 및 정보화 교육을 연계한 최초의 여성복지법(5종)

- 최초로 여성실업가구주의 고용촉진장려금을 만들다
- 최초로 이혼배우자의 분할연금 수급권을 만들다
- 최초로 산재보험에서 처의 유족연금 수급권을 우대하다
- 최초로 여성장애인의 권익보호와 고용지원 조항을 만들다
- 최초로 전업주부와 여성복지시설 수용자의 정보화 교육지원 조항을 만들다

1-10. 디지털 성폭력과 폭력범죄의 신고자 보호에 관한 최초의 입
법(2종)

- ■ 최초로 디지털 성폭력을 성폭력범죄로 규제하다
- ■ 최초로 성폭력범죄의 신고자 보호법을 만들다

1-11. 청소년 대상 성폭력 · 성매매의 예방 · 규제에 관한 최초의 입
법(3종)

- ■최초로 영리목적의 성적 접대행위와 성매매를 포함한 청소년유해행위의 금
지조항을 만들다
- ■최초로 청소녀의 유흥접객원 취업금지조항을 만들다
- ■최초로 청소년 대상 성폭력 · 성매매의 예방 · 규제를 위한 특별법을 만들다

1-12. 가정폭력에 관한 최초의 시행과 피해자보호 입법(2종)

- ■ 최초로 「가정폭력처벌법」을 시행하고 피해자보호 조항을 만들다
- ■ 최초로 「가정폭력방지법」을 시행하다

1-13. 성매매 관련 최초의 입법(3종)

- ■ 최초로 윤락 관련 요보호자보호시설 설치자를 확충하다
- ■ 최초로 노래방 · 비디오방의 윤락행위 알선금지조항을 만들다
- ■ 최초로 성매매특별법의 입법화를 추진하다

1-14. 일제하 일본군위안부피해에 관한 최초의 입법(2종)

- ■ 최초로 일제하 일본군위안부피해 기념사업법을 만들다
- ■ 최초로 "일본군위안부"를 피해자로 정의하다

1-15. 성인지 정책에 관한 최초의 입법(2종)

- 최초로 정책의 성별영향 분석 · 평가조항을 만들다
- 최초로 성별 통계 작성 조항을 만들다

1-16. 성평등 관련 비영리단체와 교육 및 직업훈련 시설의 지원에 관한 최초의 입법(3종)

- 최초로 여성단체가 추진하는 성평등 활동의 지원 조항을 만들다
- 최초로 남녀평등과 여성발전을 촉진하는 비영리법인(단체)의 지원 조항을 만들다
- 최초로 여성의 교육 및 직업능력개발훈련을 위한 시설의 설치 · 운영과 경비보조 조항을 만들다

1-17. 「정부조직법」과 「국회법」의 여성정책관련 조직에 관한 최초의 입법(3종)

- 최초로 「정부조직법」에 대통령 직속 여성특별위원회의 설치 조항을 만들다
- 최초로 「정부조직법」의 행정조직에 여성부를 포함하다
- 최초로 「국회법」에 상임위원회인 여성위원회를 설치하다

2. 최초의 성평등 담당 행정 · 입법기관(6종)

- 최초로 여성정책 총괄 특별행정기구(대통령 직속 여성특별위원회)를 설치하다
- 최초로 6개 중앙행정부처에 여성정책담당관을 두고 모든 중앙 · 지방부처에 여성정책협조부서를 재지정하다.
- 최초로 여성정책 전담 중앙행정부처(여성부)를 설치하다
- 최초로 모든 중앙행정기관에 여성정책책임관의 지정을 추진하다
- 최초로 민 · 관협력체제의 여성정책조정회의와 여성정책실무회의 설치를

추진하다
- 최초로 국회 내에 상임위원회인 여성위원회를 설치하다

3. 최초의 성평등 전문 연구 · 교육기관(3종)

- 최초로 여성정책과 성평등 전문 연구기관을 구축하다.
- 최초로 여성직업훈련시설을 구축 · 확충하다
- 최초로 양성평등 전문교육기관의 설치를 추진하다

참고문헌

[김대중 문헌]

김대중, 《내가 사랑한 여성》, 서울: 에디터, 1997.

김대중, 《김대중 자서전 1》, 서울: 도서출판 삼인, 2010.

김대중, 《김대중 자서전 2》, 서울: 도서출판 삼인, 2010.

[자료 및 사료]

대한민국국회, 〈21대 국회(전반기)〉, 《정책현안 자료집》, 서울: 국회도서관

김대중, 〈여성의 발전은 국가 발전의 밑거름〉, 《제35회 전국여성대회 기념사》,
        1998.9.29.(대통령기록관 검색 https://www.pa.go.kr/,
        검색기간 2023년 3-12월)

김대중, 《제3회 여성주간 기념식 연설》, 1998.07.03.(대통령기록관 검색
        (https://www.pa.go.kr/, 검색기간 2023년 3월-12월)

김대중도서관, 《전집보기》.
        (https://www.kdjlibrary.org/archives/activity, 검색기간
        2023년 5월 1일-12월 1일)

대법원, 1977.7.26, 선고77다492 판결.

김대중, 대통령지시사항—여성특별위원회업무보고(1998.5.12.); 보건복지부
        국정과제 점검회의(1998.7.14.); 여성특별위원회
        국정개혁보고회의(1999.4.12.); 여성특별위원회업무보고(2000.2.21.);
        여성부 업무보고(2001.4.18.)(대통령기록관

　　　　　https://www.pa.go.kr/)
대통령직속 여성특별위원회, 《1998 여성백서》, 1999.
대통령직속 여성특별위원회, 《1999 여성백서》, 2000.
대통령직속 여성특별위원회, 《2000 여성백서》, 2001.
법무부, 《여성통계》 2002 · 2004 · 2006 · 2008 · 2018.
법무부 · 여성가족부, 보도자료 〈성폭력관련개정법률 일제히 시행!!−60여년
　　　　　만에 친고죄 폐지 등 성폭력범죄자 엄벌 및 피해자 보호강화〉,
　　　　　2013.6.19.
〈비엔나 인권선언 및 행동강령〉, 1993.
여성가족부, 《2005 여성가족통계연보》, 2006.
여성부, 《2001 여성백서》, 2002.
여성부, 《2002 여성백서》, 2003.
여성부, 《남녀가 함께 하는 건강한 사회 : 국민의 정부 5년 여성정책의 성과》,
　　　　　2003.
여성부, 《2003 여성백서》, 2004.
유엔인권정책센터, 비엔나 세계인권회의.
　　　　　(https://kocun.org/story_activity, 검색일 2023.6.25.)
정부장관(제2)실, 《여성백서》, 1996.
정무장관(제2)실, 《여성백서》, 1997.
통계청, 보도자료 〈2019 가계생산 위성계좌/ 무급가사노동가치평가〉,
　　　　　2021.6.21.
통계청, 보도자료 〈무급 가사노동 평가액의 세대 간 배분에 대한 심층분석〉,
　　　　　2023.6.27.
평화를만드는여성회, 《총회자료집》, 1998 · 1999 · 2002 · 2001 · 2002 · 2003.
한국가정법률상담소, 《한국가정법률상담소 50년사》, 2009.
헌법재판소, 1997.3.27. 선고 95헌가14.96헌가7.
헌법재판소, 1997.7.16. 선고 95헌가6내지13.
헌법재판소, 2005.2.3. 선고 2001헌가9.10.11.12.13.14.15.2004헌가5
　　　　　(통계청 보도자료 http://kostat.go.kr, 2013.12.10.)
여성신문, 《여성신문 제409호》, 1997.1.17.

(https://www.lawtimes.co.kr/news/1261)

[국내외 문헌]

강이수 외, 《일. 가족. 젠더 – 한국의 산업화와 일가족딜레마》, 서울:
　　　한울아카데미, 2009.
권경득, 〈공직인사와 여성차별〉, 박재창 편, 《정부와 여성참여》, 법문사,
　　　2000.
권수현, 〈호주제는 왜 제17대 국회에서 폐지되었나?
　　　젠더이슈·행위자·맥락의 상호작용에 의한 입법과정 분석〉,
　　　《입법과 정책》 제7권 제1호, 국회입법조사처, 2015.
김경희, 〈한국의 성주류화 정책과 향후과제〉, 《젠더리뷰》,
　　　한국여성정책연구원, 2020.
김경희·남궁운영·동제연·주경미·이은경, 《성 주류화 기반정책
　　　평가제도의 성평등효과 제고를 위한 연구》, 한국여성정책연구원,
　　　2015.
김동호, 《대통령경제사: 1945–2012》, 책밭, 2012.
김미경 외, 《개정된 모성보호 관련 법제의 실시현황과 효과분석》, 여성부,
　　　2002.
김미경, 〈'노동사회'를 넘어 '좋은 노동'사회를 위하여 – 일가족양립정책과
　　　모성보호정책〉, 강이수 외, 《일. 가족. 젠더 – 한국의 산업화와
　　　일가족딜레마》, 서울: 한울아카데미, 2009, 480–504쪽.
김미경, 《일생활균형을 위한 광주형 기본소득 도입 가능성: 광주광역시
　　　수당제도를 중심으로》, 광주여성가족재단, 2021.
김미경, 〈젠더질서의 변화와 '유연한 젠더레짐': 여성정책에서
　　　성평등정책으로의 패러다임 전환을 위한 소고〉, 《사회사상과 문화》
　　　18권 4호, 2015, 395–423쪽.
김미경, 《여성노동시대: 일가족양립을 위한 여성주의 사회복지》, 서울:
　　　나눔의집, 2012.
김미경, 〈1인 가구 시대 노후와 가족에 관한 새로운 인식을 위한 소고〉,

《젠더와 문화》 제19권 4호, 2016, 167–190쪽.

김미경, 〈다문화사회의 유연한 젠더레짐과 사회불평등구조: 상호교차성
이론의 한국사회적용 가능성〉, 《사회사상과 문화》 20권 2호, 2017,
179–208쪽.

김미경, 〈여성정책 패러다임 전환과 지역성평등정책의 과제, 《가족과
커뮤니티》 7권 1호, 2023, 5–30쪽.

김미경, 〈친밀성의 구조변동과 가족구조의 변화: 바우만의 문제의식과 루만의
인식론을 통한 접근〉, 〈젠더와 문화〉 제20권 2호, 2017,
75–101쪽.

김미경, 〈여성정책과 정부역할의 변화〉, 박재창 편, 《정부와 여성참여》,
법문사, 2007.

김민정, 〈김대중 정부 평화–통일정책 평가와 발전방향〉, 《김대중 정부
평화–통일 평가 및 여성평화 통일운동》, 〈평화를만드는여성회 주최
6회 여성평화통일포럼〉, 2002.11.6.

김양희 외, 〈21세기 여성정책에 대한 국민의식조사 연구〉, 한국여성개발원,
2000.

김엘림 외, 《20세기 여성인권법제사》, 한국여성개발원, 2000.

김엘림 외, 《남녀고용평등과 모성보호를 위한 법개정방안》, 노동부, 2000.

김엘림, 《남녀차별금지및구제에관한법률 해설서》, 여성부, 2003.

김엘림, 〈광복 60년, 여성입법운동의 전개와 성과〉, 《여성과 역사》 제4집,
한국여성사학회, 2006.

김엘림, 〈헌정 60년의 법과 여성의 관계〉, 《젠더법학》 제1권제1호,
한국젠더법학회, 2009.

김엘림, 《남녀평등과 법》, 한국방송통신대학교출판문화원, 2022.

김엘림·주재현, 〈여성관련 정책기능의 강화방안〉, 《정부기능 조정방안》,
한국행정연구원, 2000.

김엘림·주재현, 〈여성부 출범과 여성정책·행정체제의 과제〉, 《정부개혁과
행정학 연구》, 한국행정학회, 2001.

김영옥 외, 《출산, 육아로 인한 여성의 노동시장 이탈 방지를 위한 정책방안》,
한국여성정책연구원, 2007.

김영정 · 김성회,《여성가족정책사 현장 재조명: 호주제 폐지 운동을 중심으로
　　　본 가족 이슈 변화와 방향》, 서울시여성가족재단, 2018.

김원홍, 〈정책결정과정에서의 여성대표성〉, 김재인 외,《성평등정책론》,
　　　교육과학사, 2007.

김은경, 〈한국진보 여성운동의 국가참여 형태에 관한 연구〉, 연세대학교
　　　박사학위논문, 2005.

김재인, 〈통일을 위한 여성역할의 증대〉,《국민의 정부 여성정책 5년 성과와
　　　과제》여성부, 2002.

김재인, 〈성평등정책 추진체계와 비전〉, 김재인 외,《성평등정책론》,
　　　교육과학사, 2007.

김재인 · 곽삼근 · 윤덕경 · 김원홍 · 김태홍 · 민무숙 · 변화순 · 송다영 · 유희
　　　정 · 정현주 · 김성경 · 임선희 · 장혜경,《성평등정책론》,
　　　교육과학사, 2007.

김지성, 〈젠더 거버넌스의 규범적 조건에 대한 소고: 한국 저출산 대응정책을
　　　중심으로〉,《한국거버넌스학회보》제25권 제3호(2018), 1–24쪽.

김태홍 · 김난주,《우리나라 모성보호제도의 실시 현황 분석과 개선방안》,
　　　한국여성개발원, 2003.

김혜원, 〈여성고용정책의 핵심내용에 대한 진단〉, 한국조세연구원 (편),
　　　《저출산 극복 및 성장잠재력 확충을 위한 가족정책》, 2007.
　　　125–153쪽.

류상영 외 5인,《김대중 연보(1924–2009)》서울: 연세대학교 김대중도서관,
　　　2011.

문숙재 · 최민영, 〈가사노동 가치평가를 위한 기초적 분석〉,
　　　《한국가족지원경영학회》제6권 제1호, 2002.

문순홍 · 정규호, 〈거버넌스와 젠더: 젠더친화적 거버넌스의 조건에 대한
　　　탐구〉, 한국정치학회 Post–IMF Governance 하계학술회의 자료집
　　　발표문, 2000.

문유경, 〈여성과 가사노동〉, 한국여성정책연구회 편,《한국의 여성정책》,
　　　미래인력연구원, 2002.

민경자, 〈한국 매춘여성 운동사.'성 사고팔기'의 정치사. 1970–98〉

한국여성의전화연합 엮음, 《한국여성인권운동사》 서울: 한울아카데미, 1999.

민경자, 〈성폭력 여성운동사〉, 한국여성의전화연합 엮음. 《한국여성인권운동사》, 서울: 한울아카데미, 1999.

바우만 지그문트, 《액체근대》, 이일수 옮김, 서울: 강, 2009. Bauman. Z.. *Liquid Modernity*. (Cambridge: Polity Press. (2000)

박기자, 〈'world polity'차원에서의 여성인권과 여성에 대한 폭력의 이해〉, 《젠더와 사회》 여성연구논집 제28집, 신라대학교 여성문제연구소, 2017.

박영미, 〈고위 여성공무원의 보직실태와 정책결정〉, 박재창 편, 《정부와 여성참여》, 법문사, 2017.

백학순, 〈햇볕정책: 한반도 평화·통일·번영의 대전략〉, 《김대중의 사상과 정치: 평화·민주주의·화해·협력》 1, 서울: 연세대학교 출판문화원, 2023.

소현숙, 〈'만들어진 전통'으로서의 同姓同本禁婚制와 식민정치〉, 《대동문화연구》 제96권, 성균관대학교 대동문화연구원, 2016.

소현숙, 〈부계혈통주의와 '건전한' 국민 사이의 균열: 1950~70년대 동성동본금혼제를 둘러싼 법과 현실〉, 《법과사회》 제51권, 법과사회이론학회, 2016.

신낙균, 《행복한 질서》, 서울: 부광, 2012.

신상숙, 〈여성폭력추방운동의 역사적 맥락과 제도화과정의 차이: 미국과 영국의 사례를 중심으로〉, 《한국여성학》 제23권3호, 2007.

원숙연·박진경, 〈젠더-거버넌스의 가능성 탐색:성매매방지법 제정과정을 중심으로〉, 《한국여성학》 한국여성학회지 제22권4호, 2006, 85-124쪽.

윤덕경, 〈여성인권증진을 위한 법·제도〉, 김재인·곽삼근·윤덕경·김원홍·김태홍·민무숙·변화순·송다영·유희정·정현주·김성경·임선희·장혜경, 《성평등정책론》, 교육과학사, 2007.

윤선영·신영진, 〈우리나라 여성정책에 대한 평가와 발전방안에 관한 연구:

역대 정부정책 담당기구의 비교 및 변천과정을 중심으로〉,
《공공정책과 국정관리》 제7권 제2호, 2013, 33-62쪽.

윤윤규, 〈경기변동과 고용 · 근로시간 조정패턴의 변화〉,
황수경 · 조성재 · 전병유 · 박경로 · 안주엽, 《경제위기와 고용》,
한국노동연구원, 2010.

이문숙, 《이우정 평전》, 서울: 삼인, 2012.

이미화, 〈사회정책과 자녀를 가진 여성의 노동시장 참여-김대중 · 노무현
정부〉, 《한국사회복지학회 학술대회 자료집》, 2012, 359-378쪽.

이제민, 〈한국 외환위기의 성격과 결과-그 논쟁 및 의미〉, 《한국경제포럼》
제5권 제2호, 2016, 79-135쪽.

이현숙 · 정춘숙, 〈아내 구타추방운동사〉, 한국여성의전화연합 엮음,
《한국여성인권운동사》, 서울: 한울아카데미, 1999.

이효재, 〈일본군 위안부 문제 해결을 위한 운동의 전개과정〉,
한국여성의전화연합, 《한국여성인권운동사》, 서울: 한울아카데미,
1999.

임동원, 〈김대중의 통일철학과 햇볕정책〉, 한반도평화포럼 편, 《통일은
과정이다》, 서울: 서해문집, 2015.

장신기, 《성공한 대통령_김대중과 현대사》, 서울: 시대의 창, 2021.

전경근 · 송효진, 〈이혼시 재산분할에 관한 최근 판례 분석〉, 《가족법연구》
제28권 제1호, 한국가족법학회, 2014.

전병유, 〈외환위기 당시의 노동시장 현황〉, 황수경 외, 《경제위기와 고용》,
한국노동연구원, 2010.

전윤정, 〈탈상품화 · 탈가족화 관점에서 본 한국의 일 · 가족양립정책.
1990-2014 : 출산휴가 · 육아휴직제도와 보육정책을 중심으로〉,
《한국여성학》 제31권 3호, 2015, 179-218쪽.

정현백, 〈국가와 여성평화운동: 김대중 · 노무현 정부의 평화정치를
중심으로〉, 한반도평화포럼 편, 《통일은 과정이다》, 서울: 서해문집,
2015.

정현백, 〈김대중과 양성평등〉, 《김대중의 사상과
정치-평화 · 민주주의 · 화해 · 협력- 2》, 연세대학교출판문화원,

2023.

조세영, 〈김대중—오부치 탄생과정과 그 의의〉, 《동아시아연구원》, 2018.
        https://www.eai.or.kr/m/research_view.asp?intSeq=13804
        &code=99&menu=program

조우철, 〈여성정책전담기구의 기능과 기구개편〉, 박재창 편, 《정부와
        여성참여》, 법문사, 2000.

최경환, 《김대중 리더십》, 아침이슬, 2000.

최대권 등, 〈호주제 개선방안에 관한 조사연구〉, 여성부, 2000.

한국여성의정, 《한국의 여성정치를 보다. 여성국회의원70년》 1권,
        한국여성의정, 2018.

한명숙, 《한명숙 부드러운 열정. 세상을 품다》, 서울: 행복한책읽기, 2010.

한명숙, 《한명숙의 진실》, 서울: 생각생각, 2021.

Kim. M-K., *Frauenarbeit zwischen Beruf und Familie* (Frankfurt
        a.M./NewYork: Leske+Budrich. 2000).

저자 소개 <small>수록 순</small>

박진경

김대중 정부에서 국회 입법비서관으로 모성보호3법을 추진하였고, 초대 여성 부장관 비서관을 맡아 성평등기구와 여성정책의 초석을 다지는데 기여하였다. 이후 국회 보좌관, 국무총리실 여성가족정책과장, 대통령비서실 경제수석실 행정관 등 최고정책결정단위에서의 총괄 및 조정 역할을 수행하였다. 최근까지 대통령직속 저출산고령사회위원회 사무처장(1급상당)을 맡아 국정의 핵심 분야 컨트롤타워 역할을 수행한 바 있다. 이화여대에서 행정학 박사학위(2010)를 받았으며, 여성정책과 다문화 · 이민, 저출생 · 인구정책에 관심을 갖고 연구와 강의를 병행하고 있다.

이상덕

13대 국회에서 고 박영숙 의원의 보좌관으로 가족법 개정, 영유아보육법 제정에 참여하였다. 한국여성의전화 상임부회장으로 북경세계여성회의 준비를 위한 '한국여성NGO위원회' 총무를 맡았다. 국민의정부에서 여성특별위원회 협력조정관, 정책조정관을 거쳐 여성부 차별개선국장, 대통령비서실 여성정책비서관으로 활동하였다. 이후 고용노동부 산하의 국책대학인 안성여자기능대학 학장, 한국폴리텍1대학, 한국폴리텍다솜학교 초대 교장 등 주로 교육기관에서 재직하였고, 현재 고향인 대전소재 우송대학교에서 특임교수로서 '사회복지와 인권' 등 강의를 하고 있다.

나영희

김대중 정부의 여성정책공약을 직접 개발하였으며, 대통령직속여성특별위원회에서 초대 여성정책담당관과 국제협력담당관을 역임하였다. 대통령 비서실에서는 언론비서관실의 대통령 연설문 분야 중 문화·경제·여성·종교·국방 분야담당 국장을 맡았고, 2002년부터는 국가인권위원회에서 교육협력국장, 인권정책국장, 인권교육본부장을 역임하였다. 이명박 정부 블랙리스트사건으로 공직을 떠난 후 중앙대학교에서 사회복지학 박사학위(2010)를 받았다. 2013년에는 한국장애인개발원에서 초대 정책연구실장을 지냈으며, 국민연금공단 상임이사(2018. 1.-2021. 1.)로 재직하였다.

김미경

서강대학교 사회학과를 마치고 독일 마부르크대학을 거쳐 보쿰대학교에서 여성노동을 주제로 박사학위를 취득하였다. 귀국 후 충남여성정책연구원을 거쳐 한국여성정책연구원에서 여성부의 여성정책 5개년계획 수립에 참여하였다. 2003년 고향으로 내려와 광주대학교 사회복지전문대학원에서 후학을 양성 중이며, 광주여성노동회 회장, 광주여성단체연합 공동대표 등을 역임하였다. 2011년 광주여성재단 설립 추진단장을 맡았고 2019년부터 2022년 광주여성가족재단 대표이사 및 전국여성정책네트워크 회장을 지냈다. 2022년 양성평등주간 국민포장을 수상하였다.

안경주

전남여성가족재단 원장(2018-2022) 및 전국여성정책네트워크 회장(2020)을 역임하며 성평등실현을 위한 여성, 가족 관련 정책연구 및 사업을 수행하였다. 미국 시러큐스대학교 맥스웰스쿨에서 문화인류학으로 석, 박사학위를 받았으며 여성학 고급과정을 수료했다. 국내외 대학에서 문화인류학과 여성학을 중심으로 교육과 연구를 진행해왔고, 현재는 지역상생형 인재를 발굴, 육성하고 창조적인 로컬커뮤니티 생태계를 조성하여 로컬을 브랜딩하는 작업을 지역에서 하고 있다.

차선자

숙명여자 대학교 법학과 졸업 후 독일 브레멘 대학에서 박사학위를 받았다. 2004년부터 전남대학교 법학과 (현, 법학전문대학원)에서 교수로 재직 중이며 여성과 인권, 폭력과 법, 및 소수자 인권법 강의를 하고 있다. 한국젠더법학회 회장, 사회복지법제학회 부회장, 및 한국 건강가정진흥원 비상임 이사를 역임했으며 국회입법지원 자문위원과 국가 아동정책 조정 위원회 위원으로 활동하고 있다. 성평등과 다양한 소수자들의 평등 문제를 중심으로 개인, 가족 및 친족집단과 국가의 이상적인 관계 설정을 통하여 개인의 존엄을 구현하는 방법에 관하여 연구하고 있다.

김정수

평화를만드는여성회 상임대표(2019~2023)로, 30여 년 이상 여성평화운동, 남북여성교류, 평화통일교육, 국제연대 활동에 참여해 왔다. 2007년 청와대 제2부속실장으로 재직할 당시 10.4 남북정상회담에 일반수행원으로 참가했다. 2018년 남북정상회담 원로자문단, 제20기 민주평통 국민소통분과위원장, 통일교육원 자문위원, 여성가족부 '유엔안보리결의 1325호 국가행동계획'(2기·3기) 민간자문단을 역임하였고, 경기도 평화교육정책 자문위원으로 참여하고 있다. 성공회대학교에서 평화윤리로 신학박사 학위를 받았다.

김엘림

이화여대의 학부와 대학원에서 법학 공부를 하고 법학박사학위를 받았다. 1983년 9월부터 한국여성개발원에서 여성인권과 성평등 관련 각종 법제 연구를 하였다. 김대중 대통령 집권기간에는 성차별과 성희롱 및 모성보호 관련 입법과 여성부 설치방안 등의 연구를 하여 2002년 4월에 국민포장을 수여받았다. 2002년 5월에 한국방송통신대학교 법학과 교수가 되어 노동법과 젠더법 관련 연구와 강의, 저술을 하였다. 한국젠더법학회의 초대회장, 법무부 양성평등정책위원회 위원장, 중앙노동위원회 공익위원, 국가인권위원회 차별시정전문위원 등을 역임하였다. 2018년에 여성인권 관련 사법발전 공로자로 국민훈장 모란장을 받았다. 2023년 2월 말에 정년퇴임을 하고 명예교수가 되었다.

찾아보기